Ingenieurinnen

Doris Janshen, Hedwig Rudolph et al.

Ingenieurinnen

Frauen für die Zukunft

unter Mitarbeit von
Janine Berg-Peer
Sabine Bohle-Betz
Birte Krause
Meggi Mandelartz
Hildegard Zimmermann

Walter de Gruyter · Berlin · New York 1987

Dr. phil. Doris Janshen, Hochschulassistentin
Dr. rer. pol. Hedwig Rudolph, Professorin für Arbeitsökonomie und Berufsforschung
beide am Institut für Sozialwissenschaften in Erziehung und Ausbildung
der Technischen Universität Berlin

CIP-Kurztitelaufnahme der Deutschen Bibliothek

Janshen, Doris:
Ingenieurinnen : Frauen für d. Zukunft / Doris Janshen,
Hedwig Rudolph et al. Unter Mitarb. von Janine Berg-Peer ... –
Berlin ; New York : de Gruyter, 1987.
ISBN 3-11-011381-3

NE: Rudolph, Hedwig:

Druck: Gerike GmbH, Berlin – Bindearbeiten: Lüderitz & Bauer GmbH, Berlin. –
Einband: Hans-Bernd Lindemann, Berlin

Geleitwort

Der politische Anspruch, bislang männerdominierte Berufe auch Frauen zu öffnen, bedarf eigentlich keiner wissenschaftlichen Untermauerung. Handelt es sich doch um den Anspruch, der sich aus dem Gleichberechtigungsgebot und dem Recht der freien Berufswahl im Grundgesetz klar genug ergibt.

Aber: Die Verhältnisse sind nicht so. Geschlechtsspezifische Sozialisations- und Selektionsmechanismen verhindern immer noch, daß Mädchen und Frauen das ganze Spektrum der vorhandenen Berufsmöglichkeiten verfügbar und wählbar gemacht wird, und sie behindern die Entfaltung technischer Interessen und Talente von Frauen.

Die Ingenieurinnen-Studie ist deshalb ein wichtiger Schritt in dem Bemühen, Frauen zu ermutigen, einen technischen Ausbildungs- und Berufsweg einzuschlagen und gleichzeitig - dies erscheint mir noch wichtiger - strukturelle Barrieren gegen das Eindringen von Frauen in "Männerdomänen" abzubauen.

Warum ist es ein erstrebenswertes Ziel, den Frauenanteil unter den Ingenieurinnen zu steigern? Die Antwort leitet sich nicht nur aus dem Gleichheitsgebot ab, sondern auch aus der Einsicht, daß es unserem gesellschaftlichen Wohlergehen nur gut täte, wenn es keine Berufsbereiche gäbe, die mehrheitlich nur von Frauen oder nur von Männern besetzt wären. Die Beteiligung von Frauen an der Entwicklung der technischen Zivilisation ist unverzichtbar.

Ich wünsche mir, daß diese Studie von den Verantwortlichen im Schul- und Hochschulbereich und in der Beschäftigungspolitik intensiv gelesen wird und daß der Appell der Untersuchung zum Abbau von strukturellen Hindernissen verstanden und in Veränderungshandeln umgesetzt wird.

Christine Schmarsow
Stadträtin für Jugend, Schule, Weiterbildung u. Statistik
im Magistrat der Stadt Kassel

Dank

Mit dem Ende einer größeren Forschungsarbeit ist immer auch der Zeitpunkt gekommen, um all denen, die am Zustandekommen und bei der Durchführung behilflich waren, herzlich zu danken. Zuallererst gilt unser Dank natürlich den gut hundert Frauen und Männern im ingenieurwissenschaftlichen Studium und Beruf, die bereit waren, uns ihre Zeit zu widmen, um uns in langen Gesprächen über ihre persönlichen und beruflichen Erfahrungen zu berichten. Wir hoffen, daß - wie oft gesagt wurde - auch unseren Gesprächspartnern/innen die Befragung etwas gebracht hat. Darüber hinaus sollten natürlich vor allem sie mit unseren Ergebnissen zufrieden sein.

Die finanzielle Förderung des Projektes wurde im wesentlichen durch das Bundesministerium für Bildung und Wissenschaft bereitgestellt. Christine Schmarsow hat uns dort in der schwierigen Anfangsphase kundig beraten. Dank gilt auch den beiden nachfolgenden Betreuern Jochen Dumrese und Wilhelm Boeger.

An unserer Heimatuniversität, der Technischen Universität Berlin, haben uns Evelyn Schröder, Michael Wolff und Hansjörg Griese von der Abteilung für Forschungsangelegenheiten immer wieder mit Rat zur Seite gestanden, und Joachim Rieseberg, Abteilung Wissenschaftliche Weiterbildung, hat wesentlich dazu beigetragen, die Umsetzung der Ergebnisse dieses Forschungsprojektes zu einer Angelegenheit der Universität zu machen. Bei unseren Erhebungen an der Gastuniversität, der RWTH Aachen, erwies sich die Kooperation mit Margret Pauls und dem Hochschuldidaktischen Zentrum als sehr entlastend.

Ingenieurinnen sind sehr selten, und so war es oft nicht einfach, Gesprächspartnerinnen zu finden. Hier sind uns sowohl Kooperationspartner/innen der IG Metall Stuttgart als auch der Verband Deutscher Ingenieure hilfreich entgegengekommen. In diesem Zusammenhang denken wir insbesondere an Holger Hillmer.

Friedrich Tiemann hat uns vor allem in der Anfangsphase des Projektes hinsichtlich der Methoden beraten.
Mit Geduld und Interesse haben die Sekretärinnen des Instituts für Sozialwissenschaften in Erziehung und Ausbildung, Irmtraud Esser, Anneli Grothe, Barbara Klahn und Christa Marek dankenswerterweise an den umfänglichen Schreibarbeiten des Projekts mitgewirkt. Außerdem haben Renate von Kries und Christiane Knedlitschek uns zeitweise mit Sekretariatsleistungen unterstützt. Für die Reinschrift des Manuskripts danken wir Margret Meyer.
Es gab noch viele andere, die uns mit Rat und Tat zur Seite gestanden haben. Allen sei gedankt, und wir hoffen, daß die Ergebnisse der Arbeit dazu beitragen werden, die Studien- und Erwerbssituation von Ingenieurinnen zum Besseren zu wenden.

Berlin, im Februar 1987

Doris Janshen und Hedwig Rudolph

Inhalt

1 Einführung

Doris Janshen und Hedwig Rudolph

1.1 Problemstellung

1.1.1 Situation

Seit etwa gut hundert Jahren gewinnt der Ingenieurberuf in Deutschland eine zunehmende gesellschaftliche Bedeutung, was seinerzeit auch durch die Gründung der bis heute führenden berufsständischen Organisation, den Verein Deutscher Ingenieure (VDI), akzentuiert wurde. Im Gleichschritt mit der rapiden Industrialisierung Deutschlands gewann dieser Berufstand an Ansehen und - mehr noch - an Einfluß. Erst um 1880 wurden die technischen Fachhochschulen in die Universitäten eingebunden bzw. ihre Abschlüsse in den akademischen Adelsstand erhoben. Wenngleich die tradierten Disziplinen der Humboldtschen Universität noch lange verächtlich die neue Nachbarschaft kommentierten und auf dem Primat der Kultur gegenüber der Zivilisation bestanden, stieg dessen ungeachtet die Zahl der Studierenden in den Ingenieurfächern schon bis zum ersten Weltkrieg auf weit über das doppelte der traditionellen Fächer (Ebert/Duden 1979: 403 f.). Dagegen wählen heute mehr als 20% aller Studienanfänger/innen ein Fach der Ingenieurwissenschaften.
Wie bekannt, öffneten die deutschen Universitäten erst kurz nach der Jahrhundertwende als letzte Europas, und zwar auf Druck der ersten deutschen Frauenbewegung, ihre Pforten auch für Studentinnen. Läßt man den Einbruch im deutschen Faschismus einmal außer acht, so kann man seither einen kontinuierlichen Anstieg des Anteils

von Frauen unter den Studierenden beobachten. Seit Beginn der 80er Jahre sind etwa 40 % der Studenten weiblich (BMBW 1985), so daß - vordergründig betrachtet - der Eindruck entstehen könnte, Frauen könnten in der sogenannten Informationsgesellschaft den männlichen Vorsprung an Wissen und Macht einholen. Daß wir davon noch weit entfernt sind, zeigt ein Blick in die Hochschulstatistik: Nach wie vor studieren Frauen vorrangig geistes- und sozialwissenschaftliche Fächer, d.h. Disziplinen mit geringen Aussichten auf gesellschaftlichen Einfluß, berufliche Karriere und attraktive Erwerbschancen. Allerdings ist in den letzten Jahren ein verstärkter Zugang von Frauen zu Jura und zur Ökonomie zu verzeichnen, während die Wachstumsraten in den Naturwissenschaften und insbesondere in den technischen Fächern eher zögerlich stiegen. Je näher die Konnotation mit gesellschaftlicher Macht, so scheint es, um so geringer der Anteil von Frauen in akademischen Berufen.
Ganz unverkennbar sind unter allen akademischen Professionen die Ingenieurwissenschaften und entsprechend die nachfolgenden Erwerbstätigkeiten jene Bereiche, in denen Frauen ihren Gleichheitsanspruch auf qualifizierte Ausbildung und Erwerb am seltensten geltend machen. In den sogenannten weichen Ingenieurfächern wie Architektur liegt der Studentinnenanteil zwar oft bei 25 %, aber in den "harten" technologiebezogenen Fächern wie Elektrotechnik und Maschinenbau finden sich selten mehr als zwei Frauen unter 100 Ingenieuren. Dieser Tatbestand ist um so bemerkenswerter, als dies Zahlenverhältnis seit der Jahrhundertwende konstant geblieben ist, während der Anteil der Ingenieurstudenten unter den Studenten kontinuierlich gewachsen ist. Entsprechend sind unter den 80.000 Mitgliedern des Verbandes Deutscher Ingenieure (VDI) auch gegenwärtig nur ganze 400 Frauen auszumachen! (Immenkötter/Pauls 1985: 1)
Für sich genommen ist der Ausbau der Ingenieurfachbereiche ein Ausdruck des zunehmenden Einflusses der Technik auf die Gesell-

schaft. Um so besorgniserregender also, wenn Frauen auf die aktive Gestaltung der technischen Zivilisation so gut wie keinen Einfluß nehmen. Das alte Vorurteil, daß Technik Männersache sei, ist in diesem Zusammenhang schnell zur Hand. Ein Vergleich mit anderen Ländern - hoch entwickelten und weniger entwickelten - zwingt dies Vorurteil jedoch in die Schranken. Zwar ist auch für die meisten anderen Gesellschaften charakteristisch, daß Frauen seltener als Männer Zugang zu technischen Professionen finden, doch die Ausgrenzung von Frauen aus dem Ingenieurberuf zeigt in der hochentwickelten und Technik exportierenden Bundesrepublik ganz deutlich Profil. Am klarsten bezieht in dieser Hinsicht die Sowjetunion eine Gegenposition, wo sich Frauen und Männer diesen Erwerbsmarkt teilen (Rudolph 1984), aber auch in den USA sind wesentlich mehr Ingenieurinnen erwerbstätig als in der Bundesrepublik. Je nach Bundesland finden sich dort unter hundert Ingenieuren 10 bis 25 Frauen. Selbst im Vergleich mit sogenannten Entwicklungsländern bezieht die Bundesrepublik eine schwache Position: Marokko 10 %, Honduras 15 %, Columbien 13 %, Paraguay 13% etc. (Malcolm etc. 1985).

Diese Zahlen stimmen nachdenklich und drängen, nach den Gründen zu fragen. Doch so gering die Zahlen der erwerbstätigen Ingenieurinnen in diesem Land, so gering sind auch die Kenntnisse über ihre Studien- und Erwerbsbedingungen. Auch die neue deutsche Frauenbewegung und die durch sie motivierten Vertreterinnen der Frauenforschung richten erst seit wenigen Jahren ihr kritisches Auge auf diesen Mangelberuf für Frauen.

Mit solchem Problembewußtsein entstand an der TU Berlin vor etwa fünf Jahren ein Diskussionskreis über jene Studentinnen, die auch an der Technischen Universität eine Randgruppe darstellen: Elektroingenieurinnen und Maschinenbauerinnen.

Das Interesse an Ingenieurinnen dieser Disziplinen, in denen Frauen Seltenheitswert haben, basierte auf der Annahme, daß durch die Erforschung ihrer Studien- und Erwerbserfahrungen Barrieren, die einem Ingenieurstudium von Frauen entgegenstehen, am ehesten sichtbar werden können.

1.1.2 Motivationaler Hintergrund

Daß vor einigen Jahren unser Forschungsantrag an ein Bundesministerium, mithin eine Institution mit politischer Kompetenz, nicht aber an eine politikneutrale Fördereinrichtung gestellt wurde, verdankt sich der Tatsache, daß dies Projekt von Anfang an von der Absicht getragen war, zunächst an der Technischen Universität Berlin, später auch an anderen Technischen Hochschulen fördernde Maßnahmen für Ingenieurinnen zu initiieren. Dies nicht von ungefähr.
Denn die höhere Repräsentation von Frauen unter den Ingenieuren ist in den übrigen westeuropäischen Ländern, aber auch in den USA, nicht nur auf ein anders geartetes kulturelles Berufsumfeld zurückzuführen, sondern wesentlich auch darauf, daß die Unterrepräsentation von Frauen im Ingenieurberuf schon sehr viel früher politische Schritte motivierte, die auf die Studienwahl von Abiturientinnen unverkennbar Einfluß genommen haben. Ein paar Beispiele zur Entwicklung der Frauenanteile unter den Ingenieurstudenten in verschiedenen Ländern mögen dies illustrieren (Byrne 1985):

Land	Jahr	Frauenanteil Ing.-Stud.
Großbritannien	1967	1,5%
	1984	9,4%
Dänemark	1972	4,6%
	1983	10,0%
Schweden	1964	4,6%
	1983	10,0%
Frankreich	1964	4,0%
	1983	16,0%
USA	1968	1,0%
	1980	10,0%

Auch unter den berufstätigen Ingenieurinnen stieg in dieser Zeitspanne die Quote der Frauen, wenngleich sich dies in der Statistik weniger niedergeschlagen hat, weil im Gleichschritt die Gesamtzahl der Ingenieure angestiegen ist. Hervorzuheben ist, daß in allen genannten Ländern Programme mit dem Ziel entwickelt wurden, mehr Frauen den Zugang zum Ingenieurberuf zu eröffnen. Die unverkennbaren Erfolge verdanken sich jedoch wesentlich der Einbindung solcher Maßnahmen in übergreifende politische und bildungspolitische Orientierungen:

In Skandinavien sind diese Förderprogramme in eine seit zwei Jahrzehnten bewährte Politik der gesellschaftlichen und ökonomischen Gleichberechtigung integriert, die eine soziale Aufwertung der Frauenerwerbstätigkeit überhaupt bewirkt hat. Entsprechend ist die Verantwortlichkeit des Staates für den Ausbau einer sozialen Infrastruktur unbestritten, die es Frauen wie Männern gleichermaßen ermöglichen soll, Familienarbeit und Erwerb miteinander zu verbinden. In diesem Kontext ist eine breite Palette von Maßnahmen angesiedelt, um Geschlechtsstereotype im Bildungs- und Beschäftigungssystem aufzubrechen. In Schweden lag der Schwerpunkt zunächst auf der Ebene technischer Facharbeiterberufe, und es wurden Fördermaßnahmen durchgeführt, die den bundesdeutschen Pilotversuchen zur Öffnung gewerblich/technischer Berufe für Frauen vergleichbar sind. Inzwischen sind **alle** Sozialpartner an der Erhöhung des Frauenanteils in den Ingenieurwissenschaften interessiert. Wichtige Ansatzpunkte im Hinblick auf dieses Ziel sind:

- Bemühungen um eine Mindestquote von Frauen unter den Studenten eines Faches,
- Aufklärung von Eltern und Berufsberatung,
- die Präsentation von Rollenmodellen.

Ähnlich wie in England wird versucht, das Interesse von Schülerinnen der Oberstufe für naturwissenschaftliche und technische Studiengän-

ge zu gewinnen, indem an Hochschulen vorbereitende summer-schools für Mädchen veranstaltet werden (Byrne 1985: 103 f.).
In Dänemark dagegen werden - auf der Grundlage einer umfänglichen wissenschaftlichen Untersuchung über Barrieren gegen ein Ingenieurstudium von Frauen - den Studentinnen in den verschiedenen Fächern Kommunikations- und Anlaufpunkte angeboten, um auf diese Weise "die kritische Masse" zu erreichen, die aus dem Sonderstatus der Vereinzelung befreit. Erwähnenswert sind daneben Strategien mit dem Ziel, Frauen auf der Dozentenebene zu fördern, zum Beispiel dadurch, daß für eine Einstellung eine nur durchschnittliche Qualifikation verlangt wird.
Positive Rahmenbedingungen für die Entwicklung in Großbritannien waren das Sex Discrimination Act von 1975 und die Einrichtung der Equal Opportunities Commission von 1976. Aufgrund der Autonomie der britischen Hochschulen hatten sie jedoch im Universitätsbereich wenig Einfluß (Byrne 1985: 20). Erst der Finniston Enquiry Report von 1979, der vor einem alarmierenden Ingenieurmangel warnte, führte zur Einrichtung einer Kommission, die ein breites Spektrum von Maßnahmen initiierte:

- Einzelne Branchen (Chemie, Elektrotechnik, Textil) werben seither - zum Beispiel mit Stipendien - um Ingenieurinnen.
- Der Engineering Industry Training Board veranstaltet summer-schools mit Betriebsbesichtigungen, Vorführungen an technischen Hochschulen und fördert die Begegnung von jungen Frauen mit berufstätigen Ingenieurinnen.
- Fakultäten einzelner technischer Hochschulen werben gezielt um Frauen.
- Ausbildungsausschüsse der Industrie gewähren Stipendien für junge Ingenieurinnen.
- Die Frauensektionen der berufsständischen Verbände bemühen sich um die Präsentation neuer Karrieremuster.

- Die Open University bietet Wiedereingliederungskurse für Frauen in Ingenieurberufe an, die von der Arbeitsverwaltung finanziert werden.

Eine beeindruckende Fülle fördernder Initiativen enthüllt auch ein Blick auf die Politiken in den Vereinigten Staaten, wo an den verschiedenen Universitäten sich Variationen zu allen eben genannten Maßnahmen nachweisen lassen. Als darüber hinausgehend ist erwähnenswert, daß die Universitäten häufiger als in Europa besondere Kurse zum Ausgleich von Bildungsdefiziten anbieten, etwa math clinics gegen die Mathematikangst oder Werkstattkurse zum Ausgleich der fehlenden Bastelerfahrungen von Frauen aus der Kindheit. Besonders bemerkenswert ist der Versuch, die auch geschlechtsspezifische Kluft zwischen technischen und sozialwissenschaftlichen Fächern zu schließen, indem Dual-Degree-Programme konzipiert wurden, die eine Kombination von Ingenieurwissenschaften mit Sozial- bzw. Kulturwissenschaften beinhalten und damit einer "weiblichen Mischbegabung" entgegenkommen. Besonders erfolgreich mit solchen Programmpaketen war die Purdue University in Indiana, der es dadurch innerhalb von 10 Jahren gelang, die Zahl ihrer weiblichen Undergraduates in Ingenieurwissenschaften von 47 auf über 1000 zu erhöhen.

Die Entwicklung in Frankreich fällt insofern aus dem Rahmen, als hier eine besonders markante Steigerung des Frauenanteils in den Ingenieurwissenschaften ohne spezielle Frauenförderungprogramme erreicht wurde. Allerdings genießen in Frankreich Mathematik, Naturwissenschaften und Technik traditionell eine besonders hohe soziale Wertschätzung, was sich unter anderem darin ausdrückt, daß die prestigereichen Grandes Ecoles weitgehend auf diese Disziplinen beschränkt waren. Und sie waren - bis in die jüngere Vergangenheit hinein - den Männern vorbehalten! Die Umwandlung in koedukative Einrichtungen in den 60er und 70er Jahren übte auf begabte Frauen

eine schnelle Sogwirkung aus, wie die oben zitierten Zahlen sichtbar machen.
Es wäre freilich handlungspragmatisch zu kurz gegriffen, wollte man die in Europa und den USA erzielten Erfolge allein auf die schnelle Hebelwirkung universell wirksamer Maßnahmen zurückführen. Im Gegenteil, die Vielfalt der ausländischen Erfahrungen zeigt auch, daß ein und dieselbe Maßnahme an verschiedenen Orten sehr unterschiedlich wirksam wird, weil der Erfolg nicht unwesentlich vom allgemeinen Klima der sie tragenden Einrichtungen abhängt.
Diese Einsicht hat uns davon abgehalten, an der TU Berlin kurzatmige Maßnahmen vorzuschlagen, nur weil sie sich im Ausland bewährt haben. Es wurde zwar schon im Vorfeld der Projektarbeit eine Informationsbroschüre für potentielle Studentinnen der Ingenieurfächer erarbeitet (TUB 1981), grundsätzlich jedoch sahen wir davon ab, Fördermaßnahmen ohne Grundlagenforschung zu installieren.
Um die Ergebnisse der Untersuchung auf das gesamte Bundesgebiet verallgemeinern zu können, entschieden wir uns, zwei Technische Hochschulen mit sehr unterschiedlichen intellektuellen und habituellen Milieus als Untersuchungsorte zu wählen. Die Entscheidung fiel einerseits auf die als relativ liberal geltende Heimatuniversität, die Technische Universität Berlin, und andererseits auf die eher konservativ eingeschätzte Rheinisch-Westfälische Hochschule (RWTH) Aachen. Ausgehend von den Forschungsergebnissen an beiden Universitäten werden am Ende dieser Untersuchung Empfehlungen vorgestellt, die ausländische Vorerfahrungen und heimische Rahmenbedingungen kombinieren.

1.1.3 Stand der Forschung

Dem Vorsprung auf der Ebene der Politik entsprechend, gibt es im Ausland einen Wissensvorsprung über die Studien- und Erwerbssituation von Ingenieurinnen. Grundlegende theoretische und empirische Arbeiten zu sozialisationsbedingten und institutionellen Einflußfaktoren einer Ingenieurinnenkarriere sind überwiegend in den Vereinigten Staaten entstanden, sodann in Großbritannien. Für Österreich liegt aus den 70er Jahren eine quantitative Untersuchung vor (Gaudart 1975). Für die Bundesrepublik existieren allenfalls Überprüfungen und Modifikationen einzelner Thesen und Ergebnisse im Ausland entwickelter Ansätze, ohne daß die sozialen und kulturellen Bedingungen einer Übertragung von Forschungsergebnissen auf hiesige Verhältnisse geklärt würden.

Dennoch bedeuten diese Forschungen eine gewisse Vorstrukturierung des Untersuchungsfeldes. Ein zentraler Teilbereich knüpft an die politischen Forderungen der Frauenbewegung des 19. Jahrhunderts an, wenn nach den Gründen gefragt wird, warum Mädchen in Mathematik und Naturwissenschaften weniger gute Leistungen erbringen als Jungen. Der weltweit gleichförmige Befund unterstreicht (Berg-Peer 1981), daß Mädchen in diesen Feldern intellektueller Selbstbestätigung und Bewährung weniger leistungsfähig sind als Jungen. Hervorhebung verdienen in dieser Hinsicht die Berichte der GASAT-Konferenzen (Girls, Science and Technology). Sie enthalten auch Hinweise auf das Gewicht sozialer Faktoren für ein negatives oder positives Verhältnis von Mädchen zu Naturwissenschaften und Technik.

Während über das Verhältnis von Schülerinnen zu Naturwissenschaft und Technik, vor allem über ihre Aversion gegen die Auseinandersetzung mit dem Nicht-Lebendigen (Kelly 1981) sowie über Möglichkeiten der fördernden Beeinflussung immerhin schon empirische Arbeiten zitierfähig sind (Whyte 1984), sind geschlechtspezifische Erfahrungen der Ingenieurstudentin und erwerbstätigen Ingenieurin mit der Technik sowie weibliche Besonderheiten technologiebezogener Problemlösungsstrategien mit empirischer Verbindlichkeit kaum belegt. Zwar wurden sowohl im Ausland (Rothschild 1983; Keller 1981) als auch in der Bundesrepublik (Rübsamen 1983; Janshen/Mandelartz 1986) theoretische Vorüberlegungen über die grundsätzliche und strukturelle Veränderbarkeit der technischen Zivilisation durch die Einflußnahme von mehr Technikerinnen und Ingenieurinnen angestellt, zwar werden da und dort einzelne Erfahrungsberichte von Ingenieurinnen zitiert, die sich in ihrem Technikverständnis von männlichen Kollegen abgrenzen (Berghahn u.a. 1984), doch unternimmt es die vorliegende Untersuchung erstmalig, mit empirischer Systematik Licht ins Dunkel dieses Problemzusammenhanges zu bringen.

Nachdem eine Reihe empirischer Untersuchungen die Annahme widerlegt hat, die geringe Zahl von Frauen in naturwissenschaftlichen und technischen Disziplinen sei intellektuellen Defiziten geschuldet, konzentrieren sich die Forschungsarbeiten etwa des letzten Jahrzehnts auf strukturelle und institutionelle Aspekte jener Barrieren, die Frauen davon abhalten, ein Ingenieurstudium zu ergreifen. Diese Forschungsansätze stehen in engem Zusammenhang mit bildungs- und arbeitsmarktpolitischen Interessen an einer kostengünstigen und bedarfsgerechten Lösung der Qualifikationsprobleme. Erforscht wurden in Langzeitbeobachtungen Veränderungen der zahlenmäßigen Anteile von Frauen am Ingenieurstudium und -beruf (Corbet u.a. 1980), Zugangsschwierigkeiten zu den Universitäten (Horst 1981; Druchholz 1977), Studienmotivation (Erickson 1981), Erfolgs- und Durchsetzungsbedingungen (Ott 1978; Gardner 1976) sowie Abbruchquoten, die bei Frauen höher zu sein scheinen als bei Männern (Gaudart 1975) und wiederum überdurchschnittliche Erfolge beim Abschluß des Studiums (Dresselhaus 1985).

Auch im Hinblick auf die Berufstätigkeit von Ingenieurinnen überwiegen die Belege für die Bedeutung struktureller und institutioneller Rahmenbedingungen. Unter ihnen verdient besondere Hervorhebung eine Untersuchung über Karrieremuster von Ingenieurinnen und Ingenieuren in den USA, die mit einer sehr umfänglichen Erhebungspopulation von ca. 1200 durchgeführt wurde (Lebold u.a. 1982) und über die Verteilung von Ingenieurinnen in bestimmten Teilerwerbsmärkten, ihre Karrieremuster und Motivationen informiert. Andere Studien, ebenfalls vor allem in den USA, belegen, kommentieren und widerlegen verschiedene Teilaspekte dieser Untersuchung. So gibt es einerseits empirische Hinweise darauf, daß Ingenieurabsolventinnen trotz durchgängig besserer Abschlußnoten als ihre männlichen Kollegen keineswegs mit günstigeren Berufseinstiegsbedingungen rechnen können, später jedoch an Arbeitszufriedenheit mit ihnen gleichhalten (Jayacinski 1981). Häufiger werden allerdings diskriminierende, negative Seiten der Berufserfahrung von Ingenieurinnen angeführt. Die überwiegende Mehrheit wird offenkundig - ähnlich wie auch sonst Anwärterinnen auf Führungsfunktionen - von betrieblichen Machtpositionen ferngehalten (Kanter 1977), findet schwer Zugang zu informellen Ressourcen und Netzwerken (Miller u.a. 1981), wird durchschnittlich schlechter bezahlt und spricht dementsprechend weniger häufig von einer hohen Arbeitszufriedenheit (Miller u.a. 1975). Erschwerte Arbeitseinsatzbedingungen für Frauen finden sich offenkundig dort, wo Männer bevorzugt auf Einstellung drängen: in der Industrie, überhaupt in allen Bereichen techniknaher Fertigung, die produktionsnah sind.

Einige Aspekte der hier exemplarisch angeführten Untersuchungen lassen sich zwar auch für die Bundesrepublik vereinzelt nachweisen, doch sind ihre Quellen meist nur Voruntersuchungen und Erfahrungsberichte. Der Verband Deutscher Ingenieure (VDI) hatte in den 60er Jahren bereits einmal einen Ausschuß "Frauen im Ingenieurberuf" eingerichtet. Auf der Basis einer VDI-internen Erhebung wurde damals nachgewiesen, daß Frauen hauptsächlich in der wenig karriereträchtigen Peripherie der eigentlichen Technologieentwicklung - Dokumentation, Personalbereich, staatliche Bürokratie, Bibliotheken etc. - einer Ingenieurtätigkeit nachgehen (VDI 1967). Für die Bundesrepublik liegen jedoch weder intensive qualitative Forschungen noch extensive Langzeiterhebungen vor, was die Übertragung ausländischer Ergebnisse auf hiesige Verhältnisse erheblich erschwert. Zur Zeit wird an der Universität Dortmund eine Befragung von Chemikerinnen und Informatikerinnen durchgeführt, die einen spannenden Vergleich der traditionellen Disziplin Elektrotechnik mit dem verwandten jungen Fach Informatik nahelegt, aber bis dato liegen noch keine Ergebnisse vor (Metz-Göckel u.a. 1987).

Der Mangel an wissenschaftlichen Vorerfahrungen für unsere eigene Untersuchung wird auch durch die in den vergangenen zwanzig Jahren zahlreicher gewordenen Forschungsarbeiten zur Ingenieurarbeit nicht ausgeglichen. Zwar bieten die Befragungen z.B. des VDI (Hillmer u.a. 1976) und andere Monographien zur technisch-wissenschaftlichen Intelligenz (Beckenbach u.a. 1975; Kammerer u.a. 1973; Neef 1982) umfängliches Hintergrundwissen über den milieuspezifischen Habitus dieser Profession, doch die besonderen Erfahrungen von Ingenieurinnen sind in ihnen nicht einmal eines zarten Hinweises wert. In den einzelnen biographisch-qualitativ angelegten Untersuchungen über männliche Ingenieure (Hermanns u.a. 1984; Busch u.a. 1981), dominiert auch die Analyse struktureller Bestimmungsfaktoren der Ingenieurarbeit. Doch die insgesamt umfängliche Literatur zur Situation männlicher Ingenieurarbeit ließ es zu, in unserer Untersuchung die Befragung männlicher Ingenieure auf eine kleine Kontrollgruppe zu beschränken.

Es liegt auf der Hand, daß das pragmatische Interesse an bildungs- und arbeitsmarktpolitischen Direktiven den forschenden Blick auf eher strukturelle und institutionelle Einflußfaktoren lenkt, da diese schneller zu beeinflussen sind als subjektive Entwicklungen und soziale Prozesse außerhalb der staatlichen Institutionen. Das gilt insbesondere für die Durchsetzung kurzfristig angelegter Veränderungen, wie sie durch die - mit Sanktionen und Dotationen aufgepolsterte - Antidiskriminierungspolitik in den Vereinigten Staaten möglich waren. Nicht zuletzt die überproportionale Arbeitslosenquote der Ingenieurinnen, seit die Arbeitsplatzverknappung auch vor dem Ingenieurbereich nicht Halt macht, verdeutlicht, wie unabdingbar und langfristig Wandlungen in den komplementären Politikfeldern angelegt werden müssen.

Eine darüber hinausführende Absicht - und diese hat unsere Forschungsarbeit angetrieben - zwingt dazu, auch entwicklungspsychologische Faktoren und psycho-soziale Konditionierungen mit einzubeziehen. Diese sind bislang allenfalls beschreibend, nicht aber in theoretisch begründeter Analyse in die Untersuchung über Ingenieurinnen eingeflossen. Daher sind wir zu Anleihen in benachbarten Forschungsfeldern gezwungen. Eine gewisse Ausbeute ist möglich in den Forschungsergebnissen über Frauen in Leitungspositionen. Bedeutsam in diesem Kontext ist z.B. der auch in unserer Untersuchung aufgegriffene Hinweis, daß viele der erfolgreichen Frauen die Geburtenhierarchie der Geschwister anführen und eine besondere Förderung durch den Vater erhalten haben (Hennig/Jardim 1978; Gaudart 1975). Auch der von Kanter (1977) gegebene Anstoß, die sozialen Probleme - insbesondere die der Durchsetzung für eine Minderheit in einer sozialen Gruppe - geschlechtsbezogen für die Ausnahmefrauen in Männerdomänen durchzudeklinieren, findet in dieser Untersuchung verschiedentlich einen wissenschaftlichen Ort. Menschen entwickeln, wie Nachfolgearbeiten sichtbar gemacht haben, erst mit der Verankerung in einer Anteilsgruppe von mindestens 15 % ein "normales" und solidarisches Gruppenverhalten. Bei dieser Quote beginnt freilich

auch der aktive Widerstand des dominanten Sozialmilieus. Da die von uns befragten Ingenieurinnen sich hierzulande weit unter diesem Niveau bewegen, ist davon auszugehen, daß sie noch die "Normalität der Außenseiterin" verkörpern.
Weitere intellektuelle Anleihen beziehen sich auf sozialpsychologische Ansätze zur Erläuterung des intellektuell-psychischen Habitus des durchschnittlichen Ingenieurs (Garbrecht 1980; Brämer/Nolte 1983), des weiteren auf einschlägige Literatur zu den verschiedenen Phasen der primären und sekundären Sozialisation, die wir an dieser Stelle jedoch nicht eigens ausweisen, insbesondere Familien-, Schul- und Bildungssoziologie sowie Industriesoziologie.
Die mangelnde Kohärenz wissenschaftlicher Vorerfahrungen sowie die Probleme der Übertragbarkeit ausländischer Forschungsergebnisse, verbunden mit dem extrem niedrigen (auch nur statistischen) Informationsstand in der Bundesrepublik haben uns dazu bewogen, für die hypothetische Grundlegung dieses Projektes eigene empirische Vorarbeiten zu initiieren. 1979/80 wurde an der Technischen Universität Berlin eine Voruntersuchung durchgeführt (Janshen 1983), bei der 15 Hochschullehrer der Ingenieurwissenschaften zur Situation der Fächer und der studierenden Frauen Auskunft gaben. Als Komplement dienten 3 Gruppendiskussionen mit Technikerinnen innerhalb und außerhalb der TU und mit 15 Studentinnen und Erwerbstätigen der Ingenieurwissenschaften über ihre Lebens- und Berufsbiographie. Die Themen des Gesprächsleitfadens

- Verhältnis zu den Eltern in der Kindheit und Jugend,
- Identifikation mit der Frauenrolle,
- Begabungsmuster,
- Schulerfahrungen,
- Berufserwartung und Lebenswünsche,
- persönliche Beziehungen

haben sich dabei bewährt und wurden deshalb später auch zu Leitthemen der Interviewstruktur für diese Untersuchung.
Außerdem entstand 1982 je eine Expertise über die Reintegrationsprobleme nicht (mehr) erwerbstätiger Ingenieurinnen an der RWTH Aachen und an unserer Heimatuniversität (Pauls 1982; Özver-Krochmann 1982). Diese bestätigten die Vermutung, daß es für Ingenieurinnen, die sich eine - meist familiär bedingte - Unterbrechungsphase in ihrer Berufsbiographie leisten, bislang so gut wie keine Wiedereingliederungschance gibt.
Im Vorfeld der Untersuchung wurde außerdem eine Magisterarbeit (Berg-Peer 1981) über die Situation von Ingenieurinnen erarbeitet, in der vorwiegend ausländische Forschungsergebnisse aufgearbeitet wurden. Anfang 1982 führte eine der Antragstellerinnen (Hedwig Rudolph) Gespräche am Massachusetts Institute of Technology (MIT, USA) durch und setzte sich mit der Übertragbarkeit von Forschungsergebnissen und bildungspolitischen Initiativen zugunsten von Frauen im Ingenieurberuf auseinander. Dies hat nicht unerheblich auf die Entscheidung eingewirkt, die nun vorliegende Untersuchung im Sinne qualitativer Grundlagenforschung zu konzipieren, dabei aber die Anzahl der Befragten so groß zu halten, daß inhaltlich verallgemeinerbare, wenn auch nicht repräsentative Rahmenbedingungen und Verhaltensmuster von Ingenieurinnen sichtbar werden.

1.2 Anlage der Untersuchung

1.2.1 Empirische Grundlegung: Zum Konzept der inhaltlichen Verallgemeinerbarkeit

Der Grad, in dem ein Forschungsfeld intellektuell unentdeckt oder erschlossen ist, prägt die Möglichkeiten, eine methodologische Handlungsperspektive für die Forschungsfragen zu entfalten. Der in unserem Falle unverkennbare Mangel an übertragbaren oder validen wissenschaftlichen Vorerfahrungen hat zu der Entscheidung geführt, die Untersuchung explorativ anzulegen. Mit anderen Worten: die Arbeit gehört in die Rubrik Grundlagenforschung. Umgesetzt in die empirische Arbeitsform, impliziert dies die Verwendung offener Interviews, nicht jedoch im eigentlichen Sinne narrativer, sondern solcher, in denen ein thematisch strukturierter Leitfaden trotz aller Offenheit für Akzentuierungen durch die Gesprächspartnerinnen eine Vergleichbarkeit der Ergebnisse sicherstellt.

Die politische Einbindung des Projekts zwang darüber hinaus zu einer Klärung methodologischer Kontroversen. In der Beantragungsphase des Projektes wurde von seiten des Ministeriums der Anspruch auf eine repräsentative Untersuchung 'Die Ingenieurin in Deutschland' angemeldet. Im Gegensatz dazu war es uns ein Anliegen, sichtbar zu machen, daß zwar die erwartbare Heterogenität der vereinzelten Ingenieurinnen Fehlaussagen über die "Normalingenieurin" erzeugen müßte, wenn sie über standaridisierte Verfahren erlangt würden, wiederum aber mußten auch wir anerkennen, daß politische Handlungskompetenz zumindest verallgemeinerungsfähige Forschungsergebnisse verlangt.

Wir verpflichteten uns daher auf das methodische Kriterium der 'inhaltlichen Verallgemeinerbarkeit'. Damit ist ein Verfahren bezeichnet, das mittels einer qualitativen Erhebung durch Teilauszählungen einzelner Aspekte, vor allem aber durch die theoretische Fundierung und Interpretation differenzierter, aber kumulierter Einzelbefunde zu idealtypischen Aussagen gelangt. In der empirischen Umsetzung hatte dies zur Folge, daß wir mehr Interviews durchführten, als dies generell bei umfänglichen qualitativen Interviews üblich ist. Angesichts einer durchschnittlichen Dauer von fünf bis acht Stunden für jedes Gespräch ist die Zahl von hundert Interviews ausgesprochen hoch, und die Auswertung gestaltete sich entsprechend aufwendig. Dem Anspruch auf inhaltliche Verallgemeinerbarkeit suchten wir nicht nur durch den Frageleitfaden (s. Anhang 4) gerecht zu werden, sondern auch durch die Befragung einer männlichen Kontrollgruppe von knapp 20 Prozent, deren abweichende Erfahrungen am Ende der Untersuchung zur Sprache kommen werden. In diesen Kontext gehört auch der Hinweis, daß die Erhebung nicht auf die als liberal eingestufte Technische Universität beschränkt blieb, sondern vergleichend die studentischen Erfahrungen an der traditionell konservativen Technischen Hochschule Aachen herangezogen wurden.

Bei der Suche nach erwerbstätigen Interviewpartnerinnen im Bereich Elektro-Technik und Maschinenbau, die mindestens über eine zweijährige Berufserfahrung verfügen sollten, waren wir sogar gezwungen, in weiteren Regionen als Berlin und Nordrhein-Westfalen Ausschau zu halten - vor allem in Süddeutschland -, da es trotz der Unterstützung von VDI und Gewerkschaften sowie eigener sorgfältiger Recherchen dort nicht möglich war, eine hinreichende Zahl von gesprächsbereiten Ingenieurinnen zu finden. Hätten wir unser Sample auch auf Fachhochschulabsolventinnen ausgeweitet, deren Anteil unter männlichen Ingenieuren wesentlich höher liegt, wäre dieser Engpaß nicht aufgetreten. Aber unsere forschungspolitische Absicht, dort zu erheben, wo die Restriktionen gegenüber Frauen offenkundig am größten sind, hat uns trotz der auftretenden Schwierigkeiten daran festhalten lassen, fast ausschließlich Diplomingenieurinnen auf ihre Erfahrungen hin zu befragen.

Die umfänglichen Interviews wurden transkribiert, in einem aufwendigen Arbeitsgang schließlich themenzentriert ausgewertet, um zu idealtypisch-verallgemeinerungsfähigen Aussagen zu gelangen. Dabei - und die nachfolgende Darstellung unserer Forschungsergebnisse wird dies belegen - hat sich die Richtigkeit unserer Vermutung herauskristallisiert, daß die Musterbiographie der "Normalingenieurin" nicht auszumachen ist, sondern, lebensgeschichtlich betrachtet, sehr unterschiedliche Erfahrungen dazu führen können, daß eine Frau sich in den Sonderstatus einer Ingenieurin hineinbegibt. Es wäre eine spannende Aufgabe gewesen, der Ausdifferenzierung einzelner Biographien nachzugehen, aber unserem Interesse an der inhaltlichen Verallgemeinerbarkeit folgend, haben wir es vorgezogen, horizontal zu bündeln, uns dabei aber an den Phasen eines Lebenslaufs zu orientieren.

Mit dieser Entscheidung standen wir - zumindest zum Zeitpunkt der Befragung - in einem gewissen Gegensatz zu den methodischen Postulaten unseres eigenen politischen Bezugsrahmens, ohne den diese Untersuchung nicht entstanden wäre: der feministischen Frauenforschung. Zahlreiche frauenpolitische Untersuchungen sind mit dem Anspruch verknüpft, durch die empathische Einbindung der Forscherinnen, ihre "Betroffenheit" und die parteiliche Bewertung von Benachteiligungen das zu erreichen, was mit dem Ehrentitel kritischer Sozialforschung zu versehen wäre. "Kritische Sozialforschung", so formuliert es Regine Becker-Schmidt stellvertretend für viele, "untersucht die Ursachen, die soziale Ungleichheit bewirken, aber auch die Interessen derer, die von ihr profitieren und darum nicht an ihr rütteln lassen wollen. Und sie läßt sich auf die Realität derer ein, die von gesellschaftlicher Mitbestimmung ausgeschlossen und sozial unterlegen sind" (Becker-Schmidt 1985: 94).

Auch wir sahen und sehen uns in diesem Sinne verpflichtet, als Sozialwissenschaftlerinnen Zeitgenossenschaft kritisch auszutragen und bezogen auf die marginalisierte Berufsgruppe der Ingenieurinnen patriarchale Behinderungen und auch Selbstverletzungen der Betroffenen sichtbar zu machen. Diejenigen, die ausgegrenzt und ins Abseits geschoben, lange kaum bemerkt, geschweige denn respektiert wurden, sollen sich durch das Medium unserer Forschung mitteilen können. Mit anderen Worten: wir teilen die Grundposition feministischer

Frauenforschung, daß die Unterdrückten das Ausmaß und die Ausprägungen der Diskriminierung am besten formulieren können (Mies 1984), möchten aber gegen eine radikalisierte methodologische Interpretation dieser Prämisse auch anführen, daß die gesellschaftliche Wirklichkeit der Unterdrückten wie die aller Menschen überhaupt durch Verwischungen und Verdrängungen verzerrt ist.

Deshalb - und nicht nur wegen der Notwendigkeit ministeriellen Handlungsbedarfs - gehört diese Untersuchung nicht in den Kontext der Aktionsforschung, und sie ist auch nicht jenen Ansätzen feministischer Biographieforschung zuzurechnen, in denen darauf gesetzt wird, daß die authentische Wiedergabe des Gesagten sozialwissenschaftliche Interpretation überflüssig mache. Die biographische Methode kann zwar nicht als "Erfindung" der Frauenforschung reklamiert werden (Kohli 1981), aber sie fand nicht zufällig in dieser Disziplin besondere Verbreitung (Woeseler-de Panafieu 1980). Schließlich entspricht die biographische Methode dem Umstand, daß Frauen als Feld in der Wissenschaft kaum anerkannt sind. Wir wenden uns jedoch gegen eine ideologische Überfrachtung dieser Methode, die vorgibt, auf die Interpretationsbedürftigkeit von Erfahrung verzichten zu können. Wenn eine Vermittlung von subjektiven und objektiven Erfahrungen zu neuen Lern- und Lebenssituationen führen soll, ist eine bewußte theoretische Interpretation von Wirklichkeit unabdingbar.

Die Interviewerfahrungen in diesem Projekt haben uns bestätigt, daß strukturierende Vorgaben, die selbstverständlich immer auch eine soziale, in diesem Fall sozialwissenschaftliche Interpretation implizieren, nicht zwangsläufig als herrschaftliche Gesten zu sehen sind. Bedeutsam erscheint uns die Gesprächssituation, in der diejenigen, die die Fragen stellen, souverän genug sein müssen, eigene Einschätzungen zu revidieren und damit auch den eigenen Theorieansatz zu überprüfen. Das gilt ganz besonders in unserem Falle für Interviews mit hochqualifizierten und intelligenten Frauen. Ihnen von vornherein eine widerständige Eigenständigkeit im Gespräch abzusprechen, hieße, sie auf jenen Objektstatus festzuschreiben, gegen den wir uns von unseren politischen Absichten her wenden. Wissenschaftlich formuliert, bedeutet das, daß wir unseren Interviewpartnerinnen eine 'thematische Kompetenz' unterstellen. Dieser Begriff folgt der Definition des 'Laienexperten' (Sack/Weingarten 1976), die den Erforschten nicht nur themenbezogenes gültiges Wissen zugesteht (Berger 1974), sondern das Vorbewußtsein beinhaltet, daß sie eine der Wissenschaft gleichwertige Position einnehmen bei der Definition dessen, was Realität ist. Dennoch sind wir uns bewußt, daß die Rekonstruktion der eigenen Biographie in einem Interview nicht gleichbedeutend ist mit der Erkundung einer "objektiven Wahrheit". Was wir in diesen Gesprächen erfahren, sind die Typisierungen alltäglicher Erfahrungen, mithin jene Selbstinterpretationen, die das einzelne Individuum in einer bestimmten Situation handlungsfähig machen, von der es später aber sagen mag, "wenn ich das damals alles gewußt hätte". Für den Kontext unserer Fragestellung ist in gewissem Maße also unbedeutend, ob die Selbstdeutungen unserer Gesprächspartnerinnen wahr sind oder nicht. Entscheidend ist für uns, welche Überlegungen und Selbstinterpretationen für die Legitimation einer Berufsentscheidung angeführt werden.

Selbstverständlich ist unsere Forschung parteilich und Ausdruck von Mitbetroffenheit in dem Sinne, als wir selbst Angehörige der patriarchal organisierten Universität sind. Andererseits wäre es jedoch überzogen, bei der großen Zahl der Interviews vorzugeben, daß in jeder Gesprächssituation das "auch ich" der Tiefe der eigenen Betroffenheit entspringen könne. Es ging darum, ähnlich wie in therapeutischen Situationen Empathie und strukturelle Mitbetroffenheit zu erzielen.

Daß Verzerrungen von empirischen Forschungsergebnissen durch die Interviewsituation entstehen können, ist ein großes Thema der empirischen Sozialforschung. Solche Gefahr gilt insbesondere für offene und beziehungsintensive Gesprächssituationen. Auch wenn unsere Erhebung sich primär auf soziale Momente des alltäglich "bewußten Seins" bezieht (MacIver 1964), gewinnen dennoch sozialpsychologische Momente sozialer Stigmatisierung oder Tabuisierung als intervenierende Variablen an Bedeutung. Es entstehen Unsicherheiten gegenüber der Thematisierung persönlicher Stigmatisierungen und Tabus (wie z.B. sexuelle Erfahrungen, die finanzielle Situation), die unter dem Stichwort 'Angst' zusammengefaßt werden können. Angst entsteht dabei - wenngleich in unterschiedlicher Ausprägung - sowohl bei den Erforschten als auch auf der Seite der Forscherinnen (Devereux 1976).

"Angst" und "Kompetenz" stehen in einer Wechselbeziehung: Je bewußter und umfassender persönliche Kompetenz im Dialog zwischen Forscherinnen und Gesprächspartnerinnen bestimmend ist, desto geringer ist die Wirkung der Angstproblematik. Die Erfahrung mit unseren Interviewpartnerinnen zeigte, daß bei ihnen Abwehr am ehesten durch die Berührung von Phantasien, Ängsten und Traumata ausgelöst wurde, während auf unserer Seite ein typisches Problem feministischer Frauenforschung sichtbar wurde. Feministische Frauenforschung hat sich bei allen Fragestellungen dem Problem der grundsätzlichen Ohnmacht von Frauen zu stellen. Sie kann darauf in sehr verschiedener Weise reagieren: z.B. durch die Fixierung auf oder die Verdrängung von Macht/Ohnmachts-Erfahrungen, durch die Stigmatisierung von Anpassung an Männerverhalten sowie durch die Überbetonung weiblicher Fähigkeiten. Es hat sich bei der Interpretation der Forschungsergebnisse gezeigt, daß die persönliche Bewertung gerade dieser Problemzusammenhänge individuelle Unterschiede zwischen den Projektmitarbeiterinnen auf produktive Weise sichtbar machte, so

daß wir es für sinnvoll gehalten haben, die einzelnen Anteile dieses Abschlußberichts namentlich zuzuschreiben.
Unseren Versuch, durch inhaltliche Verallgemeinerung den subjektiven Zugang zu biographischen Interviews zu objektivieren, halten wir auch vor dem Hintergrund der Forschungserfahrungen der vergangenen Jahre für angemessen. Als feministische Forscherinnen die Bedeutung qualitativer Forschung für ihre Arbeit vor nun schon einigen Jahren herauszustreichen begannen, wurde zu wenig berücksichtigt, daß diese Art der Informationsgewinnung an die beteiligten Wissenschaftlerinnen sehr viel höhere professionelle Anforderungen stellt als etwa standardisierte Verfahren. Die so heterogenen Aspekte, die im Laufe einer Biographie angesprochen werden, fordern im Grunde die Kenntnis fast aller "Bindestrichsoziologien" heraus, was die normale intellektuelle Kapazität einer Projektgruppe übersteigt und auch durch die Umsetzung des Zauberworts "Interdisziplinarität" erfahrungsgemäß nicht gelöst werden kann. Angesichts des Dilemmas, daß in den letzten Jahren viele derart angelegte Projekte dazu übergegangen sind, eine ex post-Standardisierung ihrer Materialien vorzunehmen, was notgedrungen die professionellen Standards der Disziplin verfehlen muß, halten wir unseren Ansatz der inhaltlichen Verallgemeinerbarkeit beim Stand des gegenwärtigen methodischen und gegenstandsbezogenen Wissens für einen tragfähigen Kompromiß.

1.2.2 Theoretische Grundlegung: Zur Habituskonsistenz bzw. Habitusambivalenz

Folgten wir den alltäglichen Vorurteilen gegenüber Frauen in qualifizierten technischen Berufen - "Frauen können nicht rechnen", "Frauen sind technisch unbegabt" -, so müßte sich Forschung über die Situation von Ingenieurinnen in Studium und Erwerb allein auf intellektuelle Mängel oder Mangelerfahrungen beziehen, um, von dort ausgehend, bildungspolitische Maßnahmen ausgleichend zu konzipieren. Kaum eine Fragestellung in der Bildungsforschung ist besser belegt als die nach den schulischen Fächerpräferenzen. Dies soll hier nicht ausgebreitet werden.

Sogar im internationalen Maßstab ist nachzuweisen, daß Frauen zwar Zugang zu den Naturwissenschaften haben, insbesondere zu Fächern wie Biologie, daß aber, je mathematischer und technischer die einzelnen Fächer werden, das "Weibliche" dies mit Abwählen oder mäßigen Leistungen quittiert (Brämer/Nolte 1983; Wagner 1983). Kontrastiert man damit Kanons der Studienanforderungen an zukünftige Ingenieure, so bleibt selten einmal die besondere Leistungsfähigkeit in Physik und Mathematik ungenannt (Blum 1980: 73 ff.). Blieben wir bei dieser Perspektive, die berufliche Sozialisation mit der bloßen Aneignung von fachlichen und formalen Kompetenzen gleichsetzt, so müßte sich unsere Forschung von ihren Intentionen her auf das Ziel der Forcierung fachlicher Identifikationen richten. Dies erscheint uns als verkürzt.

Daß intellektuelle Angebote und Anstrengungen allein Bildungsdefizite und berufsstandsbezogene Benachteiligungen nicht ausgleichen, haben bereits die bildungspolitischen Ansätze der frühen siebziger Jahre sichtbar gemacht. Die Bildungsökonomie stieß genau hier an die Grenzen ihrer analytischen Reichweite. Der Diskriminierungsfaktor der sozialen Herkunft fand unter der Überschrift "Schicht" oder "Klasse" in der Bildungssoziologie fast durchgängig Berücksichtigung. Zwar wurde seinerzeit auch konstatiert, daß z.B. der Ingenieurberuf von vielen studentische Aspiranten als Aufstiegschance wahrgenommen wird, weil sprachlich wenig geförderte Unterschichtkinder in ihm eher Handlungsspielraum finden als in den sprach-abhängigen Geisteswissenschaften, doch generell wurden eher Benachteiligungen im überkommenen Bildungssystem für die unteren

Schichten konstatiert und entsprechend bildungspolitische Angebote - z.B. die Gesamtschule - entwickelt. Sozialdemokratische Traditionen spielten eine bedeutsame Rolle für die Vorstellung eines sozialen Aufstiegs qua Bildung und Ausbildung.
Entsprechend läßt sich dieser Denk- und Politikansatz auf den Diskriminierungsfaktor Geschlecht übertragen, um der Nachrangigkeit von Frauen im Bildungssystem, insbesondere aber im technischen Erwerbsbereich gegenzusteuern. In der Tat sind auch aus dieser Sicht Traditionen zitierfähig. Schließlich gehört der Anspruch von Frauen auf Gleichberechtigung bei Ausbildung und Erwerb seit der ersten deutschen Frauenbewegung zu ihren zentralen Punkten des politischen Kampfes. In der Anfangsphase dieses Forschungsprojektes wurde der Diskriminierungsfaktor "Geschlecht" dementsprechend bedacht. Die politische Zielsetzung bezog sich auf objektive Diskriminierungen von Frauen in der naturwissenschaftlich-technischen Ausbildung und im Ingenieurberuf, um ausgehend von solchen Verhinderungen und Entmutigungen Veränderungmöglichkeiten im Umfeld der lernenden oder erwerbstätigen Ingenieurin aufzuzeigen. Diese Absichten haben sich erhalten, sind jedoch im Laufe der Projektarbeit um qualitativ andere ergänzt und erweitert worden.
Ein solcher Ansatz der bloßen "Contra-Diskriminierung" der politisch begründeten Frauenforschung ist nämlich in doppelter Hinsicht konservativ zu nennen, bewahrend im eigentlichen Sinne dieses Wortes. Denn er impliziert mehr oder minder die bloße Anpassung von Frauen an männlich dominierte Aktionsfelder und unterstellt einen generellen Nicht-Bedarf an Veränderung für Männer und ihr Handlungsumfeld. Für die dem "Fortschritt" der Männer hinterhereilenden Frauen bedeutete dies jedoch die Kontinuität der Nachrangigkeit, schließlich wären die Leistung und Zukunft definierenden männlichen Kollegen den sie nachahmenden Frauen immer um eine Nasenlänge voraus. Konservativ wäre diese Strategie also auch in dem zweiten Sinne,

daß sie am Hierarchie- und Kompetenzgefälle der Geschlechter nicht grundsätzlich etwas änderte.
Gerade jedoch auch im Hinblick auf die zivilisatorische Bürde der technischen Wissenschaften, die, wie inzwischen zureichend sichtbar geworden, nicht nur Fortschritt, sondern auch Zerstörung stifteten, ist der Frage nachzugehen, ob eine größere Beteiligung von Frauen am Ingenieurberuf nicht auch die Weichen für eine qualitative Veränderung der technischen Zivilisation stellen könnte. Aus einer solchen Perspektive ergeben sich progressive Forschungs- und Politikstrategien, solche mithin, die im eigentlichen Sinne des Wortes fortschreitend genannt werden können. Vorausgesetzt, Frauen wären aus dem sie lähmenden Sonderstatus der Vereinzelung herausgelöst, entstünde damit die Möglichkeit, die weibliche Identität selbstbewußt als Veränderungsvariable, nicht aber als bloße Diskriminierungsvariable zu interpretieren und darauf hinzuwirken, das vermännlichte Umfeld im Sinne des eigenen geschlechtsspezifischen Verhaltens intellektuell, kommunikativ und institutionell zu verändern. Angesichts der weiblichen Minorität im Ingenieurberuf werden wir einstweilen jedoch weit davon entfernt sein, vielfältige Fakten beobachten zu können, die diese Hoffnung stützen. Möglich ist aber immerhin, erkennbare Tendenzen auf ihre Zukunft hin zu befragen. Die grundsätzliche frauenpolitische Problemkonstellation, in einem gleich und doch anders sein zu wollen, wird demnach auch in diesem Projekt reflektiert. Oder auch anders formuliert: Frauen sind heute noch nicht in der Lage, die eine politische Position gegen die andere ausspielen zu können.
Da die Situation der Vereinzelung und des Außenseitertums den Ingenieurstudentinnen und Ingenieurinnen Beschneidungen ihrer Erfahrungs- und Verhaltensmöglichkeiten abverlangt, gehen wir bei unseren Fragen nach Motivationen und Zielen, Energiequellen und Einschränkungen auf frühere lebensgeschichtliche Phasen zurück. Wie ein Blick in den Frageleitfaden sichtbar macht (vgl. Anhang 4), wer-

den in diesem Projekt mehr als nur direkt schicht- oder geschlechtsabhängige Aspekte eines Ingenieurinnenlebens bearbeitet. Wir fragten darüber hinaus nach dem familiären Klima, nach Freundschaften, Spielzeug, Kleidung, Aussehen und dergleichen mehr. Dabei bestimmt uns nicht die Absicht, uns mit möglichst plakativen Lebensbildern in den Kontext der Biographieforschung zu stellen, sondern die lebensgeschichtliche Einbindung so heterogener Sozialisationsaspekte beinhaltet den Versuch, die berufliche Identität der Ingenieurin über die vielfältigen Prägungen primärer, sekundärer und tertiärer Sozialisation zu rekonstruieren.

Die bildungssoziologische Grundlegung dieser Untersuchung übergreift demnach jene Aspekte, die traditionell bei der Analyse beruflicher Identifikationen Anwendung finden. Gewöhnlich werden Kriterien berücksichtigt wie: die Berufsbezeichnung einschließlich der damit verbundenen Ideologie, die Art der Bindung an spezifische Aufgaben, das Interesse an berufsbezogenen Organisationen und an der Definition der eigenen Position sowie schließlich die Bedeutung der eigenen Person in der Gesamtgesellschaft (Becker/Carper 1972). Selbstverständlich finden solche Momente der beruflichen Sozialisation bei unserer Befragung von Ingenieurinnen auch Berücksichtigung, aber unsere Vorstellungen von den Bedingungen beruflichen Erfolges sind umfassender.

An die Stelle der beruflichen Identität oder beruflichen Identifikation stellen wir deshalb das Konzept des "Habitus". Damit greifen wir einen Begriff auf, der sehr heterogene Momente des sozialen Verhaltens integriert und von Pierre Bourdieu Anfang der 70er Jahre in die bildungssoziologische Debatte eingebracht wurde (Bourdieu u.a. 1981). Habitus - das dem Menschen Eigene - wird begriffen als eine soziale Konstruktion (beruflicher) Realität, die während eines ganzen Lebens erlernt wird. Was inzwischen die Psychoanalyse erfolgreich für Frauen wie für Männer belegt (Fisch 1984; McClelland 1983), daß nämlich eine berufliche Entscheidung letztendlich schon in der Kindheit (im Alter von nur 10 Jahren) gefällt ist, beeinflußt das Konzept des Habitus insofern, als diese frühe Konditionierung spätere Selektionsprozesse für die Aneignung und Verarbeitung von Erfahrung bedingt. In die Kindheit wird demnach die Begründung des "asketischen Ethos des sozialen Aufstiegs" gelegt (Portele/Huber 1983). Dieser Auffassung trägt dieses Projekt Rechnung, indem der Analyse kindlicher Prägungen großer Raum zugestanden wird. Entsprechend werden in unserer Untersuchung auch Bildungseinrichtungen wie Schule und Universität nicht allein als Orte für den Erwerb von Bildungszertifikaten gesehen und behandelt, sondern darüber hinaus als Organisationen, die der Persönlichkeit im Hinblick auf spätere berufliche Selbstdefinitionen und Akzeptanz durch die Standesgemeinschaft den entsprechenden sozialen Schliff verleihen.

Noch in einer weiteren Hinsicht hat das Habituskonzept strukturell die Weichen für die Bearbeitung der dieses Projekt beschäftigenden Fragestellung gesetzt. Soziale Prägungen, die zu einem konsistenten Selbstbild in bezug auf den eigenen Beruf beitragen, werden - wie bereits angedeutet - nicht auf die bloße Aneignung formaler Bildungstitel zurückgeführt. Bourdieu führt den Begriff des 'sozialen Kapitals' ein und bezeichnet damit persönliche und soziale Kompetenzen wie Sprachverhalten, die Art, sich zu kleiden, Wünsche zu entwickeln, kulturelle Phantasien zu entwerfen. "Der Habitus als das Prinzip, das Sequenzen regelhafter und objektiv sinnhafter, das heißt, das subjektive Meinen und Wollen übersteigender Handlungen hervorbringt, wird definiert als ein systematischer Zusammenhang von Dispositionen des Individuums." (Bourdieu u.a. 1981: 122) Das Bedürfnis nach persönlicher Beständigkeit führt im Laufe der beruflichen Sozialisation zu einer Integration aller Erfahrungsbereiche in ein kohärentes Formprinzip, was von den Angehörigen einer bestimmten sozialen Gruppe als das dominante akzeptiert wird und deren

Aneignung infolgedessen den Weg zum Erfolg ebnet. Wie bedeutsam diese milieuspezifische Integration ist, zeigt ein Blick in die berufsberatenden Broschüren von Personalchefs, bei denen bis zu den Verhaltensmustern der karrierebegleitenden Ehefrau nichts als unbedeutend ausgelassen wird. Habituskonsistenz deutet demnach auf späteren Erfolg, umgekehrt Habitusambivalenz auf Mißerfolg oder mindestens brüchige Karrieremuster.

Die Inflationierung von akademischen Bildungszertifikaten bedingt eine zunehmende Bedeutung des sozialen Habitus jenseits der formal-intellektuellen Qualifikation (Windolf 1981). Bezogen auf die Situation der Frauen an der Universität heißt das, daß jenseits der als fast selbstverständlich unterstellten fachlichen Qualifikationen die Befähigung zum berufsbezogenen Habitus für den späteren Erfolg die Weichen stellt. Zu Beginn des Jahrhunderts hofften weibliche Pionierinnen allein aufgrund besonderer intellektueller Leistungen noch auf einen Durchbruch, sprich: Aufstieg, in die Männerwelt. Inzwischen wissen wir, daß dies nicht ausreicht.

Es ist fragwürdig, ob die Erarbeitung von Habituskonsistenz für Frauen in einem so männlich dominierten Berufsfeld wie den Ingenieurwissenschaften besonderen Schwierigkeiten begegnet oder ob Frauen relativ geschlechtsunabhängig die spezifischen Eigenschaften der Ingenieurprofession in sich aufnehmen können. Bei Bourdieu und anderen Adepten des Habituskonzepts wird der Einfluß des Geschlechts kaum reflektiert, so daß es nötig ist, einige darüber hinausgehende Überlegungen anzustellen.

Hervorzuheben ist, daß das soziale Konzept von Weiblichkeit nicht nur eine Variation menschlicher Prägungen bedeutet, sondern selbst einen eigenständigen Habitus beinhaltet. Ruft man sich Arbeiten des letzten Jahrzehnts der Frauenbewegung zum geschlechtsspezifischen Arbeitsvermögen in Erinnerung, vergegenwärtigt man sich z.B. anhand der Arbeiten von Ostner oder Beck-Gernsheim die Spezifika dieses Bündels von Erfahrungs- und Verhaltensmöglichkeiten, dann wird deutlich, daß Weiblichkeit nicht nur eine erotische Differenz bezeichnet, sondern immer auch ein Konzept des Arbeitens beinhaltet (Ostner 1979, Beck-Gernsheim 1980). Fähigkeiten, die unter Überschriften rubrizieren wie z.B. 'Intuition, Beziehungsarbeit, Passivität, Handlungsvielfalt, Schönheit' bezeichnen nicht nur zufällige oder ablegbare Eigenschaften, im Gegenteil, es handelt sich um zu erlernende Fähigkeiten für die Frauenarbeit an Mann, Kind und Familie. Wie auch sogenannte Frauenberufe zeigen, ist Weiblichkeit gleichbedeutend mit einem quasi professionellen Habitus, der immer dann zum Problem werden muß, wenn Frauen einen frauenuntypischen Beruf ergreifen. Dann ist gleich in zweierlei Hinsicht mit Habitusambivalenz zu rechnen: Einerseits bezogen auf das anerzogene bzw. gesellschaftlich eingeforderte Konzept der Weiblichkeit und andererseits im Hinblick auf die habituellen Anforderungen des jeweiligen Männerberufes.

Die Situation verschärft sich grundsätzlich dann, wenn das Konzept der Männlichkeit und der außerhäuslichen Berufstätigkeit ein- und denselben Habitus reklamieren, ja wenn es sich dabei um schlicht das Identische handelt. Habitusambivalenzen kommen dagegen für Männer auf, wenn sie aus der "falschen" sozialen Schicht kommen - entsprechend häufig bearbeitet - oder aber in den seltenen Fällen, in denen sie im Haushalt (mit)arbeiten oder einen sog. frauentypischen Beruf, z.B. in der Krankenpflege, ergreifen.

Solche grundsätzliche Habituskonsistenz von Männlichkeit und Berufstätigkeit hat für den Ingenieurberuf in ganz besonderer Weise Gültigkeit. Nicht nur, weil die vorakademischen Traditionen - Schlosserei, Bergbau, Straßenbau, Militär - explizit männlich sind, nicht nur wegen der Nähe zum Militär - weltweit betrachtet sind 40 % aller Ingenieure im Rüstungssektor beschäftigt -, nein, auch wegen der diesem Berufsstand zugeschriebenen Eigenschaften, sei es aus der

ideologisch-verklärenden, sei es aus der ideologie-kritischen Perspektive. Die Bedeutung beruflicher Ideologien darf bei der Ausbildungsentscheidung junger Menschen nicht unterschätzt werden. Einerseits ist auffällig, wie lange sich Formeln der Zuschreibung von Fähigkeiten und Qualifikationen erhalten, andererseits ist nicht davon auszugehen, daß bei so frühen inneren Weichensetzungen und Prägungen konkretes Wissen über einen Beruf ausschlaggebend ist. Hier sind die Präsentationsformen von Vorbildern - die eben nicht nur die Realität, sondern mindestens so sehr die ideologische Überformung eines Berufs verkörpern - nicht zu unterschätzen.
Solche Einschränkung gilt in ganz besonderem Maße auch für den Ingenieurberuf, dessen Tätigkeitsrahmen und Tätigkeitsbedingungen sich seit der Jahrhundertwende in sehr entscheidendem Maße geändert haben, ohne daß dies freilich in den Selbstdarstellungen berufsständischer Vereinigungen seinen Niederschlag fände. Die Tatsache, daß heute die Majorität aller Ingenieure in abhängigen Beschäftigungen ist, hat auf die Selbstbeschreibung von Ingenieuren bislang ähnlich wenig Einfluß gehabt wie die Veränderung von Ingenieurarbeit durch den technisch-ökonomischen Wandel. Diese Ausblendungen spiegeln sich nicht zuletzt auch in dem Befund, daß das gewerkschaftliche Engagement dieser Berufsgruppe sich immer noch in sehr engen Grenzen hält (Neef 1986).
Ingenieure sind in der Überzahl heute weder in unabhängigen Unternehmerpositionen noch in leitenden Funktionen tätig, dennoch aber scheint die Selbstwahrnehmung vom "Ingenieurunternehmer" immer noch den Habitus des Ingenieurs ideologisch zu prägen. Dies Berufsbild, vor etwa hundert Jahren in der Phase der ersten Industrialisierung in Deutschland entstanden, wird mit Merkmalen beschrieben, die mit der gesellschaftlich üblichen Definition von Männlichkeit korrespondieren. Von Wagemut, Erfindergeist, Risikobereitschaft, Optimismus, Aktivität (Hortleder 1973) ist die Rede, und Diesel (1930)

hat sich sogar dahin verstiegen, vom 'Ingenieurtrieb' als einem hervorstechenden Habitusmerkmal zu sprechen (Janshen 1985).
Wie angedeutet, beweist sich die habituelle Konsistenz des Ingenieurberufs auch aus der Perspektive einer kritischen Position, wie sie mit größtem Nachhall von Brämer und Nolte (1983) formuliert worden ist. Sie belegen, daß eine männliche Ingenieursozialisation sich bereits in früher Jugend durch eine Kommunikationsunwilligkeit zu erkennen gibt, eine Haltung, die die Auseinandersetzung mit toten Gegenständen bevorzugt und dem aggressions- und konfliktträchtigen Umgang mit Menschen aus dem Wege geht. Frühe Identifikationen mit der durch den Vater verkörperten und bewunderten Männlichkeit sowie das Ausweichen vor einer Auseinandersetzung mit der durch die Mutter repräsentierten Weiblichkeit (McClelland 1983) befördern das Bedürfnis nach einer homosozialen Bündnisschaft nur mit Männern und einen intellektuellen Habitus, der auf Bezwingung der als weiblich phantasierten Materie und Maschine abzielt (Garbrecht 1980). Liebesbeziehungen werden in der Jugend entsprechend spät und selten eingegangen.
Wir gehen davon aus, daß die Majorität der Frauen, auch wenn sie über eine gute oder durchschnittliche Begabung im Bereich der Naturwissenschaften verfügt, durch die so beschriebene habituelle Konsistenz, die bewußte und unbewußte Erlebnisdimensionen einschließt, vom Ingenieurberuf abgeschreckt wird. Diese große Komplementgruppe zu unserem Sample der Ausnahmefrauen haben wir nicht befragen können. In unseren Gesprächspartnerinnen vermuten wir dagegen Frauen, die schon von klein auf einen geschlechtsuntypischen Ausgleich der früh erfahrenen Habitusambivalenz vorgenommen haben, so daß sie in eine Wirklichkeitsbearbeitung eingeführt werden, die später für sie die Wahl eines Ingenieurberufs möglich macht. Der Ausgleich von Habitusambivalenz kann freilich verschiedene Gesichter haben. Um nur die wichtigsten zu nennen: Identifikation mit männli-

chen Rollen, Ignorieren der Statusinkonsistenz, Vorbild einer hochqualifizierten Mutter, besondere Konfliktfähigkeit und besondere Fähigkeit, diskrepante Erfahrungen in die Persönlichkeit zu integrieren. Die Vielfalt solcher Möglichkeiten wurde im Vorfeld der empirischen Arbeit im Hinblick auf die verschiedenen Sozialisationsphasen theoretisch und hypothetisch durchdekliniert. Die zentralen Annahmen möchten wir daher im folgenden kurz präsentieren.

1.2.3 Fragen und Hypothesen zur habituellen Sozialisation von Ingenieurinnen in den verschiedenen Lebensphasen

Bezogen auf die **Herkunft** der zukünftigen Ingenieurin sind wir davon ausgegangen, daß der sozialökologische Kontext den Erziehungsstil der Eltern prägt und ihre spätere Leistungsfähigkeit begründet. Nicht zuletzt durch die Schichtzugehörigkeit wird das kulturelle Kapital für spätere Berufswahlentscheidungen definiert, z.B. sprachliche versus nichtsprachliche Kompetenzen, Aufstiegsorientierung versus Statuserhalt. Außerdem wirken sich die Ressourcen des Herkunftshaushaltes auf das Anspruchsniveau gegenüber dem zukünftigen Beruf und ggf. auf die Heiratspolitik der jungen Frauen aus.
Wir gehen davon aus, daß die Sozialisation des Unterschichtmädchens stark durch praktische, sogenannte frauliche Kompetenzen angereichert ist, während das Mittelschichtmädchen stärker auf eine sprachlich vermittelte Beziehungsfähigkeit hin sozialisiert wird. Es bleibt zu erkunden, ob und wie sich solche Unterschiede auf eine spätere Berufstätigkeit als Ingenieurin auswirken.
Die Beziehungsstruktur bzw. die Interpretation sozialer Strukturen in der Familie stellen die Weichen für einen identifikatorischen bzw. abgrenzenden Umgang mit den habituellen Anforderungen an ein kleines Mädchen. Im Beziehungsangebot der Kindheit definieren in unter-

schiedlichen Phasen dominante Identifikationen mit einem Elternteil nicht nur die Ausrichtung der Geschlechtsidentität, sondern prägen auch den Umgang mit Leistungsanforderungen und das spätere Durchsetzungsvermögen im Privaten wie in der Öffentlichkeit. Wir vermuten bei der zukünftigen Ingenieurin relativ große Gestaltungsräume für eine geschlechtsunabhängige Entfaltung ihrer körperlichen Vitalität und Phantasie, so daß sich mehr als bei anderen gleichaltrigen Mädchen die Fähigkeit entwickelt, mit Habitusambivalenzen produktiv umzugehen.

Der Ingenieurberuf ist mehr als andere akademische Professionen durch den männlich-ideologischen Anspruch auf Durchsetzung geprägt. Daher war es für diese Untersuchung unabdingbar, die Bewertungsvariable "Macht" einzuführen. Auch in dieser Hinsicht ist die Familie der konstituierende Erfahrungsraum, da hier Auseinandersetzungsformen mit Macht und Ohnmacht für die Bewältigung der Probleme im Erwachsenenalter eingeübt werden. Durch den Umgang mit Geld, Zeit, Sanktionen und Belobigungen lernt das kleine Mädchen, daß Positionen und Ressourcen unterschiedlich, wenn nicht gar geschlechtsspezifisch verteilt sind. Mögliche Verhaltensmuster sind: Aneignung, Identifikation mit dem Aggressor, Verweigerung, Unterwerfung, Widerstand, Koketterie, Durchsetzung.

Wir vermuten für die Kindheit der Ingenieurin die Aneignung von gesellschaftsüblich eher männlich definierten Formen der Machtausübung bzw. des Widerstands, sofern sie später eine Leitungsposition innehat oder anstrebt bzw. eher männliche Formen der introvertierten Vereinzelung.

Auch die Ausrichtung der intellektuellen Kompetenzen erfährt in der Kindheit eine zukunftsprägende Strukturierung durch die emotional-libidinöse Identifikation mit den Fähigkeiten einer zentralen Bezugsperson. Außerdem setzen Lernerfahrungen der frühen Kindheit (Spielraum des inneren und äußeren Handelns, Disposition der Gefühle, Beziehung zum Körper) intellektuelle Stimuli für die Entwicklung einer mehr geistes- oder naturwissenschaftlichen Orientierung. Jene Spiele, Phantasien und Arbeiten, die in der Kindheit von lustvollen Gefühlen begleitet waren, strukturieren, so vermuten wir, die spätere Beziehung zum Arbeitsgegenstand Technik bzw. die Entwicklung einer technischen Kreativität. Als typisch für eine zukünftige Technikerin erwarteten wir folgende Empfindungen und Gefühle: Freude an einem starken Körper, Lust am Wettkampf, Rückzug auf tüftelig-einsame Spiele (mathematischer Wettkampf mit dem Komplizierten), Freude am Funktionieren von Dingen, dafür weniger Interesse an Puppen und Kuscheltieren. Wir gingen im übrigen davon aus, daß viele der Väter einen technischen Beruf ausüben.

Bekanntlich bedeutet das Bildungsangebot der mittelschichtorientierten **Schule** für Kinder je nach ihrer Herkunft Diskriminierung oder Förderung. Die Schule tendiert dazu, eher Sprachkompetenz und kulturelle Fähigkeiten zu akzentuieren, so daß allenfalls weniger sprachorientierte Fächer (Mathematik und Naturwissenschaften) Unterschichtkindern die Möglichkeit eröffnen, Diskriminierungen zu umgehen und sich in diesem Bereich durch besondere Leistungen Anerkennung zu verschaffen. Es ist vorstellbar, daß das Unterschichtmädchen sich über solche Profilierungen gegenüber familiären Einschränkungen durchsetzen kann. Allerdings gehen wir davon aus, daß Mädchen im naturwissenschaftlichen Unterricht weniger aufgrund ihrer sozialen Herkunft gefördert als vielmehr wegen ihres Geschlechts gebremst werden, und es stellt sich die Anschlußfrage, ob und auf welche Weise die heutigen Ingenieurinnen solche Einschränkungen abwehren konnten.

Schon in diesem ersten Hinweis deutet sich an, daß die Schule nach der Familie die zweite prägende Institution ist für die Annahme und Erprobung eines weiblichen Habitus. Allerdings bietet sie dem Mädchen auch die Möglichkeit zur antifamiliären Gegensozialisation, in-

dem es z.B. über gute naturwissenschaftliche Leistung einen Widerpart zu geschlechtsspezifischen Einschränkungen der eigenen Familie entfalten kann. Wir fragen uns, ob unsere Gesprächspartnerinnen solche Konfliktstrukturen zu bewältigen hatten, oder ob die habituellen Anforderungen von Familie und Schule im Einklang waren.
Da die Fächer Mathematik und Physik eher mit einem männlichen Habitus assoziiert werden, kündigt sich für viele Mädchen während der Pubertät eine Leistungsfalle an, ein Faktor, der in dieser Phase "erblühender Weiblichkeit" das Interesse an Naturwissenschaften bei den Mädchen erlahmen läßt. Es schließt sich daher die Frage an, ob Ingenieurinnen diese Lebensphase ohne größere Leistungseinbrüche überstanden haben oder sie ggf. später ausgleichen konnten.
Durch Sanktionen und Belobigungen für Leistung und Wohlverhalten werden während der Schulzeit auch geschlechtsspezifische Muster im Umgang mit gesellschaftlicher Macht überformt und ausgeprägt. Konflikte im Umgang mit Autoritäten werden insbesondere während der Pubertät sichtbar. Für die von uns zu Befragenden vermuten wir, daß sie Auseinandersetzungen über soziale Normen und Verhaltensmuster weniger heftig austrugen und dazu neigten, sich mit Vorgaben leichter zu arrangieren.
Intellektuelle Vorlieben und Hobbies verschaffen Zugehörigkeit oder Abgrenzung der Jugendlichen zu den peer-groups. Wir vermuten weiter, daß die Faszination für Formeln, Gesetze und Maschinen eine auch emotionale Befriedigung verschafft, so daß sie soziale Kontakte und Freundschaften nicht nur vorstrukturiert, sondern möglicherweise auch ersetzt. Vielleicht erreicht die zukünftige Technikerin auch einen respektierten Ausnahmestatus dadurch, daß sie zusammen mit Jungen technischen Interessen nachgeht, etwa beim Reparieren von Mofas. Eine solche Profilierung in frauenuntypischen Feldern bewerten wir als den Anspruch einer widerständigen Selbstdefinition, was

den Mädchen Diskriminierung, aber auch Anerkennung einbringen kann.
Bekanntlich variieren je nach Schichtzugehörigkeit die Auseinandersetzungsformen mit den Leistungsanforderungen der Universität. Für Ingenieurstudentinnen vermuten wir, daß Schichtzugehörigkeit geringe Auswirkungen hat - allenfalls, daß Mittelschichtmädchen mit Leistungseinbrüchen leichter umgehen können -, aber wir gehen auch davon aus, daß die Integration in das habituelle Konzept des Ingenieurberufs größere Friktionen hervorruft. Möglicherweise wird in dieser Lebensphase die Geschlechtszugehörigkeit erstmals bewußt erlebt.
Durch die Vereinzelung als Frau im Ingenieurstudium, was neue Lieberserfahrungen wie intellektuelle Diskriminierung gleichermaßen zur Folge haben kann, scheint die Auseinandersetzung mit dem eigenen Geschlecht unvermeidlich. Möglicherweise schlägt sich dies in einer Problematisierung einer späteren Familienrolle nieder, vielleicht versucht die Studentin, sich optisch als Frau unsichtbar zu machen, u.U. jedoch realisiert sie die neu entdeckte Weiblichkeit am Ende des Studiums durch einen geschlechtsspezifischen Arbeitsplatz fern einer männertypischen Karriere.
Im Gegensatz zu dem männlichen Kommilitonen ist die Studentin mit zwei Grundformen gesellschaftlicher Macht konfrontiert: mit der institutionellen Hierarchie an der Universität und zusätzlich mit dem patriarchalen Ungleichgewicht zwischen Frauen und Männern. Es ist davon auszugehen, daß auch das männerspezifische Konkurrenzverhalten in den Ingenieurwissenschaften eine abgrenzende Selbstwahrnehmung als Frau fördert. Durch den heimlichen Lehrplan der patriarchalen Universität erfährt die Ingenieurstudentin, daß auch intellektuelle Sonderleistungen, zu denen sie überproportional häufig bereit ist, ihre Nachrangigkeit gegenüber männlichen Kommilitonen nicht ausgleichen.

Trotz zeitweiliger Abgrenzung ist jedoch auch davon auszugehen, daß es zu einer mindestens partiellen Identifikation mit den habituellen Normen des Ingenieurberufs kommt. Dabei mag es sich als Hindernis auswirken, daß Vorerfahrungen mit der Technik bei einer Mädchenkindheit weniger selbstverständlich und daher seltener anzutreffen sind. Wir fragen uns, ob in dieser Phase die Integration in eine männliche Kultur überwiegt oder ob die Ingenieurstudentin ihren Sonderstatus produktiv umsetzen kann, z.B. durch einen anderen Stil bei der Aneignung technischer Kompetenz, etwa durch eine veränderte Behandlung des Gegenstandsbereichs Technik.
Der Übergang zur **Erwerbstätigkeit** wird sichtbar machen, inwieweit das habituelle Konzept des Ingenieurberufs über das Weiblichkeitskonzept dominiert. Davon, so vermuten wir, ist es abhängig, ob die Erwartungen an eine künftige Berufstätigkeit niedrig oder hoch angesiedelt sind. Jedenfalls wird davon auszugehen sein, daß die soziale Herkunft zu diesem Zeitpunkt an unmittelbarer Bedeutung verloren hat, daß die Definition der eigenen sozialen Identität eher durch eine entsprechende Partnerwahl bestimmt wird.
Die schon in der Studienphase provozierte Auseinandersetzung mit dem eigenen Geschlecht muß in der Erwerbstätigkeit zu Lösungen finden, denn die Frage 'Kind: ja oder nein' verlangt in dieser Zeit nach einer abschließenden Klärung. Wir vermuten, daß bei älteren Ingenieurinnen die Entscheidung für oder gegen eine Familie gefallen ist, während jüngere Frauen den Entschluß hinausschieben und zwischen konventionellen und neuen Familienformen schwanken. Konflikte zum Ehepartner resultieren, wie wir vermuten, aus Auseinandersetzungen über die Abwicklung der Hausarbeit bzw. den Umgang mit der von Erwerbsarbeit freien Zeit. Es ist davon auszugehen, daß durch eine Partnerschaft oder Ehe die geschlechtsuntypischen Handlungsspielräume eingeschränkt werden.

Dies wird Auswirkungen haben auf die professionellen Interessen der Durchsetzung im Beruf bzw. den Wunsch nach einer (steilen) Karriere einschränken. Eher die Neigung zur Sache, zum Arbeitgegenstand wird als berufliche Motivation Geltung beanspruchen denn die Verfügung über materielle und personelle Ressourcen in einer Führungsposition.

Solch relativ vorsichtiger Umgang mit betrieblicher Macht kann auch dazu führen, Handlungsspielräume im Umgang mit der Technik selbst nicht auszuschöpfen. Wir vermuten zwar eine im Vergleich zu männlichen Kollegen größere Sensibilität für die sozialen Aspekte der Technik, möchten unsere Erwartung einer kreativen Widerständigkeit jedoch auf wenige Ingenieurinnen beschränken, die ihren Sonderstatus als Frau durch den Freiheitsraum des ohnehin "bunten Hundes" definieren.

2 Prägungen: Die Ingenieurin in der Kindheit

Doris Janshen und Hedwig Rudolph

2.1 Thesen zu Intellekt und Motivation als Ergebnis familiärer Sozialisation

In diesem Kapitel beschäftigt uns die Erarbeitung eines frühkindlichen Grundmusters der Persönlichkeit, das in späteren Jahren zum Habitus einer Ingenieurin ausgeweitet werden kann. Die Frage, warum eine Frau lieber Maschinenteile konstruiert als Frisuren einlegt, klärt sich nicht nur durch eine Analyse der aktuellen beruflichen Situation, sondern es bedarf dazu auch einer Erforschung der kindlichen Aneignung von Leben und Welt. Hier also geht es um Lernprozesse, die nicht nur den intellektuelle Erwerb von Sachwissen meinen.

In Anlehnung an das früher dargelegte Habitus-Konzept wird Lernen von uns sehr weit gefaßt. Dabei befinden wir uns durchaus in Übereinstimmung mit den Trends der sogenannten Intelligenzforschung, die in den vergangenen Jahrzehnten immer mehr davon abgekommen ist, Begabungsausrichtungen als eine bloße Folge erbbiologischer Konditionierungen zu betrachten. (Schmid 1978) Angesichts der Frage, warum ein Mensch sich überhaupt einer bestimmten intellektuellen Aufgabe stellt, entstand die Forderung, den situativen Kontext, in dem im Kindesalter eine intelligente Handlung begründet oder später verwirklicht wird, in den Forschungsprozeß einzubeziehen. Für unsere Absichten bedeutet dies die Klärung, ob und wie die Vorliebe der späteren Ingenieurinnen für naturwissenschaftliches bzw. technisches Wissen in familiären Sozialisationsmustern begründet ist. Dabei

gehen wir nicht in erster Linie auf die Suche nach früh vermitteltem abrufbarem Regelwissen, sondern auch für diese Lebensphase verstehen wir unter Lernen "die überdauernde Veränderung von Zuständen (Wissen und Fähigkeiten) als Folge von Erfahrungen." (Grossmann 1977: 8) Mit anderen Worten: es interessiert die Einbindung intellektueller Leistungen in das Set der Persönlichkeit, das letztendlich durch die Familie geprägt und geformt wird.
Der Identitätsbegriff muß demzufolge neben dem Habitus-Konzept in diesem Untersuchungsteil eine struktursetzende Bedeutung haben. Kindheit ist aus dessen Perspektive eine Phase der identitären Vorklärung für den späteren Erwerb eines sozialen bzw. beruflichen Habitus. Die spätere berufliche Sozialisation im Erwachsenenalter macht durch neue habituelle Anforderungen eine Überprüfung der bis dahin entwickelten personalen und sozialen Identität erforderlich, aber dennoch - so behaupten wir in Übereinstimmung mit Entwicklungssoziologen wie Piaget und Mead - geschieht dies immer wieder im Rückgriff auf identitäre Prägungen in der frühen Kindheit. Identität verstehen wir daher als die "symbolische Struktur, die es einem Persönlichkeitssystem erlaubt, im Wechsel der biographischen Zustände und über die verschiedenen Positionen im sozialen Raum hinweg Kontinuität und Konsistenz zu sichern." (Döbert u.a. 1980: 9) Die Identität des handelnden Individuums beweist sich in seiner Autonomie gegenüber den äußeren Dingen, gegenüber den Verhaltenserwartungen von Personen und schließlich auch gegenüber weniger bewußten Antrieben des eigenen Handelns. In der kontinuierlichen sozialen Einlösung dieser einmal gewonnenen Identität realisiert sich die Selbstdefinition des erwachsenen Menschen. Für Berufstätige - hier stimmen wir den Erforschern männlicher Ingenieurbiographien zu - sind Mißerfolg oder Erfolg nicht nur auf die Arbeit selbst zurückzuführen, sondern auch die kontinuierliche Arbeit an der eigenen Iden-

tität hat entscheidenden Einfluß auf die Akzeptanz in einem Berufsstand (Hermanns u.a. 1984: 18).

Zurück zum jungen Menschen. Ihn betrachtend, unterscheiden wir zwei Hauptschübe der Identitätsausbildung. Zunächst die Zeit bis zur Schulreife, in der junge Menschen vor allem das soziale Angebot der Familie annehmen und einüben und dann die Phase der Adoleszenz, in der die Jugendlichen in zum Teil krisenhaften Prozessen erlernte Verhaltensweisen und Normierungen abstreifen und durch neue zu überformen suchen. Wenn wir uns im folgenden den Berichten über die familiäre Prägungsphase widmen, sind wir uns darüber im klaren, daß bewußte Erinnerungen nur die Oberflächenphänomene des Arrangements einer Persönlichkeit sichtbar machen. Durch die Typisierung dieser Phänomene hoffen wir wiederum, tiefer Liegendes sichtbar zu machen.

Um die Barrieren für die Interpretation unseres Interviewmaterials etwas tiefer zu hängen, haben wir immer wieder nachgefragt, welche Gefühle eine Tätigkeit begleiten oder begleitet haben. Denn bei der Aneignung von Welt und Erfahrung spielen Gefühle eine entscheidende, aber oft unterschätzte Rolle. Die - intelligente Handlungen strukturierende - Rolle des Fühlens möchten wir herausstreichen, nicht zuletzt deshalb, weil diese neben kognitiven Abläufen von seiten der Wissenschaft gerne ignoriert wird. Nehmen wir den Denkansatz der phänomenologischen Wissenssoziologie ernst (Berger/Luckmann 1969), dann entsteht die Persönlichkeit des jungen Menschen in einem Kommunikationsprozeß, bei dem durch die Identifikation mit 'bedeutsamen Menschen' Wissen angeeignet, verarbeitet und angenommen wird. Die zentrale Rolle, die 'bedeutsamen Menschen' zukommt, deren Verhalten später von Jugendlichen generalisiert wird, bringt Lernen und Fühlen in einen unmittelbaren Zusammenhang. Ja, wir dürfen folgern, daß Lernprozesse um so nachhaltiger sind, je intensiver die sie begleitenden Gefühle sind. Diesem Erklärungsansatz widerspricht nicht, daß in der Verselbständigung intellektueller Abläufe beim erwachsenen Menschen die begleitenden Gefühle so sehr in den Hintergrund treten können, daß es dem Naturwissenschaftler schließlich so scheinen mag, als seien Erkenntnisse von Gefühlen gänzlich unbeeinflußt.

Diesen Gedanken weiter spinnend, achten wir in der Auswertung nicht nur auf Dinge und Inhalte, die an das Mädchen herangetragen werden, sondern entscheidend auch auf Gefühlsdispositionen, die im Interaktionsgefüge der Familie gewonnen wurden. Denn wir gehen davon aus, daß Empfindungen, die durch Personen hervorgerufen werden, auch auf Dinge bezogen werden können - so wie umgekehrt auch zu beachten ist, daß die Erfahrung von Dingen auch auf Personen übertragen werden kann, z.B. wenn wir von versachlichten Beziehungen sprechen. Gefühlsdispositionen, so unsere Behauptung, sind auch ein Präjudiz für eine zukünftige Berufsentscheidung.

Die Familie ist der Ort früher Prägungen, schließlich sind dort die bedeutsamen Identifikationsfiguren versammelt: die Eltern vor allem, die Geschwister und möglicherweise noch Verwandte. Von Geburt an ist das Kind damit beschäftigt, sich die Bilder seiner Familie anzueignen und sie mit seinem sich entwickelnden Selbstbild in Einklang zu bringen. Herauszustreichen ist, daß das Kind auch in jungem Alter keine nur knetbare Masse ist, sondern schon von einem sehr frühen Zeitpunkt an Abgrenzung und Aneignung selbst strukturiert (Hess/Handel 1980: 34). Die dem Kind gebotenen Identifikationsmöglichkeiten präfigurieren den Reichtum oder die Armut der Persönlichkeit.

Kindliche Lernprozesse umfassen selbstverständlich nicht nur Aneignung und Identifikation, vielmehr finden auch schon in der vorpubertären Kindheit Abgrenzungen und Frustrationserlebnisse statt, Erfahrungen, die der erwachsene Mensch später zu kompensieren oder zu umgehen trachtet. Geht es darum, die soziale Milieuzugehörigkeit zu bestätigen, geht es darum, den begonnenen sozialen Aufstieg der

Familie fortzusetzen oder geht es darum, sich mit einem großen Schritt von der stigmatisierend erlebten familiären Herkunft abzugrenzen? In der bildungssoziologischen Literatur wird dieser Effekt vor allem unter dem Stichwort "schichtspezifisches Lern- und Aufstiegsverhalten" abgehandelt. Gerade für die Motivation von Männern für den Ingenieurberuf werden die Stigmatisierungen durch eine Kindheit im Unterschichtmilieu gerne geltend gemacht. Dies in einem doppelten Sinne: einerseits, so die These, erzeugen die herkunftsbezogenen Unterlegenheitsgefühle die Energie für den sozialen Aufstieg, andererseits aber wird dieser durch schichtspezifische Fähigkeiten und Erfahrungen erleichtert. Als eine ingenieurfreundliche Konditionierung wird zum Beispiel das Sprachverhalten der Unterschicht genannt. Weit mehr als Kinder aus der Oberschicht, heißt es, bezögen die der Unterschicht das Gestische in die Formulierung ihrer Mitteilung ein (Roeder 1978), ein Mangel gegenüber den sprachbezogenen Disziplinen, wiederum aber eine besondere Begabung für mathematisch-naturwissenschaftliches Denken und Analysieren.

Es liegt nahe, solche herkunftsbezogenen Schlußfolgerungen von den männlichen auf die weiblichen Ingenieure zu übertragen. Dies wird in Grenzen auch geschehen, doch die Absicht bricht sich auch an grundsätzlichen Problemen. Der Zusammenhang von Intelligenz und Schichtzugehörigkeit ist zwar in der Bildungssoziologie eines der am meisten bearbeiteten Themen, aber die Heterogenität der Ergebnisse verbreitet schnell Unsicherheit. Differenzierungen nach Schicht oder Klasse hatten in der frühen Industriegesellschaft - möglicherweise bis zum zweiten Weltkrieg - eine soziale und damit auch analytische Eindeutigkeit. Die soziale Mobilität der Wohlstandsgesellschaft - für Frauen hauptsächlich durch Heirat, für Männer vor allem durch bildungsabhängigen sozialen Aufstieg - verwischt die unverwechselbare Zugehörigkeit zu einer bestimmten Klasse oder Schicht. Heutzutage repräsentieren unterschiedliche Generationen meist auch verschiedene soziale Milieus, so daß eindeutige Prägungen durch und Identifikationen mit einem bestimmten Herkunftsmilieu nur noch selten anzutreffen sind. Das daraus resultierende forschungspraktische Dilemma hat Heidi Rosenbaum sehr richtig auf den Begriff gebracht: "Soziale Ungleichheitslagen (Schichten) werden in der empirischen Forschung konstruiert aus Berufsposition, Einkommen und Bildung. Wenngleich auch den Forschern bekannt ist, daß die auf diese Weise gewonnenen Gruppen keine soziokulturell homogenen Gruppen darstellen, schließen sie einen forschungsstrategischen Kompromiß (Oevermann), da keine besseren Methoden existieren. Aber die nach dem sozioökonomischen Status bestimmten Schichten werden dennoch hinterher behandelt, als handele es sich um eine homogene soziale Gruppe" (Rosenbaum 1978).

Dieser Kritik ist zuzustimmen. Dennoch aber entläßt uns das beschriebene Problem nicht aus der Frage, ob und wie die technische Ausnahmebegabung der von uns befragten Ingenieurinnen durch das Milieu der Herkunftsfamilie geprägt ist. Aus diesem Grunde wird die soziale Herkunft über Berufsposition, Einkommen und Bildungsstand der Eltern zwar in die traditionellen drei Gruppen von Unter-, Mittel- und Oberschicht sortiert, aber gleichzeitig wird eine neue, nämlich subjektive Perspektive in die Analyse einbezogen. Auf einer objektiven Forschungsebene mag die Differenz zwischen Herkunfts- und Zielmilieu die Vermutung von Aufstiegsinteressen nahelegen, auf der subjektiven Ebene sind Frustrationserfahrungen oder Wünsche denkbar - eigene oder die der Eltern -, die dazu führen, nie wieder einen Wunsch oder aber alles zu riskieren, um den als leidvoll erfahrenen Verhältnissen zu entkommen.

Die Kategorie des Wunsches spielt in diesem ersten Untersuchungsteil daher eine zentrale Rolle, die der über Herkunft und Milieu hinaustreibenden Kraft des Wunsches gerecht wird. Werden materielle Verzichtserfahrungen für unsere Ingenieurinnen zur Antriebskraft für ihre beruflichen Durchsetzungsenergien? Werden soziale Unterlegenheitserlebnisse zum Antrieb für die Energie, sich eine neue Schicht zu erobern oder erhalten sich Töchter der besser gestellten Familien das, was ihnen zuzukommen scheint? Solche und entsprechende Fragestellungen liegen scheinbar auf der Hand, sind jedoch gerade für Ingenieur**innen** schwer zu beantworten, denn der weibliche Anteil ihres beruflichen Habitus wirft noch einmal theoretische und methodische Probleme auf.

Die Dynamik des Statusanstiegs bemißt sich generell, und zwar in der Realität wie in der wissenschaftlichen Analyse, an der sozialen Differenz des auf- oder absteigenden Sohnes gegenüber dem Vater. Im allgemeinen wird der Status einer Familie am Einkommen und am Bildungsniveau des Mannes orientiert. Woran aber bemißt sich der soziale Aufstieg der Ingenieurin, am Status des Vaters oder an dem der Mutter? Was bedeutet für sie die Tatsache, daß Frauen gewöhnlich durch eine Heirat einen neuen Status erwerben? Heiratet sie den statusüberlegenen oder den statusadäquaten Mann? Solche Fragen scheinen späteren Kapiteln vorzugreifen, sie verweisen aber dennoch auch auf das Anliegen dieses Untersuchungsteils. Ist die familiäre Vorprägung des späteren beruflichen Habitus durch Identifikationen mit dem Status des Vaters oder der Mutter bestimmt? Über sogenannte Karrieremänner wird in der wissenschaftlichen Literatur von einer starken Vateridentifikation berichtet (Maccoby 1979: 1). Über die Kindheit späterer Managerinnen wird Ähnliches belegt (Hennig/Jardim 1978). Gilt dies auch für unsere Ingenieurinnen? In der Frauenbewegung ist immer wieder der Mangel an weiblichen Vorbildern beklagt worden. Gilt dies auch für die Ingenieurinnen oder sind sie die Ausnahmefrauen mit den starken Müttern? Mit den noch dazu technisch begabten Müttern, die sich für eine Zukunftsidentifikation anbieten? Oder ist die eigene Biographie der Gegenentwurf zur mütterlichen Ohnmacht? Beruflicher Habitus als Möglichkeit, sich vom Weiblichen zu emanzipieren? Auch dies sind Aspekte, die unter die Kategorie des Wunsches fallen.

Die nur in einer ersten Vorauswahl herausgegriffenen Fragestellungen zeigen, daß nicht nur das soziokulturelle Herkunftsmilieu, sondern auch die Zugehörigkeit zum weiblichen Geschlecht im Kind einen Aufstiegswillen entstehen lassen können. Da das männliche Territorium immer höher rangiert als das weibliche, heißt Aufstieg bei Frauen nicht nur Abgrenzung zur Herkunft, sondern immer auch Abgrenzung von den traditionellen Konzepten der Weiblichkeit. Daher betrachten wir die kindliche Sozialisation immer aus zweierlei Perspektive: der sozialen Herkunft und der weiblichen Identität.

Kohlberg spricht davon, daß die Geschlechtsidentität wahrscheinlich die "stabilste aller Identitäten" sei (Kohlberg 1974: 350), und er hat Recht, solange wir uns lediglich auf die einverständige Zugehörigkeit zu einem bestimmten Geschlecht beziehen. Beziehen wir uns jedoch auf die inneren Stabilitäten der Menschen im Kostüm des eigenen oder anderen Geschlechts, so können wir zumindest für die Gegenwart wohl mit Plausibilität behaupten, daß die Vorgewißheit dieser Sicherheit durch "winterfeste" Identitätskonzepte schwindet gegenüber der Notwendigkeit, das Identische und Transitorische der Geschlechtsrollendefinition immer wieder in Abstimmung zu bringen. Gerade für die Frauen, die unter dem engen Zuschnitt der Geschlechtsstereotype gelitten haben, hat solche Irritation immer wieder nicht nur Leiden und Unsicherheit produziert, sondern auch innere und äußere Spielräume eröffnet, um fremde, nämlich männliche Orte der Gesellschaft für sich in Anspruch zu nehmen. Jede Verunsicherung einer traditionellen Geschlechtsrollenidentität birgt für Frauen demnach immer auch die Möglichkeit zur Veränderung im Sinne einer Aneignung größerer Freiheitsräume.

Solche Überlegungen drängen sich auf bei der Analyse der Entstehungsgeschichte des professionellen Habitus einer Ingenieurin. Ohne

Irritationen und Abstoßungsenergien gegenüber dem eigenen weiblichen Geschlecht, so unsere These, sind die Sozialisationsmuster einer Pionierin in einer Männerdomäne wohl nicht denkbar. Die Frage nach der Relation von weiblicher Identität, naturwissenschaftlicher Intellektualität und männergleicher Durchsetzungsenergie ist demnach wesentlich für die Analyse der Sozialisationserfahrungen des Kindes, das später beschließt, Ingenieurin zu werden. Dabei beziehen wir uns theoretisch auf Kohlberg, der als einer der ersten in der Wissenschaft die These aufstellte, daß mit der Aneignung spezifischer Geschlechtsidentitäten in der Kindheit die Ausbildung verschiedener kognitiver Stile zu beobachten sei. Die "Strukturierung der Geschlechtsrollen", so behauptet er, "ist eine wesentlich kognitive, insoweit sie in den kindlichen Vorstellungen über physische Objekte, den eigenen Körper und die Körper der anderen wurzelt - Konzepte, die das Kind wiederum mit einer Sozialordnung in Verbindung bringt, die Geschlechtskategorien in kulturell universellen Formen verwendet." (Kohlberg 1974: 334 f.)

Die spätere Ingenieurin bei ihrer Identitätsausbildung in der Familie zu beobachten, nötigt uns, nicht nur das allgemeine familiäre Klima in Betracht zu ziehen, sondern sie in ihrer Interaktion mit den verschiedenen Familienmitgliedern zu sehen. Dies bringt uns in die schwierige Lage, die Beziehung von Vätern zu ihren Töchtern zu beurteilen. Schwierig ist dies insofern, als die Vater-Sohn-Beziehung in den Sozialwissenschaften zwar viele Interpretationen erfahren hat, die des Vaters zur Tochter wissenschaftlich jedoch marginalisiert wird. (Fthenakis 1985) Neuere psychoanalytische Veröffentlichungen weisen jedoch darauf hin, daß die Beziehung des kleinen Mädchens zum Vater bedeutsamer ist, als im allgemeinen angenommen wurde. Dies nicht nur im Hinblick auf ihr Vermögen, als erwachsene Frauen eine gelingende Liebesbeziehung eingehen zu können, sondern auch bezogen auf eine erfolgreiche spätere Berufstätigkeit. (Leonhard 1984)

Was für Söhne gelten soll, gilt dies auch für Mädchen - daß sie in bezug auf die durch den Vater verkörperten Wertsysteme die Nachfolge antreten können? Für die in der Literatur vorfindliche Beschreibung der Vater-Sohn-Beziehung sei stellvertretend für ähnliche Auffassungen Schuckert zitiert: "Väter und Söhne begegnen sich in der Erziehung, durch die die biologische Generationenfolge sich im Kontinuum der Kultur aufhebt. Erziehung ist nicht nur Hilfe für den Unmündigen und sorgende Stellvertretung in Verantwortung für den Zögling, sondern zugleich und wesentlich Weitergabe und Vermittlung von Tradition. Auf diese Weise werden objektive Kulturinhalte, Werte und Normen, soziale Strukturen und symbolische Systeme, Sinndeutungen und Elemente der Identität, für die sich die ältere Generation verbürgt, an die Söhne vererbt." (Schuckert 1978) Bei männlichen Ingenieuren bildet sich diese Erbfolge häufig in der Übernahme des väterlichen Berufes aus. Treten auch Töchter solche Nachfolge an? Was sind die Bedingungen dafür, daß sie die Normen väterlichen - damit männlichen - Könnens als die des eigenen internalisieren?

Für Männer in Naturwissenschaften und Technik hat McClelland die These aufgestellt, daß deren männlich strukturierte intellektuelle Begabung auf eine frühe und fast uneingeschränkte Identifikation mit dem starken Vater zurückzuführen sei. Über eine Rivalität mit dem Vater um die Mutter werde das Weibliche zu einem nicht integrierten Bestandteil der Persönlichkeit, so daß allem Weiblichen - real oder symbolisch - auch im Erwachsenenalter noch ausgewichen werde. Für den späteren Wissenschaftler bedinge dies in der Kindheit Menschenscheu, verzögerte erotische Erfahrungen in der Jugend, dafür aber den unbändigen Trieb, das männliche Aggressionspotential über die Wissensaneignung in menschenfernen Sphären auszuleben. "Kurz gesagt: der wissenschaftliche Antrieb und Wißbegierde erhalten ihre Energie aus einer leichten Perversion des Sexualinstinktes." (McClelland 1983: 159) Nicht die selbstverständliche Erbfolge der Generationen ist demnach für die besondere Begabung verantwortlich, sondern es geschieht das, was Wacker auch zur intellektuellen Grundlage für andere Berufe erklärt: "Das Kind eignet sich schon früh eine Form der Beschädigung an, die später im Arbeitsprozeß durchaus funktional sein kann." (Wacker 1976: 98) Nicht nur Formen, sondern auch Deformationen begründen demnach spätere Leistungen und Begabungen. Sind sie häufig und gesellschaftlich anerkannt, gelten sie als normal.

Aus dieser Sicht stellt sich die Frage, ob Frauen in Naturwissenschaften und Technik mit einer ähnlichen "deformation professionelle" die Aneignung eines beruflichen Habitus begründen, ob eine grundsätzlich andere geschlechtsspezifische Identität die Einhaltung intellektueller Standards möglich macht oder ob unterschiedliche Persönlichkeitsmuster Frauen die spätere Entscheidung für den Ingenieurberuf erleichtern.

Allgemein betrachtet ist das kleine Mädchen natürlich anderen sozialen und psychischen Mechanismen der Identitätsfindung ausgesetzt als der kleine Junge. Doch fast alle psychologischen Sozialisationstheorien tendieren dazu, die Sozialisationsgeschichte des kleinen Jungen als kindliche überhaupt zu verallgemeinern. Dennoch ergeben sich gerade bei der Ausbildung einer Geschlechtsidentität unterschiedliche Handlungsgesetze für den weiblichen und männlichen Menschen in der Kindheit. Beide sind, zumindest in der klassischen Kleinfamilie der Gegenwart, unterschiedlichen Konstellationen ausgesetzt. Trennungsfähigkeit versus Trennungszwang oder Beziehungsfähigkeit versus Beziehungszwang werden unter jeweils anderen Bedingungen erlernt.

Als einen Denkansatz wählen wir Carol Gilligans (1984) Erklärungsversuch für unterschiedliche Kommunikations-, Denk- und Wertungsstile von Frauen und Männern. Kleine Mädchen, so führt sie aus in Übereinstimmung mit den meisten Theorien zur weiblichen Sozialisation, blieben während der frühkindlichen Individuation mit der liebsten Person - der Mutter - in Symbiose und Beziehung, da das gemeinsame Geschlecht kontinuierliche Identifikationen möglich mache. Dadurch erhalte sich, so ihre These, lebenslang eine als typisch weiblich angesehene Tendenz, sowohl intellektuelle als auch persönliche Leistungen und Konflikte im Interesse bestehender Beziehungen zu klären, was eine trennungsfeindliche und dialogische Intelligenz, Sozial- und Moralstruktur begründe. Der kleine Junge dagegen stünde, so ihre Ausgangsthese für Männer, unter dem Druck, sich von dieser innigst geliebten Person zu trennen, um eine unabhängige, nämlich männliche Geschlechtsidentität zu begründen. Das männliche Kind muß in die sogenannte phallische Phase (d.h. die Identifikation mit dem Vater) eintreten, der, wie oben dargelegt, McClelland eine so große Bedeutung für die Entwicklung einer naturwissenschaftlichen Begabung zuschreibt. Anders als beim kleinen Mädchen ist demnach die männliche Identität mit einer schmerzlichen Trennungserfahrung in sehr früher Zeit verbunden. Die Ablösung von der Mutter vollzieht sich für Mädchen allmählich, doch ist sie ebenfalls unabdingbar, wenn Frauen nicht lebenslang in der Symbiose blockiert sein wollen (Hammer 1979: 160).

Für Männer führe das frühe Trennungsleid, so Gilligan, zu der oft beschriebenen Fähigkeit der Distanzierung oder auch zu Trennungszwängen gegenüber geliebten (weiblichen) Personen. Auf Dinge und Menschen bezogen, käme Männern demnach eher die Fähigkeit zu, intellektuelle und emotionale Probleme rational zu klären, z.B. bei der in "ihrer" Wissenschaft üblichen Trennung zwischen erkennendem Subjekt und zu analysierendem Objekt. In den Naturwissenschaften vor allem müssen aber auch Frauen uneingeschränkt diese intellektuell-emotionale Leistung erbringen, und wir fragen uns daher noch einmal, wie sie dazu befähigt werden.

Die Vermutung liegt nahe, daß für Frauen, die sich einen eher männlichen beruflichen Habitus aneignen, in der sogenannt ödipalen Entwicklungsphase, in der der gegengeschlechtliche Elternteil besonders wichtig und interessant wird, die männlichen Qualitäten des Vaters eine besondere, nicht nur emotional-erotische Identifikationsmöglichkeit bieten. Denkbar ist, daß die intellektuellen und emotionalen Fähigkeiten des Vaters so viel attraktiver sind, daß der Vater dazu verführt, nicht nur die zweigeschlechtliche Spannung auszuleben, sondern dem eigenen Geschlecht - symbolisiert durch die Mutter - eine frühe Trennung anzutragen. Solche Vermutung könnte sich erhärten, falls sich herausstellen sollte, daß die Favorisierung des Vaters mit einer Ablehnung der Mutter einhergeht.

Einer vorschnellen Vereinfachung ist an dieser Stelle zu wehren: Die für männliche Naturwissenschaftler übliche bruchlose Identifikation mit dem Männlichen ist kaum denkbar. Eher ist zu vermuten, daß unterschiedliche Varianten von Mischidentifikationen die Sozialisation der Ingenieurinnen charakterisieren. Vorstellbar wäre etwa, daß intellektuelle Vorlieben, z.B. das technologiebezogene Vorbild, vom Vater, kommunikative Stile jedoch eher von der Mutter angenommen werden, so daß die entsprechende Frau für die Dauer ihres Lebens die Spannung zwischen den beiden Geschlechtern auszubalancieren hätte. Eben dieser Balanceakt könnte zum Anreiz ihrer technischen Berufstätigkeit werden. Darüber hinaus möglicherweise auch zum Antrieb für eine Veränderung nur "männlicher" habitueller Stile im Ingenieurberuf. Wir differenzieren unsere Fragestellung dahingehend: Durch welche Personen welchen Geschlechts werden Kommunikationsmuster, d.h. auch berufliche Durchsetzungsformen, erlernt, durch welche die Identifikation mit den Gegenständen eines technischen Berufes?

Noch einmal drängt sich die skeptische Nachfrage auf, wie durch ein noch so intensives, aber ja doch nur einmaliges Interview solche Fragen geklärt werden könnten, die für die Betroffene selbst oft erst in vielen psychoanalytischen Sitzungen durchsichtig würden. Ein solcher Einwand hat sicher seine Berechtigung. Im Rahmen dieser Untersuchung trachten wir ihn zu entkräften, indem wir den Spuren früher Identifikationen nachgehen und diese interpretieren, nicht aber versuchen, die Liebes- und Trennungsversuche des kleinen Mädchens selbst aus der Versunkenheit des Unbewußten herauszulösen. Wir fragen also nach Prägungen und Deformationen früher Identitätsbildungen, indem wir Verhaltensmuster und Gewohnheiten analysieren, die sich eingeschliffen haben und auf der Ebene alltäglicher Bewußtheit erzählbar sind.

Schnell erinnerbar ist für die meisten Menschen, von wem was erlernt wurde, wer warum die besonders geliebte Person der Kindheit war und wo sich Verschiebungen eingestellt haben. Es ist auch erfragbar, welche spezifisch weiblichen Verhaltensmuster angenommen oder abgelehnt wurden - sei es auch durch simples Nachfragen nach Kleidungsgewohnheiten, Freundschaften mit Mädchen und Jungen, Spielzeug, Lesegewohnheiten und dergleichen mehr.

Ausgehend von solchen Beschreibungen werden wir eine Aussage darüber treffen, ob geschlechtsbezogen vielfältige - damit auch generalisierbare - Konditionierungen die spätere Ingenieurbegabung begründen, oder ob letztendlich Fixierungen, die auf frühe Verletzungen und Bindungen zurückzuführen sind, eine für Frauen "abwegige" intellektuelle Leidenschaft begründen, die durch bildungspolitische Maßnahmen kaum generalisierbar sein dürfte.

2.2 Materielle Sozialisationsbedingungen: Wunsch versus Realität

Betrachtet man, wie unsere Ingenieurinnen die materielle Situation in ihrer Kindheit beurteilen, dann verblüfft, daß offenkundig die meisten als kleine Mädchen wunschlos glücklich waren, zumindest was unerfüllte Kinderwünsche nach Spielsachen, Reisen, Freizeitgestaltung und dergleichen angeht. Frappierend ist dies deshalb, weil nicht etwa die Aussage dominierte, daß alles im Überfluß vorhanden gewesen sei, nein, von so reichen Rahmenbedingungen berichten nur ganze drei Personen unter den von uns Befragten. Sehr viel mehr, nämlich insgesamt gute zwei Drittel, sprechen davon, daß hier und dort oder nur zeitweilig gespart werden mußte. Wirklich mit der Knappheit zu kämpfen hatte nach der Erinnerung unserer Ingenieurinnen nur jeder vierte Haushalt. Aber gleichgültig, ob zeitweilig oder dauerhaft, ob partiell oder umfänglich auch den Kindern Verzichte abverlangt wurden, von den heute Erwachsenen wird dies in auffallender Häufigkeit zumindest rückwirkend bagatellisiert, ja, es mag fast so scheinen, als sei es einfach gewesen, materielle Frustrationen in den kindlichen Alltag zu integrieren. Davon zeugen Bemerkungen, daß der Verzicht auf Taschengeld "nie als schlecht empfunden" worden sei, daß das Nachtragen von Kleidung der Freundin doch "nicht so dramatisch gewesen" sei, oder es wird auch summarisch konstatiert: "Ich hatte nicht den Eindruck, was versäumt zu haben oder auf was verzichten zu müssen!" (II.28) Demgegenüber ist keine Aussage zitierfähig, daß die Verzichtserklärungen schlechterdings unerträglich waren.
In den Aussagen zur Wahrnehmung der materiellen Situation sind die real ja doch bestehenden Milieuunterschiede kaum auszumachen, allenfalls noch, wenn man den Altersunterschied zwischen den heute Studierenden und den Erwerbstätigen in Betracht zieht. Generell ist bei den Ingenieurinnen, die noch während des oder unmittelbar nach

dem Kriege geboren wurden, eher von Knappheit die Rede als bei den Jüngeren, die in den 60er Jahren, und das heißt, in der reichsten Phase der Geschichte der Bundesrepublik groß geworden sind. Materielle Zufriedenheit machen die Älteren an anderen Dingen fest als die jüngeren: ein Fahrrad ist vielleicht noch ein Ziel der Wünsche, oder auch neue Kleidung. Taschengeld ist nicht selbstverständlich, nicht immer können die Familien sich das Reisen leisten, oder allenfalls im eigenen Land. Die heute Studierenden haben Knappheit eher bei der Durchsetzung von Sonderwünschen erlebt oder bei Auseinandersetzungen um das nächste Reiseziel. Überhaupt fällt auf, daß die Herkunftsfamilien unserer Ingenieurinnen zwar in den Standards des Konsums variieren, daß die Majorität von ihnen jedoch den Anspruch aufs Reisen verwirklicht, und sei es auf Kosten anderer Konsumwünsche. Extreme Mangelsituationen scheinen den sozialen Aufstieg einer Frau in den Ingenieurberuf - jedenfalls vor dem Hintergrund unseres Befragungssamples - nicht angetrieben zu haben. Diese Aussage erfährt jedoch eine gewisse Relativierung dadurch, daß Verzichtserfahrungen - entweder schon in der Kindheit selbst oder in retrospektiver Begradigung der eigenen Biographie auch von den zum Teil härter Betroffenen nicht zum inneren Skandal erhoben werden.
Eine objektive Untermauerung findet die Tendenz dieser Aussagen durch die Tatsache, daß unsere Ingenieurinnen aus besser situierten Elternhäusern stammen als der Durchschnitt der Studienanfänger/innen. Bei dieser Aussage orientieren wir uns am Ausbildungsniveau und Berufsstatus des Vaters, der bis auf vereinzelte Ausnahmen in den Herkunftsfamilien den Rahmen für die materielle Bedürfnisbefriedigung der Famiienmitglieder setzt. Die Erwerbstätigkeit der Mutter ist in den meisten Fällen eher als Zuverdienst marginalisiert und bestimmt nur selten die soziale Außenwahrnehmung der Familie. Legen wir die sogenannte Ressourcentheorie zugrunde, (Schwägler 1978: 152) nach der jenes Familienmitglied, das am meisten zum

Familieneinkommen beiträgt, den größten Einfluß ausübt, dann ließe sich hier zumindest die Vermutung aufstellen - sie wird später an weiteren Kriterien überprüft werden -, daß unsere Ingenieurinnen in den überwiegenden Fällen aus väterzentrierten Familien stammen.
Wir wollen dies kurz belegen: Mehr als die Hälfte der Ingenieurinnen haben Väter, die an einer Fachhochschule oder an einer Universität ein Studium absolviert haben. Die zweitgrößte Gruppe, etwa ein Drittel, rekrutiert sich aus jenen, die die Grundschule absolviert und daran eine Lehre angeschlossen haben. Wo dies nicht geschah, lag dies daran, daß bäuerliches Traditionswissen im Familienbetrieb zur Anwendung kam. Im ersten Moment erstaunlich ist die Tatsache, daß das mittlere Ausbildungsniveau so dünn besetzt ist. Bei näherem Hinschauen zeigt sich jedoch, daß eine ganze Reihe der Hochschulabsolventen ihren Bildungsgrad über den zweiten Bildungsweg erlangt hat. Nur fünf Väter hatten ihre Schulausbildung mit dem Abitur beendet. Rechnen wir noch jene hinzu, die durch Zusatzqualifikationen ihre Chancen auf dem Erwerbsmarkt verbesserten, so können wir feststellen, daß etwa zwei Drittel unserer Ingenieurinnen aus Familien stammen, die durch den Aufstiegswillen der Väter geprägt waren. Dem entspricht auch, daß kaum eine unserer Gesprächspartnerinnen darauf hingewiesen hat, nun durch ihre Person und Berufsbiographie die unerfüllten Aufstiegswünsche des Vaters zu erfüllen.
Ganz anders sieht es bei den Müttern aus: Zum Teil delegieren sie unerfüllte Wünsche nach beruflicher Verwirklichung an die Töchter, zu einem ebenso großen Teil jedoch vermitteln sie ihren Töchtern auch, daß der Zuerwerb von Frauen zum Familieneinkommen - schlicht die Doppelbelastung - keineswegs nur Vergnügen und Kinderspiel ist. Die Tochter einer Verkäuferin erinnert, daß die Mutter "zum Teil schon unheimlich erschöpft war, wenn sie nach Hause gekommen ist. Dann hat sie natürlich nicht den Eindruck vermittelt, als wäre das nun das Tollste, was man sich vorstellen kann." (II.7) Eine

andere berichtet entsprechend, "daß sie abgearbeitet nach Hause kam und dann nicht mehr aufnahmebereit war für das, was wir von ihr wollten." (I.14) Keine der Mütter belastet ihre Familie durch eigene Karrierewünsche, eher durch ihre Doppelbelastung. Von einem beruflichen Aufstieg kann bei diesen Frauen nur in Ausnahmefällen gesprochen werden, um so häufiger von einem Abstieg, da die überwiegende Mehrzahl mit der Eheschließung oder mit der Geburt des ersten Kindes ihre eigene Berufslaufbahn ab- oder unterbricht, so daß spätere Erwerbstätigkeit - mag sie auch wechseln - eher Jobcharakter hat. Daß von beruflichem Aufstiegsinterresse nicht gesprochen werden kann - sei es, daß die Frauen durch ihre Ehemänner abgehalten wurden, sei es, daß die Familie ihnen ausdrücklich wichtiger war, sei es auch, daß der Erwerbsmarkt ihnen alle Chancen versagte -, zeigt auch das Faktum, daß die Mütter unserer Ingenieurinnen nur in Ausnahmefällen eine aufbauende Zusatzqualifikation erlangt haben. Eine leitende Funktion haben diese Mütter entsprechend nur höchst selten erworben. Wenn, dann bis auf eine einzige, vor der Eheschließung.

Das ursprüngliche Profil des schulischen Abschlusses und der sich daran anschließenden Berufsausbildung wird bei ihnen jedenfalls nicht durch einen Qualifikationsaufbau verwischt. Mehr Mütter als Väter unserer Ingenieurinnen begeben sich mit Abitur auf den beruflichen Weg - immerhin knapp 10% -, und auch das durch sie am stärksten besetzte mittlere Qualifikationsniveau bezeugt ein grundsätzliches Ausbildungsinteresse dieser Frauen. An den Realschulabschluß schließt sich bis auf wenige Ausnahmefälle eine Lehre oder Fachschulausbildung an. Auch jene, die mit der Grundschule ihre berufliche Ausbildung beenden, haben bis auf Einzelne eine Berufsausbildung abgeschlossen.

Mit diesen Voraussetzungen hätten sie selbst einen ihren Männern ähnlichen Berufsweg beschreiten können. Sie aber beweisen sich als optimal qualifiziert für die Begleitkarriere des beruflich aufsteigenden Mannes. In den sich hier abbildenden sozialen Strukturen wird Konventionelles sichtbar, das sicher nicht nur für die durch uns angesprochenen Familien gilt: Männer sichern den Aufstieg durch ihren Beruf, Frauen durch die Wahl des richtigen Ehemannes.

Die Gruppe der Ingenieurinnen, die unser Forschungsinteresse auf sich zieht, scheint von diesem Muster abzuweichen. Die Frage nach den Ursachen läßt aufgrund des bislang Vorgestellten die Vermutung zu, daß beide Elternteile der Tochter einen Aufstiegswillen vermittelt haben, die Väter eher durch ihr Vorbild, die Mütter eher durch das Uneingelöste ihrer eigenen Geschichte und natürlich auch durch die Energien, die sie als "Begleitkarrieristinnen" in den Aufstieg ihrer Männer investiert haben. Nur fünf Väter - wie bereits angemerkt - hatten die Schule mit dem Abitur abgeschlossen, aber immerhin vier (andere) sind Hochschullehrer: Daß die Hälfte der Väter unserer Ingenieurinnen später in leitenden Funktionen tätig ist, muß, wie die Ausführungen unserer Gesprächspartnerinnen zeigen, ebenfalls ganz erheblich auf die Zu- und Entlastungsarbeit der Ehefrauen für ihre Männer zurückgeführt werden. Gelegentlich kommt dies ganz unverblümt zum Ausdruck. So antwortete eine Ingenieurin auf die Frage, ob ihr Vater sehr ehrgeizig sei: "Ja, da weiß ich aber auch nicht, inwiefern das nicht auch ein bißchen meine Mutter war. Also daß die den da so ein bißchen beraten hat. Ich will nicht sagen, daß sie ihn irgendwie so getriezt hat, aber immer so beraten oder so ..." (VI.4)

Dieser Tendenz entspricht auch, daß die Mütter offenbar häufiger als die Väter den schulischen Bildungsweg der Tochter antreiben. Nur eine einzige unserer Ingenieurinnen berichtet davon, ihren Bildungsweg mit Kämpfen durchgesetzt zu haben. Die Mittelschichtsorientierung der Väter und Mütter zeigt sich darin, daß sie ihren Kindern von klein auf eine bildungsbezogene Leistungsmotivation vermitteln.

Daß eher die Väter als die Mütter dabei zum Vorbild für die spätere Berufswahl werden, belegt die Analyse der elterlichen Berufstätigkeiten selber. 80% der Mütter haben einen typisch weiblichen Beruf ausgeübt. Auf den unteren Niveaus werden Verkäuferin, Schneiderin, Köchin häufig genannt, für den mittleren Ausbildungsbereich Sekretärin, Verwaltungsangestellte, Kindergärtnerin, Krankenschwester, MTA angeführt, und die wenigen "studierten" Mütter der von uns befragten Ingenieurinnen waren meistens Lehrerin geworden. Ein Bezug zur Technik stellt sich allenfalls über "frauenfreundliche" naturwissenschaftliche Qualifikationen her wie Chemotechnikerin, Ärztin oder Zahntechnikerin. Nicht eine einzige dieser Mütter war selbst Ingenieurin!
Sei es, daß die Töchter der Berufstätigkeit der Mütter kaum Interesse schenken, sei es auch, daß diese selbst ihre Mitteilungen über ihre Arbeit auf Plaudereien über Kollegen/innen beschränken, der sachliche Bezug zur späteren Arbeit scheint ganz eindeutig in der Majorität der Fälle über die Väter gestiftet zu sein, in einzelnen Fällen auch durch die Großväter. Zwar berichten viele Töchter von ihren Vätern, daß diese eher einsilbig sich zur eigenen Tätigkeit verhalten hätten, doch allein an der Länge der Beschreibung und an der Detailliertheit einzelner Erlebnisse in bezug auf die Erwerbstätigkeit des Vaters wird erkennbar, daß die Tätigkeit des Vaters sehr viel genauer zur Kenntnis genommen wurde als die der Mutter.
Mögen die Väter auch selten zuhause gewesen sein, über deren beruflichen Weg sind die meisten Ingenieurinnen gut informiert. Auch wenn die Beziehungen zwischen Vater und Tochter - darauf kommen wir noch genauer zurück - nicht immer von uneingeschränkter Zuneigung bestimmt sind, scheinen die Väter doch wesentlich häufiger als die Mütter das Objekt kindlichen Stolzes zu sein. Nur einzelne Väter haben offenbar im Beruf versagt oder zur Beschämung der Familie und Tochter beigetragen. Häufiger sind ausdrückliche Formulierungen

der Bewunderung. Eine berichtet stolz, mit dem Vater auf Montage gewesen zu sein, eine andere bewundert ihn am Stellwerk der Eisenbahn, andere erzählten mit Hochachtung von großen Bauten, für die die Väter verantwortlich waren. "Er ist ein begnadeter Konstrukteur" (V.12) war die euphorischste Aussage in diese Richtung.

Dieses frühkindliche Interesse korrespondiert offenkundig mit der Tatsache, daß weit mehr als die Hälfte der Väter einen Beruf mit Technikbezug ausüben oder ausgeübt haben. Davon sind mehr als die Hälfte Ingenieure! Unverkennbar ist demnach, daß Töchter das väterliche Erbe eines Interesses an Technik antreten. In den Erinnerungen an diese frühe Wahrnehmung väterlicher Arbeit hat sich dies auch niedergeschlagen. Dafür einige Beispiele:

Ich habe so vage Erinnerungen, daß da im Wohnzimmer ein Zeichenbrett am Tisch befestigt war, was man nicht genauer ansehen durfte, weil es ja sonst verwackeln konnte. Da habe ich immer in großer Entfernung gestanden und geguckt, was das für schwarze Tuschelinien sind. Es hat mir keiner was erklärt, aber ich habe es halt angesehen. (VI.6)

Mein Vater erzählt sowieso wenig. Ich bin schon mal bei ihm im Büro gewesen, wenn ich ihn abgeholt habe. Das fand ich auch immer ganz toll, mit den Linealen und Buntstiften. Da habe ich sehr gern gesessen und mit den ganzen Sachen herumgespielt. Aber was er machte, davon hatte ich nie eine richtige Vorstellung. (I.15)

Da durfte ich mal mit in so eine Versuchsanstalt. Da durften wir bei den Messungen dabei sein. Die bauten so Modelle, und dann werden Problemfahrten in Schleppkanälen simuliert. Da durften wir auch immer hin, das war ganz toll. Mich haben auch die Goldfische in dem Wasser immer so fasziniert. (VI.7)

Jenseits dessen, daß nicht alle Töchter von ihren Vätern belehrt wurden, nicht alle sich direkt beeinflußt sehen: die Tatsache, daß so viele Väter technikbezogene Tätigkeiten ausführen, die Mütter dagegen gar nicht, läßt den Schluß zu, daß das Lebensumfeld des Vaters einen erheblichen Anteil daran hat, daß die Mädchen später den Ausnahmeberuf einer Ingenieurin ergreifen.

Die Persönlichkeit des Vaters bietet sich offenkundig häufiger zur Nachahmung an, während die Mütter ihre unerfüllten Wünsche an die

Töchter delegieren oder - was im folgenden noch zu prüfen sein wird - die Negativfolie für den Bildungsweg der Tochter darstellen. Der starken Mittelschichtorientierung unseres Samples entsprechend beziehen jedoch beide Elternteile ihre Töchter in ihren eigenen Weg des sozialen Aufstiegs ein und mobilisieren auf diese Weise seelische Energien, die über das Gegebene hinaustreiben wollen.

2.3 Beziehungsmuster und Identifikationen

Daß die Fähigkeit zur Hingabe an eine Sache ebenso wie die Bewährung in einem Berufsfeld durch identitätsstiftende Sozialisationserfahrungen in der Kindheit begründet wird, war eine unserer Ausgangshypothesen, die wir nun im Hinblick auf die familiären Konstellationen unserer Ingenieurinnen überprüfen wollen. Die jeweilige Einbindung in die Macht- und Gefühlsdispositionen einer Familie, die in den meisten Fällen durch Eltern hergestellt werden, stellt die Weichen für die Zukunft. In der Familie machen Kinder zum ersten Mal grundlegende Erfahrungen, wie mit ihren Bedürfnissen nach Liebe und Zuwendung umgegangen wird. Da die Eltern den Kindern an Macht überlegen sind, ist ihr Verhalten **die** zentrale Vorerfahrung für den späteren Umgang mit Hierarchien. Je nachdem, wie Eltern ihre Autorität und Sanktionsmacht interpretieren und ausagieren, strukturiert sich die Identitätsbildung des Kindes (Caesar 1972).
Sozialisationsforscher/innen haben seit Freud immer wieder darauf hingewiesen, daß Identifikationen nicht nur durch positive Vorbilder und eine durch Liebe motivierte Imitationsfreude angetrieben werden. Auch sehr starke negative Gefühle der Abwehr gegenüber einem strengen oder gewalttätigen Elternteil können zur Aneignung der abgelehnten Eigenschaften und Verhaltensmuster führen. Das Kind ist aufgrund der Sanktionsmacht der Eltern gezwungen, sich zu beugen,

und über das Medium der ausgelösten starken Gefühle - mögen sie im Bewußtsein auch unterdrückt werden - findet die Internalisierung elterlicher Werte und Struktursetzungen statt. Bei solchen Konfrontationen, von denen kein Erziehungsprozeß frei sein kann, zeigen sich auch erste interpretatorische Reaktionen des Kindes. Sie variieren auf einem Spektrum zwischen Autonomie und offener Aggression über vernunftbetontes Reagieren, Widerstand und Einsicht, Resignation und unkontrollierte, d.h. ohnmächtige Wut. Die Art der Einbindung von Lust- und Unlustgefühlen in die Persönlichkeit des Kindes läßt Vermutungen über spätere Verhaltensentscheidungen zu.
Aber nicht nur das Verhalten der Eltern gegenüber den Kindern, nein, auch Stil und Form der Kommunikation zwischen den Eltern prägen spätere Vorlieben und Abneigungen. Je nachdem, wie Mann und Frau im elterlichen Diskurs aufeinander bezogen sind, bieten sich dem Kind Angebote für die Interpretation der eigenen Geschlechtsrolle. Imitation und Abwehr spielen hier früh eine struktursetzende Rolle.
Aus verschiedenen Gründen haben wir unsere Ingenieurinnen deshalb danach gefragt, wie sie die Beziehung der Eltern sehen und erlebt haben. Dabei verdient es an dieser Stelle eine Anmerkung, daß die überwiegende Mehrheit unserer Gesprächspartnerinnen aus sog. vollständigen Familien stammt. Nur drei erlebten in ihrer Kindheit oder Jugend eine Scheidung, nur zwei wurden - im Verbund mit deren eigener Familie - von der Mutter allein groß gezogen. Die mittelständische Tendenz, Abweichungen zu vermeiden, belegt sich auch aus dieser Sicht. Der Einblick ins Familieninnere dokumentiert entsprechend ein Bedürfnis nach gelingenden Formen der Kommunikation und des Zusammenlebens. Bei den Ausführungen der Ingenieurinnen über die Ehe der Eltern fällt verblüffend oft das Wort 'harmonisch', und mehrfach ist von einem "großen Harmoniebedürfnis" der Eltern die Rede, und auch Formulierungen wie "die waren sich immer einig"

oder "die haben sich hundertprozentig verstanden" finden sich in vielen Variationen. Eine quantitative Typisierung dieser Äußerungen bestätigt das bei der Lektüre gewonnene Bild. Mehr als die Hälfte der Befragten beschreiben die Ehe ihrer Eltern - in zum Teil euphorischen Tönen - als gut bis sehr gut. Etwa ein Viertel schätzt sie als 'durchwachsen' ein, d.h. mit Stärken und Schwächen zu unterschiedlichen Zeiten. Einige geben erst im Nachhinein der Ehe ihrer Eltern eine schlechtere Note, weil die unterschwelligen Konflikte ihnen in der Kindheit verborgen blieben: "Vielleicht habe ich das früher nicht so bemerkt. Wenn ich jetzt ab und zu nach Hause komme, verstehe ich nicht, wie die zwei die ganze Zeit zusammen leben konnten." (V.4) Der verbleibende Rest meint, die Ehe der Eltern auch heute noch nicht einschätzen zu können oder berichtet von kontinuierlichen Problemen - sei es, weil die Mütter unzufrieden sind mit ihrem Hausfrauendasein, sei es, daß finanzielle Probleme oder Alkoholismus das Familienleben überschatten.

Der eher "harmonische" Gesamteindruck der Herkunftsfamilien unserer Ingenieurinnen sollte nicht dazu verleiten, ein insgesamt warmes Klima zu unterstellen. Zumindest, was den affektiven Ausdruck der Gefühle füreinander anbelangt, sind die Ehepaare eher sparsam im Ausdruck ihrer Zuneigung. Zwar haben einzelne Eltern auch mal geschmust, gelegentlich nimmt ein Mann seine Frau in den Arm, aber in der Majorität der Fälle werden Gefühle verhalten geäußert, offene Äußerungen der Zuneigung jedoch werden teils als 'albern' oder auch 'peinlich' empfunden. Diese Bemerkung einer Studentin steht daher für viele: "Zwischen meinen Eltern gab es wenig Zärtlichkeit. Mein Vater hat meine Mutter manchmal in den Arm genommen. Daß sie sich geküßt haben, kann ich mich nicht erinnern." (II.19)

Der stimmige Eindruck von der elterlichen Ehe stellt sich weniger über die Bekundung von Zuneigung her als vielmehr über die Anstrengung, Konflikte zu vermeiden, zu umgehen oder zu kaschieren.

Das gilt auch zum Teil für jene Ehen, die von den Töchtern nicht positiv gesehen werden. "Es gab eigentlich selten Streit oder daß sie sich angeschrien hätten, genauso wie wir Kinder nie angeschrien wurden" (I.7), ist eine typische Bemerkung. "Daß ich Streit zwischen meinen Eltern mitgekriegt hätte, kann ich mich nicht erinnern" (I.4) ein weiterer Beleg für eine Fülle von Aussagen, nach denen die Mädchen nur selten Zeuginnen elterlicher Auseinandersetzungen gewesen sind. "Irgendwie haben die sich immer geeinigt" (I.7). Einige unserer Ingenieurinnen bemühen angestrengt ihre Erinnerungsfähigkeit und können dann einen oder zwei Kräche ihrer Kindheit lokalisieren. Manchmal wird diese Konfliktscheu im Nachhinein auch skeptisch gesehen: "Ich kann es nicht glauben, daß zwei Menschen sich nie streiten, aber sie haben es nicht vor den Kindern gemacht. Ich kann mich an keine Situation erinnern, daß sie sich mal angebrüllt haben, wenn es um ihre Ehe ging." (V.1) Auseinandersetzungen und Kontroversen werden oft im ehelichen Schlafzimmer, jedenfalls nicht vor den Kindern ausgetragen, und wo die Töchter heute Vermutungen über die möglichen Gründe von Auseinandersetzungen äußern, tippen sie häufig auf unterschiedliche Haltungen zur Kindererziehung. Vor allem für die als sehr problematisch charakterisierten Ehen werden Gefühlsausbrüche erwähnt.

Das verhaltene emotionale Klima in den Familien unserer Ingenieurinnen repräsentiert zweifellos nicht die Normalität bundesdeutscher Familien. Erwähnenswert ist in diesem Zusammenhang, daß die Beurteilungen der heutigen Studentinnen und der Erwerbstätigen kaum voneinander abweichen, schließlich handelt es sich ja um unterschiedliche Elterngenerationen, die durch sie zitiert werden. Vielen Familiensoziologen zufolge (Shorter 1977) charakterisiert es den Modernisierungsprozeß der bürgerlichen Familie, daß positive wie negative Gefühle immer offener in Konflikt und Zuneigung ausgetragen werden. Die klassische bürgerliche Familie nahm tradierte Muster der Beziehung für die Klärung ihrer Konflikte in Anspruch - so hatte Autorität vor der Liebe eindeutig Vorrang -, während die klassische proletarische Familie Lösungen über den wort- und körpergewaltigen Ausdruck von Macht und Dominanz erzwang. In der Abschottung der Eltern gegenüber den Kindern drückt sich ein Bemühen um konventionelle Familienstrukturen aus, und wir werden später noch zu klären haben, wie sich dies im Umgang mit den Töchtern auswirkt. Für den augenblicklichen Stand der Analyse läßt sich allerdings schon festhalten, daß der Befund verhaltenen emotionalen Austausches mit dem übereinstimmt, was für die Herkunftsfamilien männlicher Naturwissenschaftler und Techniker bereits erforscht wurde.

Wo Einigkeit dauerhaft erzeugt wird, müssen auch soziale Mechanismen erkennbar sein, die eben dies bewirken. Wie in jeder Institution werden auch in den Familien kontinuierliche Verhaltensformen nicht durch den spontanen sozialen Konsens hergestellt, sondern durch bewußte und unbewußte Formsetzungen in der Kommunikation zwischen den verschiedenen Beteiligten. Um Aufschluß darüber zu erlangen, haben wir u.a. danach gefragt, wer sich im Zweifelsfall in der Familie durchgesetzt hat und auf welche Weise. Erstaunlich ist, daß viele Ingenieurinnen sich zwar nicht an Auseinandersetzungen erinnern können, sie sich aber dennoch ziemlich sicher sind, wer - sei es auch im Vorfeld von Konflikten - nachgegeben hat, um Frieden und Einigkeit zu erhalten. Aussagen wie "meine Mutter hat sehr viel akzeptiert" (II.20) oder "meine Mutter hat meinem Vater immer zugestimmt" (II.27) oder "meine Mutter nimmt sehr viel Rücksicht auf meinen Vater" (VI.12) oder "meine Mutter hat sowieso großen Respekt vor meinem Vater" (II.18) kennzeichnen eine Tendenz der Ehefrauen, im Interesse der Einigkeit die eigenen Wünsche und Interessen nachrangig zu behandeln. "Wenn man sich mag untereinander und in der Familie, dann gibt es keine Konflikte" (V.14), meint eine Ingenieurin und erzählt dann weiter, daß die Kontroversen in der Familie für die Mutter meistens mit Migräne endeten! Wo die Mütter der Ingenieurinnen sich durchsetzen, geschieht dies allenfalls subversiv: "hintenrum" wird versucht, die Interessen durchzusetzen, Tränen und andere Gefühlsausbrüche, häufiger noch defensives Anschweigen erzeugen eine Situation, in der der Partner zum Nachgeben gebracht werden soll. Auch jene Beschreibungen von Ehen, in denen die Aggressionen der Mütter offener gezeigt wurden, sind kein Signal für Dominanz. Mag sein, daß einmal eine Kaffeekanne durch die Luft geflogen ist oder eine Bratpfanne ihren Ort gewechselt hat, aber auch dies ist weniger Indiz für Durchsetzung als vielmehr Ausdruck einer affektiven Kapitulation. Jene Ehen, in denen vernünftige Argumente wechselseitig zählen, sind ebenso selten wie jene, in denen Konflikte damit enden, daß der Vater sagt: "Ja, wie du meinst". (VI.19) Diesen Konstellationen entsprechend sind Allianzen der Mädchen mit einem Elternteil so gut wie gar nicht vorhanden. Wo Hierarchien - auch die zwischen den Geschlechtern - unangetastet bleiben, stellt sich der Friede leichter her. Gleichviel, ob unsere Ingenieurinnen in friedlichen oder unfriedlichen Milieus groß geworden sind, sie hatten wenig Gelegenheit zu lernen, wie sich Interessen durchsetzen lassen, ohne die eigene Integrität oder die der anderen zu verletzen.

Unsere Ingenieurinnen wachsen demnach meist in Familien auf, in denen die konventionellen Erwartungen an Frauen und Männer ohne größere Frustrationen erfüllt werden. Wie bei dem Harmonieanspruch kaum anders zu erwarten, überwiegt bei der Nachfrage nach Entscheidungsstrukturen in der Familie der Tenor: "Meine Eltern verstehen sich sehr gut und besprechen alles zusammen." (II.5) Gut zwei Drittel der Eltern entscheiden gemeinschaftlich über Anschaffungen und andere familiäre Fragen. Doch gemeinsam heißt nicht gleichgewichtig. Eine tendenzielle Demokratisierung der ehelichen Verhältnisse deutet sich dadurch an, daß in der Majorität der Fälle die Mütter allein alltägliche finanzielle Entscheidungen treffen, aber es bleibt auch unverkennbar, daß diese "Macht" durch den (verdienenden) Ehemann delegiert ist, der dies auch durch kleine Gesten sichtbar zu machen weiß. Oft behält er sich die letzte Entscheidung über das Taschengeld der Kinder vor, er bestimmt die Höhe des Haushaltsgeldes oder möchte derjenige sein, der das Geld von der Bank holt. Daß einzelne Frauen gern alle Entscheidungen an den Ehemann abgeben, andere wenige lediglich die Zustimmung ihres Ehemannes zu ihren Entscheidungen einholen, beschreibt die polarisierten Minderheiten eines sonst ziemlich einheitlichen Gesamteindruckes.

Es entspricht der weitgehend durchgehaltenen geschlechtsspezifischen Arbeitsteilung in diesen Ehen - auch wo Frauen erwerbstätig sind -, daß Väter die Entscheidung über den Autokauf majorisieren, Mütter dagegen über Geschmack und Haushaltsangelegenheiten einschließlich der schulbezogenen Fragen. Diese Trennung von Kompetenz und Zuständigkeit strukturiert auch die Kommunikation und Berührungsorte der Mädchen mit ihren Eltern. Wir wenden damit unsere Aufmerksamkeit von den Eltern ab und konzentrieren uns nun auf die Reaktionsmuster und Verarbeitungsformen der Töchter.

Die Beziehung der Töchter zu ihren Vätern und Müttern ist durch die schlichte Tatsache strukturiert, daß die Mütter in der überwiegenden Zahl für die kindlichen Wünsche meist ansprechbar sind, während die Väter - ihrem Beruf und Ehrgeiz entsprechend - für familiäre Verpflichtungen selten verfügbar sind. Letzteres wird ebenso häufig wie expressiv beanstandet. Ein paar Beispiele: "Ich habe zu meinem Vater sehr wenig Kontakt gehabt. Der arbeitete viel und weit außerhalb, war viel unterwegs" (II.20). Aus den gleichen Gründen beanstandet eine andere, "daß er wenig mit uns gemacht hat" (II.29). "Er war wirklich selten da" (VI.11), moniert eine weiter. Eine dritte: "Ich habe nicht so viel Kontakt gehabt mit ihm, halt immer nur dann, wenn er dagewesen ist." (I.8) Und eine letzte schließlich: "Ich habe das Gefühl, daß er aufgrund der Schwierigkeiten im Beruf uns dann auch gar nicht zur Kenntnis genommen hat." (I.17) Der Beliebtheit der Väter bei den Töchtern tut dies jedoch keinen Abbruch. Im Gegenteil sieht es oft so aus, als würde nach dem Prinzip 'Willst du was gelten, so mach dich selten' der Wert des Vaters durch seine 'Fehlzeiten' eher herauf- als herabgesetzt. Eine unserer Gesprächspartnerinnen setzt den so entstehenden sozialen Mechanismus sehr anschaulich ins Bild:

Bei uns war es so, daß mein Vater nicht so oft zuhause war, daß ständig die Mutter da war, und daß man dann etwas mehr Interesse für den Vater hatte, wenn er abends da war. Obwohl er dann auch ziemlich müde war, hat man doch versucht, sein Interesse zu wecken. Da hat man ständig irgendetwas ausprobiert. Ich habe mal einen unheimlichen Erfolg gehabt, als ich mit dem Baufix-Zeug einen Kran gebaut habe, der auf dem Tisch stand. Mit zwei Hebelarmen rechts und links konnte man eine Kurbel drehen. Dann gingen solche Schiffchen runter. Meine Schwester saß unter dem Tisch, und dann wurde Reis rauf und runter transportiert. Da war er ganz fasziniert und hat sich das angeguckt. (II.18)

Eine andere meint ähnlich:

Ja, was heißt hier intensiveren Kontakt. Meine Mutter habe ich öfter gesehen, meine Mutter war diejenige, die mich erzog, und mein Vater derjenige, der mir Sachen schenkte und der nett zu mir war. Von daher habe ich zu meinem Vater ein wesentlich innigeres und herzlicheres Verhältnis gehabt als zu meiner Mutter. (VI.2)

Nicht immer werden die Väter durch ihre Nicht-Präsenz zu etwas Besonderem, gelegentlich werden sie dadurch auch marginalisiert gegenüber ihren Ehefrauen. Aber gehen wir unsere Gespräche einmal auf Bekundungen der Sympathie oder Abneigung durch, so läßt sich behaupten, daß die Väter rundum besser abschneiden. "Ich habe das engere Verhältnis zu ihm als zu meiner Mutter. Der hat mich auch unterstützt, als ich Ingenieurin geworden bin. Meine Mutter hat das kaum zur Kenntnis genommen" (VI.13), lautet eine der vielen Äußerungen, die diese Behauptung belegen. "Ich habe mich immer mit meinem Vater sehr gut verstanden, und ich verstehe mich auch heute noch besser mit meinem Vater" (I.18). Oder: "Ich war ja auch ein Vaterkind, ein ganz arges." (V.16) Diese Vorlieben für den männlichen Elternteil sind, wie kaum anders zu erwarten, nicht frei von rivalisierenden Elementen mit der Mutter:

Wenn du so willst, waren mein Vater und ich irgendwie ein Pärchen, nur daß der eben leider mit ihr verheiratet blieb, wie das so klassisch ist. Da war ich eben diejenige, die übrig blieb, aber auf der anderen Seite war ich auch mehr begehrt, und deshalb habe ich mir wohl auch einen Bereich gesucht, den meine Mutter mir nicht streitig machen konnte, nämlich den Bereich mit meinem Vater. Meine Mutter konnte mit Technik nicht umgehen. (VI.17)

Ein ähnlicher Mechanismus zeigt sich in der Äußerungen einer anderen:

Es war halt so, daß er das immer so toll fand, was ich machte und betonte das dann in Gegenwart meiner Mutter. Und meine Mutter fing natürlich gleich an, alles runterzumachen. Ich denke, daß sie eifersüchtig ist oder hat da Komplexe oder etwas in dieser Richtung. (VI.7)

Daß die Väter besser im Rennen liegen bzw. die Töchter sich eher auf die Seite der Väter schlagen, dokumentiert sich auch bei der quantitativen Sichtung des Materials. Doppelt so häufig wie in bezug zur Mutter - nämlich in zwei Drittel der Aussagen - wird das Verhältnis zum Vater als gut bis sehr gut eingeschätzt. Dieses Ergebnis verdient herausgestrichen zu werden. Denn andere Forschungen belegen (Kohlberg 1974), daß die Majorität der Kinder in der vorpubertären Phase sich mit dem gleichgeschlechtlichen Elternteil identifiziert, und darüber hinaus gibt es auch wissenschaftliche Hinweise darauf, daß mit der Intensivierung der außerhäuslichen Erwerbstätigkeit der Väter, für das Kind dokumentiert durch die Erhöhung ihrer Fehlzeiten, die Bindungen an die Mutter größer werden (Janshen 1984). Insofern verhalten sich unsere Ingenieurinnen untypisch.

Viele dieser Väter bieten sich demnach an für eine positive Identifikation mit ihren Eigenschaften, Fähigkeiten und Deformationen, mithin für eine bewußte und selbstbewußte Nachahmung. Dem entspricht, daß ihr Tun von den Töchtern sehr viel genauer zur Kenntnis genommen wird als das der fast ausschließlich im Haus weilenden Mütter. Auf unsere Frage nach den Aktivitäten und Hobbies **der Eltern** werden vor allem außerberufliche Aktivitäten des Vaters genannt. Väter gehen segeln, tennisspielen, schwimmen, paddeln, sind auf der Jagd, profilieren sich als Vorsitzende von Vereinen, hauptsächlich aber bringen sie in ihrer Freizeit das Haus in Schuß oder zaubern im Bastelkeller schöne Gebilde.
Was in diesen Beschreibungen sichtbar wird: Bis auf einige Ausnahmeväter, die sich in ihrer Freizeit am liebsten in technische oder nicht-technische Literatur vertiefen oder auch musizieren, verkörpern die Interessen der Väter zuvörderst ein Handlungsinteresse, ganz selten ein Bedürfnis nach Kommunikation. Die Mütter nehmen unwillig oder freudig an den Aktivitäten der Männer teil oder tolerieren sie, während sie selbst in den Abendstunden Handarbeiten oder Fernsehen vorziehen oder ihren uneingelösten Bildungsinteressen nachgehen: sie lesen sehr oft und sehr viel, befassen sich mit Kunst und öffentlichen Diskussionen und erarbeiten sich ein Wissen, mit dem sie ihre Männer entweder ausgleichend erfreuen oder aber auch verschrecken. Ihre freizeitlichen Beschäftigungen beanspruchen nur in Ausnahmefällen die Aufmerksamkeit der Töchter. Wachsamer schauen diese auf die Väter.
Angesichts der späteren Berufstätigkeit unserer Ingenieurinnen verdient es natürlich herausgestrichen zu werden, daß häufiger noch als dies eh durch einen technischen Beruf nahegelegt wird, die Väter in ihrer Freizeit ein technisches Hobby betreiben oder aber im Haus praktisch-handwerkliche Arbeiten ausführen. Einzelne Frauen bestreiten, daß dies sie beeinflußt habe, aber wir gehen doch von einer

positiven Wirkung aus, denn es macht einen Unterschied, ob man das geliebte Vorbild beim Sortieren der Briefmarken oder beim Autoreparieren weiß. Bewußte Förderung der Mädchen von seiten der Väter wird nur selten dokumentiert, es sind vor allem jene, die sich anstelle der Tochter einen Sohn gewünscht hätten.

Mein Vater hat eben immer gern jemanden gehabt, der etwas mit ihm macht, der sich für Eisenbahnen interessiert, der mit ins Museum kommt oder sowas. Das bin eigentlich immer ich gewesen, während meinen Bruder das alles nicht interessiert hat. Ich glaube, daß mein Vater da ein bißchen mehr von ihm erwartet hat. Da bin ich in die Rolle einfach reingesprungen. (II.18)

Etwa ein Drittel der handwerklich oder technisch aktiven Väter bezieht die Töchter in ihr Tun ein, ganz selten einmal findet eine gezielte Förderung technischer Fähigkeiten statt. Andere Väter erzeugen sogar Frustrationen bei ihren Töchtern, indem sie rechthaberisch deren Versuche kommentieren oder auch verhindern:

So ein Holzpaddel, das muß regelmäßig neu lackiert werden, weil das Holz durch die Nässe quillt. Wenn ich das selbermachen wollte, hat er das hinterher wieder abgeschmirgelt und neu lackiert. Das fand ich nicht so toll. Oder sobald ich im Keller gestanden habe, kam er. "Was willst du denn, laß mich mal." (V.6)

Doch selbst diese hier zitierte Ingenieurin konzediert im weiteren Gesprächsverlauf, durch ihren Vater beruflich sehr profitiert zu haben.

Wie vor dem geschilderten Hintergrund kaum anders zu erwarten, konnotiert die Offenheit für die Sachinteressen des Vaters mit einer emphatischen Beziehung zwischen Vater und Tochter. In gut zwei Drittel der Fälle werden die Väter als wortkarg und verschlossen charakterisiert, während die Mütter komplementär den eher impulsiven und gefühlsoffeneren Part übernehmen. "Mein Vater ist sprachlich nicht gut drauf" (V.3), kommentiert eine ganz trocken die Kommunikationsunlust ihres Vaters. Sonst fällt immer wieder das Wort "ruhig": "Mein Vater hat gar nicht geschrien, der ist ziemlich ruhig"

(II.14), "mein Vater war sehr ruhig" (V.16). Nur wenige meinen, eher der impulsiven Art der Mutter nachzuschlagen, häufiger sind Hinweise auf eine Ähnlichkeit mit dem Vater: "Ich glaube, daß ich mehr wie mein Vater bin, ja, ziemlich ruhig und sehr intelligent" (V.2), oder ein anderes Beispiel: "Ich bin nun mal ziemlich ruhig und sage auch nicht viel" (V.4). Etwa die Hälfte unserer Gesprächspartnerinnen bekundet Ähnlichkeiten mit dem Vater, was nie als Bedrohung heftig abgewehrt werden muß, wohl aber gelegentlich selbstkritisch kommentiert wird.

Die hier beschriebene Kombination von Empathie mit Persönlichkeitsmerkmalen, wie sie für Techniker und Naturwissenschaftler als typisch gelten, mit Sachbezügen, die gängig mit dem Attribut 'männlich' versehen werden, scheint jene Selbstdefinition einer Frau möglich zu machen, die ihr den Eintritt in die Zunft der Ingenieure erleichtert.

Ganz anders das Erbe, das die Mütter ihren Töchtern antragen. Sachbezüge machen, wie angedeutet, kaum die Attraktivität der Mütter für ihre Töchter aus. Zwar gibt es auch einzelne handwerklich begabte Mütter, oder auch solche, die ein uneingelöstes Interesse an Technik und Handwerk an ihre Töchter delegieren - so mußte sich eine den Beruf der Tischlerin versagen, eine andere bastelt in ihrer Freizeit mit elektronischen Geräten - aber generell werden die Freizeit-, ja, überhaupt die Handlungsinteressen selten geteilt. Zwei Drittel unserer Ingenieurinnen bezeichnen sich für die Kindheit zwar auch als Leseratten, womit sie, wie bereits erwähnt, eine Leidenschaft der Mütter teilen, aber wenig deutet darauf hin, daß sich Mütter und Töchter über das Gelesene inhaltlich ausgetauscht hätten. Einige Mädchen nähen mit der Mutter auch mal Puppenkleidchen, doch auffälliger sind Hinweise auf eine Ablehnung all der Weiblichkeit, die sich im Haushalt realisiert. Ja, die Angst - im Umgang mit dem eigenen Geschlecht nicht unbegründet! - vor der unbewußten Übernahme dieser Art von 'Weiblichkeit' führt bisweilen zu so scharfen Abgrenzungen von den Müttern, wie wir sie in bezug auf die Väter nicht gefunden haben:

Also nicht so werden wie meine Mutter ... Mein Leben lang nur Hausfrau zu sein. Als Freizeitbeschäftigung halt Fernsehen. Das wollte ich halt nicht. (II.1)

Mit meiner Mutter habe ich mich nicht so gut verstanden. Ich wußte also genau, daß ich bestimmt nicht das Gleiche machen würde wie meine Mutter. Sie ist Hauswirtschaftslehrerin. (VI.2)

Auf dem entgegengesetzten Pol dieser Position finden sich ebenfalls etwa 10 Prozent, die sich für fähig halten, selbständig einen Haushalt zu führen. Die Hälfte tut dies auch gerne, einzelne explizit aus Zuneigung zur Mutter. Nur wenige müssen sich solch umfängliche Kompetenz auf mütterlichen Druck hin aneignen. Bei den meisten jedoch dominiert Zuarbeit im Haushalt - Staubwischen, Mülleimer leeren, Gartenarbeit und dergl. -, die wenig eigene Verantwortung auf die Schultern der Mädchen legt, allerdings auch wenig Lern- und Identifikationsmöglichkeiten bereithält. Etwas mehr wurden die heute schon Berufstätigen in die Pflicht genommen, aber in toto wird der Eindruck erweckt, daß die Mütter den Haushalt als ihre Sache begreifen, was - auch vor dem Hintergrund anderer Forschungen - darauf schließen läßt, daß die Mütter ihre Hausfrauenrolle bereitwillig und sogar gerne ausfüllen (Lehr 1978: 109). Wie wenig im allgemeinen die Geschlechtsrollenzuweisung in diesen Familien angekratzt ist, zeigt sich auch daran, daß die Mädchen im Gegensatz zu ihren Brüdern mehr zur Hausarbeit herangezogen werden, was bisweilen frühen Ärger über die eigene weibliche Rolle provoziert.
Wie bereits ausgeführt, werden die Väter häufiger mit Bekundungen der Zuneigung oder Liebe bedacht. Aber es fehlt auch nicht an guten Worten für die Mütter: "Meine Mutter ist ein sehr warmer Mensch, sehr liebenswürdig und gar nicht aufgesetzt" (II.). Oder: "Ich habe sie sehr gerne als Kind gehabt und sie mich auch" (II.29). Aber nur ein

Drittel bezeichnet das Verhältnis zu den Müttern als gut oder sehr gut - im Gegensatz zu zwei Dritteln der Väter - und beschreibt die Beziehung als vertrauensvoll, wichtig, unterstützend oder herzlich. Ein weiteres Drittel wägt ab zwischen guten und schlechten Seiten. Das letzte Drittel befindet die Beziehung zur Mutter eher als schlecht: sie wird uns als psychisch kompliziert, distanziert-lieblos, einengend bis beherrschend beschrieben. Was im Vergleich zu den Vätern überhaupt selten anklingt, sind Töne der Bewunderung.
Unabhängig von der Bewertung sind die Mütter jedoch die Hauptkommunikationspartnerinnen der kleinen Mädchen, was u.a. dazu führen mag, daß ihre Rolle mit weniger Glanz gesehen und beschrieben wird. An den Antworten auf die Frage, wer in der Familie am häufigsten Verbote ausgesprochen habe, wird signifikant erkennbar, daß die Mütter die Hauptlast der erzieherischen Verantwortung tragen. Es sind im Alltag überwiegend die Mütter, die gegenüber den kleinen Mädchen die Familienhoheit repräsentieren. Dabei ist die Formulierung 'repräsentieren' nicht zufällig gewählt, denn ähnlich ihrer Verfügungsmacht über die Finanzen ist ihre Autorität oft nur eine vom ferne weilenden Mann verliehene. "Sie war die Zwischeninstanz, und er hat dann das hoheitliche Wort gesprochen" (II.10), mit diesen Worten bringt eine Ingenieurin diesen Tatbestand auf einen kurzen Nenner. Die Mütter tragen alltägliche Konflikte aus, sind aber auch eher diejenigen, die bei kleinen Kümmernissen, bei Fragen der sexuellen Aufklärung und später auch beim Liebeskummer die Ansprechpartnerinnen sind. Wie es das Stereotyp vom geschlechtsspezifischen Arbeitsvermögen will, verkörpern Mütter die kommunikative Kompetenz in der Familie, gelten dabei als "emotional" und "impulsiv" - rutscht ihnen doch auch mal die Hand aus -, aber sie mobilisieren bei ihren Töchtern nur wenig Energien zur Nachahmung. Daraus darf jedoch nicht vorschnell geschlossen werden, daß unbewußt oder defensiv nicht doch Identifikationen mit dieser Form "weiblichen" Verhaltens

stattfinden. Im Gegenteil: Unsere These, daß die Sachinteressen und Selbstwahrnehmung stark durch den Vater beeinflußt werden, Kommunikationsstile jedoch auch weiter in weiblichen Bahnen verlaufen, findet Bestätigung. Wir wollen dies durch das Konfliktverhalten der jungen Mädchen verdeutlichen:

Mit den Worten "irgendwo ist das wohl so, daß die Eltern immer eine Einheit bilden" (Vi.6) bringt eine Ingenieurin unseren Befund von den elterlichen Abstimmungsprozessen auf den Punkt. Entsprechend schwierig ist die Konstellation, in die das Kind oder die Jugendliche gestellt ist, will es sich von den elterlichen Absichten abgrenzen oder sogar eigene durchsetzen. Da gibt es den dominanten Vater und die in vielen Fällen nur geliehene Autorität der Mutter, die im Konsens mit ihm Erziehungsziele realisiert.

Der hat sich aus der Erziehung immer rausgehalten. Wenn der mal ein Machtwort sprach, dann war das eins, wo man nicht mehr so leicht das Thema zur Sprache bringen konnte. Dann war es ein Nein. (II.29)

Ich hatte Angst und Distanz. Eher ihn mit Vorsicht zu genießen, so ein Löwe, der schläft, den soll man nicht wecken. Denn sonst wurde es nur wieder ganz furchtbar. (I.2)

Ich habe vor meinem Vater immer Respekt gehabt. Ihm richtig Contra zu geben, habe ich nur gewagt, wenn meine Mutter dabei war. Mit ihm kann man eigentlich nicht richtig diskutieren. Wenn ich mit ihm alleine war,habe ich immer kürzer getreten in meinen Ansichten. (VI.3)

Nur in Ausnahmefällen wachsen unsere Ingenieurinnen in einem offenen Klima auf, bei dem sie nicht nur, wenn es sie selbst betrifft, sondern auch bei anderen Fragen gleichberechtigt mit entscheiden und argumentierend prüfen können. Teilweise lassen sich die Väter zwar auf Diskussionen ein, die sich oft jedoch als Scheingefechte entlarven, weil die Dominanz der intellektuellen Überlegenheit voll ausgespielt wird. Mütter scheinen sich häufiger auf das Hin und Her einer Auseinandersetzung mit der Tochter einzulassen. Vielfach gelingt es ihnen durch Liebesentzug und moralischen Druck, den Einfluß auf die Töchter groß zu halten.

Ich habe immer versucht, keinen Ärger mit meiner Mutter zu kriegen. Es war schlimm für mich, wenn meine Mutter mit mir böse war. Das habe ich immer versucht zu umgehen. (VI.3)
Eine Strafe war für mich eigentlich nur, wenn meine Mami sauer auf mich war. (II.3)
Weil ich zu meiner Mutter ein sehr gutes Verhältnis habe, haben wir erst einmal immer versucht, auf einer Ebene zu verkehren. Lohnt sich das, jetzt darüber zu streiten, über irgendeine Banalität? Ist die Sache überhaupt wert, daß man dem anderen damit etwas antut? (II.24)
Sie hat nie geschimpft, sondern sich nur über die moralische Undankbarkeit ihrer Kinder beklagt. (V.14)

In einem erzieherischen Klima, in dem zwar auch liebesorientierte Kontrolltechniken angewandt werden, jedoch machtbezogene Sanktionsmuster vorherrschen, bieten sich für Kinder geringe Möglichkeiten zur Durchsetzung und Gegenwehr. Mit den hier beschriebenen Erziehungspraktiken weichen die durch uns angesprochenen Familien wiederum von den gegenwärtigen Verhaltenstendenzen der Mittelschicht ab. Zumindest für die Eltern der von uns befragten Studentinnen, die ihre Kinder in der von pädagogischer Freizügigkeit beflügelten Zeit der 60er Jahre großgezogen haben, ist erstaunlich, wie durchgängig sie auf die konventionellen Muster von Autorität und Respekt zurückgreifen, wenn sie ihre Erziehungsziele durchsetzen wollen. Die Reaktionsmuster der Töchter sind entsprechend defensiv. Schließlich sind solche Erziehungspraktiken auch eine Anleitung zur Frustrationstoleranz, zum Verzicht auf eigene Wünsche und schließlich zur Konfliktunfähigkeit. Bezüglich der aggressiven Potentiale, die durch jede Frustration freigesetzt werden, gibt es für unsere Ingenieurinnen wenig Möglichkeiten zu erlernen, wie diese in kultivierte Formen der Interessendurchsetzung zu überführen sind. Am beunruhigendsten sind jene Berichte, nach denen die eigenen Aggressionen gar nicht mehr gespürt, sondern sofort in Zustimmung verwandelt werden. "Irgendwie war ich immer fest davon überzeugt, das, was mein Vater sagt, ist richtig." (VI.15) Eine andere meint, nie stichhaltige Argumente vorgebracht zu haben. Ähnlich spricht eine heute Erwerbstätige von ihrem frühen "Feingefühl für die Möglichkeiten der Eltern", und noch eine andere äußert: "So richtig wütend in bezug auf meine Eltern war ich eigentlich nie." Dann gibt es ja auch noch die Möglichkeit, sich 'rational' zu arrangieren:

Wenn meine Eltern gesagt haben: "In die Kneipe gehst du nicht, bevor du 16 bist", und alle meine Freundinnen, die jünger waren, die durften schon, da habe ich immer nachgegeben. Das war sowieso nur ein halbes jahr. Da habe ich mir gesagt, das halbe Jahr stehst du auch noch durch." (VI.8)

Nur etwa ein Zehntel unserer Gesprächspartnerinnen macht sich gegen Frustrationen gänzlich immun, die überwiegende Mehrzahl, etwa zwei Drittel, tendiert zu unkontrollierten Unmutsäußerungen in der frühen Kindheit, die jedoch von den Eltern meistens ignoriert werden und insofern nur eine Vorphase für das letztendliche Nachgeben darstellen. Es ist verblüffend, wie viele - der sich immerhin doch überwiegend als ruhig beschreibenden Frauen - aus der Kindheit von trotzigen bis jähzornigen Reaktionen berichten. Gegenstände werden an die Wand geschmissen, schreiend legt sich ein Kind unter den Tisch oder zieht sich tobend ins eigene Zimmer zurück. Schlechterdings alles Demonstrationen der Verzweiflung gegenüber der elterlichen Übermacht, die als ohnmächtige nur das eine beweisen, nämlich daß sie an den Verhältnissen nichts ändern. "Dann habe ich im Grunde genommen zurückgesteckt, weil meine Mutter mir leid tat. Dann war ich halt ganz still und leise und unglücklich", lautet für eine das Ende vom Lied. Diejenigen, die sich durch Bohren oder das angeblich uraltweibliche Schmeicheln durchsetzen, sind quantitativ nicht der Rede wert. Durchsetzung gelingt am ehesten noch mit subversiven Strategien: umgehen, lügen, abwarten. Den offenen Konflikt riskieren nur ganze zwei Frauen.

Die Ergebnisse liegen auf der Hand: Die Konfliktstrategien sind nicht den Vätern, sondern den Müttern abgeschaut. Die Tendenz zur "Friedfertigkeit" mag in den Familien überhaupt groß sein, aber der soziale Mechanismus der Nachgiebigkeit und des Umgehens von Konflikten auf Kosten der eigenen Interessen und Wünsche ist nolens volens von den Müttern an die Töchter weitergegeben worden. Die klassische Auseinandersetzungsstruktur zwischen Vätern und Söhnen um die Moral des Handelns ist trotz aller Empathie und Kongenialität nicht erkennbar. Eine glatte Ausnahme ist der Vater, der seine Tochter ohne Trost belassend ermuntert, auch mal ihrerseits die Jungen zu verdreschen. Daß die klassische Kommunikationsstruktur zwischen Vätern und Töchtern erhalten geblieben ist, zeigt sich dann spätestens mit Beginn der Pubertät oder bei der ersten Liebe, wenn die Väter eifersüchtig über die sich erweiternden "weiblichen" Freiheitsräume der Töchter wachen.
Im Hinblick auf die private und berufliche Karriere haben die Mädchen damit einige Statusinkonsistenzen im Handgepäck. Die Familienkonstellationen machen - nicht zuletzt durch die Gefügigkeit der Mütter - früh zur Erfahrung, daß die männlichen Sachinteressen mit größerer Reputation und Macht ausgestattet sind. Aber die Verhaltensmuster, die nicht nur zum Erwerb von Sach-, sondern auch von Durchsetzungskompetenzen nötig sind, werden frauentypisch ausgegrenzt. Durch die Mittelschichtsozialisation wird dieser Mechanismus vermutlich noch bestärkt, so daß auf dem künftigen Lebensweg Sache und Leistung vorrangig als Medium der Durchsetzung begriffen werden, weniger aber die Spielregeln des power-play.
Beziehen wir den kommunikativen Stil, der sich vermutlich nicht nur in Konfliktfällen am Stereotyp der Weiblichkeit orientiert, wiederum auf die Interpretation der Sache, also des späteren technischen Engagements zurück, so entwickelt sich aus dieser Perspektive die Frage, ob weibliche Verhaltensstile zunächst den Umgang mit der Sache

und schließlich die Sache selbst verändern. Eine Frage, die wir bei der Analyse der Erfahrungen während der Berufstätigkeit wieder aufgreifen werden.

2.4 Spiele und Spielräume

Eigenschaften, die in der Konfrontation mit Autoritäten entwickelt werden, müssen nicht unbedingt dieselben sein, die im Umgang mit Gleichaltrigen, richtiger Gleichrangigen ausgelebt werden. Daher werfen wir nun die Frage auf, wie sich die Mädchen verhalten, wenn sie selbst ihr Handeln und Agieren bestimmen können. Im eigentlichen Sinne des Wortes geht es uns dabei auch um Spiel-Räume, d.h., wir suchen herauszufinden, wie die Kinder im Spiel "ihre" Welt erschaffen. Schließlich bereiten sich Kinder spielend auf den Ernstfall des Lebens vor. Spiel wird vom Erwachsenen gern mit Freiheit zusammengedacht. Doch gilt auch schon für das Kind: Spiel ist eine Handlung nur so lange, wie die Bestimmung der Regeln in die eigene Autonomie fällt. (Chateau 1976) In der freien Wahl der Gegenstände, des Spielzeugs, werden spätere intellektuelle und habituelle Vorlieben früh erkennbar. Die Spielregeln wiederum, schreibt Ruth Dirxs, "sind oft die ersten Regeln des Zusammenlebens, nach denen die Gesellschaft sich ordnet. Später entstehen komplizierte Regeln, Sitten und Gebräuche. Man nennt sie, auch wenn feste Gesetze daraus entstehen, häufig noch Spielregeln." (Dirxs 1981: 44) Was hier für die Sozialisation der Gesellschaft beschrieben wird, gilt, wie ihr Buch zeigt, auch für den Entwicklungsprozeß des Kindes.
Im Spiel bringt sich Freiheit zum Ausdruck, im Spiel erprobt das Kind seine Geschicklichkeit und Gewandtheit, im Spiel mißt und vergleicht es sich mit anderen. Zum Spiel gehören demnach auch die Anderen, Freunde, Freundinnen und Geschwister. Deshalb wollten wir

auch wissen, mit wem die Ingenieurin in ihrer Kindheit spielt. Ebenso bedeutsam ist die Beantwortung der Frage, ob sie am liebsten ihren Kopf, ihre Gefühle oder ihren Körper im Spiel erprobt. Damit im Zusammenhang steht auch, ob sie lieber im Freien oder im Hause spielt.

Leitmelodie dieses Kapitels ist das Ergebnis des vorherigen: wir möchten sichtbar machen, wie die Mädchen die Doppelidentifikation mit dem männlichen und weiblichen Geschlecht im freien Spiel und in der Selbstwahrnehmung ausleben. Daß Jungen und Mädchen jeweils andere Spielvorlieben haben, setzen wir dabei quasi als Binsenweisheit - wenngleich wissenschaftlich vielfältig belegt - voraus (Flitner 1976; Löschenkohl 1984).

Im Vergleich zu den Charaktereigenschaften ihrer Väter und Mütter hatten unsere Ingenieurinnen sich der Tendenz nach eher als ruhig beschrieben. Dies könnte zu der Vorerwartung verleiten, daß sich schon im Spiel die zukünftige Ingenieurin durch ihre Introvertiertheit verrät. Davon kann jedoch nicht die Rede sein. Als ausgesprochen introvertiert einschließlich der dazu gehörenden Isolationserfahrungen, die gewöhnlich ein Kind an das Haus binden, geben sich nur ein Zehntel der von uns Befragten zu erkennen. Bemerkungen wie "so richtige Freundschaften habe ich nie im Leben gehabt" (II.8) sind ausgesprochen selten. Die Majorität, nämlich 80%, macht einen ausgesprochen kommunikativen Eindruck allein dadurch, daß dem Draußen-Spielen Priorität eingeräumt wird. Hier finden Spiele mit anderen statt: Wettspiele, Fahrradfahren, Höhlen bauen und dergleichen mehr. Etwa die Hälfte der hier Betrachteten zieht es vor, in größeren Gruppen zu spielen, die andere bevorzugt regelmäßige Kommunikation mit drei bis vier Kindern. Nur wenige, auch etwa 10%, konzentrieren sich auf die beste Freundin oder einen Freund. Bereits diese knappe Information deutet in eine Richtung, die durch die Analyse des Spielverhaltens überhaupt wieder und wieder Bestätigung erlangt: eine auffallende Affinität zu jungenhaften Spielgewohnheiten, ohne daß diese einer ungebrochenen Identifikation mit männlichen Vorlieben und Eigenschaften gleichkäme. Denn bekanntlich tendieren Jungen mehr als Mädchen zum Spiel nach draußen, bekanntlich ziehen Jungen - sind sie nicht regelrecht introvertiert - die Unterhaltung in größeren Gruppen vor.

Draußen wird kaum mit Puppen gespielt, draußen wird - wie es oft formuliert wird - "getobt". "Ja, wir haben die ganze Gegend unsicher gemacht." (II.16) Die Mädchen spielen Räuber und Gendarm, Indianerspiele, klettern anscheinend oft auf Bäume, verstecken sich und spielen Nachlaufen. Hüpfspiele, die für Mädchen so typisch sind, werden dagegen überhaupt nicht erwähnt. Das muß nicht besagen, daß sie nicht gespielt wurden. Sie können vergessen sein, weil sie nicht so wichtig genommen wurden. Aber es ist auch denkbar - und dieser Einwand kann gegen die Analyse des Spielverhaltens sicher noch häufiger angeführt werden -, daß in die Erzählung des Spielverhaltens stärker als in andere Aspekte unserer Untersuchung retrospektive Stilisierungen der eigenen Geschichte eingeflossen sind. Schließlich weiß die aufgeschlossene Frau im Männerberuf heute, daß das "Jungenhafte" ihr Schicksal gewesen sein soll.

Auch wenn das Draußen-Spielen sich offenbar größerer Beliebtheit erfreut, worin sich ein Vergnügen an der Erprobung des Körpers artikuliert, werden doch auch viele Spielaktivitäten für zuhause berichtet. Was nimmt die künftige Ingenieurin zum Spielen in die Hand? Die Kombination, die von drei Viertel aller Befragten angeführt wird, lautet: Legos, Autos, Eisenbahn, Puppen, wobei die Rangfolge variieren kann. In geradezu verblüffender Weise wird dadurch unsere These von der geschlechtsbezogenen Mischsozialisation bestätigt. Mit anderen Worten: technische und soziale Phantasien werden gleichermaßen spielerisch erprobt. Entsprechendes zeigt sich bei der Stimulierung der Phantasie durch Lesen. Bis auf wenige bekunden die

Frauen, als Mädchen viel gelesen zu haben. Die überwiegende Mehrzahl goutiert Mädchen- und Jungenbücher. Karl May steht ebenso hoch im Kurs wie "Hanni und Nanni". Doch was schon für den Umgang mit Vater und Mutter sichtbar wurde, daß Mütter im Gegensatz zu den Vätern heftig abgewehrt werden, dokumentiert sich vielfach in analoger Weise im Spielverhalten. Nur eine einzige Ingenieurin gibt ausdrücklich zu, nur "weibliche" Spiele gespielt zu haben, einige wenige nur haben sich am liebsten drinnen aufgehalten. Wesentlich mehr Äußerungen bekunden demgegenüber ein größeres Interesse am Spielzeug der Jungen und grenzen sich teils abschätzig vom Spielverhalten der anderen Mädchen ab: auf Puppen hin befragt, meinte eine Ingenieurin, "ich habe die Mutterrolle nicht so drauf" (II.1). Puppen sind oft "doof" oder "blöd", und zum Kuscheln werden allenfalls Teddies akzeptiert. Demgegenüber deutet sich bei einem Viertel der Befragten schon früh ein technisches Interesse an, das sich in der Beschäftigung mit technischen Baukästen und dergleichen niederschlägt. Mehr noch als bei der Wahl des Spielzeugs manifestiert sich in Freundschaften die frühe Einsicht, daß das männliche Geschlecht den attraktiveren Part spielt. Gut die Hälfte der kleinen Mädchen spielt bis zum Alter von sieben bis acht Jahren lieber mit Jungen, demgegenüber ist es nur ein Viertel, die sich eindeutig für Mädchenfreundschaften entscheiden. In einem Alter mithin, in dem Kinder sonst in der großen Mehrheit ihrem eigenen Geschlecht die Präferenz einräumen, haben diese Mädchen schon die Nachrangigkeit des eigenen Geschlechts begriffen und tragen diesen Konflikt schon im frühen Kindesalter in ihrem Verhalten aus. Eine Bemerkung wie "ich bin immer gerne Mädchen gewesen. Einfach aus dem Grund, die Jungen haben sich so oft geprügelt", stellt eine Ausnahme dar. Statt ihrer finden sich viele frühe Liebeserklärungen an das männliche Geschlecht: "Ich habe mich mit Jungen immer besser verstanden als mit Mädchen." (I.3) Eine andere: "Ich habe auf jeden Fall lieber mit Jungens gespielt. Es war einfach so, mit Jungens konnte ich mich mehr messen, die konnten schneller laufen. Die Mädchen waren alle so langsam" (I.5), oder eine Dritte: "Die Sachen, mit denen Jungen gespielt haben, habe mich einfach mehr interessiert ... Ich fand das ziemlich doof, daß die Mädchen in der Pause immer pausenlos Gummitwist oder Seilspringen gemacht haben." (V.3) Wieder fallen die freundlichen Worte "doof" oder "blöd" häufiger, wenn es darum geht, sich von den anderen Mädchen abzugrenzen. Ebenso wie später die Konkurrenz mit der Mutter im klassischen weiblichen Wettbewerbsterrain "Schönheit" umgangen oder abgewehrt wird, finden die kleinen Ingenieurinnen für Mädchen, die sich in diese Rituale der Weiblichkeit einüben, spöttische Kommentare - wie ihre Brüder. Ein Beispiel:

Ich weiß noch, das eine Mädchen, die hatten ein Schwimmbad. Die Art, wie die schon im kleinen Alter das Handtuch um den Kopf schlang, so wie eine kleine Diva, das hat mich unheimlich angewidert. Diese fertige kleine Frau vor mir. Das fand ich ganz furchtbar, und so wollte ich auf gar keinen Fall sein." (VI.7)

Natürlich gab es auch einige "richtige kleine Mädchen" unter unseren Ingenieurinnen, die sich an Rüschen und Röcken erfreuen, aber eine ganze Reihe von ihnen läßt das Wort "burschikos" fallen, wenn es um die Charakterisierung der eigenen Erscheinung geht. Sich dem anähneln zu wollen, den man bewundert, ist eine menschliche Eigenschaft, die insbesondere von Kindern ausgelebt wird. So verwundert es nicht, daß die Mädchen sich auch in ihrem Äußeren gern an männliche "Vorbilder" anlehnen. Dabei verdient jedoch hervorgehoben zu werden, daß nur ein Fünftel Probleme mit dem eigenen Äußeren hatte. Mehr als die Hälfte fand sich sogar ganz hübsch und niedlich, dem Rest war das damals nicht so wichtig. An auf das Äußere bezogenen Insuffizienzgefühlen kann es demnach nicht liegen, daß das Weibliche im Sinne von Schönheit so wenig kultiviert wird. Modisches Interesse wird für die Kindheit äußerst selten bekundet, die Mehrzahl liebt es lässig und sucht sich jungenhaft zu geben. Jeans in vielen Variationen. "Das Bild eines Jungen gefiel mir einfach besser als das Bild eines Mädchens", kommentiert eine ihre ästhetischen Bedürfnisse. (VI.2) Eine andere: "Ich möchte kein so schutzbedürftiges, adrettes Mädchen sein, sondern ein männlich herber Typ." (V.7)

Daß nur ein Drittel unserer Ingenieurinnen es von sich weist, jemals in der Kindheit den Wunsch verspürt zu haben, lieber ein Junge zu sein, ist an diesem Punkt unserer Analyse kaum noch erstaunlich. Alle übrigen, also zwei Drittel, haben gelegentlich oder öfter den Unwillen und den Neid bei sich vermerkt, leider kein Junge zu sein. Jungen dürfen mehr, Jungen haben es einfacher, Jungen spielen Interessanteres, Jungen dürfen wilder sein, Jungen müssen weniger bei der Hausarbeit helfen - das alles sind Begründungen, die darauf abzielen, daß die Sensibilität für die Nachrangigkeit des eigenen Geschlechts früh geweckt wurde. "Doch das glaube ich schon, daß ich manchmal gerne ein Junge gewesen wäre. Von zuhause kam das nicht so, aber von außen kam das manchmal. Ein Mädchen macht das nicht, so auf die Bäume klettern." (V.6)

In diesem letzten Zitat deutet sich ein Sachverhalt an, der als verallgemeinerungsfähig in seiner Bedeutung für die Sozialisation einer späteren Ingenieurin nicht unterschätzt werden darf: Die Toleranz der Eltern gegenüber dem abweichenden Verhalten ihrer kleinen Töchter. Oder richtiger formuliert: Die Besonderheit ihrer Kinder wird in der Majorität der Fälle nicht als abweichendes und damit zu bekämpfendes Verhalten interpretiert. Zwar wird auch von Müttern berichet, die ihren Töchtern "so süße Sachen" (VI.1) aufdrängen wollen, es gibt Mütter, die ihre Töchter zu leidvollen Einschränkungen ihres Verhaltens zwingen wollen, doch die meisten Ingenieurinnen betonen die Offenheit ihrer Eltern für ihre Persönlichkeitsentfaltung. Auch wenn durch unsere Untersuchung nicht die These belegt wird, daß nur durch eine Identifikation mit männlichen Verhaltensmustern die spätere Bewährung in einem Männerberuf begründet wird, sondern allenfalls die Aussage möglich ist, daß dies die Rolle der Pionierin erleichtert, verdient es eine Hervorhebung, daß dies erzieherische Verhalten den Mut zur Freiheit begründet. Nur wenn in der Kindheit Eigentümlichkeiten - im Vergleich zur sogenannten Normalität - als selbstverständlich toleriert werden, kann die Kraft der Selbstbehauptung in spätere Lebensphasen mitgenommen werden, in denen die Umwelt solche Freiräume und Spielräume nicht mehr mit derselben Großzügigkeit gewährt, sondern sie möglicherweise sogar sanktioniert. Ohne frühe Irritationen des Üblichen keine späteren Freiheiten, das war unsere Ausgangsthese gewesen. Sie scheint bestätigt.

3 Die Überformung von Orientierungen und Verhaltensweisen in Schulzeit und Asoleszenz

Hildegard Zimmermann

Wenn für die kleinen Mädchen ebenso wie für ihre männlichen Altersgenossen die Schulpflicht beginnt, sind sie keineswegs mehr "unbeschriebene Blätter"; vielmehr bringen sie vielfältige kognitive und emotionale Prägungen, Fähigkeiten, Fertigkeiten und Verhaltensweisen aus ihrem familiären Alltag und dem sozial-ökologischen Umfeld mit. Schelskys vielzitierte Kennzeichnung der Schule als "erste und damit entscheidende zentrale soziale Dirigierungsstelle" (Schelsky 1957: 17) wurde durch die - vor dem Hintergrund der Werbung für längeren Schulbesuch - aktivierte empirische Sozialforschung der 60er Jahre rasch widerlegt. Untersuchungen ergaben vielmehr eindeutige Hinweise auf Ausleseprozesse in der Schule und arbeiteten geschlechts-, konfessions- und regionsspezifische Faktoren heraus; von entscheidendem Gewicht erwies sich allerdings die soziale Herkunft (Freytag/Weizsäcker 1968; Aurin 1968). Die "katholische Arbeitertochter vom Land" stand als Idealtypus einer kumulativen Benachteiligung im überkommenen Bildungssystem. Die weitere wissenschaftliche und politische Diskussion bekräftigte, daß sich der ungleiche Schulbesuch nicht begrenzter Einsicht oder Ambitionen der Eltern verdankt. Es sind die Strukturen des Bildungssytems, die - im Gegensatz zu Schelskys These - die gesellschaftliche Ungleichheit reproduzieren und zugleich legitimieren (Rolff 1974: 36).

Die Schulzeit ist mithin für Mädchen wie Jungen durch zwei wichtige, vielfältig miteinander verwobene Entwicklungen gekennzeichnet: Jenseits des vordergründigen Hauptziels, des Erwerbs von Kenntnissen und Fertigkeiten, erfährt der in der Familie geprägte soziale Habitus eine Überformung. Jungen und Mädchen lernen neue Leistungsanforderungen kennen, müssen sich in einem anderen sozialen Feld mit Erfolg und Mißerfolg, Macht und Ohnmacht auseinandersetzen, sehen sich mit teilweise ungewohnten Herausforderungen an ihre Motivation und Interessenorientierung konfrontiert. In diesem Lernprozeß werden die Voraussetzungen gebildet für berufliche Perspektiven ebenso wie für die Persönlichkeitsentwicklung im Sinne einer Identitätsbildung, aber auch im Umgang mit dem eigenen und anderen Geschlecht.

Im folgenden zeichnen wir Erfahrungsmuster und Prägungen unserer Gesprächspartnerinnen nach, die mit einiger Wahrscheinlichkeit sowohl eine Basis für die Bewältigung ihres beruflichen und privaten Alltags bilden als auch ihren späteren Lebensweg beeinflussen.

3.1 Schulische Sozialisation: Selbstbehauptung vor dem Hintergrund fachlicher und sozialer Erwartungen

Neben der Vermittlung von Zertifikaten wie der Zugangsberechtigung zur Hochschule erfüllt die Schule eine Reihe weiterer Aufgaben: Sie lehrt Wissen, fördert oder sanktioniert Verhaltensweisen, beurteilt die Schüler nach "objektiven" Maßstäben und teilt sie ein in gute, mittlere oder schlechte Schüler/innen. Sie bietet darüber hinaus Möglichkeiten der Selbstbestätigung, aber auch Anlässe für Resignation in bezug auf die eigene Leistungsfähigkeit. Die Schule kann in der Familie erlernte Verhaltensmuster verstärken oder relativieren, z.B. Selbstbehauptung oder auch die Anpassung an Autorität und Macht. Außerdem gibt sie Gelegenheit zur Erweiterung des Horizonts auf der sachlichen wie auch der menschlichen Ebene durch das Angebot vielfältiger Lernanreize und Kontaktmöglichkeiten. Wie im

Elternhaus werden in der Schule grundlegende Erfahrungen gemacht in bezug auf den Umgang mit Leistungsanforderungen, mit Macht, mit Autoritäten, aber auch mit Gleichaltrigen.
Aufgrund der Mittelschichtorientierung der Schule werden allenfalls für Schülerinnen und Schüler aus diesem sozialen Kontext die im Elternhaus gemachten Erfahrungen bestätigt, für Kinder aus anderem Milieu wird das Verhaltensspektrum positiv gewendet: erweitert, kritisch gewendet: irritiert. Auf jeden Fall vollziehen sich hier identitäre Überformungen, die mitentscheidend sein können für Erfolg oder Mißerfolg, Zufriedenheit oder Schwierigkeiten im Studium oder auch in der Berufstätigkeit.
Demzufolge ist uns daran gelegen, Erfahrungshintergründe kenntlich zu machen, die die spezifische berufliche Orientierung plausibel machen und die heutigen Formen der sozialen Bewältigung des Studien- bzw. Berufsalltags erklären.

3.1.1 Bildungswege

Der Ingenieurberuf ist für ca. ein Drittel der Studenten ein Aufstiegsberuf: er eröffnet Chancen sozialer Mobilität für die Jugendlichen, die nicht den "Königsweg" des Gymnasiums begehen konnten, sondern auf "Umwegen" zum Studium finden. An eine Facharbeiterausbildung schließt sich dann eine mehrjährige Berufstätigkeit an, die wiederum Voraussetzung für den Besuch der Ingenieurschule, seit den 70er Jahren der Fachhochschule ist. Der Bildungsweg endet entweder mit dem Abschluß des graduierten Ingenieurs nach 6 Semestern Fachhochschulstudium (heute auch "Diplom") oder wird ergänzt durch ein Hochschulstudium an einer Technischen Hochschule bzw. Universität. Mit der Errichtung von Fachhochschulen (1969) und der Fachhochschulreife als Zugangsvoraussetzung wurde ein schulischer Weg zum

Ingenieurberuf geschaffen, demgegenüber der Aufstieg über eine Berufsausbildung an Attraktivität verloren hat. Mit der Erhöhung des Abiturientenanteils an der (gleichaltrigen) Wohnbevölkerung (1983: 20%) ist auch die Quote der Abiturienten gestiegen, die zwischen Schulabschluß und Ingenieurstudium nur ein drei- bis sechsmonatiges Praktikum einschieben.

Was den Zugang von Frauen zum Ingenieurstudium betrifft, so waren für uns unterschiedliche Wege zu vermuten: weil Frauen dazu neigen, kürzere, überschaubare Bildungsgänge zu wählen, hat der Weg über eine berufliche Erstausbildung eine gewisse Attraktivität, da weitere Ausbildungsgänge angeschlossen werden können, auf die bei Bedarf zurückgegriffen werden kann.

Als Ausbildungsberuf wäre hier am ehesten an die technische Zeichnerin zu denken, weil er als Frauenberuf gilt, zumal er geringe Aufstiegsmöglichkeiten eröffnet. Zusätzlich ist zu vermuten, daß die Frauen, die nicht über eine Lehre, sondern über ein Studium den Ingenieurabschluß anstreben, eher das Studium an der TH als das an der Fachhochschule wählen. Die Ausbildung an der Fachhochschule gilt als praxisnäher, so daß hier stärker Unsicherheiten im praktischen Umgang mit Technik befürchtet werden können.

Im Gegensatz zu solchen Vermutungen sind vier von fünf der von uns befragten Ingenieurstudentinnen und Ingenieurinnen - insgesamt 75 - auf dem direkten, kürzesten und "praxisfernsten" Weg über Grundschule, Gymnasium, Abitur und Praktikum zur Hochschule gekommen. Umwege oder Abweichungen entstehen allenfalls dadurch, daß zuerst eine andere allgemeinbildende Schule wie Hauptschule oder Realschule besucht wird, spätestens in der 11. Klasse erfolgt dann jedoch ein Wechsel zum Gymnasium. Dieser Weg wird von den befragten Berufstätigen häufiger eingeschlagen als von den Studentinnen, was vermutlich damit zu erklären ist, daß sie einer anderen Generation angehören, in der das Abitur für Frauen noch nicht so selbstverständ-

lich gewesen ist wie seit Mitte der 60er Jahre. Wo ein anderes Studium zuvor völlig abgeschlossen wurde, handelte es sich in zwei Fällen um ein Studium der gleichen Fachrichtung an der Fachhochschule, d.h. das Studium an der Hochschule stellt eine Höherqualifizierung mit statusmäßig höherem Abschluß dar. In einem Fall wurde ein Diplom in Sportwissenschaft erworben, was in Kombination mit dem derzeitigen Studium der Elektrotechnik einen interessanten Anwendungsbereich (Biomechanik, Kinesiologie) ergibt.
Den Zugang über eine berufliche Erstausbildung haben nur vier der Interviewpartnerinnen gefunden. Zwei haben den Beruf einer Technischen Zeichnerin erlernt, eine den der Chemielaborantin, eine ist Elektrikerin. Für die beiden Interviewpartnerinnen, die - die berufliche Erstausbildung ausbauend - auch das Abitur durchlaufen haben, ist der Übergang zur Hochschule unproblematisch gewesen. Die beiden anderen haben im Anschluß an die Lehre eine Fachhochschule besucht. Ausgeübt wurde der Lehrberuf nur von einer Ingenieurin (ca. ein Jahr), da sie zu dem Zeitpunkt keine Alternative sah. Nur eine Studentin bietet ein Beispiel für die herkömmliche, in diesem Fall besonders frauentypische Form des zweiten Bildungsweges. Die wichtigsten Stationen ihres Bildungsweges: Hauptschulabschluß, Haushaltsschule, Ausbildung zur Krankenschwester, Hausfrau und Mutter, Abendschule, Studium.
Die von uns befragten zehn Ingenieurstudenten sind alle direkt vom Gymnasium/Abitur zur Hochschule gewechselt. Von den sieben berufstätigen Ingenieuren sind dagegen drei über den zweiten Bildungsweg gekommen: Lehre/Ingenieurschule; Lehre/technische Oberschule; zweijähriges Praktikum/Ingenieurschule. Demnach scheint sich für die heutige Generation der Studierenden in den Ingenieurwissenschaften zumindest die Bildungsbiographie männlicher an die weiblicher Studenten anzugleichen.

Der formale Abschluß des Abiturs weist jedoch eine Reihe von inneren Differenzierungen und Schwerpunktsetzungen auf, die, durch die Oberstufenreform verstärkt, vorher aber durchaus auch in Form von Schulzweigen vorhanden waren. Die für Frauen immer noch ungewöhnliche Entscheidung für ein Ingenieurstudium läßt ein starkes technisches und mathematisch/naturwissenschaftliches Interesse vermuten, das bereits während der Schulzeit in Schwerpunktsetzungen und Weichenstellungen sichtbar wird. Bei der von uns befragten Studentinnen- und Ingenieurinnenpopulation ist bei den älteren unter ihnen, die vor der Oberstufenreform die gymnasiale Oberstufe besucht haben, der bevorzugte Besuch des mathematisch-naturwissenschaftlichen Zweiges zu vermuten, bei den jüngeren die Entscheidung für mindestens einen Leistungskurs aus dem mathematisch-naturwissenschaftlichen Fächerspektrum zu erwarten. Diese Vermutung hat sich jedoch zumindest bei den Berufstätigen nicht bestätigt. Der Wahl des naturwissenschaftlichen oder technischen Zweiges (21 Nennungen) steht in gleicher Häufigkeit die Entscheidung für andere Zweige, z.B. für sprachliche (17), musische und hauswirtschaftliche (4) Akzente gegenüber. Bei der Wahl der Leistungskurse läßt sich dagegen eine eindeutige Vorliebe für die Fächer Mathematik und Physik erkennen. Jeder zweite Leistungskurs gehört zu diesem Fächerspektrum. Die Auflösung des starren Fächerkanons in der reformierten Oberstufe zugunsten einer individuell flexibler handhabbaren Kurswahl ist offenbar einer Schwerpunktsetzung im mathematisch-naturwissenschaftlichen Bereich nicht unbedingt abträglich. Das setzt allerdings voraus, daß Schülerinnen und Schüler - wie die unserer Untersuchungsgruppe - bis zum Beginn der gymnasialen Oberstufe bereits ein Interesse für mathematisch/naturwissenschaftliche Fächer entwickelt haben.

3.1.2 Die Bedeutung der Schule im Lebenszyklus

Wie aber beurteilen die Ingenieurinnen selbst ihre Schulzeit? Was akzentuieren sie in ihren Berichten?

Ich bin ausgesprochen gerne zur Schule gegangen. Also, ich bin ein Typ, der sehr, sehr gerne lernt, wahnsinnig gern, und alles, was ich lernen kann, ist gut. Das ist mir egal, ich habe alle Fächer gerne gemocht, außer Handarbeit natürlich. (I.11)
Na - erstens hat es mir Spaß gemacht, was zu lernen und Aufgaben zu lösen - überhaupt eine Aufgabe zu haben, wo man daran arbeitet - auch halt zum Schluß so ein Erfolgserlebnis hat und dann auch irgendwas kann; zum anderen habe ich mich unheimlich gefreut, die Leute aus meiner Klasse zu sehen und aus der Schule. Also die Hoftreffen waren immer unheimlich wichtig. (II.11)

In ähnlicher Weise antworten mehr als die Hälfte der von uns befragten Frauen. Für sie ist die Schule überwiegend mit positiven Erinnerungen verbunden, die sich etwa gleich häufig auf zwei Erfahrungsbereiche beziehen: Die einen schätzten an der Schule vor allem die Möglichkeit, etwas Neues zu lernen, wobei dieses Neue nicht auf bestimmte Inhalte bezogen ist, die anderen eher die Vielfalt der Kontaktangebote. Eine Reihe von Interviewpartnerinnen nannte beide Erfahrungsbereiche als für sie gleich bedeutsam.
Allerdings: Jede sechste Ingenieurstudentin bzw. Ingenieurin sieht ihr Schulzeit sehr kritisch; von Phasen, in denen sie die Schule eher als unangenehm erlebte, berichtet jede fünfte. Ursachen für zeitweise oder völlig ablehnende Haltungen sind offenbar in erster Linie zwischenmenschliche Probleme: Schwierigkeiten mit Lehrern, zu geringer oder problematischer Kontakt mit Mitschüler/n/innen. Ein extremes Beispiel schildert eine Frau - und es steht stellvertretend für andere:

Manchmal hatte ich auch bessere Zeiten in der Schule; das war nicht immer so schlimm. Das waren immer die Zeiten, wo ich die ganzen zwischenmenschlichen Sachen ausgeklammert und mich nur auf das Fachliche konzentriert habe. (II.7)

Leistungsprobleme werden kaum genannt, am ehesten noch verhaltensbezogene, die etwa aus der zu geringen Beteiligung am Unterricht resultieren. Als Streß wird die Schule so gut wie nie empfunden, eher als langweilig, weil alles so leicht fällt. Überraschend selten werden negative Schulphasen damit in Zusammenhang gebracht, daß plötzlich andere Dinge im Leben wichtiger werden, wie z.B. Freundschaften in der Phase der Pubertät. Eine zeitweilige Akzentuierung nichtschulischer Interessen ist die Ausnahme, sechsmal wird jedoch ein grundsätzliches Desinteresse an schulischen Inhalten erinnert - allerdings ohne daß dies die Leistung einschränkte.
Die rückblickende Einschätzung der Schule für die persönliche und fachliche Entwicklung geht in die Richtung, daß die Schule noch am ehesten der Erwartung gerecht wird, eine breite Allgemeinbildung zu vermitteln. Was die fachliche Vorbereitung für das Studium anbelangt, so beschränkt sich diese nach Einschätzung unserer Gesprächspartnerinnen bestenfalls auf die Vermittlung eines Grundlagenwissens in den Fächern Mathematik und Physik. Bei allgemeinen Problemlösungsstrategien, Arbeitsmethoden und -techniken, besonders aber in bezug auf Persönlichkeitsentwicklung, kommt die Schule aus der Sicht der Ingenieurstudentinnen und Ingenieurinnen relativ schlecht weg.

Im normalen Unterricht wenig, das fand ich nicht so erziehend, also reine Lebensvermittlung, Persönlichkeitsbildung wurde nicht betrieben. Das einzige, was ich da in der Richtung als positiv empfand, da war reine Wissensvermittlung. (II.19)
Das ist also bei mir ein ganz schwerer Kritikpunkt prinzipiell an der Schule, auch an der Schulausbildung, daß viele, mit denen ich zusammen Abitur gemacht habe, daß die ein Abitur in die Hand kriegen und nicht fähig sind, das, was sie gelernt haben, zu kritisieren und zu hinterfragen. (II.7)

Andere Frauen betonen ausdrücklich die Bedeutung der Schule als sozialen Erfahrungsraum und auch das Privileg ausgedehnter Entwicklungszeiten am Gymnasium:

Einmal habe ich da gelernt, was ich vorher schon so ein bißchen in der Klasse mitgekriegt hatte, daß ich mit Jungs auch gut auskommen kann, daß die auch nicht kaputtgehen, wenn man ihnen mal ein etwas härteres Wort an den Kopf wirft. Daß sie mich akzeptieren, und daß ich nicht sterbe, wenn ich vor einer größeren Gruppe reden muß. Auch wenn's Leute sind, die ich kaum kenne. (VI.10)
Also im Nachhinein fand ich wahrscheinlich gut, daß man wirklich seine ganze Entwicklung in der Schule und mit anderen zusammen gemacht hat. Also nicht mit 15 schon in irgendeinen Arbeitsprozeß rein mußte, eigentlich sehr lange Zeit dafür bekommen hat, seine Persönlichkeit zu entwickeln, ohne daß jemand jetzt schon Autorität spielt oder Chef. (I.12)

3.1.3. Lernorientierungen und schulische Leistungen

Die Möglichkeit, etwas Neues zu lernen, macht - wie bereits erwähnt - für mehr als die Hälfte unserer Gesprächspartnerinnen den Reiz an der Schule aus. Lerninteressen sind meist sehr breit gestreut:

Ja, ich hab' eigentlich fast alles gerne gemacht. Nicht gerne gemacht habe ich Englisch und Französisch, das waren die Fächer, die ich nicht mochte. Alles andere habe ich eigentlich ganz gerne gemacht. (II.18)

Dennoch ist eine eindeutige Präferenz für den mathematisch-naturwissenschaftlichen Bereich unverkennbar. Fast alle Gesprächspartnerinnen erwähnen bei der Frage nach Lieblingsfächern ein Fach aus diesem Bereich. Dabei werden Mathematik und Physik mit Abstand am häufigsten genannt, gefolgt von Chemie und Biologie. Hier unterscheiden sich die befragten Ingenieurstudentinnen und Ingenieurinnen deutlich von der Mehrheit der Frauen. Mathematik und Naturwissenschaften gelten in unserem Kulturkreis als "Tätigkeitsbereiche, die auf Grund sozio-kultureller Rollenvorstellungen weitgehend dem männlichen Geschlecht zugeschrieben werden" (Schildkamp-Kündiger 1974:20). Anders gewendet, bedeutet dies: Je mehr sich Frauen mit der weiblichen Geschlechtsrolle identifizieren, umso größer ist ihr Risiko der Irritation, wenn sie in einem als männlich definierten Bereich gute Leistungen erbringen. Das wird als ein wichtiger Erklärungsfaktor dafür genommen, daß sowohl das Interesse an Mathematik als auch die Mathematikleistungen bei Mädchen im Vergleich zu Jungen gerade in der Zeit der Pubertät abnehmen (Kelly 1978).

Fächer aus dem sprachlichen Bereich (Deutsch, Englisch, Französisch, Latein) werden immerhin von jeder zweiten Gesprächspartnerin als Lieblingsfächer benannt. Dies erstaunt zunächst, da dieser Bereich gleichzeitig derjenige ist, von dem sich die befragten Frauen am deutlichsten abgrenzen: mehr als die Hälfte aller Nennungen unbeliebter Fächer beziehen sich auf Deutsch oder Fremdsprachen. Die Ingenieurstudentinnen und Ingenieurinnen lassen sich mithin nicht umstandslos dem sog. mathematisch-naturwissenschaftlichen Sozialisationstyp als nicht-sprachlichem Typus zuordnen: Von 61 Frauen, die Mathematik als Lieblingsfach nennen, geben 15 (d.h. jede vierte) gleichzeitig Deutsch an. Dieser "Mischtypus" ist häufiger bei den Maschinenbauerinnen als bei den Elektrotechnikerinnen. Hier stellt sich im Hinblick auf die Studienwahl die Frage, wie sich aus dieser Doppelorientierung die Entscheidung für den beruflichen Ausbau eines der beiden Bereiche entwickelt.

Worin liegt das Reizvolle an dem mathematisch-naturwissenschaftlichen Fächerspektrum? Das Fach Mathematik z.B. scheint dem Bedürfnis nach Klarheit, Logik, Eindeutigkeit, Abgegrenztheit entgegenzukommen. Wegen der Eindeutigkeit der Lösung garantiert es Erfolgserlebnisse, die nicht durch die subjektive Beurteilung eines Lehrers getrübt oder verfälscht werden können.

Gefallen hat mir, daß es logisch ist, daß es deterministisch ist. Man macht einen bestimmten Ansatz und weiß genau, was dann rauskommt. Das ist auch richtig, wenn man richtig gerechnet hat ... und daß da auch fundamentale Sätze dahinterstehen. Eins und eins ist eben zwei, da gibt es nicht zwei halbe oder anderthalb (Lachen), das fand ich irgendwie ganz gut. (I. 7)

Das, was Mathematik so attraktiv macht, wird beim Fach Deutsch vermißt:

In Mathe, da hat man seine Formel zu stehen, und so ist es halt, während in Deutsch, das ist immer so ein bißchen Geschwafel. Das hat mir zwar auch Spaß gemacht, über irgendwelche Literatur zu reden, aber das war mir immer ein bißchen zu ..., da hat man nichts Konkretes in der Hand gehabt. Da war man immer so auf die Gunst des Lehrers angewiesen, ob der das nun richtig auslegt, was er hören will. (II.18)

Der einen, widerspruchsfreien Lösung in der Mathematik steht eine Vielzahl von Möglichkeiten bei der Interpretation von Texten gegenüber, die nicht eindeutig als richtig oder falsch zu klassifizieren sind bzw. wo in der Einschätzung häufiger eine Differenz zwischen Lehrer und Schüler auftritt. Von denen, die das Fach Deutsch mögen, werden eher die analytischen Momente betont: das Auseinanderpflücken von Texten nach einem vorgegebenen Schema, die Reduktion der Komplexität eines Textes durch die Herausarbeitung zugrunde liegender Gesetzmäßigkeiten, etwa der Grammatik.

Das Interesse an der Physik ist etwas anders gelagert als bei der Mathematik. Hier ist es nicht in erster Linie die Freude am abstrakten, logischen Denken und an schnellen Erfolgserlebnissen, sondern mehr das Bedürfnis, die materielle Welt besser zu verstehen, die Ursachen und die Gesetzmäßigkeiten hinter den Erscheinungen zu entdecken. Es bleibt jedoch zunächst offen, warum sich dieses Interesse mehr auf die sachliche als auf die lebendige Umwelt richtet.

Als Ablehnungsgrund für eher geisteswissenschaftliche Fächer wird häufig das Auswendiglernen, das Einpauken genannt und umgekehrt das Interesse am Verstehen betont. Das betrifft sowohl das Vokabellernen bei Fremdsprachen als auch das Lernen von Fakten in Fächern wie Erdkunde und Biologie. Unerwartet ist das vergleichsweise hohe Interesse an dem Fach Kunst, das sich zum Teil auf praktische Dinge

(Malen, Zeichnen), zum Teil auf Denkprozesse (Analyse von Kunstwerken) bezieht.

Was die Vorliebe für Mathematik und Naturwissenschaften anbelangt, so lassen sich zwei Gruppen unterscheiden: eine etwas kleinere, die sich sowohl für naturwissenschaftliche als auch für sprachliche oder sozialkundliche Fächer interessiert, und eine etwas größere, deren Präferenz eindeutig mathematisch-naturwissenschaftlich ist, meist verbunden mit der Ablehnung sprachlicher Fächer wie Deutsch und Fremdsprachen. Es ist zu vermuten, daß die zweite Gruppe eher dem oben erwähnten mathematisch-naturwissenschaftlichen Sozialisationstyp entspricht, da sie durch die offenere Struktur der sprachlichen Fächer und der Sozialkunde verunsichert wird. Nur sechs Interviewpartnerinnen bekunden wenig Interesse für den mathematisch-naturwissenschaftlichen Bereich.

Zumindest auf der Ebene schulischer Interessen ist mithin die einseitige Profilierung, wie sie für den sog. mathematisch-naturwissenschaftlichen Sozialisationstyp beschrieben wird, bei den späteren Ingenieurinnen nicht vorherrschend. Als Kennzeichen dieses "Typus" werden in der Literatur angeführt (wobei sich die Aussagen dort auf Männer und Studenten der **theoretischen** Naturwissenschaften beziehen): Er ist intelligenter und hat bessere Zeugnisse als seine Kommilitonen anderer Fächer, hat ein starkes Interesse am Fach bzw. allgemein an den Naturwissenschaften, arbeitet intensiver im Studium und ist leistungsbezogener als andere Studenten, fühlt sich auf seinem speziellen Sektor verhältnismäßig sicher. Der letztgenannte Aspekt ist um so gewichtiger, als diesen Persönlichkeitstypus ein besonderes Sicherheitsbedürfnis auszeichnet. Dem kommen die Naturwissenschaften mit ihrem Anspruch auf Objektivität und eindeutigen Aussagensystemen entgegen: "Was seine sozialen Fähigkeiten und Neigungen betrifft, so wird er als schüchtern, gehemmt, kontaktarm und relativ uninteressiert an zwischenmenschlichen Beziehungen bezeichnet. In der Beziehung zu Kommilitonen und Hochschullehrern steht das Interesse an sachlicher Zusammenarbeit im Vordergrund" (Bürmann 1979: 276).

Mindestens drei Faktoren können zur Erklärung der Tatsache beitragen, daß wir in unserer Untersuchungsgruppe den mathematisch-naturwissenschaftlichen Sozialisationstyp weniger ausgeprägt vorfanden: Die Tatsache, daß unsere Gesprächspartnerinnen Frauen sind, daß sie Ingenieurwissenschaften und nicht "reine" Naturwissenschaften studieren und schließlich, daß in der Jugendzeit die Profilierung noch nicht hinreichend plastisch ist.

Betrachtet man das Leistungsniveau und die Entwicklung der Leistungen im Verlauf der Schulzeit, so ist augenfällig, daß Ingenieurinnen überwiegend gute bis sehr gute Schülerinnen waren. Das Leistungsniveau schwankt zwischen den Fächern nur minimal: Die Noten in den mathematisch-naturwissenschaftlichen Fächern liegen in der Regel etwas über dem Durchschnitt, die Noten in den sprachlichen Fächern etwas darunter. Ernsthafte Leistungsprobleme treten sehr selten auf. Nur drei der 85 Frauen sind im Verlauf ihrer Schulzeit einmal sitzengeblieben, bei weiteren 3 hat hin und wieder die Gefahr des Sitzenbleibens bestanden. Betrachtet man den Leistungsverlauf über die Dauer der Schulzeit, so ist Kontinuität vorherrschend: Die Ingenieurstudentinnen und Ingenieurinnen sind in der Regel immer gut in der Schule. Größere Einbrüche, die wir z.B. während der Zeit der Pubertät vermutet haben, werden nicht berichtet. Ein gewisser Leistungsabfall oder ein vorübergehender Leistungseinbruch sind die Ausnahme, durch Kurzschuljahre, einen bestimmten Lehrer oder durch ein vorübergehendes Desinteresse an der Schule bedingt.

Ein Unterschied zum oben beschriebenen mathematisch-naturwissenschaftlichen Sozialisationstyp ist in bezug auf den Arbeitseinsatz in der Schule festzustellen. Unsere Gesprächspartnerinnen betonen immer wieder, daß sie nur das Nötigste getan haben, daß sie von Natur aus faul seien und daß ihnen Aufgaben wie Vokabeln lernen oder Auswendiglernen einfach lästig seien. An dem Fach Mathematik schätzen sie besonders, daß man dort, auch wenn man faul ist, mit Denken alles wettmachen kann:

Ja, aber es war immer so, da ist bei mir nie ein Loch reingekommen in Mathe, ich weiß nicht, irgendwo kriegt man das mit Denken schnell wieder zu. Man mußte das Problem begreifen, unser Lehrer erzählte eine Stunde daran rum, dann gab es eine Aufgabe. 'So, nun löst die mal!' Und wenn ich überhaupt anwesend war, war ich geistig nicht anwesend, habe Blödsinn gemacht. Dann war es häufig so, wenn der Lehrer dann in totaler Verzweiflung war, da kam gar nichts von der Klasse, dann sagte er, 'Komm doch mal, bitte!' Und dann hat er mir in zwei Worten das Problem erklärt und ich ging zur Tafel und sagte, 'So und so ist das!' (lachen) Der war natürlich auch einer meiner größten Förderer, dieser Lehrer, klar, obwohl ich ihn auch sehr geärgert habe." (I.11)

Nur wenige, insgesamt acht, geben an, daß sie für die Schule etwas mehr haben tun müssen, daß es ihnen nicht so ganz leicht gefallen ist. Ebenfalls eine kleinere Gruppe hat aus Interesse durchaus auch schon mal mehr getan, als unbedingt nötig war; dennoch betonen die gleichen Frauen, wenig gearbeitet zu haben. Vermutlich werden die Tätigkeiten, die aus eigenem Interesse initiiert wurden, nicht als Arbeit verbucht. Damit bestätigt sich die Beobachtung von Trendverstärkung: wofür man begabt ist, das erscheint auch attraktiv.

Unsere Gesprächspartnerinnen sind sich - zumindest in der Schulzeit - **insgesamt** recht sicher in bezug auf ihre Leistungsfähigkeit:

Paß mal auf. Ich bin sowieso grundsätzlich der Meinung, daß ich jedes Problem rauskriege, wenn ich mir genug Mühe gebe. Dann fragt sich nur, ob sich das überhaupt lohnt, da meine Zeit und meinen Intellekt reinzutun, ja, zu investieren. Also, daß ich das alles rauskriege, das ist eigentlich keine Frage. (VI.4)

Aber es gibt eigentlich nichts, von dem ich behaupte, daß ich nicht in der Lage wäre, das irgendwann einmal zu schaffen. (II.15)

Was ich mir in den Kopf setze, das schaffe ich auch immer, habe ich bis jetzt geschafft und glaub' ich, wenn ich mich da richtig doll drum bemühe, dann schaffe ich das auch, man muß das nur richtig doll wollen. (II.28)

In diesen Zitaten artikulieren sich ein Wille zum Durchhalten und eine Entschiedenheit bei der Realisierung selbstgesteckter Ziele, die gesellschaftlich mit männlichen Durchsetzungsmustern assoziiert werden. Hintergrund bilden die geringen Lernprobleme und die guten Leistungen, die die Regel sind, und zwar weitgehend unabhängig davon, ob die Interessen breit gestreut sind oder ob sie - wie bei gut der Hälfte unserer Gesprächspartnerinnen - ihren Schwerpunkt eindeutig im mathematisch-naturwissenschaftlichen Bereich haben.
"Unsere" Frauen unterscheiden sich auch in der Beurteilung der Quellen ihrer Leistungsfähigkeit von der Mehrheit der Frauen. Erfolg schreiben sie entweder der eigenen Intelligenz oder den eigenen Anstrengungen zu; Mißerfolg führen sie eher auf zu geringe Anstrengungen zurück. Demgegenüber stehen empirische Befunde, wonach Frauen sonst den Mißerfolg häufiger im Zusammenhang sehen mit internalen Gründen, z.B. mangelnder Fähigkeit, und den Erfolg eher mit variablen oder externalen Gründen wie Glück oder Anstrengung (Bierhoff-Alfermann 1977: 65), mit anderen Worten: ihre Mißerfolge haben sie angeblich selbst zu vertreten, Erfolge fallen ihnen zu.

3.1.4 Soziale Begründung der Leistungsfähigkeit

Unsere Interviewpartnerinnen sind offensichtlich Frauen mit größerem Selbstvertrauen, was die eigene Leistungsfähigkeit betrifft. Gerade im Hinblick auf die Gewinnung von mehr Frauen für technische Studiengänge wäre es wichtig, die Hintergründe für dieses Selbstvertrauen auszumachen, besonders auch, soweit es im Verhalten von Eltern und Lehrern begründet ist. Zu diesem Zweck soll folgenden Fragen nachgegangen werden:

- Inwieweit wird das Lernen durch die Person des Lehrers beeinflußt?

- Welche anderen sozialen Faktoren wirken auf die Lernmotivation ein? Ist es eher Begeisterung oder Normerfüllung, was sie antreibt?
- Was bedeutet die Schule bzw. schulischer Erfolg der Tochter für die Eltern? Inwieweit versuchen sie, durch Förderung oder Druck ihre schulischen Leistungen zu beeinflussen?

Die Mehrzahl unserer Interviewpartnerinnen ist während der Schulzeit sehr lernmotiviert. Das Interesse ist zum Teil sehr breit gefächert und durchaus im Schulverlauf wechselnd. Selbst bei Fächern, die vom Grundsatz nicht den eigenen Vorstellungen entsprechen, finden sich immer wieder Teilbereiche, die das Interesse wecken. Inwieweit sich die Frauen für ein Fach begeistern lassen, ist sehr stark von der Persönlichkeit, aber auch den didaktischen Fähigkeiten des Lehrers abhängig, obwohl dieser Zusammenhang selten so explizit formuliert wird wie in dem folgenden Zitat:

Das war ziemlich lehrerabhängig bei mir. Wenn ein guter Lehrer da war, der seinen Stoff gut anbringen konnte, dann habe ich da auch mitgemacht. Und wenn der Lehrer mir nicht paßte, dann habe ich mich halt hingesetzt und nicht mitgemacht. (I.5)

Manchmal wird die Personenabhängigkeit den Gesprächspartnerinnen auch erst im Verlauf des Interviews bewußt:

Wahrscheinlich wird das doch sehr an der Person hängen, glaube ich. Kunst ist mir durch diesen Kunstlehrer auf jeden Fall verleidet worden, und für Deutsch hatte ich vorher kein ausgeprägtes Interesse. Erst als wir dann einen Deutschlehrer hatten, der das ungeheuer interessant gestaltet hat. (II.19)

Wie stark die Motivationsfähigkeit des Lehrers tatsächlich gewesen ist, zeigt sich auch bei der Frage nach den Lieblingslehrern. Fast jede dritte Frau nennt an erster Stelle den Mathematiklehrer, an zweiter Stelle den Physiklehrer bzw. die Physiklehrerin. Das korrespondiert mit den Lieblingsfächern: Mathematik steht an erster, Physik an zweiter Stelle. Was an Lehrern geschätzt wird, ist unterschiedlich. Am häufigsten werden Lehrer erwähnt, weil sie das institutionell vorgegebene Machtgefälle zu Schülern nicht ausnutzen bzw. nicht sichtbar werden lassen. Es wird betont, daß diese Lehrer sie als intellektuell gleichberechtigte Menschen angesehen, ihnen Freiheiten gelassen, sie für voll genommen haben, daß auch persönlicher Kontakt möglich war. An zweiter Stelle werden Gründe genannt, die fachliche oder auch didaktische Fähigkeiten betreffen. Auch wird an Lehrern gemocht, wenn sie nicht-fachliches Wissen in den Unterricht einfließen lassen:

Was mir imponiert hat, war, daß er nicht nur so ein Fachidiot war. Wir haben in dem Physikkurs, ich weiß nicht, wie wir es gemacht haben, wir haben irgendwo Physik angefangen und sind bei verschmutzten Gehsteigen gelandet ... (VI.10)

Als problematisch wird die Beziehung zu Lehrern dort erlebt, wo es um die Beurteilung der Leistungen geht und wo Unsicherheit in bezug auf die Beurteilungskriterien das Gefühl von Ungerechtigkeit und Willkür haben entstehen lassen. Dann werden Momente der Demotivierung genannt:

Also in Latein z.B. der Lehrer verfuhr nach dem Motto: einmal 'ne vier gekriegt, immer 'ne vier gekriegt. Da habe ich mich immer total angestrengt, und dann habe ich nur eine drei geschrieben, und mich immer gemeldet und Vokabeln gelernt, und dann habe ich im Endeffekt immer wieder 'ne vier gekriegt. Und dann habe ich dafür nichts mehr getan. (II.3)

Neben der Motivation zum Lernen, die in der Sache selbst angelegt ist und die, wie beschrieben, sehr stark beeinflußbar ist, gibt es eine Reihe anderer Faktoren, die das Lerninteresse beflügeln. Ein wesentlicher Faktor ist der Lernerfolg; dieser ist für die von uns Befragten am ehesten in den mathematisch-naturwissenschaftlichen Fächern garantiert. Auf die Frage, warum sie denn so gerne Mathematik machen, nennt eine ganze Reihe Erfolgserlebnisse, die sie hatten:

Das hat mir Freude gemacht, den Weg zu suchen und immer wieder ein Stückchen zu sehen, ich hab's geschafft, ich bin weitergekommen. (II.10)

Das Erfolgsstreben richtet sich manchmal aber auch auf Fächer, die nicht so großen Spaß machen oder die schwerer fallen und von daher eine Herausforderung darstellen.

Neben dieser Art der Motivation, die darauf gerichtet ist, sich selbst etwas zu beweisen, lassen sich einige davon leiten, anderen (vor allem Lehrern) etwas zu beweisen. Es geht also nicht darum, Lehrer mit positivem Vorurteil nicht zu enttäuschen - Lehrer, die ein negatives Vorurteil haben, sollen widerlegt werden:

Da hatte ich eine Lehrerin, die meinte, ich sei ein Struppi. Da dachte ich auch: Du dumme Kuh. Ich bin unheimlich gut, und ich habe mir danach umso mehr Mühe gegeben. ... Das war für mich ein Kampf gegen die Lehrerin. (II.7)

Eine auf die Eltern bezogene Lernmotivation ist von dem Wunsch geprägt, Aufmerksamkeit zu erhalten bzw. den Eltern zu gefallen:

Und ich kriegte immer Aufmerksamkeit, wenn ich mit Einsen nach Hause kam. Das hat mich auch unglaublich angespornt. Da kommt mein Leistungsverhalten her, das ist mir inzwischen auch klar geworden. (VI.19)

Meine ganze Kindheit und meine Jugendzeit und heute noch ist von dem Wunsch geprägt, praktisch meinen Eltern zu gefallen, also denen so wenig Ärger wie möglich zu bereiten. (V.9)

Eine geringere Rolle spielen der Vergleich mit Gleichaltrigen, die Herausforderung durch bessere Leistungen anderer, das Bedürfnis nach Überlegenheit und der Spaß daran, sich mit anderen zu messen. Aus Angst vor Mißerfolg hat so gut wie keine Frau Lernanstrengungen auf sich genommen.

Für die Eltern unserer Gesprächspartnerinnen hat der Schulbesuch ihrer Töchter in der Regel einen sehr hohen Stellenwert. In jeder dritten Familie etwa ist es selbstverständlich, daß (auch) die Töchter das Gymnasium besuchen und Abitur machen. In jedem zweiten Elternhaus wird dies vor allem als Grundlage für die spätere Berufstätigkeit angesehen. Nur jedes fünfte Elternpaar mißt dem Schulbesuch keine größere Bedeutung bei. In der Regel sind der Abschluß und gute Noten weit wichtiger als der Erwerb bestimmter Kenntnisse; ganz im Hintergrund steht die Frage, ob der Tochter die Schule und das Lernen Spaß machen. Das Gewicht des Abschlusses zeigt sich selbst bei den wenigen etwas schlechteren Schülerinnen: im Zweifelsfall sind die Noten nachrangig, und auch das Sitzenbleiben spielt keine Rolle:

Wenn ich sitzengeblieben bin, (hieß es): Ja, dann machst Du eben das Jahr nochmal, und dann machst Du eben weiter. (II.2)

Insgesamt wird von den Eltern wenig Druck ausgeübt, die Einstellung ist eher unterstützend. Selbst renitentes Verhalten in der Schule, was bei unseren Ingenieurinnen eher die Ausnahme ist, wird nicht immer mit Strafen geahndet, sondern die Tochter wird gegenüber der Schule verteidigt. Dies Verhalten der Eltern ist vermutlich durch die weitgehende Übereinstimmung zwischen elterlichen und kindlichen Normen zu erklären. Die Töchter geben den Eltern in der Regel wenig Anlaß zur Kritik. Die Besonderheit dieser Situation wird noch deutlicher, wenn man sich die schulischen Leistungen der Geschwister unserer Gesprächspartnerinnen ansieht. Meist ist die "Ingenieurin" das Kind mit den besseren schulischen Leistungen und den geringeren schulischen Problemen, die auch ansonsten familiäre Konflikte eher vermeidet. "Erfolg" dieses Verhaltens ist häufig jedoch eine geringere Aufmerksamkeit der Eltern diesem Kind gegenüber; die elterliche Aufmerksamkeit konzentriert sich auf die Problemkinder. Möglicherweise liegt hier zusätzlich ein Motiv, sich für den ingenieurwissenschaftlichen Studiengang zu entscheiden, um dadurch Beachtung bei den Eltern zu finden.

Sonstige Untersuchungsergebnisse, daß die Reaktionen von Erwachsenen gegenüber Mädchen vor allem dann auf ihre Leistungen bezogen sind, wenn sie negativ sind (Hagemann-White 1984: 70), lassen sich bei unseren Interviewpartnerinnen nicht bestätigen. Zumindest in der Familie ist Lob sehr oft auf den Leistungsbereich bezogen. Zum Schulbereich liegen uns in bezug auf die unterstützende oder blockierende Funktion von Lehrern zu wenig vergleichbare Aussagen vor. Da jedoch die Lieblingslehrer und -lehrerinnen unserer Gesprächspartnerinnen meist den mathematisch-naturwissenschaftlichen Bereich vertreten, ist zu vermuten, daß sie von ihnen auch die größte Unterstützung erfahren haben, vor allem, da sie dort ja auch keine Leistungsprobleme haben.

Negatives Feedback von Lehrern führt auch nicht zwangsläufig zu einem Absinken der Leistungen, sondern - wie oben angeführt - manchmal gerade zum Gegenteil: Es wird als Herausforderung aufgegriffen, und die Anstrengungen werden verdoppelt. Die in vielen Untersuchungen geäußerte Annahme, daß ehrgeizige Frauen mit negativen Reaktionen seitens ihrer sozialen Umgebung rechnen müssen, scheint unsere Frauen nur geringfügig beeinträchtigt zu haben: Es werden nur hin und wieder Befürchtungen geäußert, in der Klasse als Streberin gegolten zu haben.

Auffallend ist allerdings, daß die durchaus positive Beurteilung der eigenen Leistungsfähigkeit etwas zurückgenommen wird, wenn es um einen Vergleich mit Mitschülerinnen und Mitschülern geht. Hier schätzten sich die befragten Frauen eher als mittelmäßig und durchschnittlich ein. Möglicherweise kommt hier die Angst vor sozialer Zurückweisung zum Ausdruck, die auch als "Furcht vor Erfolg" diskutiert wird (Horner, zit. nach Bierhoff-Alfermann 1977: 49).

3.2 Jugendphase: Selbstfindung zwischen Identifikation und Abgrenzung

Die Kontinuität der schulischen Leistungen erstaunt umso mehr, wenn man berücksichtigt, daß in der Gymnasialzeit die Phasen der Pubertät und Adoleszenz durchlaufen werden, eine Zeit, die durch körperliche Veränderungen, Ablösung von den Eltern, Suche nach einem Standort in der Gesellschaft, Erprobung von Freundschaften, nicht zuletzt auch der Vergewisserung der eigenen Geschlechtsidentität gekennzeichnet ist.

Der Eintritt in die Pubertät wird von den von uns befragten Ingenieurstudentinnen und Ingenieurinnen nur selten als Einschnitt, geschweige denn als Krise erlebt. Unsere Frage, ob sich in der Zeit vom Eintritt in die Pubertät bis zum Abitur etwas in ihrem Leben verändert habe, in ihrem Lebensgefühl, in ihrer Beziehung zu sich selber, wird häufig mit Zögern, Nachdenken oder auch eindeutiger Verneinung beantwortet.

Das war die Zeit, wo ich sehr viel Sport getrieben habe und eigentlich nicht viel anderes gedacht habe. Da kam ich von der Schule nach Hause, Schularbeiten gemacht, dann war ich weg, habe trainiert; das war schon sehr anstrengend. Den Rest habe ich irgendwas gelesen. Ich habe mich nicht sehr viel mit meinen Eltern unterhalten, immer beschäftigt, müde ins Bett gefallen und am nächsten Morgen wieder raus. Daß ich mich in der Zeit viel entwickelt hätte, kann ich eigentlich nicht behaupten, daß da sowas mit Freund gewesen wäre, eigentlich nicht. (VI.3)

Ich bin sehr spät auf solche Sachen gekommen. Also wunderte mich auch immer in der Schule zum Beispiel, diese Kluft zwischen Generationen, wovon man immer spricht. Konflikte, also die habe ich nie bewußt mitgemacht. (V.9)

Für die Schwierigkeit, das Erleben von Pubertät und Adoleszenz deutlich zu machen, sind unterschiedliche Erklärungen denkbar. Es mag sein, daß die mit der Pubertät verbundenen körperlichen Veränderungen erst zeitlich verzögert psychisch verarbeitet worden sind, so daß der Übergang zwischen Kindheit und Erwachsenenwelt nicht als Einschnitt, sondern als fließender Übergang erlebt wird. Daneben gibt es jedoch auch Anhaltspunkte dafür, daß die Umbruchphase der Adoleszenz bei einem Teil der Studentinnen zum Zeitpunkt der Befragung noch nicht beendet ist. Wo Veränderungen genannt werden, betreffen sie in erster Linie die Beziehung zu den Eltern (31); erst mit großem Abstand folgen biologische Veränderungen und deren psychische Verarbeitung (9): Rückzugstendenzen, teils angesichts sozialer Schwierigkeiten, teils in dem Bedürfnis nach Selbstreflexion begründet. Außerdem gewinnt die Auseinandersetzung mit politischen, philosophischen und religiösen Fragen ein gewisses Gewicht.

A: Dann gab es bei uns so eine Clique und wie das in dem Alter so ist, wurde über alles mögliche philosophiert.
F: Und vor allem nach dem Sinn des Lebens?
A: Ja, ja, das haben wir damals auch schon fast beantwortet.
F: Und wie?
A: Na, ich weiß auch nicht mehr so genau, wir waren jedenfalls alle davon überzeugt, daß es eben einen Sinn hätte und ...
F: Leben oder Lieben jetzt?
A: Leben, um noch was in dieser Welt zu verändern. (II.15)
A: Naja, also die Hauptfrage war halt der Sinn des Lebens.
F: Also eine religiöse...
A: Nee, mit Religion hatte ich noch nie was im Sinn.
F: Hm. Das war ganz außer Diskussion ...
A: Ich wollte es halt irgendwie biologisch oder wissenschaftlich begründen können, warum ich da bin und ob ich überhaupt denken kann und lauter solche Sachen.
F: Und was Du auch aus Deinem Leben machst, hat Dich das damals beschäftigt?
A: Nein, das hat mich kaum beschäftigt, ja mehr, eben die Fragen, erst mal die Grundfragen klären und dann kann ich ja weitersehen, ob ich überhaupt hier was anfangen will mit dem Leben. (II.10)

Im folgenden sollen die für die Pubertät und Adoleszenz wesentlichen Entwicklungsverläufe, soweit sie in den Äußerungen der Interviewpartnerinnen sichtbar werden, nachgezeichnet werden.

3.2.1 Körperliche Veränderungen und deren psychische Verarbeitung

Die Pubertät wird von hormonellen Veränderungen eingeleitet, die bei Mädchen heute durchschnittlich mit 11 Jahren beginnen; sie endet in der Regel ein bis zwei Jahre später mit dem Einsetzen der Menstruation. "In dieser Zeit erfahren Mädchen körperliche Veränderungen, die sie stark auf den eigenen Körper aufmerksam machen, und starke Einflüsse von den Medien und innerhalb der Jugendkultur setzen Maßstäbe dafür, wie diese Körperentwicklung äußerlich werden soll, um 'attraktiv' zu sein." (Hagemann-White 1984: 100) Dabei kann eine Körperentwicklung, die nicht den allgemeinen Normen bzw. den eigenen Wertvorstellungen entspricht, das Selbstgefühl nachhaltig beeinträchtigen. Die gesellschaftlichen Schönheitsideale für Frauen sind so eng, daß es wohl kaum eine Frau gibt, die nicht Diskrepanzen zwischen der "Norm" und ihrem eigenen Körper feststellen wird. Die Unzufriedenheit unserer Gesprächspartnerinnen mit dem eigenen Körper ist daher eher ein frauen- als ein ingenieurinnenspezifisches Problem. Viele Interviewpartnerinnen haben sich in ihrer Jugend zu dick, einige zu groß, häßlich, unattraktiv oder nicht weiblich genug empfunden.

Viel einschneidender als die körperlichen Veränderungen sind die damit verbundenen psychischen Entwicklungprozesse, die innere Auseinandersetzung mit der eigenen Weiblichkeit, die nach außen immer sichtbarer wird, und auf die von außen auch reagiert wird. Das Nichtwahrnehmenwollen der eigenen Weiblichkeit, ausgedrückt entweder in einem Nichterinnern an körperliche und damit verbundene psychische Entwicklungsprozesse oder in dem Erlebnis der Menstruation als Schock, erscheint als ein für unsere Gesprächspartnerinnen typisches Phänomen:

A: Ich habe lange gebraucht, bis ich dann eigentlich so akzeptiert habe, daß ich kein Junge bin und dann natürlich auch festgestellt, daß das okay ist, daß ich keiner bin, und das in der Zwischenzeit sogar besser finde.
F: Und wann war das, der Wandel in der Haltung?
A: Der kam so langsam mit 17/18, dann immer weiter ..." (II.27)
Dann habe ich mit 14 die erste Regel gehabt, das war relativ spät, das war für mich wirklich ein kleiner Schock. Ich meine,ich wußte, daß ich sowas kriege irgendwann; ich war auch aufgeklärt. Aber als es dann wirklich kam, da war das für mich eher ein Schock, weil ich dachte, jetzt bist du wirklich kein Kind mehr. (VI.10)

Der mit der Pubertät verbundene Einschnitt wird dabei vermutlich umso problematischer erlebt, je ambivalenter das Lebensgefühl als kleines Mädchen war. Die oben berichtete starke Identifikation mit Männlichkeit in der Kindheit läßt es als wenig überraschend erscheinen, daß die mit der Pubertät verbundenen körperlichen Veränderungen als Schock erlebt werden; dies stellt dennoch die Ausnahme dar. Häufiger ist das Übersehen oder Verdrängen dieser lebensgeschichtlichen Entwicklung. Bezogen auf die geschlechtliche Identität entstehen so Phasen der "Neutralität", d.h. die sich in der Pubertät abzeichnenden körperlichen Veränderungen werden demnach überwiegend übersehen oder verdrängt und die damit verbundenen psychischen Entwicklungsprozesse aufgeschoben:

Mit 20 habe ich ihn kennengelernt. Da habe ich abgespeckt; dann habe ich mich auch als Frau gefühlt. Vorher war ich für mich so neutral. Da ist mir nicht aufgefallen, daß da irgendwas weiblich ist; damit konnte ich nichts anfangen. Durch das Zusammenleben war es irgendwie toll. (VI.15)

3.2.2 Die Auseinandersetzung mit den Eltern

"Wenn das Hauptproblem der Jugendlichen darin besteht, unabhängig von der Autorität der Eltern eine Identität zu finden, so heißt dies, daß sie zahllose Bindungen an ihre Familie, begründet auf Autorität, Zuneigung, Verantwortlichkeit, Respekt, Intimität, Geld und materielle Güter, Unreife (auf beiden Seiten), Besitzansprüche und einfach bloße Gewohnheit, lösen müssen" (Stone 1978: 230). Dieser Ablösungsprozeß gestaltet sich schwierig für die Jugendlichen, die zwischen kindlichem und erwachsenem Verhalten hin und her schwanken. Aber auch die Eltern sind ambivalent, wollen sie doch ihrem Kind das Erwachsenwerden ermöglichen, gleichzeitig jedoch die Gefahren der Außenwelt möglichst von ihm fernhalten. Elterliche Ängste, die sich vor allem auch auf sexuelle Beziehungen der Jugendlichen richten, sind in der Regel bei Mädchen stärker als bei Jungen, was bekanntlich vermehrte Einschränkungen für Mädchen zur Folge hat. Es werden Aktivitäten verboten, die vorher erlaubt waren, und Grenzen gesetzt, die für Jungen gleichen Alters nicht gelten. Da es sich bei der von uns befragten Personengruppe um Mädchen handelt, die in der Kindheit meist einen relativ großen Handlungsspielraum in bezug auf geschlechtsübergreifendes Verhalten genossen haben, ist hier genügend Konfliktpotential zu vermuten, was die Beziehung zu den Eltern anbelangt.

In der Tat verändern die Eltern ihr Verhalten den heranwachsenden Töchtern gegenüber, doch längst nicht in dem vermuteten Umfang. Nur selten wird z.B. der Aktionsradius eingeschränkt. Daß dies fast ausschließlich heute bereits Berufstätige berichten, läßt vermuten, daß die geschlechtsspezifische Erziehung, zumindest bei der befragten Berufsgruppe, in der jüngsten Vergangenheit deutlich geringer ausgeprägt ist. Auffällig ist weiterhin, daß nur relativ wenige junge Frauen gegen ihre Eltern rebelliert haben. Das läßt sich entweder mit besonders großzügigen Elternhäusern oder besonders anpassungsfähigen jungen Mädchen erklären.

Die meisten Interviewpartnerinnen stimmen mit den Wertorientierungen ihrer Eltern weitgehend überein. Es fällt ihnen häufig schwer, überhaupt Situationen auszumachen, in denen sie versucht haben, sich gegen den Willen ihrer Eltern durchzusetzen:

... aber so richtig mich versucht durchzusetzen, nicht. Mit 12, ja, das mit den Jeans war eine Sache, zum Beispiel. Und daß ich mit 13 dann unbedingt schwarz tragen wollte. Meine Mutter meinte, nein, also das tust Du nicht, wie siehst Du denn aus. Oder mit den Haaren auch, also ich hatte bis dahin immer langes Haar gehabt, und auf einmal wollte ich auch so einen Schnitt haben. Meine Mutter meinte, ja, mag sein, aber Deinem Vater wird das nicht gefallen, der mag also lange Haare. Ja, kann ich ja nichts dafür. Aber am Ende habe ich sie mir schneiden lassen. Mein Vater hat nur gesagt, oh, wie siehst Du denn aus. Aber nachher ist auch wieder gut. (V.9)

Insgesamt hat sich die Vermutung größerer familiärer Konflikte jedoch nur für eine kleine Gruppe - etwa eine von sechs Interviewpartnerinnen - bestätigt. Nur drei kennzeichnen den Beginn der Pubertät mit zunehmender Auflehnung gegen die Eltern, zehn sprechen von vermehrten Konflikten, zwei fangen an, die Ansichten und Lebenseinstellungen ihrer Eltern in Frage zu stellen und sich mit ihnen darüber auseinanderzusetzen. Einige tragen der zunehmenden Entfremdung mit innerem Rückzug Rechnung.

Insgesamt wurden in der Pubertät konflikthafte Auseinandersetzungen mit Autoritäten höchstens ausnahmsweise eingeübt. Der Prozeß der Identitätsbildung ist daher am Ende der Schulzeit noch in einem recht vorläufigen Stadium. Dieser Umstand läßt erwarten, daß **eigenständige** Orientierungen und Verhaltensweisen in späteren lebensgeschichtlichen Phasen auf wenig gesicherter Basis aufbauen müssen.

3.2.3 Zum Stellenwert von Freundschaften

Bei ihrer Identitätssuche, der Loslösung von den Eltern, der inneren Neuorientierung suchen die Jugendlichen dieser Altersgruppe unter Gleichaltrigen Halt und Sicherheit. Eine Clique definiert sich meistens über gemeinsame Vorlieben und Interessen und wird im Jugendlichenalter immer homogener (Stone 1978: 240). Während für die Jungen die Gruppe oder Bande bereits Vorläufer in der Kindheit hat, gewinnt sie für Mädchen meist erst während der Pubertät an Bedeutung. "Die Gruppe der gleichaltrigen Mädchen schafft einerseits Möglichkeiten, der Aufsicht und Kontrolle (der Mutter) zu entkommen, greift andererseits die verleugnete Seite der Ambivalenz auf. Während die Eltern auf Wahrung der Unschuld durch Verhaltenseinschränkungen drängen, drängt die Gruppe darauf, nun endlich sexuelle Wesen sein zu dürfen" (Hagemann-White 1984: 99).
Zwar ist die "Neudefinition der Identität des Mädchens als sexuelle Person" (ebenda: 100) Thema der Gruppe, jedoch führt das Eingehen einer sexuellen Beziehung durch eines der Mädchen oft dazu, daß die Gruppe gesprengt wird. Die Mädchengruppe hat demnach oft nur Übergangscharakter, bis das "eigentliche" Ziel, das Eingehen einer Liebesbeziehung zu dem "richtigen" Mann, erreicht ist.
Diese Aussagen lassen sich für die von uns Befragten nicht bestätigen. Bereits als Kind haben sie sich in die Cliquen der Jungen integriert, weil sie deren Spiele wie z.B. Fußball interessanter fanden. Diese Tendenz nimmt in der Pubertät noch zu, wobei es sich hier nicht mehr in erster Linie um Jungencliquen, sondern meist um gemischte Cliquen handelt (Sportgruppen, Jugendgruppen). Einige der gemischten Cliquen werden jedoch faktisch durch Jungen konstituiert, weil nur die Freundinnen der Jungen Zugang haben. Eine Ingenieurin berichtet stolz, daß sie es geschafft hat, sich in einer solchen Clique zu halten, obwohl die Freundschaft zu dem Jungen, über

den sie in die Clique gekommen war, bereits nach drei Wochen beendet war.

Es haben sich also selten Solo-Mädchen in irgendeiner Clique gehalten, die sind meistens zu ihren Freunden in die Clique gegangen. Solo-Jungen immer; die haben ja die Clique gegründet. Wir sind dann in eine andere Clique reingekommen durch Beziehungen, weil wir da auch einen Freund hatten, aber beide auch nicht sehr lang, so drei Wochen oder so, und dann sind wir trotzdem in der Clique geblieben. Und da sind wir also so oft drauf angesprochen worden, daß die Leute das ja ganz toll fänden, daß wir noch immer dabei wären; ich dachte, das darf nicht wahr sein. Das war die große Ausnahme. (I.5)

Der Umgang mit Jungen wird von unseren Gesprächspartnerinnen als angenehmer erlebt. Hier fühlen sie sich mit ihren Interessen besser aufgehoben und eher akzeptiert als unter gleichaltrigen Mädchen:

Und dann in der 5. Klasse, da fing's natürlich wieder an auf dem Schulhof, Räuber und Gendarm spielen. Und es war einfach so, mit den Jungen konnte ich mich mehr messen, die konnten schneller laufen. Die Mädchen waren alle so langsam, da gab's dann halt eine, mit der konnte ich mich auch messen. Da ist dann auch 'ne Freundschaft entstanden, mit der bin ich seit 14 befreundet. Und der Rest, ich habe schon immer gerne rumgetobt. Und dann fing auch irgendwann die Zeit an, da wurden die Mädchen plötzlich so vornehm, durften sich nicht mehr dreckig machen. Und wenn ich rumtobe, und wenn ich mich aus Spaß so ein bißchen prügeln will, dabei werde ich halt dreckig. Und das ging nur noch mit Jungen. Und dadurch war ich halt sehr viel mit Jungen zusammen. Und das habe ich irgendwie beibehalten, ich habe noch immer wesentlich mehr männliche Bekannte. (I.5)
Also, ich habe viel alleine gemacht und ab und zu mit Jungs halt. Eigentlich haben die mich immer eher akzeptiert, das war das Komische. Sie waren eigentlich nie die Leute, die unfair wurden. Frauen wurden da immer unfairer und das ist wahrscheinlich das, weshalb ich lieber mit Jungs was getan habe als mit Frauen. (II.27)

Die Abgrenzung von Mädchen erfolgt jedoch nicht generell, sondern bezieht sich auf einen bestimmten Typus, von denen sie sich bei der Herausbildung ihrer Geschlechtsidentität distanzieren. Sie werden als brav, doof, albern, zickig, unfair, intolerant, zimperlich und wechselhaft abqualifiziert.

Die Mädchen, die habe ich also in der Zeit damals überhaupt nicht verstanden ... Die waren mir eben damals alle zu albern, die haben immer diese Cliquenwirtschaft und Heimlichtuerei. Ich weiß nicht, das fand ich damals irgendwie bei den Jungen wesentlich besser, die waren offener, die haben also in dem Sinne keine Heimlichkeiten gehabt. Bei Mädchen ging immer so ein Getuschel und Gekicher los. Das ist mir immer auf den Wecker gefallen ... (II.3)
Also, im großen und ganzen waren die Mädchen eben Mädchen, also sie waren nicht rebellisch, sie waren eigentlich entweder sehr brav und versuchten auch, brav zu sein, und doof, und das hat mich immer unheimlich genervt. Also die saßen zum Beispiel und strickten im Unterricht, na, ich habe auch gerne gestrickt, und dann für meinen Freund einen Schal stricken und so ein Schiet, ja. Mit solchen Frauen konnte ich nie was anfangen, die hatten teilweise so feste, so richtig schon Beziehungen wie Leute, die verheiratet sind. (II.7)

Der Gewinn, der mit der Zugehörigkeit in Jungencliquen verbunden ist, besteht darin, daß die Mädchen dort Anerkennung erhalten, während sie sich in der Konkurrenz der weiblichen peer group unsicher fühlen.

Ja, also dieses Konkurrieren, so mit dem Äußeren, so mit dem Flirten, das konnte ich ja nicht so, das habe ich mir nicht zugetraut, und dieses Akzeptiertsein auf einer anderen Basis, da war ich dann stolz drauf. (VI.8)

Das, was der überwiegende Teil der befragten Frauen zu Beginn der Pubertät und Adoleszenz mit den Jungen verbindet, sind eher die gemeinsamen Interessen als eine aufflammende Leidenschaft für das andere Geschlecht. Jungen werden in erster Linie als Kumpel, nicht als potentielle Partner gesehen. Der Sichtweise der anderen Mädchen in der Klasse begegnen sie mit völligem Unverständnis.

Nein, das war für mich irgendwie so ein Problem in der Klasse, weil wir ziemlich viele Mädchen hatten und die dann auch immer angefangen hatten, die Jungen unheimlich toll zu finden, und ich fand die Jungen nie toll. Ich fand, das waren immer irgendwie Kameraden, weil ich die einfach akzeptiert habe auf meine Art. Ja, ich sehe da immer so echte Kumpel, jedenfalls nie irgendwie was ganz Tolles, ja so in der Richtung. Es fiel mir also in der Pubertät schon ziemlich schwer, daß andere das überhaupt so finden können. (II.9)

Bei aller Interessenübereinstimmung mit jungen Männern haben die Beziehungen zu Frauen doch einen spezifischen Charakter:

Wobei ich sagen muß, eine Freundschaft zu einer Frau ist meistens intensiver. Es sind wenig Bekanntschaften bei mir, aber sehr intensive. Bei Männern achte ich anscheinend nicht so drauf, da akzeptiere ich es auch durchaus mal, eine oberflächliche Beziehung einzugehen. Bei Frauen sind, glaube ich, bei mir die Ansprüche einfach höher. (I.5)
Wahrscheinlich liegt es daran, daß die Mädchen eben doch mehr zusammenhalten ... Also die Freundschaften, die bestehen, das sind größtenteils alles Freundschaften mit Mädchen. Aber ich komme eigentlich besser mit Jungen aus. (I.13)

Eine große Rolle spielt die "beste" Freundin oder Busenfreundin,die so ähnlich ist wie sie selbst, die Ansichten und Vorlieben teilt. Das Vertrauensverhältnis zu ihr gewinnt an Gewicht, weil der Kontakt zu anderen Mädchen eher problematisch ist.

Ja, die war halt ähnlich so von ihrer Art her, hatte die gleichen Interessen. Die anderen waren schon so drauf ... die hatten damals auch schon Freunde zum Teil und darauf auch schon ziemlich stark fixiert. Und die hatten andere Vorstellungen darüber, was mal aus ihnen wird. Da war ich mit meiner Freundin, der Dorothee, mir eher einig, wir wollten beide ... selbständig sein und einen Beruf haben, unsere Ziele waren ähnlich. (V.8)

Das wesentliche Interesse unserer Gesprächspartnerinnen an Beziehungen zu Gleichaltrigen in der Jugend richtet sich auf Freundschaft, und zwar sowohl bezogen auf Jungen wie auf Mädchen. Im Vordergrund steht dabei die Akzeptanz, das Gefühl des Aufgehobenseins in einer sozialen Beziehung. Das Bewußtsein der eigenen Besonderheit wird damit abgefedert, in Ausnahmefällen auch akzentuiert.

3.2.4 Positionsklärungen und die Entwicklung außerschulischer Interessen

Die Jugendphase ist sozial gekennzeichnet durch die Suche nach dem eigenen Standort in der Gesellschaft, nach einer sozialen Identität, und auch durch die Entwicklung einer einmaligen, von anderen unterschiedenen Persönlichkeit, das Bemühen um eine Ich-Identität. Die persönliche Identität umfaßt die Struktur der biographischen Ereignisse, aber auch die jeweils aktuellen Interaktionsbeziehungen in der Jugendphase, insbesondere die Gruppe der Gleichaltrigen.
"Eine gelungene Identitätsbalance bewirkt, daß das Individuum einerseits trotz der ihm angesonnenen Einzigartigkeit sich nicht durch Isolierung aus der Kommunikation und Interaktion mit anderen ausschließen läßt und andererseits sich nicht unter die für es bereitgehaltenen sozialen Erwartungen in einer Weise subsumieren läßt, die (es) ihm unmöglich macht, seine eigenen Bedürfnisdispositionen in die Interaktion einzubringen" (Ziehe 1975: 209; Erikson 1973).
Störungen der Balance können nach zwei Seiten auftreten: Entweder geht das sich entwickelnde Individuum zu stark in den Erwartungen der anderen auf oder eine zu strikte Abgrenzung gegenüber den sozialen Erwartungen führt zu einem überwertigen Ausleben der persönlichen Einzigartigkeit.
Thema dieses Abschnitts soll jedoch nicht das Wechselspiel zwischen der Entwicklung persönlicher und sozialer Identität sein, sondern es sollen Spuren der Genese persönlicher Identität aufgezeigt werden, wie sie in der Herausbildung individueller Interessen, eigener Standpunkte, Unternehmungen zur Erprobung der eigenen Fähigkeiten und Grenzen, aber auch in der Auseinandersetzung mit philosophischen und religiösen Fragen sichtbar werden.
Im Hinblick auf die spätere Berufswahl wäre zu vermuten, daß ein Interessenschwerpunkt im technisch-naturwissenschaftlichen Bereich

zu finden sei, was sich jedoch nicht bestätigt. Wenige Frauen berichten von handwerklich-technischen Tätigkeiten, wobei der Schwerpunkt beim Basteln an Autos und Motorrädern liegt; nur einige entwickeln naturwissenschaftliche Interessen, drei begeistern sich z.B. für Astronomie.

Auffallend groß ist das Interesse an sportlicher Betätigung (75 %). Dieser Anteil istsehr hoch; nach Angaben der Shell-Studie sind drei Viertel der Jungen, aber nur etwa die Hälfte der Mädchen sportlich interessiert (Jugendwerk der Deutschen Shell 1967: 55). Uns interessiert die Art der sportlichen Betätigung, da Erfahrungen des fair play, etwa im Mannschaftssport, durchaus eine gute Einübung für kooperatives Verhalten darstellen können, wie es später im Beruf verlangt wird. Die Frage nach der zugrunde liegenden Motivation soll klären, inwieweit die Lust an der Bewegung oder aber das Erproben der eigenen Leistungsfähigkeit in Konkurrenz mit anderen im Vordergrund steht.

Am häufigsten genannt werden Sportarten wie Schwimmen, Turnen, Leichtathletik, Ballett, Tennis, Volleyball, Handball und Basketball, wobei der Schwerpunkt auf Einzelsportarten und nicht auf Mannschaftssport liegt (33:20). Als wichtigstes mit dem Sport verbundenes Erlebnis wird das dort vermittelte Körpergefühl angegeben, als zweites die Gemeinschaft. Das Bedürfnis, sich mit anderen zu messen, ist gegenüber der Freude am Sport eher untergeordnet (21:33).

Für die meisten befragten Ingenieurstudentinnen und Ingenieurinnen ist die sportliche Betätigung in der Jugend eine Fortsetzung ihrer bereits in der Kindheit begonnenen Aktivitäten. Nur für eine von vier Gesprächspartnerinnen ist der Sport ein in der Jugend neu begründetes Interesse.

Ein weiterer Interessenschwerpunkt unserer Interviewpartnerinnen ist die Musik. Mindestens jede dritte hat in der Jugend (und auch schon in der Kindheit) ein Musikinstrument gespielt oder im Chor

gesungen, wobei das Klavier, die Gitarre und die Flöte die meistgenannten Instrumente sind. Dieser über dem Durchschnitt liegende Anteil (vgl. Shell-Studie 1967) ist vermutlich auf die in unserer Population überwiegende Mittelschichtzugehörigkeit zurückzuführen. Neu sind in der Jugend das gemeinsame Musikhören mit Freunden/innen und der Besuch von Rock- und Popkonzerten.
Berichte über musikalische Aktivitäten vermitteln selten Begeisterung. Meist sind sie dem kulturellen Selbstverständnis der Familie geschuldet, d.h. der Leistungsaspekt steht im Vordergrund; in Ausnahmefällen werden sie aber auch gegen die Eltern durchgesetzt als soziales Aufstiegssymbol.
Eine Möglichkeit des Rückzugs, aber auch der Auseinandersetzung mit beschriebener oder phantasierter Realität bietet die Lektüre von Büchern. Jede dritte Interviewpartnerin sagt, daß sie in der Jugend sehr viel gelesen habe, wobei der Anteil bei den Maschinenbauerinnen etwas höher ist als bei den Elektrotechnikerinnen, was nicht so ganz in das Bild des mehr praxisbezogenen, handfesten Sozialisationstypus paßt. Es wurde jedoch bereits bei der Darstellung schulischer Vorlieben darauf hingewiesen, daß die Gruppe mit einem breiter gestreuten inhaltlichen Interesse, das sich neben den naturwissenschaftlichen auch sehr stark auf sprachliche Fächer richtet, dort in größerem Umfang vertreten ist. Vom Inhalt her konzentrieren sich die Phantasiereisen häufiger auf fremde Länder, Abenteuer, äußere Konflikte, den Kampf um Leben und Tod, seltener auf Beziehungskonflikte, was Thema von Liebes- oder Frauenromanen ist.
Auffallend gering ist der Anteil derjenigen, die sich mit existentiellen Fragen wie dem Sinn des Lebens auseinandergesetzt haben, mit dem eigenen Verhalten, mit der eigenen Besonderheit, mit den individuellen Möglichkeiten und Grenzen. Die individuelle Selbsterprobung ist eher die Ausnahme.

Wie bei anderen Jugendlichen auch wechseln die Interessen unserer Gesprächspartnerinnen in der Jugendzeit sehr häufig und orientieren sich meist an dem, was diejenigen tun, mit denen sie gerne zusammen sind. Dies ist eine Parallele zu den Vorlieben für Schulfächer, die auch sehr stark von der Person der/s Lehrerin/s abhängen. Insgesamt läßt sich in bezug auf die Interessenentwicklung sagen, daß hier noch keine eindeutige Festlegung erfolgt und die spätere Studienwahl von daher noch nicht vorbestimmt ist.

3.2.5 Selbstausdruck durch Kleidung

Ein Ausdruck der Identitätsfindung ist die Entwicklung eines eigenen Kleidungsstils, dessen Verwirklichung häufig zu ersten Konflikten mit den Eltern führt. Dabei geht es höchstens verhalten um Signale von Weiblichkeit, hauptsächlich aber um die Demonstration von Zugehörigkeit bzw. Abgrenzung.

Ich habe da so ziemlich enge Hosen angezogen, da war ich noch ein bißchen schlanker als jetzt - das waren so Cordhosen, so Röhrenhosen und unten zu. Da sah man immer so aus, als ob man Drahtbeine hat - das fand meine Mutter überhaupt nicht schön ... Ja, sie sagte zwar: 'Wie siehst du denn aus?' - aber ich meine, sie hat ja auch gesehen, daß die meisten so rumlaufen; das fand sie, glaube ich, nicht so schlimm. Nein - aber darum habe ich mich nicht gekümmert - das hat mir gefallen - dann mußte ich so rumlaufen. (Lachen) (I.9)

Ich bin auch in dieser ganzen Zeit in Jeans, in Boots und in so einem Parka rumgelaufen. Das war zu der Zeit modern, das mußte so sein, da hat mich auch keiner von abgehalten. Meine Mutter hat immer den Kopf geschüttelt. Mein Gott, kannst Du Dich nicht ordentlich anziehen, aber ich fand das toll. (II.8)

Auffallend ist die Kompromißlosigkeit, wenn es darum geht, den "Gammellook" gegen die Weiblichkeitsvorstellungen (insbesondere) der Mutter durchzusetzen. Der Konflikt an diesem Punkt scheint schärfer akzentuiert als in anderen kritischen Bereichen wie "abends wegge-

hen" oder Freundschaften, wo eher eine Annäherung der Standpunkte zwischen Jugendlichen und Eltern sichtbar wird, signalisiert in einer gewissen Bereitschaft der Jugendlichen, die Bedenken der Eltern zu akzeptieren. Bemerkenswert ist auch der Stolz, mit dem auf dieser Ebene eine Abgrenzung von Autoritäten erfolgt.
Ebenso bemerkenswert ist die starke Emotionalität in der Diskussion um den Kleidungsstil, die wir bei fachlichen Orientierungen eher vermissen. Offenbar wird Leidenschaft eher in der Abgrenzung von als in dem Engagement für bestimmte Dinge entwickelt. Die Ablösung von herkömmlichen Orientierungen, sei es familiärer oder gesellschaftlicher Art, stellt die Voraussetzung für Neuorientierungen dar. Dem Risiko, daß persönliche Neuorientierung in Wirklichkeit nur eine Umorientierung auf die Normen einer anderen Gruppe bedeutet, das heißt, daß nur das Lager gewechselt wird, entging nur ein Teil unserer Gesprächspartnerinnen. Nun ist es die weibliche soziale Identitätsfindung, die auch in einem bestimmten Kleidungsstil ihren Ausdruck sucht, von der unsere Gesprächspartnerinnen sich abgrenzen. Resultat dieser Abgrenzung ist jedoch nicht die Entwicklung eines persönlichen Kleidungsstils, sondern die Übernahme der "Uniform" einer anderen Gruppe:

Sie (die Mutter) sagte dann immer Uniform, jeder läuft so rum, was soll denn das? Aber ich fand das Spitze, toll, klasse, ich kann auch nicht sagen, warum. Vielleicht wollte ich auch nicht so sein wie die ganzen Mädchen, ich muß dazu sagen, daß ich auf einem reinen Mädchengymnasium gewesen bin. Die hatten natürlich auch die finanziellen Möglichkeiten, sich schick anzuziehen, das konnten wir sowieso nicht. Dann bin ich wahrscheinlich aus Protest oder voll Trotz und Sturheit ins andere Extrem gefallen und habe diesen Parka und die Jeans und die dicken Boots angezogen; die habe ich heute noch. Ich glaube, die schmeiße ich auch nie weg, das paßte so zusammen. Ich bin auch sehr breit und großschrittig gelaufen, das sollte irgendwie Stärke, Kraft ausdrücken. Man kann das immer sehr schlecht mit Worten beschreiben ... Der Sinn war, daß ich in diese Gruppen reinkam, wo die Motorräder waren, und das waren meistens die Jungens, die sahen auch so aus, und ich wollte unbedingt dabei sein. Ich hatte auch sehr kurzgeschnittene Haare, das war aber nicht von mir aus, von mir aus hätte ich immer gerne längere gehabt. Aber mein Vater hat immer gemeint, so glatte Haare, die müßten kurz geschnitten sein, sonst sieht das so strubbelig aus. Du siehst nicht ordentlich aus, und das geht nicht. (II.8)

Wie selbstverständlich übergeht die Ingenieurstudentin die Proteste der Mutter in bezug auf ihren Kleidungstil, respektiert dagegen die Wünsche ihres Vaters in bezug auf ihren Haarschnitt, obwohl sie selbst einen anderen Stil vorgezogen hätte. Was den Kleidungsstil unserer Gesprächspartnerinnen in der Zeit der Adoleszenz betrifft, so ist zumindest bei den Ingenieurstudentinnen die Schlabbermode (enge Jeans, lange Pullover, Herrenhemden) vorherrschend. Soweit dieser Punkt unseren Interviewpartnerinnen während der Jugendzeit überhaupt wichtig ist - und das trifft für etwa jede zweite zu - haben sie sich diesem Stil mit Begeisterung angeschlossen. Diese Mode hat verschiedene Vorteile: sie ist praktisch, bequem, pflegeleicht (je gammeliger man aussieht, desto besser) und entspricht nicht herkömmlichen Weiblichkeitsvorstellungen; man kann umgekehrt seine Weiblichkeit gut dahinter verstecken. Etwa jede vierte Ingenieurin bzw. Ingenieurstudentin sagt, daß die sich an dieser "Mode" orientiert habe, wobei es fraglich ist, ob die Minirockmode mit der gleichen Begeisterung aufgenommen worden wäre. Zum Teil jedoch wird die Entscheidung für die Gammelmode bewußt als sozialer Protest verstanden. Eine Ingenieurstudentin grenzt sich ganz klar von weiblichen Kleidungsstilen ab:

Ich wollte meinen Körper sozusagen nicht darbieten ... Also ich habe immer gesagt, die enge Hosen anziehen oder kurze Röcke, die wollen also ihren Körper den Männern darstellen, daß sie genommen werden oder angeguckt werden. (II.10)

Eine andere Ingenieurin wiederum berichtet von einer Phase, in der sie sehr schnell eine Frau werden und auch ein Idealbild ihres Aussehens realisieren wollte. Ehe sie dies jedoch wirklich auslebt, entwickelt sie bereits einen inneren Widerstand dagegen:

Es war unbequem und dann auch so ein Relikt aus anderen Zeiten, und 'ne Frau braucht sowas nicht. Es ist irgendwie ein bißchen Emanzipation. (II.19)

Da der hier anklingende Protest gegen herkömmliche Ausdrucksformen häufig gekoppelt ist mit Unsicherheit in bezug auf die eigene Weiblichkeit, schließen viele der befragten Frauen während der Jugendzeit eine Konkurrenz mit anderen Frauen in bezug auf Äußeres aus:

Ich habe in der Hinsicht nie konkurrieren wollen, in bezug auf Attraktivität. Wenn die hübsch waren, ich konnte nichts dagegen machen. So habe ich das gesehen. Ich habe da nicht viel drüber nachgedacht, ganz im Gegenteil. Je mehr ich darüber nachdenke, um so schlimmer wird es, desto weniger will ich konkurrieren. Das einzige, was ich mit Hübschsein habe verbinden können, waren meine Cousinen, die sehr gut aussahen. ... Nein, das war kein Thema bei uns, bei uns waren Leistungen wichtig. Was mich halt verletzt hat, daß man mich für einen Jungen gehalten hat, wo ich ein Mädchen war. Da war ich gerade so weit, daß ich das eingesehen hatte. (II.26)

In den Selbstausdruck, den junge Frauen mit ihrer Kleidung anstreben, mischen sich altersspezifische Protesthaltungen mit dem Bedürfnis nach sozialer Integration. Anzeichen von Einzelgängerinnentum sind hier kaum erkennbar.

3.2.6 Erfahrungen mit Liebe und Sexualität

Auch wenn wir nicht Eriksons (1973) theoretisches Konzept akzeptieren, wonach eine Frau ihre Identität nur und erst in der Beziehung zu einem männlichen Partner gewinnt, so ist doch unbestreitbar, daß die Erkundung von Beziehungsformen und die damit verbundenen Erfahrungen für junge Frauen (und Männer) außerordentlich prägend sind. Welches sind bei unseren Gesprächspartnerinnen die Schritte auf dem Weg von der skizzierten, eher kumpelhaften Beziehung zu Männern hin zu Liebesbeziehungen?

Leider läßt sich diese Frage nur zum Teil durch das von uns erhobene Material beantworten. Das Thema Liebe und Sexualität hat bei den Interviewpartnerinnen oft Unsicherheit hervorgerufen, was sich nicht selten auf die Befragerinnen übertragen hat. Entsprechend fielen die Fragen vorsichtig aus, und die Antworten waren zum Teil ausweichend. Wie bereits dargelegt, waren auch zu Beginn der Adoleszenz für einen großen Teil der Gesprächspartnerinnen Männer als Kumpel wichtiger denn als Liebespartner:

Ich muß sagen, Interesse am anderen Geschlecht, man hat sich natürlich dafür interessiert, aber ich habe ja schon erzählt: mit dem Jungen, der da neu in die Klasse kam, der zeigte kein Interesse an mir; und dann bin ich auch nicht weiter drauf eingegangen. Also die Jungens, die ich kannte, mit denen habe ich mich gut verstanden. Wir haben auch Unfug gemacht so in der Klasse, aber die anderen, die so auf Mädchenfreundschaften aus waren, die haben mich nicht weiter interessiert. Da war mein Interesse noch ziemlich gering. (VI.1)

Diese Haltung trifft vor allem auf E-Technikerinnen zu, die aus der Jugendzeit gelegentlich von Verliebtheiten oder Schwärmereien, von hin und wieder kurzen Freundschaften, ganz selten jedoch von länger andauernden Beziehungen berichten. Bei den Maschinenbauerinnen dagegen geht eine relativ große Gruppe recht früh feste und zum Teil langandauernde Beziehungen ein. Dabei ist der Weg vom Desinteresse an Beziehungen zu Männern bis zur Ehe gelegentlich bemerkenswert kurz:

Das hat lange gedauert, bis wir Kontakt hatten. Da haben wir schon zusammen gewohnt. Ich glaube, das war für mich damals überhaupt noch nicht so wichtig, irgendwelche Beziehungen zu Männern. Das hat sich dann mehr oder weniger ergeben. ... Später habe ich angefangen, mich etwas mehr dafür zu interessieren. Das war, als mein (späterer) Mann in Hamburg wohnte ... Da war ich 16. Dann hat es aber auch nicht lange gedauert, dann haben wir geheiratet. Ich habe mit 16 geheiratet - kurz vor 17 war ich da. (II.12)

Manchmal werden Liebesbeziehungen oder sexuelle Erlebnisse auch als notwendige Erfahrung "abgehakt", ohne die frau in der Gruppe ihr Gesicht verlieren würde.

Eigentlich weniger auf der erotischen Ebene, das fand ich halt einen notwendigen Erfahrungsbereich, das mußte abgehakt werden. Einmal soziale Geschichten, es ist einfach nötig, einen Freund zu haben, um bestimmte Voraussetzungen zu erfüllen. Einen Freund muß man einfach haben, um innerhalb einer Gruppe irgendwie eine Stellung zu haben; das war sicherlich wichtig für die Anerkennung. In bezug auf Sexualität war ich ziemlich neugierig, aber ich wollte eigentlich nur diese Erfahrung machen, ich wollte mit dem Typen nicht viel zu tun haben. (II.21)

Was von einer Liebesbeziehung erwartet wird, sind Verständnis für die kleinen Probleme des Alltags, geistige Anregung, ein paar schöne Stunden. Manchmal ist der erste Freund wesentlich älter als die Partnerin, hin und wieder wird direkt der Wunsch geäußert, daß der ideale Partner wie der Vater sein sollte:

Also daß ich auch einen brauche wie meinen Vater, der also liberal ist, und der auch einen versteht und auch einsieht, wenn ich später arbeite und er arbeitet, daß ich dann nicht alles alleine machen muß im Haushalt. Also entweder versteht er das, oder ich suche mir einen neuen ... (II.3)

Diese Haltung ist nicht weiter erstaunlich, wenn wir die sehr starke Identifikation mit den Vätern (vgl. Kapitel Kindheit) berücksichtigen. Insgesamt zeigen sich keine nennenswerten Abweichungen gegenüber der Majorität der jungen Frauen im Hinblick auf Vorstellungen und Wünsche zu Liebe und Partnerschaft, allenfalls bezüglich des Zeitpunktes ihrer Artikulation.

3.2.7 Beruf und Familie

Die Erfüllung der Familienpflichten ist in unserer Gesellschaft (immer noch) in erster Linie Aufgabe der Frau. Die Lösung des Problems einer Verbindung von Berufstätigkeit und Familie wird demnach ebenfalls den Frauen aufgehalst. Inwieweit unsere Gesprächspartnerinnen sich dieses Konflikts bis zum Zeitpunkt der Studienwahl bewußt waren, welche Lebenskonzepte sie für sich entwickelt haben, inwieweit sie sich selbst für die Lösung des Konflikts zuständig fühlen bzw. welche Ansprüche sie an einen Partner oder an die Gesellschaft stellen, soll im folgenden skizziert werden. Jede dritte befragte Ingenieurstudentin oder Ingenieurin sagt, daß zum Zeitpunkt der Studienwahl der Beruf Priorität hatte vor anderen Lebenszielen.

Das war schon ziemlich weit vorne, der Beruf, und dann erstmal Pause, und dann kamen diese anderen Sachen wie Familie und Beziehung. (I.2)

Als ich anfing zu studieren, hatte ich eine ganz andere Einstellung als heute. Ich wollte immer eine berufstätige Frau sein. Ich hatte mit Männern gar nicht so sehr was am Hut; ich fand Freundschaften ganz nett, aber mir hat es auch nicht soviel ausgemacht, Freundschaften wieder zu beenden, wie Freundschaften so an einem vorüberziehen. Da stand für mich eigentlich fest, daß ich mit niemandem zusammenziehe, an Kinder habe ich überhaupt nicht gedacht. (V.12)

Die Priorität der Berufstätigkeit hat dabei allerdings ganz unterschiedliche Hintergründe; zum Teil resultiert sie aus einem positiven Selbstbild von sich als berufstätiger Frau, zum Teil ist sie Bestandteil einer Vorstellung, nach der auf eine Berufsperiode irgendwann eine Familienzeit folgen soll.

A: Also ich habe mir das schon so vorgestellt, daß ich erstmal studiere und dann auch immer arbeite in meinem Beruf. Und dann so mit 30 ungefähr Kinder kriege, so 2, 3. Ja, wie sollte das aussehen, dann? Das war schon so angelegt, daß ich dann zu Hause bin eine Weile.

F: Also mit Unterbrechungen?

A: Ja, mit Unterbrechungen. Eigentlich habe ich mich schon immer in dem Beruf gesehen. Ich glaube, so konkret überlegt, wie das so

> im einzelnen ist, habe ich nicht. Also Kinder wollte ich schon haben, das stand schon für mich fest. (II.4)

Eine weitere Motivation, den Beruf in den Mittelpunkt zu stellen, resultiert aus der Ablehnung der Frauenrolle in unserer Gesellschaft, soweit sie auf die Aufgaben der Hausfrau und Mutter beschränkt ist und wie sie häufig von der eigenen Mutter vorgelebt worden ist.

Das gehörte alles mit in mein Weltbild, die Unabhängigkeit, das eigene Geld verdienen, der interessante Job, nicht so, wie meine Mutter. Das war diese Horrorvision von Frauendasein, die ich hatte: irgendwo als Hausmütterchen verkommen und die eigenen Bedürfnisse hintenanstellen, mit einem tyrannischen Mann zusammenleben. Das alles kam nicht in Frage, und ich versuchte, das zu umgehen, also einen einflußreichen Beruf. (II.20)
Das war ja ganz klar beeinflußt durch das abschreckende Beispiel meiner Mutter, daß ich immer gesagt habe, 'nein, das willst du nicht'. Und das trägt ziemlich stark dazu bei, daß ich auch heute noch sage, nein, ich kann mir nie vorstellen, Kinder zu haben. Da war für mich eher eine Möglichkeit, alleine was ganz Tolles zu arbeiten, als verheiratet zu sein. (V.8)
Ich sah da meine Mutter als Hausfrau, der die Kinder so langsam davonlaufen. Und nachdem mich das Studium auch wirklich interessierte. Die Alternativen gab's ja damals, nur, entweder Familie oder Beruf - da hatte ich nicht die Absicht, diese ganzen spannenden Sachen gegen Geschirrspülen und Bettenmachen einzutauschen. Die Probleme kamen dann erst später, als ich schon berufstätig war und dachte, daß Familie eigentlich auch was Schönes wäre. (II.29)

Wie das letzte Zitat belegt, wird die Entscheidung für das Ingenieurstudium von einigen Frauen als Entscheidung gegen Familie verarbeitet. Bei der Wahl zwischen Beruf und Familie erscheint die Rolle der berufstätigen Frau häufig als die interessantere. Dennoch ist die Absage an Familie, Kinder, Heirat häufig nur eine vorläufige. Eine "beliebte" Lösung ist auch, sich gar nicht zu entscheiden bzw. das Schicksal entscheiden zu lassen.

Fast genauso häufig wie die Vorstellung von der Priorität des Berufs für die nächste Lebensphase ist die Nichtwahrnehmung des Problems der Vereinbarkeit. Für jede fünfte Interviewpartnerin war die Beschäftigung mit der Rolle von Beruf, Familie und Kindern im eigenen

Lebensplan kein Thema während der Jugendzeit und bei der Studienwahl.

Also in der Zeit hatte ich es mir praktisch so vorgestellt: Du studierst, hast Deinen Beruf, fertig, bist eine erfolgreiche Ingenieurin, Du kommst gut zurecht in Deinem Beruf. Ja, danach lernst Du jemanden kennen, heiratest, hast Kinder. Unsere Generation hatte noch nicht das Problem zu wissen, was überhaupt mit den Kindern anstellen, weil die Mütter da sind. Ja, mit meiner Mutter wäre es wahrscheinlich auch nicht so gegangen, aber auf jeden Fall, vielleicht seine Mutter hätte auf die Kinder aufpassen können, oder so notfalls, also in den ersten Jahren. (V.9)

Insgesamt handelt es sich jedoch bei der von uns befragten Population nicht um Frauen, die sich in ihrer Jugendzeit grundsätzlich gegen Familie und Kinder entschieden haben. Nur acht äußern, daß sie als Jugendliche nicht heiraten und keine Kinder haben wollten, eine Ansicht, die sich häufig schnell wieder geändert hat. Für die heutigen Studentinnen ist nicht auszuschließen, daß die Familien-/Kinderfrage während der Berufstätigkeit, wenn die Entscheidung für oder gegen Kinder aus Altersgründen nicht mehr vertagt werden kann, zu krisenhaften Lebensphasen führt.
Ursachen für den zögerlichen Umgang mit der Frage der persönlichen Lebensplanung mag es viele geben, etwa die überhaupt geringe Planbarkeit von Beziehungen und Gefühlen, die ungelöste gesellschaftliche Problematik der Verbindung einer qualifizierten Berufstätigkeit mit der Familienarbeit und nicht zuletzt die traditionelle Orientierung der Männer.
Auffallend ist, wie häufig eine konservative Haltung zur Frauenrolle geäußert wird, etwa in dem Argument der Verantwortung gegenüber Kindern, überhaupt gegenüber Menschen. Kinder in eine Kindertagesstätte zu geben oder zur Tagesmutter zu bringen, erscheint vielen undenkbar und für das Kind unzumutbar. Sie sind der Meinung, daß die notwendige Zuwendung nur von den Eltern gegeben werden kann,

so daß die Perspektive einer Verbindung von Familie und Beruf nahezu unmöglich erscheint:

Bloß eines will ich nicht: Also wenn ich dann ein Kind habe, dann soll es auch sein Anrecht auf Zuwendung haben. Das ist einfach prinzipiell immer so, wenn ich was mache, dann entweder richtig oder gar nicht. Jedenfalls sowas halbes, so ein bißchen nur, das liegt mir nicht. (II.28)

Hin und wieder werden auch die Arbeitsbedingungen im Ingenieurberuf als Hindernis angesehen, um den Kinderwunsch zu realisieren. Es wird immer wieder betont, daß Halbtagsstellen etwas Ungewöhnliches seien. Die Erwartung innovativer Lösungen für die Vereinbarkeit von Familie und Beruf findet jedenfalls in den Vorstellungen während der Jugendzeit keine Bestätigung. Bleibt zu erkunden, ob die zeitliche Annäherung an den "Ernstfall" mehr Mut und Ideen freisetzt.

3.3 Zusammenfassung

Die Berichte der Ingenieurstudentinnen und Ingenieurinnen zu ihrer Schulzeit und Jugend spiegeln in erstaunlich vielen Bereichen die gesellschaftliche "Normalverteilung"; allerdings sind neben besonderen Akzenten auch Verzögerungen bei Entwicklungsschritten unverkennbar.

Eine Vorliebe für Mathematik zeichnet sich ab, aber sie ist bei jeder dritten Frau gekoppelt mit ähnlich starken Interessen in sprachlichen Fächern. Gute und kontinuierliche Schulleistungen verdanken sich vermutlich einem Bündel von Faktoren wie starkem Personenbezug, wenig Druck aus dem Elternhaus und einem positiven Verhältnis zu Erfolg.

Im Gegensatz zur bruchlosen und häufig glänzenden intellektuellen Entwicklung verläuft die soziale Identitätsfindung in vielen Fällen

zögerlich. Die körperlichen Veränderungen in der Pubertät werden nicht selten als Schock erlebt und zu verdrängen versucht. Die psychischen Umbrüche erfahren dabei eine Dämpfung. Konflikte mit den Eltern halten sich in Grenzen, treten gelegentlich bei Kleidungsfragen auf, die zu einem bevorzugten Medium des Selbstausdrucks ebenso wie des Protestes werden. Die "beste Freundin" ist wichtig, aber die peer group ist eindeutig männerdominiert. Junge Männer werden in erster Linie als "Kumpel" gesehen, mit denen sie gemeinsame Interessen verbinden. Längst nicht alle Frauen haben zum Ende ihrer Schulzeit Erfahrungen in Liebesbeziehungen gesammelt. Im eigenen Lebensentwurf setzt ein Drittel der Frauen die Priorität für den Beruf, aber ebenso viele verdrängen das Problem der Vereinbarkeit von Familie und Beruf noch.
Intellektuell wohl präpariert, aber häufig als psychische "Spätzünder" (jedenfalls bezüglich bestimmter Entwicklungsmomente) beginnen die jungen Frauen ihr ingenieurwissenschaftliches Studium. Aufgeschobene Klärungsprozesse und Konfliktpotential haben sie damit im Gepäck.

4 Studentinnen an technischen Universitäten: Fachliche Qualifizierung und soziale Prägung

Janine Berg-Peer, Birte Krause, Meggi Mandelartz

Während unsere Gesprächspartnerinnen sich in Schulzeit und Jugend weitgehend im Bereich gesellschaftlicher Normalität bewegen, wenn sie auch bei ihren intellektuellen und sozialen Interessen spezifische Akzente setzen, die gemeinhin eher als "männlich" etikettiert werden, so begeben sie sich mit ihrer Studienwahl in eine extreme Außenseiterinnenposition - vielfach, ohne dies vorherzusehen, wie sich zeigen wird. Bei unserer Erkundung zu dieser Lebensphase gehen wir den Fragen nach, wie die intellektuellen, psychischen und sozialen Dispositionen der Ingenieurstudentinnen sich ins Verhältnis setzen zu dem Spektrum an Verhaltens- und Erfahrungsweisen, die die Hochschule einfordert. Wo treten geschlechtsspezifische Dissonanzen und Spannungen auf oder aber Chancen einer produktiven Wendung der Besonderheit?

Die Analyse des empirischen Materials strukturieren wir insbesondere mit Hilfe zweier Konzepte. Das in der Einleitung dargelegte Konstrukt des "sozialen Habitus" haben Portele und Huber (1983) auf Hochschulsozialisation adaptiert. Daneben erscheint vor allem das von Kanter (1977) entwickelte Konzept des "tokenism" ertragreich.

Das "token" ist eine Person oder eine kleine Zahl von Personen einer bestimmten Kategorie, die sich in einer zahlenmäßig weit überlegenen Gruppe von Menschen einer anderen Kategorie befinden. Diese quantitativ so asymmetrische Struktur erzwingt zur Stabilisierung der dominanten Kultur die Preisgabe selbstbestimmten Handelns auf seiten der Minorität; Frauen in männerdominierten sozialen Institutionen sind nur **ein** Beispiel für dieses Phänomen. Wollen sie nicht den Ausschluß riskieren, müssen sie sich mit den von den Männern vorgegebenen Verhaltenssrepertoires arrangieren, die sich an gesellschaftlichen Stereotypen von Frauenrollen orientieren: Mutter, Geliebte, Kumpel, Maskottchen, Seelentrösterin ... **Gegenüber** der in einer "Männerdomäne" kompetenten Fachfrau sind keine Verhaltensroutinen entwickelt, aber auch nicht **für** diese Frauen selbst. Die Unsicherheit ist mithin auf beiden Seiten, nur: einmal mit Macht, das andere Mal mit Ohnmacht assoziiert.

Das Konzept des akademischen und professionsspezifischen Habitus stellt einen Bezugsrahmen für das Hochschulstudium dar, der unserem Erkenntnisinteresse nach Ebenen des Gelingens bzw. Mißlingens, von Förderung und Widerstand, von Diskriminierung oder Privilegierung entgegenkommt. Das Studium an einer Hochschule dient zum einen dem Erwerb formaler Qualifikationen. Gleichzeitig hat die Hochschule als Sozialisationsumwelt die Aufgabe, extrafunktionale Qualifikationen zu vermitteln, die den Habitus des künftigen Professionsmitglieds ausmachen. Es geht hier um den allgemeinen Akademikerhabitus, der durch die Ausbildung von Status- und Bildungsbewußtsein, Führungs- und Privilegienanspruch gekennzeichnet ist (Bargel u.a. 1977), insgesamt Einstellungen und Verhaltensweisen, in denen sich die Mitglieder unterschiedlicher Professionen einig sind, und die den Unterschied zwischen Akademiker und Nichtakademiker deutlich werden lassen. Gleichzeitig wird im Verlauf des Studiums der fachspezifische Habitus erworben. Gemeint sind hiermit Handlungsmuster und Problemlösungsstrategien, an denen Unterschiede zwischen Mitgliedern verschiedener Professionen deutlich werden, wie etwa in der Vorgehensweise zwischen Ökonom und Ingenieur. Der Habitus des Akademikers erfährt seine besondere Ausprägung "... im fach- und zugleich professionsspezifischen Habitus der Ärzte, Juristen, Pädagogen, Psychologen, ... Den professionellen Handlungen (liegt) eine 'Handlungsgrammatik' zugrunde: Die Wirklichkeit wird auf eine bestimmte Weise strukturiert, es werden ganz spezifische Informationen weiter gesucht, um das Problem auf habitusspezifische Weise lösen zu können." (Portele, Huber 1983: 100).

Wie lernen, arbeiten, leben Frauen in der Sozialisationsagentur Universität unter den Bedingungen des Tokenstatus? Uns ist es dabei wichtig, analytisch nach zwei Momenten zu differenzieren, auch wenn sie empirisch in vielfältigen und engen Wechselbezügen stehen: Unterscheiden sich die Verhaltensweisen von Frauen im Ingenieurstudium - verglichen mit ihren männlichen Kommilitonen - in bezug auf den Erwerb formaler Qualifikationen, und: Werden Frauen weniger oder anders auf die Übernahme der männlich geprägten Habitusregeln des Akademikers und des Professionsmitglieds vorbereitet? Im deutschsprachigen Raum gibt es dazu nur wenige und kaum systematische Befunde (Gaudart 1975; Rundnagel 1983; Heinrichs 1983; Sessar-Karpp 1983). Völlig im Dunkeln blieb bislang auch, welchen Einfluß die Schichtzugehörigkeit im Zusammenhang mit dem Merkmal "Geschlecht" auf den Studienerfolg hat. Gelingt es Studentinnen aus der Mittelschicht, den Diskriminierungsfaktor "Frau" durch ihre privilegierte Herkunft auszugleichen? Oder entwickeln Unterschichtfrauen aus ihrer doppelten Benachteiligung Energien, die ihnen auch gegenüber ihren männlichen Kommilitonen aus der Unterschicht zum Vorteil gereichen, wie es aus den USA bei afroamerikanischen Frauen belegt ist? (Kaufmann 1981)

Die Darstellung der Studienphase ist in drei Abschnitte unterteilt:

Im ersten Untersuchungsabschnitt werden Interessen und Motivation vor Eintritt in die Institution bzw. vor Beginn des Studiums erkundet, insbesondere, inwieweit vor allem inhaltliche Kriterien bei der Wahl des Studiums eine Rolle spielen, oder ob sich darin auch eine Ablehnung traditionell weiblicher Rollenstereotype ausdrückt. Der

zweite Schwerpunkt geht der Frage nach, wie die vorgefundenen Lernbedingungen wahrgenommen und bewältigt werden. Hierbei ist von Bedeutung, inwiefern geschlechtsspezifische Strategien identifizierbar sind, die möglicherweise der Abwehr fachlicher Diskriminierungserfahrungen dienen.
Der letzte Abschnitt hat die "Token"-Situation von Frauen in der männlichen Domäne des Technikstudiums zum Thema. Erfahren Ingenieurstudentinnen eher ihre Sichtbarkeit oder ihre Isolation als Belastung? Gelingt es ihnen, eigene Vorstellungen einzubringen, oder zwingen die vorfindlichen soziostrukturellen Bedingungen zur Anpassung an männliche Normen im Sinne einer Streßabwehr?

4.1 Studium und Studierende der Elektrotechnik und des Maschinenbaus in Berlin und Aachen

Das Studium der Fachrichtungen Maschinenbau und Elektrotechnik gliedert sich - wie alle ingenieurwissenschaftlichen Studiengänge - in Grund- und Hauptstudium. Ziel des Grundstudiums ist es, unabhängig von den späteren Schwerpunkten ein solides und umfassendes Grundwissen zu erwerben. Im Fach Elektrotechnik gehören dazu neben den elektrotechnischen Grundlagen auch allgemein mathematisch-physikalische Lehrinhalte. Im Maschinenbau-Grundstudium liegt der Schwerpunkt auf den mathematischen, konstruktiven, physikalischen, werkstoff- und fertigungstechnischen Grundlagenfächern. Die Absolventinnen/en sollen befähigt werden, neue Entwicklungen zu erkennen und zu beurteilen und sich rasch in neue Fachgebiete einzuarbeiten. Im Hauptstudium sollen in einem von der/dem Studierenden zu wählenden Schwerpunkt Kenntnisse und Fähigkeiten vertieft werden.

In Berlin und in Aachen liegt die vorgeschriebene Semesterwochenstundenzahl bei 26, die tatsächliche Arbeitszeit erreicht 40 Stunden und mehr, und zwar auch in den Semesterferien (incl. Klausurvorbereitungen, Klausurterminen). Für Elektrotechniker ist die wöchentliche Arbeitsbelastung insgesamt geringer. Im Hauptstudium reduziert sich die wöchentliche Arbeitszeit in beiden Fächern.

Aachener Maschinenbauer und Elektrotechniker müssen bis zum Vordiplom 10 "Scheine", d.h. schriftliche und/oder mündliche Prüfungen, erbracht haben, Berliner Maschinenbauer 16 und Berliner Elektrotechniker 15. Bis zum Hauptdiplom sind für Aachener Maschinenbauer 18, Aachener Elektrotechniker 12, in Berlin für Maschinenbauer und Elektrotechniker 8 "Scheine" vorgeschrieben. Das Hauptdiplom umfaßt eine Studien- und eine Diplomarbeit.

Insgesamt sind in Maschinenbau und Elektrotechnik 26 Wochen Industriepraktikum (incl. Fachpraktikum) bis zum Hauptdiplom nachzuweisen.

Die Regelstudienzeit für beide Fachrichtungen beträgt 9 Semester (4 bis zum Vordiplom). In Aachen liegt die tatsächliche durchschnittliche Studiendauer bis zum Vordiplom in beiden Disziplinen bei 6,2 Semester, in Berlin mit 6,5 Semestern etwas höher. Bis zum Hauptdiplom benötigen Berliner Maschinenbauer im Durchschnitt 13 Semester, Elektrotechniker 16 Semester. In Aachen wird das Diplom in beiden Studiengängen im Durchschnitt nach 14 Semestern erworben.

Studiendauer der berufstätigen Ingenieurinnen

Semester	Vordiplom	Hauptdiplom
4 - 5	19	
6 - 7	6	
8 - 10		5
12 - 14		15
16 - 18		8*
**	8	5
Summe	33	33

* Drei mußten wegen Krankheit/Tod der Eltern unterbrechen.

** keine Angaben

Bei drei von fünf unserer berufstätigen Ingenieurinnen lag die Studiendauer bis zum Vordiplom zwei Semester unter dem Durchschnitt, 45% schlossen ihr Hauptdiplom in der durchschnittlichen Studienzeit ab, und 15% benötigten zwei Semester mehr als der Durchschnitt.
Die nachfolgende Übersicht belegt, daß an der TU Berlin ebenso wie an der RWTH Aachen Frauen in beiden Studiengängen ausgesprochene Minoritäten darstellen. Die Studentinnenquoten liegen in Berlin durchschnittlich nur wenig höher als in Aachen. Allerdings signalisieren die Anteile unter den Studienanfängern an der TU Berlin eine deutlich steigende Tendenz, während sie für die RWTH Aachen Stagnation (Maschinenbau) bzw. sogar Rückschritt (Elektrotechnik) zeigen.

Studierende und Studienanfänger in Elektrotechnik und Maschinenbau an der TU Berlin und der RWTH Aachen

		Elektrotechnik		Maschinenbau	
TU Berlin SS '86		Stud.	Studanf.	Stud.	Studanf.
	m	2.252	137	1.281	78
	w abs.,	84	19	47	6
	v.H.	(3,4%)	(12,2%)	(3,5%)	(7,1%)
	Summe	2.336	156	1.328	84
RWTH Aachen 1984					
	m	3.209	1.000	6.333	1.000
	w abs.	98	20	166	25
	v.H.	(3,0%)	(2,0%)	(2,4)	(2,4%)
	Summe	3,307	1.020	6.799	1.205

Quellen: TU Studentenstatistik 30.5.1986; Mitteilung des Hochschuldidaktischen Zentrums der RWTH Aachen

4.1.1 Informationen über den Ingenieurberuf

Auf welcher Informationsbasis treffen Ingenieurstudentinnen ihre Ausbildungswahl? Wir vermuteten, daß Frauen, die einen so ungewöhnlichen Berufswunsch haben, besonders genaues Wissen über ihre künftige Tätigkeit haben bzw. einholen. Tatsächlich aber unterscheiden sie sich hier nicht von der Mehrheit der Studentinnen und Studenten. Geradezu eklatant ist das Ausmaß der Uninformiertheit über den

Beruf des Ingenieurs. Jenseits einiger Informationen über die Arbeitsmarktchancen wissen die meisten Frauen nichts Exaktes z.B. über die Verdienstmöglichkeiten von Ingenieuren. Überhaupt keine Kenntnisse haben sie über die Arbeitsinhalte und Arbeitsbedingungen. Dies ist umso bemerkenswerter, als sie ihre Informationen nicht nur aus Broschüren des Arbeitsamtes oder der Studienberatung von Technischen Universitäten beziehen, sondern fast ebenso häufig über Freunde, Eltern und Bekannte. Selbst Töchter von Ingenieuren haben keine fundierten Informationen über den Inhalt der Ingenieurtätigkeit.
Offensichtlich orientieren sich die Studentinnen hauptsächlich am "Image" des Ingenieurberufs. Vor allem ihre Ansprüche an Selbständigkeit und Statusgewinn, ihre Wünsche, nicht in starre Hierarchien eingebunden zu sein, verweisen darauf. Der Realität des Berufsalltags von Ingenieuren entspricht dies ebensowenig, wie ihre häufig geäußerte Abneigung gegen eine Bürotätigkeit. Auch die vielfach gehegte Erwartung, man könne einer intensiven Kooperation mit Menschen in diesem Beruf entgehen, beruht auf einer Fehleinschätzung.

4.1.2 Wahl des Studienortes und der Wohnform

Mit der Aufnahme des Studiums beginnt auch eine neue Lebensphase, die den Ablösungsprozeß von den Eltern und einen Schritt in die Selbständigkeit bedeutet. Die Wahl des Studienortes ist daher für Studentinnen und Studenten insofern von Bedeutung, als sie nicht unwesentlich über das soziale und politische Klima entscheidet, in dem die ersten Jahre des Erwachsenenlebens verbracht werden. Ohne Zweifel wird die Wahl des Studienortes wesentlich von regionalen und finanziellen Faktoren beeinflußt.

Bei den beiden Studentinnen-Populationen sind die Entscheidungsgründe deutlich verschieden. Daß fast alle (90%) Studentinnen, die in Berlin aufgewachsen waren, auch während des Studiums bei den Eltern wohnen, erklärt sich - neben finanziellen Gründen - aus der Wertschätzung des vertrauten sozialen Umfeldes.

Na, ich meine, meine Eltern hätten mir das auch drüben in Westdeutschland finanziert. Ich fühle mich einfach zu Hause wirklich wohl, und ich finde es natürlich praktisch. Ich komme nach Hause und kann jemandem erzählen, was ich so gemacht habe. Und wenn ich so in einer 1-Zimmer-Wohnung drüben in Westdeutschland bin, ja, was mache ich dann? Wenn ich dann abends nach Hausc komme, kann ich das keinem erzählen ... Na, ich würde mich doch so ein bißchen einsam fühlen. Sicher, man lernt auch Kommilitonen kennen, aber das kann diese Beziehung nicht ersetzen. (II.3)

Zugleich kann im alten Milieu das Risiko einer "falschen" Studienentscheidung begrenzt werden.

Und dieser Schritt, der war mir einfach zu gewagt. Also wenn ich z.B. in Westdeutschland gewohnt hätte, ... dann hätte ich mich vermutlich nicht für dieses Studium zugleich entschieden, weil einfach das Risiko zu groß war, dann wieder zurückzukommen, wenn ich merke, das Studium liegt mir nicht. (II.1)

Und schließlich ist das Wohnen zuhause auch sehr bequem.

Bei den wenigen Studentinnen, die aus der Bundesrepublik nach Berlin kommen, spielt der Wunsch nach Selbständigkeit eine große Rolle.

Ich wollte auf jeden Fall raus aus E., ich wollte weg von meinen Eltern, weil ich selbständig werden wollte. Die haben das auch eingesehen, aber wollten das natürlich nicht so gerne ... Berlin war für mich faszinierend, denn Berlin war die Stadt ... (II.8)

Bei der Mehrzahl der Aachener Studentinnen steht demgegenüber das Ziel der Selbständigkeit von den Eltern im Vordergrund, zumal materielle Schranken seltener entgegenstehen. Daneben wird der "gute Ruf" der RWTH Aachen als Hauptgrund erwähnt. Der Studienort soll weit genug von den Eltern entfernt sein, um den Umzug zu

rechtfertigen, aber nahe genug, um häufige Besuche zuhause zu ermöglichen.
Insgesamt wohnen die Ingenieurstudentinnen und -studenten häufiger als die Studierenden anderer Fachbereiche bei ihren Eltern (Huber 1985 :20): in Berlin ist es ein gutes Drittel; 40% haben eine eigene Wohnung. Demgegenüber ist das Studentenwohnheim oder die an mehrere Studenten vermietete Gemeinschaftswohnung die häufigste Wohnform in Aachen (50%), gefolgt von der eigenen Wohnung. Nur weniger als ein Fünftel wohnten oder wohnen bei den Eltern.

4.1.3 Finanzierung des Studiums

Ein Drittel der Studentinnen muß den monatlichen Lebensunterhalt mit höchstens 600,- DM bestreiten, etwa der Hälfte stehen maximal 800,- DM zur Verfügung, und nur ein knappes Fünftel kann mehr als 800,- DM ausgeben. Unterstützung ausschließlich durch die Eltern ist die häufigste Finanzierungsart (44%), gefolgt von der Kombination Eltern/Eigenarbeit (15%), Jobs (11%), BAföG bzw. BAföG und Jobs (jeweils 10%), Eltern und BAföG (6%), Waisenrente (2%). Finanzierung durch die Eltern ist deshalb so häufig, weil wir die Versorgung in der elterlichen Wohnung mit 500,- DM angesetzt haben.
Allerdings werden in Aachen 50% der Maschinenbauerinnen und 60% der Elektrotechnikerinnen von den Eltern unterhalten, gegenüber nur einem Drittel der Berliner Elektrotechnikerinnen und 40% der Berliner Maschinenbauerinnen. Dies ist vermutlich auf die unterschiedliche soziale Herkunft Berliner und Aachener Ingenieurstudentinnen zurückzuführen: der Anteil der Studentinnen aus der Mittelschicht ist in Aachen deutlich höher als in Berlin. Entsprechend finanziert sich ein Drittel der Berliner Elektrotechnikerinnen ausschließlich durch Jobs, während ein Fünftel der Maschinenbauerinnen

in Berlin sich über Eltern und Jobs finanziert. Die hohe Anzahl der ausschließlich von den Eltern unterhaltenen Berliner Maschinenbauerinnen (43%) ist darauf zurückzuführen, daß die meisten von ihnen noch bei den Eltern wohnen. Für Aachener Studentinnen (und Studenten) scheint es aufgrund des großen Angebots sehr viel leichter zu sein, einen Job als studentische Hilfskraft zu bekommen und damit ausbildungsnah ihr Studium zu finanzieren.

4.2 Studienwahl

Berufswahl ist nicht als zeitlich fixierbare Entscheidung anzusehen, sondern als ein lebensgeschichtlicher Prozeß, der in einem vielschichtigen Bedingungsgefüge subjektiver und objektiver Faktoren abläuft. Dieser Prozeß ist abhängig vom Beruf der Eltern, dem eigenen Informationsniveau und den objektiven Gegebenheiten und wird beeinflußt durch Alter und Geschlecht der Wählenden sowie durch die Interaktion mit Eltern, Lehrern und Freundeskreis (Lange 1978; Allehoff 1985).

4.2.1 Studienwahl als Ausschlußverfahren

Da die Entscheidung für einen ingenieurwissenschaftlichen Studiengang keine Selbstverständlichkeit für eine Abiturientin ist, können wir von einer stark intrinsischen Studienmotivation ausgehen. Interesse und Leistungsfähigkeit für naturwissenschaftliche Fächer haben sich bereits in der Schule gezeigt. Entsprechend motiviert auch am häufigsten ein inhaltliches Interesse zum Studium (80%). Dabei werden ebenso Interesse und Eignung für naturwissenschaftliche Fächer benannt, wie Begeisterung für Technik oder ein 'Basteltrieb' und

Freude am Konstruktiven (40%). Deutlich seltener ist der Wunsch nach Verbindung von Theorie und Praxis (18%); nur 10% der Befragten werden von gesellschaftspolitischen Überlegungen geleitet. Auch die Berufsvorstellungen, die alternativ zum Ingenieurberuf angegeben werden, zeigen eine eindeutige Ausrichtung auf naturwissenschaftliche Gebiete. Nur 7% hätten sich auch vorstellen können, Lehrerin in einem naturwissenschaftlichen Fach zu werden. 16% haben sich für ein Studienfach außerhalb Naturwissenschaft oder Technik interessiert. Andere Ingenieurwissenschaften, Naturwissenschaften und der Lehrerberuf werden eher wegen fehlender Arbeitsmarktchancen verworfen, Medizin oder eine Lehre dagegen aufgrund der Zugangsbarrieren aufgegeben. Auffällig ist, daß ein knappes Drittel aller Berliner Studentinnen sich ursprünglich für Medizin interessiert hatte, während dieser Wunsch von Aachener Studentinnen sehr selten genannt wird (4 Nennungen). Möglicherweise ist das Ingenieurstudium eine angemessene Ausweichlösung für Berliner Studentinnen, die ihre Statusansprüche nicht senken wollen. Die RWTH Aachen dagegen scheint eher von eindeutig an Ingenieurwissenschaft interessierten Frauen ausgewählt zu werden.

Überraschend ist jedoch, daß die von uns angenommene starke innere Motivation sprachlich in nur geringem Umfang Ausdruck findet. Die Begründungen für die ungewöhnliche Studienwahl bleiben realistisch. Es ist keine große Leidenschaft, die sie in den Beruf des Ingenieurs treibt, sondern eher ein pragmatisches Abwägen von Neigungen, Leistungen, Abneigungen und Arbeitsmarktbedingungen. Von vielen wird bei der Studienwahl nach einem Ausschlußverfahren vorgegangen.

Ich hatte mir überlegt, daß da keine Berufsaussichten sind. Da kriegte ich ein bißchen Angst, und dann wollte ich, weil Mathe das einzige Fach ist, was mir wirklich gelegen hat, das andere Fach war mir dann irgendwo egal. Dann hatte ich überlegt, nimmst du eben nur Mathe, das war mir zu trocken, so bin ich dann zum Ingenieurberuf gekommen. Das geht bei mir immer so nach dem Ausschlußverfahren. Ich mache immer das, was ich am wenigsten ungern tue. (VI.8)

Allerdings spricht pragmatisches Vorgehen nicht notwendigerweise gegen eine an Inhalten orientierte Studienmotivation. Die Abneigung einer großen Gruppe von Frauen gegenüber sprachlichen Fächern verweist auf ihre Unsicherheit hinsichtlich ihrer verbalen Fähigkeiten. Es ist daher anzunehmen, daß auch die Schwierigkeit, sich uns als technisch wenig versierten Sozialwissenschaftlerinnen mitzuteilen, dazu beiträgt, daß die Qualität des Interesses an Technik wenig plastisch wird. Auch schichtspezifische Momente mögen eine Rolle spielen. Wenn die Entscheidung für ein Studium aufgrund familiärer Tradition nicht selbstverständlich war (nur 27% der Väter und 12% der Mütter hatten einen Hochschulabschluß), mag es unangemessen erscheinen, bei der Studienwahlentscheidung vor allem lustbetonte Aspekte miteinzubeziehen. Es wird für diese Frauen vor allem wichtig sein, eine vor sich selbst und ihrer Familie als 'vernünftig' zu rechtfertigende Entscheidung zu treffen, die gleichzeitig die Beschäftigung mit unbeliebten Dingen ausschließt.

Eher als die Motive für die ingenieurwissenschaftliche Studienwahl gelingt es den Studentinnen, ihre Abneigung gegenüber bestimmten Berufen deutlich werden zu lassen. Dabei werden für die Ablehnung der Berufe Lehrerin (68%), Medizinerin (29%) sowie Sozial- und Geisteswissenschaftlerin (29%) inhaltliche und soziale Gründe angegeben, während statusbezogene Erwägungen gegen eine Tätigkeit im Dienstleistungs- oder kaufmännischen Bereich (45%) angeführt werden.

Die Ablehnung des Lehrerinnenberufs bezieht sich einerseits auf Erfahrungen als Schülerinnen, wo die sie interessierenden Fächer häufig vom Rest der Klasse abgelehnt wurden. Sehr viel häufiger jedoch ist es der soziale Aspekt, der die Abneigung gegenüber dem Lehrerinnenberuf bedingt. Die Angst wird deutlich, als Einzelne der Kritik von Schülerinnen und Schülern ausgesetzt zu sein. Häufig wollen sie kein Urteil über andere Menschen abgeben müssen und scheuen sich vor der Bewertung der Leistung anderer.

Es ist keine Geringschätzung der Tätigkeit der/s Medizinerin/s oder etwa eine Indifferenz gegenüber menschlichem Leiden, die hinter der Ablehnung dieses Berufes steht. Häufig wird die große Verantwortung gegenüber Menschen hervorgehoben, die voraussetzt, daß nur jemand mit einer Berufung - die sie nicht verspüren - sich dem Beruf der Ärztin zuwenden sollte. Allerdings ist es nicht die Unfähigkeit, sich in andere Menschen hineinzuversetzen, sondern gerade die Furcht, sich gegenüber dem Leiden Anderer nicht abgrenzen zu können.

Die Vorstellung hat sich entwickelt, Ingenieurwissenschaften zu studieren, so in Abgrenzung zu einem Sozialberuf, ... aus so einem Gefühl heraus, ja gerne was für andere machen zu wollen und mit anderen, aber dem im Grunde eigentlich nicht gewachsen zu sein, weil es dann bestimmt unheimlich schwierig ist, eine Grenze zu setzen, zwischen dem, wo man selber anfängt und wo das andere. Ja, wenn dann auch gerade so persönliche Schicksale einen drohen aufzufressen. (VI.13)

Bemerkenswert bleibt, daß Fragen gesellschaftlicher Verantwortung im Zusammenhang mit der Wahl des Ingenieurberufs kaum auftauchen. Zumindest in dieser lebensgeschichtlichen Phase scheint der gesellschaftliche Kontext der Technik kaum auf.

Angenommen, die Berufswahl ist auch von der Absicht bestimmt, eine Berufsrolle zu finden, die mit dem Selbstkonzept übereinstimmt, dann ist erklärungsbedürftig, warum Abiturientinnen eine Ausbildung wählen, die in westlichen Industrieländern eindeutig ein männliches Image hat. Die Vermutung, daß diese Berufswahl eine Distanzierung von der Frauenrolle bedeutet, wird nicht explizit bestätigt. Nur ein Drittel lehnt einen typischen Frauenberuf offen ab und will etwas "Außergewöhnliches" studieren oder mit Männern konkurrieren. Diesen Wunsch äußert fast die Hälfte aller Maschinenbauerinnen gegenüber nur 15% der Elektrotechnikerinnen. Der Eindruck trügt jedoch: wenngleich nur wenige sich der Gründe der Ablehnung von Frauenberufen bewußt sind, handelt es sich doch bei fast allen abgelehnten Berufen (bis auf den Beruf der/s Ärztin/Arztes, der ein eher geschlechtsneutrales Image zu haben scheint) um typische Frauenberufe. Überraschend ist allerdings, daß die beruflichen Vorstellungen oder Phantasien der von uns Befragten bis zum Alter von zehn Jahren überwiegend in die Richtung traditioneller Frauenberufe gingen (70%). Besonders häufig war der Wunsch, helfende und heilende Berufe wie Kindergärtnerin, Krankenschwester, Kinder- oder Tierärztin zu ergreifen. Etwa 20% der Berliner Studentinnen sahen sich in einem Beruf, der weibliche Attraktivität voraussetzt - Mannequin, Tänzerin, Schauspielerin. Vorstellbar ist, daß die Übernahme gesellschaftlich anerkannter Statusbewertungen die spätere Abwendung von Frauenberufen mit mittlerem Qualifikationsniveau bedingte. Ebenso könnten die Zweifel an eigenen Durchsetzungskompetenzen die Beherrschungswünsche auf die Sachumwelt gelenkt haben.

Sich von dem Gros der "normalen Abiturientinnen" zu unterscheiden, die Herausforderung in einem Leistungsbereich zu bestehen, für den Frauen die Eignung traditionell abgesprochen wird, scheint für die Studienwahl mitentscheidend zu sein.

Einen großen Anteil machte wahrscheinlich schon aus, dieser Reiz, was Besonderes zu machen. Das war was, habe ich ja gemerkt, als ich gesagt habe, ich will Elektrotechnik studieren. Das wußte ich schon ziemlich früh. Ich habe mich schon ein Jahr, bevor ich Abi fertig hatte, um eine Praktikumstelle bemüht. Das habe ich ja auch an den Reaktionen gemerkt. Dieser Physiklehrer z.B., der fand das toll. (V.8)

... mich hat es auch gereizt, einen Männerberuf zu lernen. Ich hätte auch Autoschlosser oder sowas gelernt; das hängt nicht unbedingt am Maschinenbau. Aber mich hat es gereizt, einen Männerberuf zu lernen, einen sog. Männerberuf. Weil ich beweisen wollte, daß das auch Frauen können, mir selber und auch anderen, und daß so dieser Spruch 'Frau und Technik' nicht stimmt. (VI.7)

Bei den wenigen Studentinnen, die einen Frauenberuf explizit ablehnen, ist die Intensität der Ablehnung auffällig.

Naja, einen typischen Frauenberuf. Das wäre für mich ein Zeichen, daß ich versagt habe, wenn ich das ausüben müßte. (II.10)

Offenbar ist die Wahl nicht nur von pragmatischen Überlegungen wie Arbeitsmarktperspektiven geleitet. Auch emotionelle Einflüsse spielen eine Rolle, die über Faszination am Technischen hinausgehen und von der Erwartung getragen sind, daß die ungewöhnliche Studienentscheidung der eigenen Person "Größe" verleiht.
Die untypische Studienwahl eröffnet die Chance, sich von der Masse der "normalen", als schwach, unterlegen oder inkompetent wahrgenommenen Frauen zu unterscheiden. Ihre schulischen Erfahrungen haben ihnen gezeigt, daß gute Leistungen auf "männlichen" Wissensgebieten und die Entscheidung für den richtigen Leistungskurs sie eher mit Männern auf eine Stufe stellen. Durch die richtige Studienwahlentscheidung und entsprechende Leistung - die sie aufgrund ihrer schulischen Erfolge antizipieren - erwarten sie, diese Erfahrung ins Berufsleben verlängern zu können. Daß die Rahmenbedingungen und Kriterien für die eigene Leistungsfähigkeit sich von der Schule zum Erwerbsleben verändern, und daß Erfolg auch nicht nur von fachlichen Leistungen, sondern zunehmend von der Durchsetzung in sozial bestimmten Situationen abhängt, ist ihnen kaum bewußt.
Die Ablehnung von Berufen im Dienstleistungs- und kaufmännischen Bereich läßt erkennen, daß typisch weibliche Tätigkeiten des Dienens und Helfens nicht Bestandteil des Selbstkonzepts der von uns befragten Frauen sind. Verbunden wird mit diesen Berufen die Vorstellung von Langeweile, Routine, wenig Raum für Kreativität und eigenständiges Handeln. Vor allem scheuen die Frauen die Einbindung in hierarchische Strukturen, untergeordnete Tätigkeiten und Weisungsgebundenheit.

Banklehre wäre schrecklich für mich gewesen. Ja, das fällt auch so in den Bereich der Verwaltung, für mich fällt das alles in einen ganz großen Kasten ... Das ist in einen strengen Bereich Hierarchie eingeordnet, mit einem Vorgesetzten. Man kann da eigentlich wenig machen. (VI.20)

4.2.2 Einfluß der Eltern und des sozialen Umfeldes auf die Studienwahl

Beruf und Berufserfahrungen der Eltern prägen bekanntlich wesentlich die kindlichen Erwartungen und Ansprüche an den künftigen Beruf. Daß bei unserer Untersuchungsgruppe, wie zu erwarten, vor allem der Beruf des Vaters entscheidend ist, erklärt sich auch dadurch, daß nur ein Drittel der Mütter kontinuierlich berufstätig war. Bereits der Besuch einer weiterführenden Schule übersteigt bei vielen unserer Gesprächspartnerinnen die familiäre Tradition. Wenn für die Mehrheit unserer Frauen Statusaspekte eine wichtige Rolle spielen, so eher unter dem Aspekt des Statuserhalts als des Aufstiegs (vgl. Kindheitskapitel).
Es wurde bereits darauf hingewiesen, daß das leistungsbetonte Erziehungsklima in der Kindheit unserer Studentinnen in den sozialen Aufstiegsprozeß ihrer Familie eingebettet war. Für Studentinnen aus der Mittelschicht dagegen bedeutet das Studium die Konsolidierung des erreichten familiären Status. Explizit äußern dies allerdings nur wenige der Befragten. Status- und Prestigeaspekte werden insgesamt selten als entscheidungsrelevantes Kriterium benannt. Sichtbar wird die Statusorientierung jedoch, wenn die Mehrheit die Alternative eines Fachhochschulstudiums weit von sich weist. Nur wenige tun dies aus inhaltlichen Überlegungen, etwa aufgrund der geringeren Theorieanteile in der Ausbildung; im Vordergrund steht der niedrigere Status der Fachhochschulen.
Selten wird der Wunsch nach optimaler Verwertung der bereits eingesetzten Energien so klar wie in der Aussage dieser Studentin:

Das war für mich klar, daß ich studieren wollte, ich wollte keine Lehre machen. Denn eine Lehre hätte für mich einen Abschluß bedeutet, den hätte ich auch mit der Realschule geschafft. Ich sage mir immer wieder, ich hätte das alles nicht gemacht, wenn ich was erreiche, was ich auch mit viel weniger Mühe geschafft hätte. Deswegen sage ich mir, jetzt habe ich die Gelegenheit, noch eine fachliche Qualifikation dazu zu bekommen, die nehme ich auch wahr. (I.16)

Der Einfluß des Elternhauses zeigt sich auch in der Wahl des Studienfaches. Zwei Drittel der Studentinnen kommen aus einem Elternhaus, in dem zumindest ein Elternteil einen naturwissenschaftlich-technischen Beruf erlernt hat. Nicht nur für Töchter von Ingenieuren und Facharbeitern, sondern auch für Töchter von Angestellten im kaufmännischen Bereich scheint das Berufsbild der Mathematikerin oder Physikerin - eine mögliche Alternative angesichts ihrer schulischen Präferenzen - schwer vorstellbar.

Das war eine logische Kette von Überlegungen. Ich war mir klar darüber, ich will irgendwie was mit Naturwissenschaften, weil ich ja wußte, das kann ich gut. Mathematik war mir zu trocken, da habe ich so ein bißchen abgewogen, halt. Dann kam Physik. Ich habe mir überlegt: um in Physik gut zu sein, also um in Physik irgendwie in der Forschung zu sein, mußt du ziemlich gut sein. Und irgend so eine undefinierbare Stellung als Physiker konnte ich mir nicht vorstellen. ... Und deshalb habe ich mir gesagt: Ein Genie bist du nicht, deshalb kannst du in der Physik nie irgendwas Besonderes machen ... Und da habe ich überlegt, machst du irgendwas Handfestes, was auch so einen praktischen Bezug hat. Ich konnte mir eher vorstellen, diese Arbeit als Elektrotechniker, obwohl das eigentlich irrational war, weil ich ja niemanden kannte, der das macht. (V.8)

Eltern aus traditionell bildungsfernen Schichten hilft die Nähe des Ingenieurberufs zur eigenen Lebenswelt, die Entscheidung der Tochter zu akzeptieren.

Ja, meine Eltern, ich glaube, mein Vater fand das irgendwie gut. Es war noch eine Berufsgruppe, die er auch kannte. Er konnte sich vielleicht nicht vorstellen, daß ich einer von denen werde, aber er fand das noch akzeptabel. Meine Mutter fand das Studium an sich schon eine fragwürdige Sache, überhaupt, daß ich wegging. Andererseits haben sie sich in meine Berufswahl überhaupt nicht eingemischt, weil es wirklich über ihrem Level lag. Sie meinten, da überhaupt nicht sehr kompetent zu sein. (II.21)

Die Mehrzahl der Eltern ist nicht nur mit der Wahl einverstanden, sondern unterstützt die Töchter aktiv oder moralisch bei der Beschaffung von Informationen oder eines Praktikumplatzes. Bemerkenswert ist, daß Zustimmung und Unterstützung häufiger vom Vater als von der Mutter zu kommen scheint. Jedenfalls wird von den Frauen selbst spontan eher über die Reaktion des Vaters berichtet; erst auf Nachfragen wird die Einstellung der Mutter zur Berufswahl erinnert. So sind es vor allem die Väter, die die Entscheidung der Töchter positiv bewerten und sie bei der Realisierung unterstützen, während die Mütter der Studienwahl eher skeptisch gegenüberstehen. Die Studienwahl erscheint so vielfach als gemeinsamer Beschluß von Vater und Tochter: sie erreicht, was eigentlich der Sohn hätte werden sollen, oder sie erfüllt stellvertretend den beruflichen Lebenswunsch des Vaters.

... das Moment, das dann mit dazu führte, daß ich bei der Entscheidung für Hüttenkunde geblieben bin, ist einmal, daß es eine familiäre Vorbelastung gab, daß mein Vater eben gerne Hüttenkunde studiert hätte und das gerne seinem Sohn, seinem Ältesten, weitergegeben hätte, der dazu aber absolut nicht taugt, weil er eben sprachbegabt ist und mathematisch absolut unbegabt. (VI.13)

Eine von drei Studentinnen läßt erkennen, daß sie stark beeinflußt war von dem Beruf des Vaters bzw. des Großvaters. Allerdings wehren sich einige dezidiert gegen die Annahme, daß ihre Berufswahlentscheidung auf eine Identifikation mit dem Vater bzw. mit dessen Beruf schließen lasse.

Die Rolle der Mutter scheint weniger wichtig; sie reagiert überwiegend passiv oder hilflos auf diesen ihr fremden Berufswunsch und paßt sich letztlich der Entscheidung an.

Das geringe Erstaunen der Eltern wird darauf zurückzuführen sein, daß sie aufgrund der schulischen Erfolge und Interessen der Töchter auf eine mädchenunspezifische Berufswahl vorbereitet waren.
Soweit Vorbehalte geäußert werden, unterscheiden sie sich bei Vätern und Müttern. Die Väter befürchten aufgrund ihres Einblicks in die industrielle Arbeitswelt, daß die Töchter den Konkurrenzen und Härten nicht gewachsen seien. Zum anderen sind sie skeptisch bezüglich der Ernsthaftigkeit des Interesses. Mütter sehen hingegen eher die Unvereinbarkeit von "Frauenleben" und "Männerberuf"; sie haben Bedenken, ob sich eine derart hohe Bildungsinvestition lohne.
Die meisten Studentinnen geben an, daß eine ablehnende Haltung der Eltern sie nicht von ihrem Studienziel hätte abbringen können. Diese Unabhängigkeit mag auch damit zusammenhängen, daß sich die Studentinnen aufgrund der Eindeutigkeit ihrer Interessen und ihrer Beziehung zu den Eltern ohnehin deren Zustimmung hätten sicher sein können.
Die Reaktionen von Lehrern, Verwandten, Bekannten und peer-group hinterlassen offenbar wenig nachhaltigen Eindruck. Wenn sie erinnernd mitgeteilt werden, dann wird doppelt so häufig von positiven wie von negativen, entsetzten oder skeptischen Reaktionen berichtet. Auch hier wird die schulische Leistung auf die Studienentscheidung vorbereitet haben.
Die durchgängig positive Reaktion des Freundes belegt nicht notwendigerweise, daß der moderne Mann bereit ist, männliche Domänen bereitwillig Frauen zu überlassen. Auch hier hat vermutlich der Selektionsprozeß früher eingesetzt. Ohnehin hätten die von uns befragten Frauen einen Mann, der von ihnen geschlechtsrollenadäquates Verhalten bis zur Interessenausrichtung verlangt, kaum als Freund akzeptiert.

4.3 Ingenieurstudium als Fachausbildung

4.3.1 Erwartungen an das Studium und Anfangsschock

Gleich zu Beginn des Grundstudiums müssen die meisten Studentinnen jedoch feststellen, daß sich ihre Vorstellungen vom Studium nicht erfüllen.

... nun denkt man an der Uni, man macht nur noch Sachen, die man mag. Dann geht das genauso weiter, daß man sich durch Dinge durchbeißen muß, die einen überhaupt nicht interessieren ... Ich hatte auch ein bißchen gedacht, jetzt macht man was, was einen wirklich interessiert, jetzt lernt man wirklich was fürs Leben, und irgendwie ging es so weiter. Es ist im Endeffekt genauso sinnlos, was man macht, bei vielen Dingen weiß man nicht, was das soll. (VI.8)

Wie ein Schock trifft es zudem viele, daß sie in bezug auf die eigene Leistungsfähigkeit in den ersten Semestern vor eine ganz neue Situation gestellt werden. Ihre Erwartung, an ihre schulischen Erfolge anknüpfen zu können, die vor allem in den mathematisch-naturwissenschaftlichen Fächern mit geringem Arbeitsaufwand zu erreichen gewesen waren, erfüllen sich nicht immer.

Da steht ja sowas drin in diesem Heftchen, daß du theoretisch in 9 Semestern fertig werden kannst. Da habe ich gedacht, 9 Semester, das ist doch kein Problem, dann bist du 22 oder 23; aber daß das nicht so ist ... Ich habe auch gehört, daß da so viele Leute in den Klausuren durchfallen, aber da dachte ich, das wäre so wie in der Schule, und daß die anderen die schlechteren Noten haben und ich nicht. Und das war aber eben dann nicht so. (VI.4)

Für die meisten führen die ersten Leistungseinbrüche zu einer starken Verunsicherung.

Also, ich muß sagen, der Wechsel war für mich zu hart. Also da bin ich ja fast zusammengebrochen praktisch, und das war auch diese Sache, so total verwöhnt zu sein, und die Beste zu sein, und dann auf der Uni auf einmal einer von tausenden, und nicht einmal gut oder mittelmäßig, sondern sogar schlecht. (V.9)

Ihren männlichen Kommilitonen vergleichbar, müssen sich die meisten Ingenieurstudentinnen in den ersten Semestern damit auseinandersetzen, daß es ihnen kaum gelingen wird, nach Plan zu studieren (Morsch et al. 1986: 19 f.). Es erstaunt daher kaum, daß eine große Anzahl (etwa 7 von 10) im Grundstudium über eine krisenhafte Situation berichtet, in der sie derart stark entmutigt sind, daß sie sich mit dem Gedanken an den Abbruch des Studiums oder einen Studienfachwechsel tragen. Es sind v.a. die Maschinenbauerinnen in Berlin (80%) und Aachen (70%), die sehr starke Entmutigungsphasen durchlaufen. Ursachen sind vor allem häufige Mißerfolge in Klausuren und Prüfungen, aber auch die Schwierigkeit, dem in Vorlesungen gebotenen Stoff mühelos zu folgen. Es ist anzunehmen, daß diese verbreitete Anfangsschwierigkeit für die vereinzelten Frauen schwerer zu verarbeiten ist als für ihre Kommilitonen, da sie selbst dazu neigen - oder ihre Umwelt es ihnen nahelegt -, sie auf ihre mangelnde Eignung als Frau zurückzuführen. Die hohe Arbeitsintensität, das Gefühl, vor den Klausuren oder Prüfungen an die Grenzen der eigenen Belastbarkeit zu stoßen, benennen etwa ein Viertel der Studentinnen als auslösendes Moment für Krisen. Allerdings zeigen sich auch hier Unterschiede: Doppelt so viele Berliner wie Aachener Maschinenbaustudentinnen haben unter der Arbeitsintensität ihres Studiums gelitten oder leiden noch darunter. Bei den Elektrotechnikerinnen erlebt etwa die Hälfte eine solche Phase, während die andere Hälfte niemals tiefergehende Zweifel bezüglich der eigenen Leistungsfähigkeit hegt. Dies läßt auf angemessenere Studienbedingungen schließen, hängt jedoch möglicherweise auch damit zusammen, daß die Elektrotechnikerinnen bereits in der Schule die besseren Leistungen erbrachten. Entsprechend höher liegt auch der Anteil der Maschinenbauerinnen (60%), die sich gedanklich mit einem Abbruch ihres Studiums oder zumindest mit einem Studienfachwechsel auseinandergesetzt haben. Dagegen hat sich die Hälfte aller Berliner Elektrotech-

nikerinnen mit diesem Gedanken getragen. Daß nur 30% der Aachener Elektrotechnikerinnen zeitweise diese Absicht hegten, korrespondiert mit ihrer wiederholt referierten hohen Studienzufriedenheit (Appel 1984: 7). Es ist zu vermuten, daß die hohen Drop-Out-Quoten (58%, vgl. Block 1985: 1031 ff.) in den Ingenieurwissenschaften auch auf diesen leistungsbezogenen "Anfangsschock" zurückzuführen sind.
Es gibt einige Hinweise darauf, daß nicht nur relativ gute Leistungen Studentinnen vor dem Studienabbruch schützen. Je mehr das Studium als Berufsausbildung gesehen wird, je stärker die Motivation ist, "Ingenieur" zu werden - und diese Studienmotivation findet sich zumeist bei Studentinnen, die sich dadurch den sozialen Aufstieg sichern - desto eher scheinen sie in der Lage, bis zum "Ziel" durchzuhalten. Auch wer durch das Studium sich selbst und der Umwelt beweisen möchte, Männern vergleichbare Leistungen erbringen zu können, gibt nicht leicht auf. Zweifel daran, ob sie das Studium tatsächlich beenden werden, haben zum einen die Frauen, für die das Studium eher eine Ausweichlösung dargestellt hat, weil andere Fächer aufgrund von Neigung oder Leistung (NC) nicht in Frage kamen. Zum anderen jene Frauen, die im Studium eine kritische oder fundierte Auseinandersetzung mit Technik vermissen und/oder Bedenken äußern, inwieweit eine spätere Berufstätigkeit ihre vollständige Anpassung an männliche Karriereziele zur Voraussetzung hätte. Frauen, für die das Studium aufgrund ihrer sozialen Herkunft eine Selbstverständlichkeit darstellt bzw. die über den Statuserhalt hinausgehende Erwartungen an Studium und Beruf haben, sind möglicherweise schlechter gewappnet, die entmutigende Phase des Grundstudiums durchzustehen.

4.3.2 Fächerpräferenzen und Leistungsmotivation

Nach den interessenbezogenen Schwerpunkten des Studiums befragt, bezeichnen die Studentinnen sehr viele Fächer als "beliebt" und "interessant" und nur einige wenige als "unbeliebt"; positiv gesehen werden auch Fächer, die den Studentinnen nicht leicht fallen.
Obgleich die Frauen deutlich machen, **daß** sie sich für naturwissenschaftlich-technische Zusammenhänge interessieren, scheint es für sie schwierig zu verdeutlichen, **was** sie daran interessiert.
Am häufigsten werden die theoretisch orientierten Fächer Werkstoffmechanik, Mathematik, Mechanik, Thermodynamik/Strömungslehre, dann Konstruktionslehre und - deutlich seltener - Fertigungslehre und Werkzeugmaschinen als beliebte Fächer von den Maschinenbauerinnen genannt.
Kombinationen von "Lieblingsfächern" zeigen, daß eine Vorliebe für die theoretischen Fächer die gleichwertige Einschätzung der Fächer aus dem Konstruktions- und Fertigungsbereich ausschließt. Nicht aufrechterhalten läßt sich allerdings die Behauptung, daß der "warme" Maschinenbau von Frauen bevorzugt werde (Information Aachener Maschinenbaustudentinnen: Das eher praxisbezogene Fach Konstruktionslehre gilt als 'kalter' Maschinenbau, die stark theorieorientierten Fächer Thermodynamik und Strömungslehre als 'warmer' Maschinenbau): insgesamt 15 Frauen bevorzugen den "kalten" Maschinenbau gegenüber 12 Frauen, denen der "warme" Maschinenbau eher entspricht.
Besonders stark abgelehnt in Aachen und Berlin werden die Fächer aus dem Konstruktionsbereich wie Maschinenelemente, Konstruktionstechnik, Maschinenzeichnen. Dies ist v.a. deshalb gewichtig, weil diese Fächer als Kernbereiche des Maschinenbaus gelten, in dem - zumindest der Ideologie des Ingenieurberufs zufolge - der Konstrukteur seiner Neigung nach kreativer Umsetzung eigener Ideen nachge-

hen kann. Von den Frauen selbst wird die Abneigung etwa gegenüber dem Maschinenzeichnen mit ihrer geringen Vertrautheit mit technischen Geräten begründet. Sie unterstellen ihren Kommilitonen grundsätzlich größere Vertrautheit mit technischen Geräten.

F: Was war denn, als du nun mit den Zahnrädern konfrontiert warst?

A: Das war schwierig! (lacht) Das ging so weit, daß ich überlegt habe, ob das Studium das Richtige ist, ob ich das weitermachen oder schmeißen soll. Ich wurde mit Dingen konfrontiert, mit denen ich Probleme hatte und denen ich nicht so ohne weiteres gewachsen war. Was sich mir so eingeprägt hat, die Sache mit der Buchse. Buchse, das sind auch so kleine Hülsen, und dieses enorme Repertoire von so kleinen differenzierten Fachausdrücken. Daß die alle da sitzen, da vorne erzählt einer was, und die Herren im Auditorium verstehen alles. Ich hatte wirklich den Eindruck, jeder hat sein Motorrad fünfmal auseinandergenommen, alle wissen, was los ist, nur ich weiß es nicht. (II.20)

Ingenieurstudentinnen orientieren sich an "Bastlern" unter den Studenten und realisieren nicht, daß ein Großteil der männlichen Kommilitonen dem Problem der "Radaufhängung" ebenso ahnungslos gegenübersteht wie sie selber. Diese Verunsicherung wird allerdings verstärkt durch Tutoren und Assistenten im Fachgebiet, soweit sie sich aus eben jener Gruppe der "Bastler" rekrutieren.

Was teuflisch ist bei konstruktiven Übungen, damals habe ich gedacht, das liegt an mir, und wenn ich jetzt sage, daß ich ein schlechter Konstrukteur bin. Je mehr ich darüber nachdenke, desto mehr denke ich, es hat an den Assistenten damals gelegen, die haben mich systematisch entmutigt. (II.26)

Sowohl in Aachen als auch in Berlin wurden am häufigsten im konstruktiven Maschinenbau Diskriminierungserfahrungen erwähnt. Noch eine weitere Besonderheit scheint Maschinenbaustudentinnen aus diesem Gebiet fernzuhalten: Sehr häufig wird von ihnen die Beschneidung der Kreativität kritisiert. Möglicherweise sind männliche Kommilitonen eher bereit, sich frühzeitig auf die ingenieurspezifische Problemlösungsstrategie des "one best way" einschränken zu lassen.

Weil mir das nicht gefallen hat, wie die das gemacht haben in dem Semester. Und die Tutoren, die haben in dem Fach also sehr wenig Ahnung, und die kritisieren so lange an einer Zeichnung rum, bis fast alle gleich aussehen, ist wirklich wahr. Wir sollten da mal so eine Bohrvorrichtung konstruieren, und das war die allererste Aufgabe, die ich machen mußte, denn in Konstruktionslehre I, da hatte jeder wirklich noch eine andere Vorstellung. Und die haben das wirklich so lange immer zusammengestrichen, bis fast das gleiche rauskam bei allen. Also, dann haben sie immer gesagt, also nein, so funktioniert das nicht, und so kann man das nicht machen, mach's mal lieber so. Und hinterher hatten wir wirklich fast alle dasselbe. (II.19)

Bei den Elektrotechnikerinnen in Aachen und Berlin gilt dagegen Elektrotechnik als Lieblingsfach. Deutlich bevorzugt werden Fächer im Bereich Nachrichtentechnik (12 Nennungen) gegenüber dem Bereich Starkstrom (6 Nennungen). Dieser Trend zeigt sich jedoch auch bei männlichen Kommilitonen, vermutlich nicht zuletzt aufgrund der günstigeren beruflichen Möglichkeiten im nachrichtentechnischen Bereich.

Das Fach Mathematik wird von den Befragten beider Fachrichtungen in Aachen und Berlin am häufigsten als leichtes Fach eingestuft, jedenfalls als relativ leicht, verglichen mit anderen Fächern. Für die Maschinenbauerinnen in Berlin gilt Mechanik als besonders schweres Fach (zum gleichen Ergebnis kommen Morsch et al. 1986: 30), während für die Elektrotechnikerinnen die theoretische Elektrotechnik eine besonders große Hürde darstellt. Es spricht einiges dafür, daß Schwierigkeiten mit einem bestimmten Fach v.a. den Rahmenbedingungen des Lernens zuzurechnen sind, wie etwa mangelhafte Didaktik der Lehrenden, zu große Studentenzahlen, nicht aufeinander abgestimmte Studieninhalte.

Die häufig geäußerte Vermutung, von Frauen würden die theoretischen Aspekte der Technik und Naturwissenschaften bevorzugt, belegen unsere Ergebnisse nicht eindeutig. Die Häufigkeit, mit der Mathematik als leichtes Fach eingeschätzt wird, deutet zwar auf eine eher theoretische Ausrichtung. Dagegen ist die Präferenz für die abstrakt theoretischen Aspekte des Studiums nur wenig stärker ausgeprägt als das Interesse, Theorie und Praxis zu kombinieren. Allerdings sind es doppelt so viele Ingenieurinnen, die Versuche, Labors, Praktika als den interessantesten Aspekt ihres Studiums bezeichnen. Das Problem ergibt sich auch daraus, daß die Vorstellungen über die Begriffe "Theorie" und "Praxis" uneinheitlich und vage sind; i.d.R. bezeichnet das Ausmaß des Praxisbezugs den Grad der Anschaulichkeit eines bestimmten (Teil-)Gebietes. Dafür, daß die Beliebtheit bestimmter Fächer eher auf die didaktischen Bemühungen der Dozenten oder Dozentinnen zurückzuführen ist, spricht auch, daß für viele die gute Vermittlung des Stoffes bislang den erfreulichsten Aspekt ihres Studiums ausgemacht hat.

Neben der Interessenausrichtung, Fähigkeit und auch schulischer Vorbildung hat das Ausmaß und die Art der Leistungsmotivation eine große Bedeutung für den individuellen Erfolg. Bereits in der Schulzeit ist deutlich geworden, daß die Mehrzahl der von uns Befragten diesbezüglich ein positives Selbstbild entwickelt hat. Diese Aussage muß jedoch eingeschränkt werden. Engagement zeigen sie in Situationen, in denen allgemein akzeptierte Standards existieren, nach denen der Erfolg beurteilt wird, in denen eine Beurteilung routinemäßig erfolgt und in denen es vor allem auf sie selbst ankommt.

Das Verhalten der von uns befragten Studentinnen bestätigt Ergebnisse der Leistungsmotivationsforschung, wonach Personen selten ausschließlich intrinsisch oder extrinsisch motiviert sind. Das große Interesse etwa an Noten oder zukünftigen Erträgen schließt eine primäre Stimulierung durch die Arbeitsinhalte nicht aus. Untersuchungen belegen, daß stark intrinsisch motivierte Menschen häufig ebenfalls großen Wert auf die Belohnungen für ihre Tätigkeit legen. Anreize zur Arbeit sind ebenso häufig inhaltliches Interesse, die Hoffnung auf den Beruf und der Wunsch, sich selbst oder anderen die eigene Lei-

stungsfähigkeit zu beweisen. Für viele unserer Gesprächspartnerinnen sind mehrere Aspekte gleichzeitig von Bedeutung.
Auf den ersten Blick überraschend erscheint, daß für Elektrotechnikerinnen in Berlin und Aachen extrinsische Motive kaum eine Rolle spielen. Offensichtlich werden die Elektrotechnikerinnen sehr viel stärker von den Fachinhalten motiviert, zumal sie auch häufiger als Maschinenbauerinnen angeben, die Bearbeitung eines Problems könne sie vollständig absorbieren. Maschinenbauerinnen dagegen betrachten die Leistungsanforderungen häufiger als Herausforderung. Sie wollen ihrer Umwelt, dabei v.a. den Männern, seltener sich selbst, beweisen, daß sie dieser Herausforderung gewachsen sind.

4.3.3 Arbeitsintensität

Die Studentinnen kommen im Grundstudium oft auf 50-60 Stunden Arbeit pro Woche. Vor allem den Berliner Maschinenbaustudentinnen wird ein besonders hohes Arbeitspensum abverlangt. Dies entspricht den Ergebnissen der Untersuchung von Wagemann et al. (1986: 17 f.). Etwas weniger belastet sind die Elektrotechnikerinnen in Berlin und Aachen. Nur ein Drittel der Berliner Elektrotechnikerinnen arbeitet bis zu 50 Stunden, im Durchschnitt werden 30-40 Stunden angegeben. Diese Belastungen beziehen sich auf normale Studienzeiten, die prüfungsfreie Zeit; vor Klausuren oder Prüfungen sind sie meist deutlich höher.
Viele Frauen machen sich ihr Arbeitspensum erst im Gespräch bewußt. Oft sind sie überrascht, wie hoch die Stundenzahl tatsächlich ist oder war. Trotzdem meinen nur wenige Frauen, sie hätten während des Studiums "viel" gearbeitet. Sie orientieren ihre Selbsteinschätzung als mittelmäßig fleißige Studentinnen offenbar an jenen Studenten, die während des Studiums auf jede Freizeit verzichten.

Die These, daß Unterschichtkinder eher Probleme mit der Integration in die Institution Universität haben (Dippelhofer-Stiem 1985), läßt sich zumindest für Ingenieurwissenschaften nicht eindeutig belegen. Wagemann et al. haben gezeigt, daß je nach sozialer Herkunft Studenten unterschiedlich mit den Anforderungen des Studiums umgehen. Während sich Maschinenbaustudenten aus der Unterschicht als das viel arbeitende und schnell studierende "Lieblingskind" der Ingenieurprofessoren erweisen, gehören Studenten aus der oberen Mittelschicht zu den "langsamen Wenigarbeitern" (Wagemann 1986: 140). Dieser Zusammenhang ist bei unserer Untersuchungspopulation nicht eindeutig erkennbar, allenfalls eine Tendenz, daß Frauen aus Familien mit größerer Vertrautheit zur Hochschulbildung sich eher Zeit nehmen für nicht-studienbezogene Aktivitäten oder die Studiendauer selbstbewußt auf die eigene Leistungsfähigkeit und -bereitschaft abstellen. Ebenfalls pflegen sie einen eher distanzierten Umgang zur Institution Hochschule,ihren Vertretern und den dort vermittelten Inhalten, was sich z.B. darin zeigt, daß sie eher Widerstand gegen Hochschuldozenten wagen, wenn sie sich in bezug auf Leistung oder Geschlecht diskriminiert fühlen.

Die zeitweilige starke Entmutigung der Studentinnen in den Anfangssemestern ist weder auf ein zu geringes Fachinteresse noch auf fehlende Leistungsmotivation zurückzuführen. Vielmehr weisen die Schwierigkeiten auf grundsätzliche Mängel des "unstudierbaren" Ingenieurstudiums hin (Morsch et al. 1986). Die Bedingungen verschärfen sich für Frauen, die als "Token" inmitten einer männlichen Majorität besonders im Lichte der Öffentlichkeit stehen und sich häufig genötigt fühlen, ihre Anwesenheit durch überdurchschnittliche Leistungen in einem männlichen Wissensgebiet zu legitimieren.

Bereits in den ersten Semestern müssen die Studentinnen erkennen, daß offizielle Vorgaben bezüglich der Dauer des Studiums, der Anzahl der Semesterwochenstunden usw. nicht einzuhalten sind. Die

Stoffmenge für die ersten vier Semester ist derart umfangreich, daß nur etwa 5% der Studenten eines Jahrgangs ihr Vordiplom in 4 Semestern absolvieren. Es ist bekannt, daß es sich hier um einen Selektionsmechanismus handelt (Morsch et al. 1986: 12); daß er funktioniert, zeigen die hohen Drop-Out-Quoten: Maschinenbau Berlin = 58%, Maschinenbau Aachen = 50%, Elektrotechnik Berlin und Aachen = 30-40% (Angaben der studentischen Studienberatungen, des Instituts für Hochschuldidaktik in Berlin und des Hochschuldidaktischen Zentrums in Aachen). Aus Aachen wird berichtet, daß Hochschullehrer gelegentlich zu Beginn des Studiums durch entsprechende Bemerkungen zur Verschärfung von Leistungsdruck und Konkurrenz beitragen.

Manchen anderen Profs möchte ich unterstellen, daß denen das wurst ist, daß sie vielleicht noch daran interessiert sind, daß viele durchfallen. Da gibt's auch einen, der hat gesagt in der ersten Vorlesungsstunde: 'Gucken Sie sich links und rechts Ihre Nachbarn an, das sind Ihre Konkurrenten'. (V.2)

Knapp die Hälfte der Studentinnen beklagt sich darüber, daß sie zu viel Stoff in zu kurzer Zeit "durchziehen" müssen, Inhalte nicht begriffen, sondern nur auswendig gelernt werden können. Gelernt wird, wie man/frau Prüfungen besteht.

... also die Paukerei, die fand ich eigentlich relativ langweilig, und immer nur Aufgaben rechnen und für diese Fächer zu lernen, die ja auch relativ zusammenhanglos sind, und wo man auch gar nicht weiß, wozu es gut sein soll, das hat mir noch nie besonders Spaß gemacht. Wenngleich ich einigermaßen gut bestanden habe, weil ich in der Lage bin, also völlig von dem Sinn zu abstrahieren und das rein mathematisch zu betrachten. Das kann man eigentlich ganz gut, deswegen sind diese Prüfungen so schwachsinnig, weil überhaupt gar kein Verständnis gefragt wird, sondern das halt eine formale Vorgehensweise ist. (VI.18)

Die meisten Frauen stellen offenbar höhere Ansprüche an sich selbst, als dies beim Durchschnitt der Ingenieurstudenten zu vermuten ist. Zumindest weisen einige Frauen darauf hin, daß es ihnen kaum möglich ist, ohne fundiertes Wissen über ein bestimmtes Thema zu diskutieren - im Gegensatz zu den meisten Männern, die im Umgang mit dem "Unibluff" offensichtlich geübter sind.

Ich muß erst alles ganz genau wissen. Das hat schon Nachteile, weiß nicht, Prüfungen und sowas. Und was es so gibt, wo man einfach was darstellen muß. Manche Leute kommen eigentlich sehr gut zurecht mit so einem Halbwissen - und verstehen es, sehr viel daraus zu machen. Ich war immer wieder sehr erstaunt darüber, wie Männer mit einem relativ großen Unwissen eigentlich, wie souverän die dann trotzdem damit umgehen. Sich dann zutrauen, irgendein technisches Problem anzupacken, wo sie wirklich keine Grundlagen haben. (I.4)

Zu vermuten ist, daß auch der Legitimationsdruck größer ist für Frauen - und evtl. Unterschichtsangehörige. Da sie kein Gewohnheitsrecht auf Anwesenheit in dem Bereich Technik bzw. Universität haben, fühlen sie sich durch lückenhaftes Wissen eher verunsichert. Erschwerend hinzu kommen die mangelhaften Orientierungshilfen für Erstsemester von offizieller Seite, die v.a. von den Studentinnen in Berlin beklagt werden. Ebenfalls in Berlin wird der Studienaufbau in Maschinenbau kritisiert.

In Mechanik braucht man mehr Mathematik, als man bis zum 3. Semester an der Uni lernt. Also schon zu Anfang, von daher ist das ein perverses System, das ist total sinnlos. Das ist total nicht aufeinander abgestimmt. Die Mathematikschwierigkeiten hatte ich in Mechanik. Mathematik war nicht so schlimm. (II.26)

Die Grundlagenfächer werden nebeneinander gelehrt, ohne daß ein Bezug hergestellt wird zwischen den Fächern wie auch zur späteren Anwendung.

Einen weiteren gravierenden Mangel des Ingenieurstudiums stellt die unzureichende Quantität und Qualität des Lehrangebots dar. Wie bereits in vergleichbaren Untersuchungen zur Situation von Ingenieurstudenten (Wagemann/HDZ Aachen) deutlich wurde, leiden die Studenten/innen darunter, daß nicht ausreichend Personalmittel für die Betreuung im Grundstudium verfügbar sind. Das führt dazu, daß in Aachen die Hörerzahlen im Maschinenbau bei 1000 Studenten liegen und in Berlin bei den gemeinschaftlichen Veranstaltungen des Grundstudiums (Mathematik und Mechanik) immerhin bei 700 bis 900 Studenten. Selbst in Übungen, in denen der in den Vorlesungen behandelte Stoff in "kleinen" Gruppen vertieft und geübt werden soll, sind noch 50 bis 100 Studenten. Auch Tutorien sind selten für weniger als 20 Personen organisiert. Vor allem in Vorlesungen entlädt sich die Frustration der Studenten in infantilem bis aggressivem Verhalten.

Es war einmal fürchterlich laut und irgendwie, man hatte das Gefühl, alle waren aggressiv und hatten keine Lust und der Professor war mies gelaunt, weil es laut war. Und die Studenten waren laut, weil der Professor so einen miesen Vortrag hielt, und dann flogen Schwalben, und es wurden Bemerkungen laut gemacht, und sie versuchten, den Professor fertig zu machen. ... Ich fand das ganz schlimm damals. (VI.2)

Unter diesen Bedingungen scheinen vor allem die Aachener Studentinnen zu leiden. Möglicherweise ist dieses Arbeitsklima auch darauf zurückzuführen, daß die Studenten dort häufiger als in Berlin durch den gerade absolvierten Bundeswehrdienst geprägt sind.

Es ist einsichtig, daß Massenvorlesungen bereits für die männliche Majorität eine ungünstige Lernsituation darstellen. Noch belastender wirkt sich diese Situation für vereinzelte Frauen aus.

Natürlich kann man bei uns in der Vorlesung eine Zwischenfrage stellen. Aber mir würde da die Stimme versagen. Wie gesagt, ich bin da kein bißchen selbstbewußt. Also wenn sich da bei uns einer meldet, dann drehen sich auch tausend Augenpaare auf denjenigen. Ich kann das noch nicht gut aushalten. Es gibt Leute, die können das, das sind aber die wenigsten. Bei uns hat noch nie eine Frau eine Frage gestellt bei so tausend Leuten. Wenn wir nur 50 sind, dann frage ich auch. Das ist eigentlich bescheuert, das macht wirklich einen Unterschied, ob man zu 50 ist oder zu 1000. (V.3)

Am häufigsten richtet sich die Kritik der von uns Befragten auf die schlechte didaktische Aufbereitung des Unterrichtsstoffs. Die Hälfte aller Studentinnen gibt an, daß ein Großteil ihrer Schwierigkeiten im Grundstudium auf die mangelhaften didaktischen Fähigkeiten und Bemühungen der Hochschullehrer zurückzuführen sei. Vor allem die Berliner Maschinenbauerinnen melden Kritik an. "Didaktik ist Babykost für Studenten" ist der Ausspruch eines Hochschullehrers, der mit dieser Ansicht sicher nicht allein steht.

Ich würde sagen, die wenigsten Professoren haben eine Ahnung, was Pädagogik ist, also was Vermittlung von Wissen heißt. Die Vorlesung ist für 10% der Leute gemacht worden,die mehr hier auf dem Kasten haben, weil sie sind diejenigen, die angesprochen werden müssen, und der Rest wird nur mitgezogen. (V.9)

Hier wird angedeutet, daß bewußt eine Selektion derjenigen betrieben werden soll, die auch unter ungünstigen Rahmenbedingungen ein Ingenieurstudium erfolgreich abschließen.

Von Berliner Maschinenbaustudentinnen wird die Praxis kritisiert, Mathematikstudenten als Betreuer für Mathematiktutorien von Ingenieurstudenten einzustellen, da diese selten in der Lage seien, die spezifischen mathematischen Probleme von Ingenieuren nachzuvollziehen.

4.3.4 Studienstrategien und Studienleistungen

Wollen die Studentinnen das Studium erfolgreich absolvieren, müssen sie strukturelle Mängel durch individuelle Studienstrategien ausgleichen. Einen Versuch, der anfänglichen Desorientierung entgegenzuwirken, stellen die studentischen Erstsemestereinführungen in Aachen dar, die von den Studenten selbst sehr positiv aufgenommen werden (Tutoren-Reader aus Aachen, o.J.). In Berlin existieren bislang keine vergleichbaren Veranstaltungen. Der "EB 104" (ein Fachschaftsraum im TU-Hauptgebäude) ist zumindest für die Maschinenbauerinnen jedoch ein sozialer Ort, an dem ältere Semester auf freiwilliger Basis jüngeren Kommilitonen/innen "Starthilfe" geben. Überraschenderweise sind überproportional viele Frauen in der studentischen Beratung engagiert. Als vorteilhaft erweist sich auch der persönliche Kontakt zu älteren Studentinnen/en, von denen die Anfängerinnen frühzeitig Hinweise auf fachliche und zeitliche Prioritäten erhalten.

Das war ganz praktisch, daß ich einige Leute kannte aus älteren Semestern. Und mit denen habe ich dann drüber geredet. Was paßt zusammen, was ist ganz gut am Anfang zu schreiben? Oder dies Fach, in dem ich dann auch durchgefallen bin, ziemlich am Anfang zu schreiben, weil das bei uns **das** Fach ist, wo halt unheimlich viele Leute durchfallen, weswegen sich Leute aufhängen und sowas. Und da dachte ich, das machste am Anfang, aus solchen Gründen habe ich das dann gemacht. (V.8)

Diese Hinweise und die eigenen entmutigenden Erfahrungen führen dazu, daß Vorlesungen selektiv besucht werden. Nur ein Fünftel der Befragten gibt an, Vorlesungen nach Studienplan zu besuchen. Von der Mehrheit werden Vorlesungen als sinnlos eingestuft. Es sind allerdings nur wenige, die sich über die Empfehlungen des Studienplans völlig hinwegsetzen. Fast ein Drittel wählt unter den Vorlesungen nach Zweckmäßigkeit. Dabei wird der "Zweck" nicht v.a. darin gesehen, den gebotenen Stoff zu verstehen. Die Sichtbarkeit als Frau in der Masse der Männer mag es als angeraten erscheinen lassen, den Dozenten nicht durch häufige Abwesenheit aufzufallen. Vor allem aber ist es ein zeitökonomischer Weg, vor den Klausuren die Schwerpunktsetzung des zukünftigen Prüfers zu erkennen.

Ich bin zu den meisten Vorlesungen auch immer hingegangen, konsequent. Da habe ich mitgekriegt, um was es geht, wo er die Schwerpunkte setzt. Andere, die sind nie zu den Vorlesungen gegangen, die wußten aber auch nie, was der eigentlich will. Sie haben dann aus Büchern gelernt und hatten Probleme, die eigentlich gar keine Probleme waren, weil der Professor das gar nicht wissen wollte. Oder weil er die Themen gar nicht behandeln wollte. (II.28)

Entgegen den Akzenten im Studienplan besuchen die Studentinnen schwerpunktmäßig Übungen und Tutorien, weil sie bei der Mehrheit als die ertragreichste Form von Lehrveranstaltungen gelten, insbesondere Praktika oder Labore, in denen die Möglichkeit besteht, theoretisches Wissen an der Praxis zu erproben. Zudem bestehen in kleineren Gruppen weniger Hemmungen, Fragen zu stellen, sich über inhaltliche Probleme auszutauschen. Gleichzeitig wird der soziale Aspekt hervorgehoben, der sich auch positiv auf den Lernerfolg auswirkt.

Also, ich finde es z.B. auch wichtig, daß es nicht so eine unpersönliche Atmosphäre ist. Z.B. in den Mechanikübungen, obwohl die eigentlich auch relativ gut sind, da, wo ich ja jetzt auch arbeite, da sitzen also ziemlich viele Leute in einem Hörsaal; dann laufen die Hiwis da rum, und man darf den Arm heben und fragen. Das ist an sich eine ziemlich gute Sache, aber ich finde es noch besser, wenn man in kleineren Gruppen zusammensitzt, und wenn man auch mit den anderen Leuten mehr zusammenarbeitet ... Ich finde es also noch schöner, wenn man in einem ganz kleinen Hörsaal sitzt, wo jedesmal die gleichen Leute hinkommen, und wo man auch die Hiwis schon ein bißchen besser kennt; teilweise ist das ja auch gegeben. Das finde ich eigentlich optimal. (VI.2)

Die Vermutung, daß Studentinnen in Arbeitsgruppen diskriminiert werden, hat sich nicht bestätigt. Im Gegenteil - Frauen werden oft mehr Kooperationsangebote gemacht, als sie unbedingt wünschen. Im Durchschnitt arbeiten 40% der befragten Frauen vorwiegend in Arbeitsgruppen, allerdings sind es in Berlin etwa drei Viertel, in Aachen nur ein knappes Drittel. Nur 10% der Berlinerinnen arbeiten auf eigenen Wunsch allein gegenüber der Hälfte der Aachener Studentinnen. Eine positive Haltung zu Arbeitsgruppen äußern in Aachen ein gutes Drittel der Maschinenbauerinnen und nur eine einzige der Elektrotechnikerinnen. Bei allen Befürworterinnen hat die Arbeitsgruppe die Funktion, alleine angeeignetes Wissen gemeinsam zu vertiefen, Problemlösungen durchzusprechen, von den Stärken der anderen zu profitieren, die eigenen Stärken Kommilitonen/innen zugute kommen zu lassen.

Man muß zusammen arbeiten, und das ist nämlich auch sehr wichtig, daß man mit anderen Studenten zusammenarbeitet und zusammen irgendwas entwickelt oder irgendwas ausdenkt. Zusammen kann man das irgendwie besser machen. Das funktioniert hier bei dem Studiengang eigentlich ganz gut ..., weil es für einen selber günstiger ist. Der eine, der hat mal in der Norm was nachgelesen, und der andere weiß von daher irgendwas. Und der hat mal was vom Tutor gehört, und so bringt jeder da sein Wissen mit ein. Und man erkundigt sich ja auch: Wie machst denn du deine Konstruktionen? Oder wie sieht es denn bei dir aus? Ich habe das und das genommen. Was meinst du wohl dazu? Und so kann man sich dann unterhalten, und das geht ganz gut. (II.3)

Vor allem aber ist es die Möglichkeit zur Kommunikation, die Verbindung von Arbeit und Leben, die für die meisten Studentinnen die oft harten Lernphasen erleichtert.

Das sieht so aus, daß jeder seine eigene Konstruktion macht. Wir sind jetzt, sagen wir mal, eine Übungsgruppe von 20 bis 25 Leuten. Jeder hat seinen Zeichentisch und zeichnet ... und dadurch kommt eine gewisse Kommunikation auf. Alle Leute hatten die gleichen Arbeitsbelastungen, und da das Klima so verhältnismäßig ging, hat man es gemacht und sich gegenseitig auch geholfen und hat dann gesessen. Es macht ja auch Spaß, bis nachts um 10 Uhr zu sitzen und irgendwas zu machen und nebenbei mal wieder zu arbeiten oder zu klönen ... (II.27)

Möglicherweise ist die Abneigung gegenüber einem kooperativen Arbeitsstil, die nach Aussagen der Aachener Studentinnen auch unter ihren männlichen Kommilitonen verbreitet ist, auf das insgesamt stärker konkurrenzhafte Klima der RWTH Aachen zurückzuführen. Insgesamt ist auffällig, daß in Berlin und Aachen sich für Arbeitsgruppen eher Studentinnen der Unterschicht und der unteren Mittelschicht aussprechen.

Eine weitere Notwendigkeit zur Anpassung ergibt sich aus der großen Stoffülle und den schnell aufeinander folgenden Klausuren. Die Studentinnen werden gezwungen, fachbezogene und zeitliche Prioritäten zu setzen.

Ja, am Anfang war's so, da kommt man ja noch relativ frisch von der Schule, und dann denkt man: Alle Fächer sind gleich wichtig und versucht, in allen Fächern am Stoff zu bleiben, alles zu verstehen. Und irgendwann, sehr schnell, merkt man, daß das überhaupt nicht geht, weil es einfach viel zu viel ist, und dann muß man Prioritäten setzen und läßt einige Fächer ganz fallen. (VI.2)

Studentinnen und Studenten müssen sich einen Lernstil aneignen, bei dem das Material gestrafft, "Unwichtiges" weggelassen wird (Morsch et al. 1986: 20) in der Hoffnung auf "Glück" in Klausuren und Prüfungen.

Ich habe mich eigentlich immer bei Leuten erkundigt, die schon weiter sind, was die so gemacht haben, wo ich wußte, daß die so einen Studierstil haben wie ich, also nicht solche Heißdüsen, und wie die das gemacht haben. Die können einem auch ungefähr sagen: Ja, für die Klausur mußt du dich drei Wochen hinsetzen, und bei der schaffste das ganz schnell. Und da habe ich mich nach gerichtet, und da bin ich auch gut mit gefahren. Bei dieser einen Thermodynamikklausur, da sind 80% durchgefallen, da konnte man mit solchen Hausmittelchen natürlich nichts mehr machen, wenn so'ne Klausur kommt. Dafür habe ich andere Klausuren mit so viel Glück bestanden, eben weil ich das so getrickst habe. Ein paar Sachen auslassen, das kann man auch bei manchen Klausuren, das ist eine Frage der Organisation. Manche Klausuren, da kann man sagen, daß die und die Teilgebiete der Vorlesung sowieso, wenn überhaupt, dann nur ganz am Rande drankommen. Ja, was machste? Läßte das aus, den ganzen Rest dafür besser. (VI.4)

Die relativ häufige "Strategie", den Studienstreß körperlich zu verarbeiten, zeigt, daß zumindest für einen Teil der Studentinnen die Kosten der Ausbildung sehr hoch sind. Eine überraschend große Zahl von Studentinnen wird im Verlauf des Studiums durch ernsthafte Erkrankungen oder Zusammenbrüche zur Unterbrechung des Studiums oder zur Reduktion der Studienintensität gezwungen. Dies wirft die Frage auf, inwieweit es sich hier um ein allgemeines Phänomen der Studiensituation in arbeitsintensiven und konkurrenzhaften Studiengängen handelt, oder ob die Kumulation von extrem belastenden Stu-

dienbedingungen und "Token"-Situation bei Frauen diese Erkrankungen auslösen.
Eine weitere wichtige Bewältigungsstrategie besteht darin, daß die Studentinnen ihre Erwartungen an sich selbst und das Studium verändern, indem sie ihr Anspruchsniveau senken. Den Studentinnen, die die Konsolidierungsphase um das Vordiplom erreichen, ist weitgehend die Übernahme des akademischen und fachspezifischen Habitus gelungen. Sie haben gelernt, unter Zeitdruck zu arbeiten, bewußt Lücken zu setzen und nicht nach einem umfassenden Verständnis zu fragen sowie das bestmögliche Ergebnis mit geringstem Aufwand zu erreichen. Ebenfalls haben sie weitgehend die Einstellung übernommen, daß prinzipiell jedes Problem lösbar ist, Rahmenbedingungen unhinterfragt akzeptiert, Voraussetzungen und Folgen technischer Problemlösungen ausgeklammert werden. Ihre Ansprüche an berufliche Positionen und ihre materiellen Erwartungen zeigen, daß sie durchaus eine Entsprechung von Bildungsinvestition und Erträgen erwarten.
Was die Studienleistungen anbetrifft, so liegen die durchschnittlichen Noten in Aachen sowohl im Maschinenbau als auch in Elektrotechnik im Vordiplom bei 3,5, in Berlin für Maschinenbau und Elektrotechnik bei 3,0. Im Hauptdiplom schneiden Aachener Maschinenbauer und Elektrotechniker mit der Durchschnittsnote 1,5 ab,in Berlin in Maschinenbau mit 2,0 und in Elektrotechnik mit 1,6.

Studienleistungen der berufstätigen Ingenieurinnen

Noten	Vordiplom	Hauptdiplom	Promotion
1,0 - 1,3	1	8	1
1,5 - 2,0	6	18	0
2,5 - 3,0	12	5	0
3,5 - 4,0	1	0	0
k.A.	13	2	0
Summe	33	33	1

20% der Berufstätigen unseres Samples liegen mit ihren Vordiplomleistungen über dem Durchschnitt; 36% entsprechen in ihren Leistungen dem Durchschnitt. Beim Hauptdiplom erbringt etwa jede 4. Frau überdurchschnittliche Leistungen, und 55% entsprechen dem Durchschnitt.

Die Einschätzung der eigenen Leistungsfähigkeit bei Studentinnen höherer Semester zeigt, daß es ihnen im Verlauf des Studiums gelingt, ihre frühere Selbstsicherheit wiederzugewinnen. Die Mehrzahl empfindet sich als überdurchschnittlich gut, nur sehr wenige bezeichnen sich als schlechte Studentinnen.

Nein, ich bin eigentlich immer eher der Einstellung angehangen, wenn ich mir die Leute angucke, die da noch so rumlaufen, und wenn die es schaffen, dann schaffe ich das eben auch. ... (lacht) ... Es sind soviele Leute, damals im Grundstudium waren wir also 300 Leute, die angefangen haben. Und wenn ich mal annehme, daß davon wenigstens 150 Leute das Vordiplom schaffen, dann habe ich eigentlich überhaupt nicht eingesehen, warum ich zu den 150 gehören soll, die es nicht schaffen. (I.7)

Solche erfolgreiche Verarbeitung der anfänglichen Verunsicherung der meisten der von uns Befragten zeigt, daß sie sich in diesem Punkt wesentlich von der Mehrheit der Studentinnen unterscheiden. Um den Schock des Grundstudiums zu überstehen, dürfen Studenten und Studentinnen die anfänglichen Mißerfolge nicht auf eigene Schwächen beziehen, sondern müssen die Ursachen dafür in den unzulänglichen strukturellen Rahmenbedingungen des Studiums sehen wie etwa mangelnden didaktischen Fähigkeiten, dem schlechten Studienaufbau usw. Diese Fremdattribuierung von Mißerfolg ist ein für Frauen eher untypisches Verhalten (Schenkel 1986). Für ihre Zukunft als Ingenieurinnen könnte dieses Verarbeitungsmuster dazu verhelfen, sich auch durch berufliche Rückschläge oder punktuelle Mißerfolge weniger entmutigen zu lassen.

4.3.5 Beziehung zur Technik

Nur wenige Ingenieurinnen sind - wie skizziert - durch technikkritische oder gesellschaftspolitische Überlegungen zum Studium oder zur Beschäftigung mit Technik motiviert. Damit unterscheiden sie sich kaum von der Mehrheit männlicher Ingenieurstudenten. Es wäre allerdings verkürzt, daraus abzuleiten, daß alle von uns Befragten der Technik durchgängig affirmativ und kritiklos gegenüberstünden. Etwa ein Drittel der Frauen hält die Technik durchaus für verbesserungswürdig. Die meisten stehen Fragen der Umsetzung allerdings relativ unsicher gegenüber. Sie befinden sich im prinzipiellen Dilemma des Technikers, für den die Möglichkeiten hochentwickelter Technologien intellektuell faszinierend sind, der sich jedoch den gesellschaftlichen Auswirkungen dieser Technologien eher hilflos gegenübersieht.
Die Distanz vieler Ingenieurinnen zur Diskussion etwa um alternative Technologiekonzepte spiegelt die Polarisierung zwischen "Technikern" und "Nichttechnikern". Dies kann auch der Angst vor Ausgrenzung aus den eigenen Reihen bei allzu kritischer Einstellung gegenüber der technischen Entwicklung entspringen, eine Erfahrung, die vermutlich auch männliche Ingenieurstudenten machen. Mögli-

cherweise reagiert aber die männliche Ingenieur-Umwelt bei den weiblichen Newcomern noch härter. Einige Frauen berichten, daß von ihnen geäußerte Technikkritik (oder auch Kritik an den Studienbedingungen) mit der Frage beantwortet wurde, ob denn dieses Studium überhaupt das Richtige für sie sei.

Von den meisten Kommilitonen bin ich auch schon oft gefragt worden, warum studierst du überhaupt E-Technik, bei der Haltung, die ich so an den Tag lege. Weil die meinen, daß sich das absolut widersprechen müßte, daß ich auch meinem Studienfach gegenüber sehr kritisch bin, weil die E-Techniker sehr stark mit in der Rüstung beteiligt sind. Das finde ich schlimm, und das kritisiere ich auch. (V.3)

Kaum eine der Studentinnen wird bei ihrem Technikstudium von dem Wunsch angeleitet, als Frau Einfluß auf die Technikentwicklung zu nehmen. Die Frage danach löst anfängliches Erstaunen bis Abwehr aus. Sie können sich nicht vorstellen, daß technische Fragestellungen geschlechtsabhängig unterschiedlich gesehen oder verarbeitet werden. Einzelne schließen den Einfluß des Menschen auf die technologische Entwicklung nicht grundsätzlich aus, glauben aber, daß - geschlechtsunabhängig - für eine Neuorientierung Menschen mit anderen Einstellungen gefordert sind. Andere mutmaßen, daß aufgrund von Anpassungszwängen in der Ingenieurausbildung und im Beruf die innovative Wirkung von Frauen eher als gering einzuschätzen ist.

Ein Drittel der Studentinnen hegt jedoch durchaus die Hoffnung, daß Frauen die Technik positiv beeinflussen könnten. Sie haben die Erfahrung gemacht, daß Frauen und Männer technische Probleme unterschiedlich angehen: Nehmen wir die Studentinnen hinzu, denen erst im Verlauf des Interviews allmählich Unterschiede in der Problembearbeitung von Frauen und Männern bewußt werden, sind es immerhin 50% aller heute Studierenden, die diese Sicht teilen.

Die Beschreibungen der unterschiedlichen Herangehensweisen sind auf den ersten Blick widersprüchlich. So wird abwechselnd Frauen oder Männern eine stärkere Emotionalität in ihrer Beziehung zur

Technik unterstellt (Turkle 1984). Der Unterschied liegt in dem Objekt der Emotionalität von Frauen und Männern: Gefühle von Frauen richten sich auf die Folgen der Bearbeitung technischer Probleme. Für sie ist der konkrete - individuelle oder gesellschaftliche - Nutzen ihrer Tätigkeit von Bedeutung. Die emotionale Befindlichkeit der am Prozeß der Technikbearbeitung beteiligten Menschen ist für sie wichtig. Der Maschine selber, der Apparatur, dem technischen Konstrukt stehen sie nüchtern, pragmatisch gegenüber; sie sind das Mittel zum Zweck. Die männliche Emotionalität dagegen richtet sich auf das technische Objekt selber. Seine Leidenschaft gilt der Maschine; die Unfähigkeit zu gelingenden emotionalen Beziehungen mit der menschlichen Umwelt wird über die befriedigende Beziehung zur Sachumwelt kompensiert. Entsprechend wird von den Studentinnen die stark ausgeprägte Einseitigkeit ihrer männlichen Kommilitonen kritisiert. Nicht auszuschließen ist, daß dabei auch eigene Verhaltensweisen auf Männer projiziert werden. Obgleich von den Frauen oft die intensive Beschäftigung mit dem Computer abgelehnt wird, geschieht dies häufig mit dem Hinweis auf die Befürchtung, wie ihre männlichen Kommilitonen für die Vereinnahmung durch die Maschine anfällig zu sein.

Vereinzelt vermuten die von uns befragten Frauen, Männern in bezug auf technisches Verständnis unterlegen zu sein. Ihre Annahme, daß die männlichen Kommilitonen besser und schneller technische Probleme lösen können, führt teils zu einer starken Entmutigung, kann aber auch zusätzliche Anstrengungen motivieren. Nur wenige Ingenieurstudentinnen haben jedoch begriffen, daß Männer ihnen gegenüber v.a. deshalb im Vorteil sind, weil bereits die Inhalte des Technikstudiums auf männliche Sichtweisen, Interessen und Problemlösungsstrategien zugeschnitten sind.

4.4 Ingenieurstudium als sozialer Erfahrungsraum

4.4.1 Beziehungen zu Kommilitonen

Über die Erfahrungen von Ingenieurstudentinnen in der männlich dominierten Umgebung machen die wenigen vorliegenden Untersuchungen unterschiedliche Aussagen. Während einerseits die Belastungen der Studentinnen durch mangelnde Anerkennung oder Kooperationsbereitschaft von Kommilitonen hervorgehoben werden (Sessar-Karpp 1983: 490), kommt eine Aachener Untersuchung zu dem Ergebnis, daß Frauen in Studiengängen, in denen sie eine Minderheit darstellen, eher über weniger Probleme klagen als ihre männlichen Kommilitonen (Appel 1984: 9 f.). Unsere Befunde zeichnen ein differenzierteres Bild: Die soziale Situation von Ingenieurstudentinnen unterscheidet sich je nach regionalem Standort der Universität, sozialer Struktur der Studenten, Fachrichtung, Studienphase und Persönlichkeitsstruktur der betroffenen Frauen. Es ist sicher mehr als ein sprachliches Kuriosum, daß in Aachen die wechselseitige Bezeichnung "Mädchen" bzw. "Jungen" üblich sind, in Berlin dagegen "Frauen" und "Typen".

Gleich zu Beginn des Studiums trifft es die meisten völlig unvorbereitet, daß sie als vereinzelte Frau einer Überzahl von Männern gegenüberstehen. Obwohl der Vergleich mit den Studienentscheidungen ihrer Mitschülerinnen sie hätte vorwarnen können, wird vielen erst bei der ersten Vorlesung bewußt, **wie** ungewöhnlich ihre Entscheidung ist.

Ich komme also in den Hörsaal, alles nur Männer. Nur Männer, ich dachte, ich sehe nicht richtig. Ich war wirklich überrascht, ich wußte das nicht. Dann habe ich mich hochgeschlichen; da habe ich mich wirklich geschämt. Ich habe mich dann hingesetzt und gedacht, 'O Gott, das kann ja heiter werden, du allein, das große Berlin und dann nur Männer'. Dann kommen die ganzen Professoren da reinmarschiert, alle im Ingenieur-Nadelstreifen, und fangen an zu labern. Ich habe überhaupt nicht zugehört. Ich habe die ganze Zeit darüber nachgegrübelt, was am Maschinenbaustudium so schwierig sein soll, daß da keine Frauen sind." (II.26)

Offensichtlich ist die Teilnahme an dem zumeist ebenfalls männlich dominierten Mathematik- oder Physikleistungskurs in der Oberstufe keine Vorbereitung auf diese Situation. Auch naturwissenschaftlich orientierte Mädchen begegnen in der Oberstufe anderen Mädchen im Turnunterricht, den sprachlichen Fächern, in der Pause.

Das ging an der Uni los, da habe ich schon gestutzt. Das war so eine schlimme Situation, da kommst du an die Uni und da laufen nur noch Männer rum. Ich war in der Klasse in der Schule das einzige Mädchen, aber an der Schule laufen haufenweise Mädchen rum. Mir ist damals auch schon aufgefallen, daß das anders ist, wenn ich mit den Mädchen zusammen bin, so im Turnen, und wenn ich in der Klasse bin. Ich habe das immer genossen mit den Mädchen im Turnen. Aber das hat keine weitere Folge gehabt, das war ein Fakt. Dann kam ich an die Uni und bloß noch Männer, das hat mich richtig erschlagen. (VI.15)

Dieser anfängliche Schock scheint jedoch von den meisten Studentinnen rasch überwunden zu werden. Die Mehrheit aller Ingenieurinnen bezeichnet ihre Beziehungen zu den männlichen Kommilitonen als 'insgesamt gut'. Nur ein knappes Fünftel der Aachener und Berliner Maschinenbauerinnen berichten ihre Situation als vereinzelte Frau vorwiegend in negativen Tönen. Von daher wird verständlich, daß kaum eine Studentin Irritationen im sozialen Umfeld als auslösendes Moment für eine Studienkrise genannt hat. Offen bleibt allerdings, ob es sich bei den von uns befragten Frauen um eine Selektion psychisch besonders robuster Frauen handelt, während sensiblere Studentinnen bereits in den ersten Semestern von der überwältigenden männlichen Majorität verschreckt werden. Dafür spräche, daß eine größere Anzahl der Ingenieurstudentinnen die Ansicht vertritt, daß Sensibilität in diesem Studium eher ein Handicap darstelle. Dennoch ergeben sich auch aus den Aussagen unserer 'erfolgreichen' Studentinnen Anhaltspunkte dafür, daß Frauen, die sich in dieses Männerstudium vorwagen, jenseits fachlicher Probleme Hürden zu bewältigen haben. Die allgemein geäußerte Zufriedenheit trotz vielfältiger Belastungserfahrungen läßt annehmen, daß alltägliche Diskriminierungen unbewußt ausgeblendet werden (müssen), um langfristig nicht den Studienerfolg zu gefährden. Vor allem aber ist den Studentinnen kaum bewußt, daß ihre Zufriedenheit im sozialen Umfeld weniger der Aufgeschlossenheit männlicher Universitätsangehöriger zu verdanken ist als ihren eigenen Anstrengungen. Ähnlich wie im Leistungsbereich sind sie gezwungen, soziale Strategien zu entwickeln, die ihre Akzeptanz bei der männlichen Mehrheit erhöhen. Anders jedoch als im Leistungsbereich führen sie hier die Notwendigkeit für die Entwicklung derartiger Strategien nicht auf 'Mängel' des sozialen Umfeldes zurück.

Nach dem anfänglichen Schock werden der Sonderstellung als Frau auch positive Seiten abgewonnen. Ein Fünftel der Befragten empfindet die erhöhte Aufmerksamkeit von seiten der Männer als angenehm. Anders als für die unter sozialer Isolation leidenden männlichen Kommilitonen stellt es für sie kein Problem dar, an der Universität Kontakte zu knüpfen. Daß gerade für Studentinnen, die bislang im Klassenverband oder im Freundeskreis als Frau weniger exponiert waren, das 'Umschwärmt-sein' eine neue und angenehme Erfahrung ist, wird in vielen Aussagen deutlich.

Das habe ich als wirklich schön empfunden, da hatte ich endlich mal Kontakt, überall ... Ich hatte da so einen Spitznamen, das Sonnengestirn, die anderen kreisten da so drumrum. Das habe ich genossen. (Lachen) (V.14)

Alle empfinden jedoch auf Dauer den 'Zoo-Effekt' als Belastung, zumal viele von ihnen sich als schüchtern beschreiben und angeben, ungerne aufzufallen.

Dieses Auffallen im Hörsaal ist irgendwie anders, ist ein sehr unangenehmes Auffallen. Du fühlst dich angestarrt, vor allem geht's da so mehr ums Äußere, wegen der Äußerlichkeiten (...), Kleidung, Oberweite (...). Also es geht nicht darum, daß man E-Technik studiert, sondern es geht einfach um die weibliche Erscheinung praktisch (...). Deshalb wurde ganz am Anfang bei mir auch gepfiffen. (V.7)

Allerdings sind deutliche Unterschiede zwischen der Situation in Aachen und in Berlin anzumerken. Obwohl auch in Berlin Studentinnen unter ihrer Sichtbarkeit leiden, es als belastend schildern, sich ständig beobachtet zu fühlen und ihren Studienwunsch legitimieren zu müssen, fühlen sich die Aachener Studentinnen v.a. zu Beginn stark verunsichert durch Pfeifkonzerte und offen sexistische Sprüche ihrer Kommilitonen. Nicht zuletzt ist dies auf die Situation von Aachen als "Männer-Universität" zurückzuführen. Verstärkt wird derartiges Verhalten dadurch, daß v.a. im Maschinenbau fast alle Studienanfänger gerade ihre Bundeswehrzeit absolviert haben (Appel 1984: 4). Wie den Studentinnen selbst bewußt ist, fördert diese Erfahrung bei den männlichen Kommilitonen kaum die Vorstellung gleichberechtigter Beziehungen zwischen den Geschlechtern.

Ich denke, daß das auch daran liegt, daß viele von der Schule zur Bundeswehr gegangen sind. Da sind sie nur mit Männern zusammen, und soweit ich davon gehört habe, wird da das Männlichkeitsverhalten ziemlich unterstützt. Ich glaube schon, daß Frauen da so ein besonders beliebtes Thema sind, als Gesprächsthema und so. Und daß eben von daher die vielleicht auch so eine bestimmte Vorstellung haben, vielleicht paßt nach 1 1/2 Jahren Bundeswehr nicht mehr in deren Bild, daß eine Frau auch studieren könnte; das könnte ich mir fast vorstellen, so gebärden sie sich jedenfalls. (VI.7)

Das Verhalten der Kommilitonen verunsichert nicht nur, sondern verärgert umso mehr, als für die meisten der Ingenieurstudentinnen besonders wichtig ist, im Studium nicht als Frau, sondern v.a. aufgrund ihrer fachlichen Qualifikationen angesprochen zu werden. Auch im kleineren Kreis kann die Sonderstellung unangenehme Seiten haben, weil es schwierig ist, für eine angemessene Mischung aus Distanz und

Nähe zu sorgen. Wieder sind es v.a. die Aachener Studentinnen, für die sich dieses Problem ergibt.

Wenn man dann mal jemanden gefunden hat, muß man dem erstmal klarmachen, daß man von ihm nichts weiter will als eine Mathe-Unterlage. Das kommt dann als nächstes Problem, wenn man erstmal mit jemandem in Kontakt getreten ist und den hat, dann ist es so, daß die dann meinen, daß man nun unbedingt sie gerne als Freund hätte oder so ähnlich. (VI.7)

Von den vereinzelten Frauen wird ausgleichende Verbindlichkeit in einem Ausmaß verlangt, das für sie eine beträchtliche Belastung darstellen muß.

Ich habe mich nur bemüht, zu jedem nett und freundlich zu sein und eine gute Kameradschaft zu pflegen. So wie in diesem Arbeitssaal auch. Daß das nachher Sonnengestirn hieß, das war so für die, die das von ferne beobachteten. Aber so untereinander, unsere Arbeitsgruppe, wir haben das nicht empfunden, muß ich sagen. Dann haben sich so persönliche Freundschaften und Beziehungen daraus entwickelt. Das war dann problematisch, das hat mich sehr viel Kraft gekostet, weil da eine ungeheure Eifersucht entstand. Das war ein Problem für mich, was schier unlösbar war. ... Ich fühlte mich wirklich so gekrallt, so in Besitz genommen. Es war echt schwierig. (V.14)

Die fachliche Anerkennung scheint dagegen ein kleineres Problem darzustellen: 30% der Frauen geben an, in dieser Beziehung keine Sonderstellung einzunehmen. Dennoch wird an einer Reihe von Äußerungen deutlich, daß es den Kommilitonen nach wie vor schwerfällt, in den jungen Frauen gleichberechtigte Mitstudentinnen zu sehen. Die große Bereitwilligkeit zu fachlichen Hilfestellungen mag zwar auch als Annäherungsversuch an die seltenen Frauen gedeutet werden, zeigt aber doch gleichzeitig, daß von besonderer (fachlicher) Unterstützungsbedürftigkeit der Frauen ausgegangen wird. Auch die wiederholten Fragen nach der Studienmotivation - über die sich die befragten Frauen besonders häufig beschweren - macht deutlich, daß den Frauen nicht ebenso selbstverständlich wie Kommilitonen fachliches Interesse abgenommen wird. Verärgert berichten Studentinnen auch, daß sie selten in fachlichen, eher in mitmenschlichen Fragen um Rat gefragt werden, ihre Leistungen häufig auf einen 'Frauenbonus' zurückgeführt werden. Auch wird in Fachdiskussionen dem Beitrag von Frauen oft weniger Aufmerksamkeit geschenkt.

Fachlich anerkannt werde ich bestimmt selten, und intellektuell, ich weiß nicht. Einige haben sich an mich gewandt, weil sie eine Freundin oder Mutti brauchten. Ich hatte den Eindruck, daß ich fachlich anerkannt bin, eigentlich erst in letzter Zeit. (II.2)

Selbst im Freundeskreis, wenn da mal so eine Diskussion war bei Besprechungen von irgendwelchen Aufgaben, da wurde einem doch über den Mund gefahren, und dann redeten die Jungen untereinander. (V.1)

Berliner Maschinenbauerinnen kritisieren ihre Kommilitonen als extrem konkurrenzhaft, sprechen ihnen jedes solidarische Verhalten ab, mußtmaßen, daß viele von ihnen ihr Studium vorwiegend unter dem Aspekt der Statusgewinnung und des späteren Gelderwerbs betrachten.

Und mit den Kommilitonen, da gibt es, wie gesagt, einen unheimlich starken Konkurrenzkampf ... aber nicht nur mir gegenüber, sondern unter sich ist das noch viel stärker. Die wollen sich ständig beweisen, wie gut sie eigentlich sind, ständig war das wichtigste die Noten, wieviel Punkte hast du denn, ... Ich fand das immer lächerlich, das paßt nicht zum Studium. Wenn ich selbständig zu arbeiten versuche, das fand ich immer den Sinn des Studiums, dann ist es eigentlich egal, wieviel Punkte ich habe. Wenn ich eine Leistung gebracht habe, habe ich die Leistung gebracht. (II.8)

... ein Gruppendenken findet sowieso nicht statt ... Na ja, weil auch viele mit der Ansicht an die Uni kommen, ich studiere das, um später mal einen Job zu bekommen und das dicke Geld zu machen. ... Ich habe das in ziemlich häufigen Gesprächen gehört: ja, was kann man denn heute sonst noch machen, und: ja ja, dann studiere ich Maschinenbau und werde Ingenieur, da kriegt man immer einen Job und da kriegt man immer Geld. Also, aus Interesse studieren das die wenigsten, glaube ich. (II.15)

Das Arrangement mit der männlichen Majorität ist jedoch für alle Studentinnen unabdingbar. Um sich unerwünschter außerfachlicher Kontakte zu erwehren, gehen Studentinnen bei der Auswahl von Arbeitsgruppenpartnern sorgfältig vor. Bevorzugt werden Kommilitonen,

die bereits eine Freundin haben. Die Existenz des eigenen Freundes wird frühzeitig hervorgehoben.
Auffällig ist, daß die meisten Frauen hervorhoben, in eine Clique 'untypischer' Ingenieurstudenten integriert zu sein. Der eigene Freundeskreis unterscheidet sich hinsichtlich politischer Einstellungen, äußerer Erscheinung, Erfahrungen mit Frauen, Interessenausrichtung, Emotionalität positiv von 'typischen' Ingenieurstudenten. Offensichtlich ist im Bewußtsein der befragten Frauen der Typus 'Ingenieurstudent' eher negativ besetzt, von dem sie sich - ebenso wie die Mehrheit der männlichen Kommilitonen - positiv abheben wollen (Appel 1982).
Auch die sorgfältige Selektion einer passenden Kommilitonen-Clique kann nicht verhindern, daß sich Ingenieurstudentinnen täglich der 'Beurteilung' aller anderen Männer ausgesetzt sehen, in der Vorlesung, auf dem Universitätsgelände, im Studentenwohnheim. Stärker noch in Aachen als in Berlin wird der Vorlesungsbesuch für Frauen zum täglichen Spießrutenlauf. Hier ist die bewährte Strategie fast aller Frauen die Anpassung in bezug auf Verhalten und Kleidung. Allerdings empfinden nur die wenigsten ihr Verhalten explizit als Zugeständnis. Was die Mehrheit beschreibt, trägt jedoch ganz eindeutig diesen Charakter, da es nicht eigenen Bedürfnissen folgt, sondern darauf ausgerichtet ist, bestimmte - als unangenehm empfundene - Reaktionen männlicher Kommilitonen zu verhindern.
Die "Rituale" umfassen u.a.: Der Vorlesungsbesuch erfolgt bevorzugt im Gespräch vertieft mit einer Gruppe von Kommilitonen. Der Hörsaal darf nicht 'von unten', sondern muß 'von oben', allenfalls durch einen der oberen Seiteneingänge, betreten werden. Pünktlichkeit wird streng eingehalten, da Zuspätkommen oder frühzeitiges Verlassen der Vorlesung heftige und lautstarke Reaktionen auslösen würde.

Im kleineren Kreis oder im Kontakt zu einzelnen Kommilitonen muß ebenfalls das Verhalten sorgfältig darauf abgestimmt werden, daß die Akzeptanz erhalten bleibt, jedoch Freundlichkeit oder Spontaneität nicht zur lästigen Fehlinterpretation von seiten der Männer führt. Hier scheint das Arrangement leichter für Frauen, die bereits Übung im 'kumpelhaftem' Umgang mit Männern haben, die mit Stolz berichten, daß ihre Freunde nach einiger Zeit vergessen haben, daß sie Frauen sind (Pauls 1979: 106). Schwieriger ist die Situation für Frauen, die für sich in Anspruch nehmen, fachlich als gleichberechtigt anerkannt zu werden und dennoch situationsangemessen 'weibliches' Verhalten zeigen, ohne daß daraus **alle** Männer Ansprüche abzuleiten berechtigt wären.

Das ist eben das Problem. Einerseits will ich nicht ein Mann sein, ich will auch nicht männlich wirken; aber andererseits, wenn ich da sitze und mich weiblich gebe, dann kann ich mich nicht mehr konzentrieren, dann bin ich nicht mehr - also, ich habe da Probleme. (I.9)

Seltener als in früheren Untersuchungen berichtet (Pauls 1979), scheinen die Frauen sich Anpassungszwängen in bezug auf Kleidung zu beugen. Viele Studentinnen haben sich allerdings bereits in der Schulzeit für einen zurückhaltenden Stil entschieden. Eine größere Anzahl der von uns Befragten zeigt zu Beginn des Studiums jedoch noch eher Unsicherheiten in bezug auf ein angemessenes Äußeres. Vor allem diese Gruppe scheint sich durch die Reaktionen der männlichen Umwelt zu Anpassung genötigt zu fühlen. Bei ihnen werden die Haare kürzer, Pullover weiter, Farben gedämpfter, Röcke oder gar Ohrringe und Pullover mit Rückenausschnitt in den Bereich der Privatsphäre verbannt.

Naja, ich habe mir mal einen tollen Angorapullover gestrickt, der hat also vorne und hinten einen Ausschnitt. Der sah also ganz toll aus. Den hatte ich einmal in der Uni an und nie wieder ... weil die also wirklich so auf mich zugekommen sind und so hinterhergeguckt haben ... also wirklich fürchterlich. ... Wenn man z.B. einen Rückenausschnitt hat: 'Eh, du hast den Pullover verkehrt rum an; du mußt

den anders rum anziehen' und um solchen Bemerkungen aus dem Weg zu gehen, ziehe ich das erst gar nicht an. (II.3)
Ja, was ich z.B. sehr schlimm finde, ist, daß ich mich anders kleide. Als es da so unheimlich heiß war, da habe ich in einer Vorlesung eine kurze Hose angezogen, also so Shorts und ein rückenfreies T-Shirt. Das habe ich einmal gemacht, das mache ich nie wieder. Also, zum Glück bin ich nicht zu spät gekommen, es wurde schon mal nicht gepfiffen. Dann bin ich meistens mit so einem Bekannten in die Vorlesungen gegangen, wir saßen immer so zusammen, und denn haben sie den Bekannten von mir, das war wohl ein Maschinenbauer, der hat ihn angesprochen und meinte, was denn die Frau wäre, mit der er immer zusammen wäre, das wäre ja wohl unmöglich, wie ich mich kleiden würde, ob ich da die ganzen Typen anmachen wollte. Darüber war ich so sauer, als ich das erfahren habe. (V.3)

Nur die wenigsten Frauen haben in diesem Punkt bereits genug Stärke entwickelt, um sich selbstbewußt gegen diese Anpassungszwänge zur Wehr zu setzen und auf einer Kleidung zu beharren, die der eigenen Stimmungslage entspricht, auch dann, wenn diese etwa durch Farbgebung die Auffälligkeit als Frau erhöht.

Für einige Frauen, die während der Schulzeit und Adoleszenz aufgrund von Schüchternheit und geringem Selbstvertrauen in die eigene weibliche Attraktivität eher am Rande jugendlicher Peergroups standen, führt die hohe Aufmerksamkeit, die sie als Frau und Kommilitonin erfahren, zu einer Stärkung ihres Selbstvertrauens. Von ihnen werden vorsichtig erstmals im Studium andere Formen weiblicher Selbstdarstellung geprobt. Sie lassen ihre Haare wachsen, wagen sich auch an das Tragen auffälliger Kleidungstücke. Fast immer wird diese Entwicklung auch begleitet von ersten, jedenfalls neuen Erfahrungen mit Liebe und Sexualität.

Jetzt trage ich gerne rot (Lachen). Ich habe meine Haare wachsen lassen, als ich jetzt angefangen habe zu studieren. War auch so ein Akt der Selbstbefreiung. ... Die langen Haare waren für mich schon so ein Symbol für, ja ... Frau. Sobald ich nach Aachen gekommen bin, bin ich nicht mehr zum Friseur gegangen, und habe mir die Haare wachsen lassen, und dann hatte ich sie auch ... also wirklich, soo lang. Und jetzt im Moment, da werden sie immer mal wieder kürzer, aber das hat weniger damit zu tun. Das hat eher damit zu tun, überlege ich mir für mich selber, daß ich es heute nicht mehr nötig habe, mir an den langen Haaren zu beweisen, daß ich eine Frau bin. Und in der Zeit hatte ich das schon, brauchte ich das schon so ... Ich bin eine Frau und habe halt lange Haare, und das war für mich so eine Bestätigung. (V.8)

Da auch sorgfältigste Auswahl und Anpassung nicht vor Kommentaren männlicher Kommilitonen schützen, besteht eine weitere Strategie vieler Studentinnen in der Desensibilisierung gegenüber sexistischem Verhalten. Die Äußerungen der Studentinnen machen jedoch deutlich, welche Kraft es kostet, sich darüber hinwegzusetzen, zumal abzusehen ist, daß dieser Situation mit Studienabschluß kein Ende gesetzt sein wird.

Wenn es ein Idiot ist oder ich finde, daß es einer ist, dann nervt's mich. Aber dann gehe ich halt auch nicht drauf ein. Ich glaube, insgesamt gesehen, habe ich dadurch, daß ich immer mit so einer Horde Männern zusammen bin, eine größere Klappe gekriegt, einfach mehr Selbstbewußtsein. Denn sonst, ich glaube, sonst könnte man da untergehen. (L.5)

Ich muß jetzt mit den anderen zusammenarbeiten, das ist halt das Problem. Ich bin denen die ganze Zeit aus dem Weg gegangen. Im Moment überlege ich mir, gut, wenn ich später anfange zu arbeiten, bin ich mit solchen ... Klemmies dann konfrontiert ... Ja, und ich muß halt lernen, mich damit auseinanderzusetzen und nicht einfach zu sagen, das ist ein Idiot und mit dem rede ich nicht. Das mache ich nämlich im Moment so. Wenn irgendein Typ mir komisch kommt, dann rede ich nicht mit dem oder so; ich ignoriere den einfach. Wenn ich jetzt in der Arbeitsgruppe so Leute dabei habe, ich will mir dann nicht irgendwie Magengeschwüre zulegen, bloß weil das so ein komischer Typ ist. (V.8)

Eine kleine Gruppe von Frauen probt auch den Widerstand. Als einzelne oder kollektiv revanchieren sie sich mit gezielten Aktionen, frechen Erwiderungen oder Pfeifkonzerten, wenn ein Kommilitone den Hörsaal verläßt. Vor allem in Aachen wird der Kontakt zu anderen Frauen gesucht, um sich zumindest zeitweise von der permanenten Überpräsentanz der Männer zu entlasten.

Auch das bei Ingenieurstudentinnen überproportional häufige hochschulpolitische Engagement entspringt ihrem Versuch, sich aktiv für die Verbesserung ihrer Situation einzusetzen. Es ist auffällig, daß in Aachen und Berlin fast die Hälfte aller Befragten in irgendeiner Weise politisch tätig ist. Dabei überwiegt die Mitarbeit in der studentischen Interessenvertretung. Aktivitäten in Bereichen, die sich nicht unmittelbar mit der Verbesserung ihrer konkreten Situation auseinandersetzen wie Technologiepolitik, Gewerkschaften oder politische Parteien sind eher selten. Die Frauen, die nicht politisch tätig sind, haben zu etwa gleichen Anteilen zwar Interesse, aber keine Zeit oder aber lehnen politische Betätigung grundsätzlich ab, da die politisch Aktiven ihnen zu 'links' erscheinen.

Die referierte generelle Zufriedenheit der Frauen im Umgang mit den Kommilitonen verweist darauf, daß ihre sozialen Strategien erfolgreich sind. Sie haben einen akzeptablen Freundeskreis gewonnen, ihr Selbstbewußtsein ist durch den Härtetest der Anfangssemester gestiegen, bei der männlichen Majorität hat ein Gewöhnungsprozeß eingesetzt. Entsprechend haben die meisten Studentinnen auch über reine Arbeitsbeziehungen hinausgehende Kontakte zu Kommilitonen in ihrer Freizeit. Die etwas weniger intensiven Freizeitkontakte Berliner Studentinnen mit ihren Kommilitonen sind vermutlich auf das Gewicht noch bestehender Beziehungen zu Schulfreunden/innen oder Freunden/innen und dem Freundeskreis des eigenen Partners zurückzuführen. Nicht mehr sichtbar im Bild der generellen Zufriedenheit wird die psychische Energie, die es Frauen gekostet hat, sich die zeitweilige Integration in eine Männergesellschaft zu erarbeiten.

... von den Kommilitonen her ist das eine ziemliche Belastung gewesen, weil so unheimlich viel Energie verwendet werden mußte, erst mit denen in Kontakt zu kommen und diesen Kontakt auf irgeneinem Weg zu begrenzen. Und da geht unheimlich viel verloren für's Studium und alles andere, weil man ständig dasitzt und fragt, was hast du jetzt schon wieder alles falsch gemacht. Man weiß es auch nicht, oft jedenfalls nicht. Also das hat mir Rätsel aufgegeben, warum die sich plötzlich so blöde verhalten haben und dann wieder andersrum; das konnte ich nie so ganz verstehen. (I.7)

4.4.2 Beziehungen zu Assistenten

Die Mehrheit der Studentinnen schätzt die Erfahrungen mit Assistenten als 'überwiegend positiv' ein, soweit überhaupt Kontakt zu ihnen besteht. Nur sechs Studentinnen haben ein insgesamt negatives Verhältnis zu Assistenten. Allerdings ist der Schwerpunkt der Schwierigkeiten mit Assistenten spezifisch: Zwar 'scherzen' auch vereinzelt Assistenten gern auf Kosten von Studentinnen, ein größeres Problem ergibt sich jedoch aus der Besonderheit der Beziehung einiger der zumeist relativ jungen männlichen Assistenten zu den jungen Frauen. Anders als den wesentlich älteren Hochschullehrern gelingt es ihnen seltener, eine eher väterlich neutrale Beziehung aufzubauen. Da sie allenfalls über wenig Erfahrung im Umgang mit Frauen auf fachlicher Ebene verfügen, sehen sie in den Ingenieurstudentinnen v.a. die Frau.

... das Verhältnis zu den Assistenten ist ein anderes als zu den Profs. Ein Prof ist so 40, 50, und so ein Assistent, der ist meist Anfang 30. Ich habe so die Theorie, daß die Männer den Frauen gegenüber ein bestimmtes Muster brauchen, um sich verhalten zu können: entweder Vater oder Geliebter. Das ist so dieses gockelhafte Verhalten, was ich zuerst überhaupt nicht begriffen habe ... Da sind teilweise auch so sexuelle Anspielungen gewesen, womit ich gar nicht gerechnet habe ... Das war so ein Imponiergehabe, auf das ich gar nicht richtig reagieren konnte. (II.2)

In Berlin neigen Assistenten im Bereich Maschinenbau zu einem eher offensiven Verhalten, das Frauen, die nicht bereit sind, darauf einzugehen, zum Nachteil gereichen kann.

Wir haben halt einen, in der Konstruktionslehre, der Typ, der Assistent, wie soll ich sagen, der rennt halt jedem Weiberrock nach. Nun

sind wir in der Übung zufälligerweise drei oder vier Frauen sogar vereinigt, und wer halt dem als Frau nicht in den Arsch kriecht, wie es eine macht, der hat halt bei ihm ein bißchen Nachteile. Aber das liegt nicht daran, daß er sagt, daß Frauen in dem Studium nichts zu suchen haben, sondern allein an seiner Einstellung zu Frauen, daß er jede haben will, so auf die Art. (II.10)
Assistenten neigen ja immer dazu, sich in einen zu verlieben, das findet man denn auch blöd. ... Das habe ich ... abgeblockt, notfalls auch den Kurs gewechselt. ... das ist so Kosten-Nutzen ausrechnen; steckst du nun die Energie da rein, den Typen davon zu überzeugen, daß er dich in Ruhe läßt oder läßt du das. (II.23)

Die Aussagen der Aachener Studentinnen legen nahe, daß viele Assistenten ein eher distanziert-problematisches Verhältnis zu Frauen haben. Das bestätigt die These vom mathematisch-naturwissenschaftlichen Sozialisationstyp als 'einem intelligenten Versager' (Bürmann 1979; Brämer/Nolte 1983), der charakterisiert ist durch Angst vor erotischen Beziehungen, vor emotional bestimmten Situationen und damit vor Frauen als Repräsentantinnen von Emotionalität (und Sexualität).

Doch, ich würde schon sagen, daß es viele verklemmte Techniker gibt. Und da sehr viele **gute** Techniker, mit **guten** Noten verklemmt sind und nur **gute** Techniker Assistenten werden, gibt es sehr viele verklemmte Assistenten. ... Das stimmt schon. Es gibt so wenig ... lockere, selbstbewußte und gute und irgendwie nette Assistenten. Wie gesagt, da gibt es die Klemmis (lachen), die ziemlich irritiert sind, ... wenn sie mit einer Frau konfrontiert werden. Das ist mir auch, als ich die Diplomarbeit gesucht habe, passiert, daß die dann nervös werden und so. Die wissen einfach nicht, wie sie reagieren sollen. Die wissen das wirklich nicht. Ich unterstelle dann denen auch keinen bösen Willen. Entweder sind sie total höflich und zuvorkommend oder kurz angebunden, also ganz komisch. (V.8)

4.4.3 Hochschullehrer: Diskriminierung und Förderung von Ingenieurstudentinnen

Aufgrund der hohen Studentenzahlen in den Ingenieurwissenschaften haben Studentinnen und Studenten v.a. im Grundstudium kaum Kontakt zu Hochschullehrern. Nur wenige Frauen beklagen sich über dieses distanzierte Verhältnis. Ähnlich wie bei den Beziehungen zu Kommilitonen werden auch hier die persönlichen Erfahrungen mit den - ausschließlich männlichen - Hochschullehrern als 'insgesamt positiv' beurteilt. Nur sechs der befragten Frauen berichten über durchgängig schlechte Erfahrungen auf dieser Ebene. Dennoch bleiben auch der überwiegenden Mehrheit Diskriminierungen zumindest seitens einzelner Hochschullehrer nicht erspart. Die Fülle der Befunde macht deutlich, wie stark auch Dozenten zur Belastung von Frauen im Ingenieurstudium beitragen.

Von fachlichen Benachteiligungen wird nicht allzu häufig berichtet, vermutlich auch, weil sie schwierig nachweisbar sind. Immerhin vertritt ein Fünftel der Maschinenbauerinnen in Aachen und Berlin die Meinung, daß Zeichnungen von Frauen grundsätzlich schlechter bewertet werden.

Also, ich habe in einem Fach, da mußten wir was zeichnen und da haben immer zwei Leute zusammengearbeitet, und das wurde dann so aufgeteilt. Da habe ich mit einem Jungen zusammengearbeitet, der grundsätzlich auf seine Zeichnung, die wir praktisch beide zusammen gemacht haben, immer ein paar Zehntel besser bekommen hat als ich. Und dann haben wir es mal so gemacht, daß er seinen Namen auf meine Zeichnung geschrieben hat und ich meinen Namen auf seine Zeichnung, und da hat er praktisch auf meine wieder ein paar Zehntel besser gekriegt. Wir konnten es nicht beweisen, und der Professor hat also selber ... immer die Noten gegeben. (II.3)

Vor allem in Gruppenprüfungen kommt es vor, daß Frauen bei gleichem Wissen deutlich niedriger zensiert werden. Einige Hochschullehrer nutzen noch zusätzlich die Gelegenheit, in dieser ohnehin belastenden Situation, ihre Vorurteile gegenüber Ingenieurwissenschaften studierende Frauen zum Ausdruck zu bringen.

Ja, dieser eine Prof, von dem ich erzählte, der in der Prüfung ganz klar sagte, "Was wollt ihr Frauen hier eigentlich?". Das sagte der wirklich. Es war eine mündliche Prüfung. Man ging zu 2, 3 oder 4 in die Prüfung, wir gingen zu viert, 2 Frauen und 2 Männer; hatten uns zusammen vorbereitet und waren uns alle vier einig, daß wir auf einem Wissenslevel waren. Und dann, die Männer kriegten eine 1, wir Frauen eine 3, ganz einfach. Das war der einzige, bei dem es so extrem war, so klar und offen. So habe ich es nie wieder erlebt. (VI.19)

Jede fünfte Frau erwähnt allerdings auch positive Diskriminierungen. Einige der älteren Hochschullehrer reagieren erfreut auf das beginnende Interesse von Frauen an Ingenieurwissenschaften und heben in Vorlesungen Leistungen von Frauen hervor, unterstützen und fördern sie in Prüfungen und Beratungsgesprächen. Besonders in Aachen - möglicherweise aufgrund der extremen Frauenknappheit - berichten Frauen über bessere Chancen bei Besetzungen von Tutorenstellen und auch bei Prüfungen. Daß jedoch bevorzugte Behandlung auch eine Mißachtung von Frauen ausdrücken kann, zeigt die Äußerung einer Berliner Maschinenbaustudentin.

Und dann gab es in Mechanik im Grundstudium einen Professor, der hat das ganz klar gesagt, Frauen werden bei ihm besser benotet als Männer, weil Frauen hinterher sowieso Hausfrauen werden. Da kann man das ruhig machen. Ein Mann muß hinterher arbeiten, der muß wissen, was er macht. (Lachen) ... Bei dem war es so, da habe ich eine Prüfung gemacht, da hat er gesagt, sie stehen zwischen 2 und 3, eigentlich eher eine 3, aber weil sie eine Frau sind, gebe ich Ihnen eine 2. (II.6)

Weitaus häufiger scheinen jedoch subtilere Formen der Diskriminierung zu sein. Bereits die in Vorlesungen übliche Form der Anrede 'meine Herren' zeigt eine Abgrenzung gegenüber Frauen, macht sie doch deutlich, daß ihre Anwesenheit etwa in Mechanikvorlesungen nicht normal ist. Ebenso gern wird beiläufig in einem Nebensatz mit einem kleinen Scherz auf Kosten der anwesenden Frauen die Vorlesung aufgeheitert.

Na ja, da gab es schon Unterschiede. Also die Dozenten sind schon reingekommen und haben gesagt: "Also meine Damen, jetzt wollen wir mal den Haushalt vergessen und mit dem Unterricht beginnen." Oder eben so bestimmte Sachen ... Spitzen kamen wieder und wieder. Daß also gesagt wurde, als wir plastikverarbeitende Industrie hatten, da wurde immer gesagt: "Stellen Sie sich im Haushalt Ihre Plastikschüssel vor, wenn Sie die kochen aus Versehen." (II.24)
... der Eindruck, den eine Frau hinterläßt, das ist nur der, den sie mit ihrem Pumpsabsatz in den Boden stampft. (lachen). (II.24)

Sowohl bei Kritik wie bei Lob gelingt es den Hochschullehrern offensichtlich selten, sich 'geschlechtsneutral' zu äußern.

So versteckte Sachen werden dann halt gesagt ... Sie sehen so schön bunt aus heute ..., so wie aus dem Theater. Ich glaube, da haben Sie mehr Stärken, und dergleichen. Und all solche Sachen. Also versteckte Sachen mehr. (II.1)

Gerade diese Art von Bemerkungen bringt Frauen in eine schwierige Situation. Obgleich der Sexismus deutlich wird, machen die Beiläufigkeit, mit der sie vorgebracht werden, die Vereinzelung der Frau und die Abhängigkeit vom Hochschullehrer es fast unmöglich, sie angemessen zurückzuweisen. Frauen wissen sehr wohl, daß sie wieder einmal ihre Humorlosigkeit unter Beweis stellen würden, wenn sie auf derartige 'Bagatellen' verärgert reagierten. Daß ihnen die Summe der Bagatellen dennoch zu schaffen macht, erklärt, weshalb sie im Interview - auch von Berufstätigen - noch erinnert werden. Aber selbst den Interviewerinnen gegenüber bleibt eine Unsicherheit, inwieweit ihre Erwähnung nicht doch auf eine gewisse Überbewertung von Kleinigkeiten schließen ließe. Vorsorglich werden daher diese Begebenheiten oft **lachend** erzählt.

Aus Aachen wird ein Verhalten der Hochschullehrer berichtet, das in besonderer Weise die Kameraderie zwischen Hochschullehrern und Kommilitonen deutlich macht. Bereits die Pfeifkonzerte der Kommilitonen führen - wie oben erwähnt - zur starken Verunsicherung der Studentinnen. Die Solidarisierung des Hochschullehrers mit den Studenten durch ironische Bemerkungen verschärft diese Situation noch.

Da ging wohl auch mal ein Mädchen mit dem Jungen während der Vorlesung, aber das machen Jungen auch öfter, vorne vorbei, und da fingen alle an zu pfeifen, und da meinte der Prof, na ja, so toll war sie ja nun auch nicht. Das finde ich schon ziemlich hart. (V.3)

Offensichtlich herrscht in Berlin ein weniger rüdes Klima. Allerdings haben Studentinnen hier mit einzelnen Professoren besonders häufig belastende Erfahrungen gemacht. Nach den Beschreibungen der Studentinnen zeichnen sich diese Dozenten insgesamt durch eine stark konservative Haltung aus, die in offen bekundeter Abneigung gegenüber Frauen - häufig auch Ausländern - deutlich wird. Auch hier ergeben sich fachspezifische Unterschiede. Von den E-Technikerinnen wird nur ein derartiger Dozent erwähnt, während die Maschinenbauerinnen in Berlin stärker unter dem "Konservatismus" männlicher Hochschullehrer und Assistenten zu leiden haben.

Es gelingt den Studentinnen kaum, in diesen Bereichen hilfreiche Strategien zu entwickeln; der einzige Schutz ist Vermeidung des Vornamens in Klausuren. Aufgrund des Machtgefälles zwischen ihnen und den Hochschullehrern werden sich die Frauen in Auseinandersetzungen kaum behaupten können. Eine Reihe von ihnen berichtet, daß bestimmte Prüfer von Frauen gemieden werden, daß Kurse und Seminare gewechselt und damit zumeist wiederholt werden müssen und wegen Auseinandersetzungen mit Professoren Noten gesenkt oder das Studium um ein Semester verlängert werden.

4.4.4 Beziehungen zu Kommilitoninnen

Wie sehen die Beziehungen der Ingenieurstudentinnen zu Frauen im universitären Umfeld aus? Sind sie ein Refugium oder eine zusätzliche Irritation nur auf anderer Ebene?
Die Frage nach der Beziehung zu anderen Ingenieurstudentinnen in diesem fast frauenlosen Studium ist aus einer Reihe von Gründen von Bedeutung. Zum einen belegen Berichte aus Ländern, in denen in den letzten Jahren spürbare Erfolge erzielt wurden hinsichtlich der Erhöhung des Frauenanteils in technischen Studiengängen (USA, GB) die Annahme, daß bereits ein weniger asymmetrisches Zahlenverhältnis zwischen Frauen und Männern die Situation für Frauen erleichtern kann. Da die Qualität der Beziehungen zu anderen Frauen zusätzlich aussagekräftig ist über das weibliche Selbstbild, erscheint die Frage auch in diesem Kontext von Interesse.
Da - wie dargelegt - nur wenige Frauen ihre Situation der Vereinzelung in einem Männerstudium durchweg als negativ bezeichnen, erstaunt es nicht, daß ein gutes Drittel der Befragten andere Frauen in ihrem Studium nicht vermißt hat. Allerdings zeigen sich hier fachspezifische Unterschiede: Fast die Hälfte aller Berliner und Aachener E-Technikerinnen haben andere Frauen im Studium nicht vermißt, während dies nur ein Viertel der Berliner und ein Drittel der Aachener Maschinenbauerinnen aussagen. Als Begründung wird angeführt, daß die Frauen sich grundsätzlich in den Kreis der Kommilitonen integriert fühlen. Es sind entweder Frauen, die bereits vor der Studienzeit an Jungencliquen gewöhnt waren oder die - v.a. in Berlin - aus der Schulzeit oder durch den Partner in gemischten Cliquen außerhalb der Universität eingebunden sind. Nur sehr wenige allerdings empfinden die Konfrontation mit Männern als eine nützliche Vorbereitung auf die zu erwartenden Härten in einem Männerberuf

und lehnen daher die Erhöhung der Anzahl von Frauen im Ingenieurstudium oder Frauenveranstaltungen ab.

Also, wenn du nämlich so einen normalen Beruf machst für eine Frau, dann glaubst du nachher wirklich, die Frau wäre wirklich, tatsächlich gleichberechtigt in der Gesellschaft. Wenn du aber mal hier bist, dann siehst du mal, wie das wirklich ist. Das kannst du ja nicht einfach vergessen. Ich habe letztensmal mit zwei Sekretärinnen gesprochen, die meinten, das wäre doch gar nicht so, und bei ihnen im Büro, da wäre alles so nett und die Männer wären so freundlich und so ... (VI.4)

Ein knappes Fünftel aller E-Technikerinnen hat sich bewußt nach einer oder mehreren Frauen umgesehen, während sogar die Hälfte aller Berliner und 60% aller Aachener Maschinenbauingenieurinnen aktiv nach Frauen gesucht haben oder zumindest eine gute Freundin als angenehm oder wünschenswert in der Studienzeit bezeichnen. Über die Hälfte dieser Frauen empfinden den Kontakt zu anderen Frauen in Technikerinnengruppen, Frauengruppen oder den Technikerinnentag als wohltuend und als Erholung von dem Sonderstatus unter Männern. Vor allem die jüngeren Aachener Maschinenbaustudentinnen scheinen davon profitiert zu haben, daß die im Rahmen der Erstsemestertutorien gebildeten 'Technikerinnengruppen' frühzeitig zu einem lockeren Kontakt der vereinzelten Studienanfängerinnen geführt haben. 70% der heutigen Maschinenbaustudentinnen in Aachen berichten positiv über diese Erfahrung.

Was ich sehr schön fand nach dem ersten Treffen, wo die meisten da waren, haben sich die Mädchen untereinander alle gegrüßt, die sich kannten. Das war schon mal eine ganz schöne Situation, daß man ein bißchen zusammengehalten hat, nur durch das Grüßen. (VI.1)

Offensichtlich macht die Isolation vom heimischen sozialen Umfeld in Aachen den Kontakt zu anderen Frauen für die vereinzelten Studentinnen notwendiger. Es spricht also einiges dafür, solche Treffen zu einer Institution zu Studienbeginn werden zu lassen, dies umso mehr, als es vielleicht gerade Ingenieurstudentinnen nicht immer leicht fällt, auf andere Frauen direkt zuzugehen.

Ich kenne mehrere Mädchen, obwohl ich die nicht so gut kenne. Gerade aus meinem Semester, das ist seltsam, daß wir uns nie getroffen haben und gesagt haben, alle Mädchen treffen sich, was die jetzt im 1. Semester machen. Aber ich habe schon Mädchen kennengelernt, man trifft immer mal Maschinenbauerinnen, aber ich glaube, sonst komme ich mit Mädchen manchmal ein bißchen schwer ins Gespräch. Vielleicht weil ich sowieso oft mit Leuten schwer ins Gespräch komme, habe ich immer ein bißchen Angst, daß es mit Mädchen immer ein bißchen schlimmer ist. Vielleicht bilde ich mir das auch nur ein, aber oft habe ich das Gefühl, daß ich mit Mädchen mehr Schwierigkeiten habe als mit Jungens. (VI.9)

40% derjenigen, die Kontakt zu Frauen positiv erlebt haben, bezeichnen eine gute Freundin im Studium oder im Privatbereich als wichtige Unterstützung. Jede dritte hebt die Möglichkeit hervor, mit Frauen Themen zu besprechen, denen in der Kommunikation mit Männern rasch Grenzen gesetzt sind. Auffällig ist, daß dieser Grund für Frauenkontakte vor allem von E-Technikerinnen erwähnt wird.

Außerdem ist es ganz wichtig für mich, daß ich auch meinen Männerfrust mal loswerden kann und dadrin auch Unterstützung finde, also ohne die anderen immer gleich zu nerven. Denn es ist natürlich schon mal so, wenn man als Mann ständig nur seine männlichen Verhaltensweisen vorgelegt kriegt ... Also zum Teil ist es ganz wichtig, also dann mache ich es auch; also manchmal ist es auch nur dieses ewige Genervt-sein von den Männern. (II.15)
Auf einer tieferen, mehr persönlichen Ebene, wo es also um meine persönlichen Probleme geht, oder um Dinge, die mich wirklich - was Ängste oder irgendwas, was mit Gefühlen zu tun hat, ist für mich absolut unmöglich, darüber mit Männern zu kommunizieren. Und selbst mit meinen Freunden, mit denen ich so zusammen war, habe ich das immer wieder doch gemerkt, daß die wahrscheinlich durch ihre Erziehung, ich weiß nicht, woran es liegt, ob es wirklich an dem Geschlecht liegt, wahrscheinlich liegt es zum größten Teil an der Erziehung, unfähig sind, wirklich zu fühlen. Also sie sind so - ... das ist so schwer auszudrücken, bis zu einem gewissen Grad ist eine Kommunikation möglich und da drüber schalten sie ab. ... daß eine bestimmte Form von Gefühlen eben Schwäche ist, und Schwäche darf eben nicht sein ... (II.7)

Wie bereits im Kapitel zur Schulzeit und Adoleszenz dargelegt, haben die von uns befragten Ingenieurstudentinnen des öfteren ein ambivalentes Verhältnis zu Frauen. Während in der Jugend häufiger Männergruppen bevorzugt werden, sind es in der Studienzeit allerdings nur vier Frauen, die insgesamt eine schlechte Beziehung zu Frauen angeben. Berücksichtigt werden muß, daß Frauen mit ausgeprägten Vorbehalten gegenüber anderen Frauen sich vermutlich nicht für unsere Befragung zur Verfügung gestellt hätten. Von sehr vielen unserer Gesprächspartnerinnen werden nicht Frauen schlechthin abgelehnt, sondern - wie auch schon in der Kindheit und Jugend - nur ein ganz bestimmter Typus Frau, insbesondere betont 'weibliche' Frauen. Von 'Modepüppchen' wird in einem sehr abwertenden Ton gesprochen.

Ja, aber einige, ja einige Mädchen, die studiert haben, waren mit bei, also die konnte ich nicht so besonders ab, weil die sind da so als Modepüppchen rumgetänzelt, und ich hatte so das Gefühl, die haben auf andere Dinge Wert gelegt als auf dieses Maschinenbaustudium. (II.28)

In solchen Bewertungen drückt sich nicht nur ein traditionelles Männerbild der Frauen aus, sondern auch die Konkurrenz unter Frauen, die vermutlich in einer geringen Selbstsicherheit bezüglich bestimmter Aspekte von Weiblichkeit ihre Ursache hat.

F: Würdest du jetzt noch sagen, was du für frühere Phasen gesagt hattest, daß du eigentlich mit Männern besser auskommst?

A: Ähm ... (Pause) ... ja, schon ein bißchen. Weil ich mich mit Frauen mehr selber zusammennehmen muß. Also, daß ich mir diese ganzen Mechanismen, die da ablaufen, diese Konkurrenz, daß ich die bei mir selber sehr stark kontrollieren muß: Warum bist du jetzt darüber sauer? Doch nur, weil du das als Konkurrenz empfindest; das ist doch eigentlich totaler Quatsch ... das so zu empfinden. Daß halt mit Männern schon andere Mechanismen ablaufen und daß das zum Teil einfacher ist. Dieses Konkurrenzdenken ist nicht so stark, weil Männer vergleichen sich zwar schon mit Frauen, aber nie, das ist nie diese direkte Konkurrenz. (V.8)

Es gibt auch vereinzelt Frauen, die eher Vorbehalte gegenüber 'männlichen' Kommilitoninnen oder Assistentinnen äußern. Kritik gilt der Anpassung an das männliche Wissenschaftssystem bzw. der mangelnden Bereitschaft, sich mit Technikinhalten auch als Frau auseinanderzusetzen.

Ja einfach, daß es auch Frauen gibt, die ich zu den Arbeitstieren zählen würde, die so echt ziemlich auf das Studium fixiert sind. Was ich auch nicht verstehen kann, daß die die Problematik Frauen und Technikstudiengänge, daß die das überhaupt nicht als Problem ansehen, das sind einfach Sachen, die mir nicht passen, die die akzeptieren. (V.3)
Dann guckt man die sich an und denkt, das sind aber auch seltsame Frauen und fragt sich im Prinzip, ob man nicht genauso ist ... das sind einfach so Mannweiber. Das ist das, wovor alle Frauen, glaube ich, Angst haben beim Studieren, könnte ich mir vorstellen. ... Wie die sich verkaufen, auch später im Beruf, vor allem, wenn sie erfolgreich sind, die müssen einfach aggressiver sein. (VI.8)

4.4.5 Beziehungen zu Assistentinnen

Da Assistentinnen eine Minderheit an ingenieurwissenschaftlichen Fachbereichen darstellen, wird nur sehr selten über Erfahrungen mit ihnen berichtet. Auffallend ist, daß die Beziehung zur Assistentin das Verhältnis der jeweiligen Studentin zu Frauen im allgemeinen widerspiegelt. Nur wenige vertreten die Meinung, es komme nicht auf das Geschlecht, sondern auf die Qualität der Dozenten an; ohnehin werden nicht allzu viele vor die Wahl gestellt, ob sie lieber ein von einer Frau geleitetes Praktikum belegen. Positiv wird von einer Assistentin berichtet, die sich besonders um Studentinnen bemüht. Nur Studentinnen, die ohnehin ein problematisches Verhältnis zu anderen Frauen haben (vgl. Beziehungen zu Kommilitoninnen), befürchten, daß Frauen Studentinnen gegenüber noch härter urteilen als

gegenüber Studenten. Oder sie haben generell wenig Vertrauen in die Kompetenz von Frauen.
Allerdings scheint unbewußt bei den meisten Studentinnen eine Identifikation mit den Assistentinnen stattzufinden. Sie beurteilen sie danach, wie sie sich selbst gerne in dieser Rolle sehen würden. Es ist ihnen durchaus bewußt, daß die Assistentin bei den Männern das Bild von Frauen in Kompetenz erfordernden Positionen entscheidend prägen wird. Sie fordern von ihnen daher, ein positives Beispiel zu setzen durch selbstsicheres Auftreten, und freuen sich, wenn es einer Frau - stellvertretend - gelingt, sich gegenüber der männlichen Mehrheit durchzusetzen.

4.5 Zusammenfassung

Die Befunde unserer Gespräche zum Erfahrungraum und zur Lebensphase "Studium" lassen erkennen, daß das fachliche Interesse der befragten Frauen für den Bereich Naturwissenschaft und Technik relativ früh einsetzt und konstant bleibt. Andere Gründe für die Wahl eines ingenieurwissenschaftlichen Studiums wie z.B. die Arbeitsmarktsituation haben allenfalls den Stellenwert eines zusätzlichen Anstoßes, sind jedoch nicht primär entscheidungsrelevant.
Bemerkenswert ist, daß geschlechtsspezifische Abgrenzungen im Hinblick auf Studienstrategien wenig erkennbar sind. Die Studentinnen scheinen vielmehr die allgemeinen Lernmuster dieser Studienrichtung zu übernehmen. Hervorzuheben ist allerdings, daß ihre Studienleistungen - wie bei Pionierinnen üblich - meist über dem Durchschnitt liegen.
Insgesamt zeigt sich, daß den Studentinnen spätestens ab der Konsolidierungsphase um das Vordiplom weitgehend die Übernahme des akademischen und fachspezifischen Habitus gelungen ist: Sie haben ge-

lernt, unter Zeitdruck zu arbeiten, bewußt Lücken zu setzen und nicht nach umfassendem Verständnis zu fragen; das bestmögliche Ergebnis mit geringstem Aufwand zu erreichen. Ebenfalls haben sie es weitgehend als "Norm" internalisiert, daß prinzipiell jedes Problem lösbar ist, Rahmenbedingungen unhinterfragt akzeptiert, Voraussetzungen und Folgen technischer Probleme ausgeklammert werden. Ihre Ansprüche und Erwartungen an berufliche Positionen und materielle Erwartungen zeigen, daß sie durchaus eine Entsprechung von Bildungsinvestition und Erträgen erwarten.

Demgegenüber ist jedoch offenkundig, daß die sozialen Bedingungen für Frauen in einem "Männerstudium" härter sind als für ihre Kommilitonen. Jede Maßnahme, der es gelingt, mehr Frauen für dieses Studium zu motivieren, wird damit zugleich dazu beitragen, die Studienbedingungen für Frauen zu verbessern.

Die Erfahrungsberichte der Studentinnen und Ingenieurinnen aus der Hochschulzeit verdeutlichen aber auch die Notwendigkeit zur Differenzierung: statt von **dem** Ingenieurstudium zu sprechen, muß nach Fachrichtungen und Studienorten unterschieden werden. Der Sozialisationsprozeß in die technische Kultur findet offensichtlich je nach Disziplin und Hochschule in einem anderen "Klima" statt, wie sich an den beiden von uns gewählten Fächern und Studienorten belegen läßt. Angesichts des großen Gewichts sozialer Akzeptanz für die intellektuelle Leistungsfähigkeit kann es die Alma mater nicht gleichgültig lassen, ob sich Frauen in ihren technischen Regionen zuhause fühlen.

Die Frage, ob sich Geschlecht und Schichtzugehörigkeit kumulativ belastend auswirken, hat für die Studienphase keine eindeutige Antwort gefunden. Bei Herkunft aus unterem Sozialmilieu mag die Chance zum Statusgewinn zwar Energien mobilisieren, aber die kulturelle Distanz zum Akademiker-Habitus verzehrt auch Kraft. Insgesamt sind für alle Studentinnen - und das ist die wesentliche Botschaft aus der

Studienzeit - nicht die **fachlichen** Anforderungen das Problem, sondern die **sozialen** Filter, Barrieren, Zumutungen.

5 Bewährung: Die Ingenieurin im Beruf

Doris Janshen und Hedwig Rudolph

5.1 Strategien und Erfahrungen beim Berufszugang

Der Berufseinstieg setzt nachhaltige Markierungspunkte für den weiteren Karriereverlauf bei Ingenieuren vermutlich stärker noch als bei anderen Professionen. Für die Industrielaufbahn gilt: Wer seine ersten praktischen Berufserfahrungen in einem Großunternehmen sammelt, kann dadurch seine späteren Chancen in Klein- und Mittelbetrieben verbessern. Kaum jemals aber führt nach einem Start im Kleinbetrieb der weitere Weg in die Karriereleiter eines Großunternehmens. Für Ingenieure mit Ambitionen auf eine Hochschullaufbahn wiederum empfiehlt sich nach Studienende eine mehrjährige Industrietätigkeit, in der das Promotionsthema entwickelt und z.T. auch bearbeitet wird.

Soll der erste Schritt in den Beruf nicht durch die Unwägbarkeiten der aktuellen Arbeitsmarktsituation gelenkt sein, sondern der anvisierten Berufsperspektive entsprechen, so erscheint Voraussicht geboten. Dokumentieren könnte sich dies in der gezielten Suche nach Praktikumplätzen und/oder bei der Auswahl des Themas für die Diplomarbeit. Wir fragten daher, wie die Jungingenieurinnen diese kritische Schwelle anpeilten, wie strategisch oder pragmatisch ihre Vorgehensweisen angelegt waren und unter welchen Voraussetzungen sie den Einstieg schafften.

Unsere Ingenieurinnen waren bei der ersten Stellensuche höchstens ausnahmsweise von klaren berufsbiographischen Zielrichtungen geleitet, wie z.B. eine Frau, die die Promotion vorzieht, um in der Industrie "höher" einzusteigen.

A: Ich würde ungerne diese trockene Laufbahn wählen nach dem Motto Gruppenleiter, Abteilungsleiter, Oberabteilungsleiter, Oberoberoberabteilungsleiter. Dazu habe ich keine Lust. Deswegen habe ich mir auch gesagt, machst du sowas, was einen schon in eine gewisse Position bringt, ja. (lacht)

F: Auf welcher Ebene steigst du dann ein?

A: Nein, damit meine ich nicht organisatorisch, sondern wo du dich jetzt nicht hochrappeln mußt; du hast schon einen gewissen Stand. Obwohl der Doktor heute nicht mehr soviel zählt wie früher. Bloß, man kriegt denn öfter mal so eine Projektleitung an den Hals und arbeitet nicht mehr zu. Ich habe ja früher auch schon Projekte geleitet, aber das waren so kleine Sachen, in die Richtung möchte ich gerne, so ein verkappter Manager, der schon noch mit Technik zu tun hat, aber auch mit Organisation und nicht so den Leuten direkt aufgedrückt wird, denn davor habe ich Angst, das kann ich auch nicht durchstehen. Ich glaube nicht, daß ich dazu fähig wäre. (I.16)

Zwar finden insgesamt acht Ingenieurinnen ihre erste Stelle sozusagen als Fortsetzung ihrer Studien- oder Diplomarbeit, aber keine hatte ihr Thema unter dieser Erwägung gewählt. Überwiegend werden Überlegungen und Bemühungen um einen Arbeitsplatz auf die Zeit nach den Prüfungen verschoben, es sei denn, die Kunde von der engen Arbeitsmarktsituation im eigenen Fachgebiet verbreitet sich über Kommilitonen des vorhergehenden Prüfungstermins.

Die Häufigkeit ihrer Bewerbungen weist eine große Streubreite auf: etwa jeweils ein Drittel bewerben sich weniger als fünfmal, 5-10mal und 30-50mal! Diese zuletzt angeführte Gruppe umfaßt nur Maschinenbauerinnen. Deren Situation spiegelt auch die Einstellungsengpässe dieser Branche Ende der 70er/Anfang der 80er Jahre wider. Überdurchschnittlich häufige Bewerbungsanläufe können aber auch auf ungeschickte Vorgehensweisen hindeuten, sei es in der Art der Selbstdarstellung oder in der Auswahl der Adressaten. Etwa 40% der Ingenieurinnen bemühen sich selbst aktiv um eine Stelle, und zwar überwiegend gezielt, z.B. durch Anschreiben mit Kurzbewerbungen bei bekannten Unternehmen oder Instituten. In der Konzentration auf "groß" und "bekannt" offenbart sich nicht nur der Wunsch, zukünftige Berufswege offener zu gestalten, sondern auch die realistische Einschätzung, daß die Eingangsbarrieren dort für sie als Frauen niedriger sein würden. Die drei Frauen, die ihre Schreiben breit streuen an alle Firmen des Branchenregisters, haben - wie zu erwarten war - damit nie Erfolg. Offenkundig ist dies nicht allen bekannt:

A: Ich hatte mich damals auch bei meinem heutigen Chef schon beworben. Der sagte mir, so das Telefonbuch durch, das macht kein Mensch. Eine Frau, die keiner kennt, die frisch von der Uni kommt, das macht kein Mensch. Dafür wäre ich auch noch zu jung. So eine Frau ab 40, die nimmt man schon eher mal. Die Noten haben ihm schon imponiert, aber er meinte, das Risiko wäre zu groß.
F: Von den anderen hast du aber kein Feedback gekriegt?
A: Ich habe da so die wahnsinnigsten Dinger gekriegt, so von "Wir bedauern wirklich, sehr geehrtes Frl. H." und so, allein von der Anrede her hätte ich die schon in den Papierkorb schmeißen können. Es stand teilweise wirklich drin "Wir glauben, daß Sie für den Beruf nicht geeignet sind". Das stand drin ohne Begründung, einfach so; also auch normale Ablehnungsbriefe, die man immer so kriegt. Es haben sich auch viele gar nicht gemeldet.
F: Es hat dich seelisch aber nicht umgenietet?
A: Ich fand es teilweise schon übel. (II.23)

Eine Ingenieurin gibt selbst ein Inserat auf in der Zeitschrift einer Standesorganisation, und zwar bewußt geschlechtsneutral formuliert. Zehn Angebote erhält sie daraufhin, aber als sie sich dann offen bewirbt, machen die meisten verlegene Rückzieher oder lassen nichts mehr von sich hören. Eine Stelle erhält sie schließlich über Beziehungen.

Es sind insgesamt etwa 40% der Ingenieurinnen, die ihre erste Arbeitsstelle letztlich über Beziehungen finden. Seien es Familie, Institut oder Studienkollegen, stets aber sind es Männer, über die der Kontakt sich herstellt. Die meisten Ingenieurinnen haben sich zuvor oder parallel selbst bemüht.

F: Also in dem Moment, wo das Institut sich für dich eingesetzt hat, da lief es, und wo du es selbst gemacht hast, lief es mies?
A: Ja.
F: Und was waren die Begründungen, warum du abgelehnt wurdest?
A: Ich hatte ja nun auch ohne Stellenanzeigen geschrieben, die haben eben gesagt, sie haben keine Stelle frei, oder daß ich da nicht in das Berufsprofil reinpasse. (V.12)

Das große Gewicht persönlicher Beziehungen bei der Öffnung des Zugangs zum Arbeitsmarkt erinnert an die Suche nach Praktikumsplätzen, wo ohne Beziehungen überhaupt nichts erreichbar war. Konnte damals noch beschwichtigend angemerkt werden, daß die Betriebe Anlaß hatten, an der Ernsthaftigkeit der Ausbildungsabsicht zu zweifeln, so gilt diese Entlastung nach Studienabschluß weniger. Wir haben keine Informationen darüber, ob beim Berufszugang von Ingenieuren Beziehungen eine ähnlich große Rolle spielen - oder vielleicht sogar eine noch größere. Im Falle von Ingenieurinnen erscheint die Absicherung der Betriebe durch persönliche Empfehlungen als Strategie, um die Risiken einer Beschäftigung von "Exotinnen" abzufedern. Daß sie ihren Job Beziehungen verdanken, ist für die Mehrzahl der entsprechenden Ingenieurinnen kein Problem. Vermutlich hatten sie schon die Botschaft gelernt, daß fachliche Kompetenz nur eine notwendige, aber keine hinreichende Bedingung für den Erfolg in der Profession darstellt und vor diesem Hintergrund haben sie die informellen Netzwerke der Männer ohne Vorbehalt benutzt.

Fast alle Ingenieurinnen können von Erfahrungen aus mehreren Vorstellungsgesprächen berichten. Überraschend selten werden direkte Diskriminierungsmomente thematisiert.

F: Hattest du den Eindruck, daß die Tatsache, daß du eine Frau bist, bei den Bewerbungen stark ins Gewicht gefallen ist?
A: Ja, doch. Ja, insofern als ich mich halt auf Stellen beworben habe, die also so im wesentlichen für Männer gedacht sind. Also so einen Bürojob, wie ich ihn jetzt mache, das wäre nicht so gravierend gewesen; aber beachtet wird es auf jeden Fall. Da man sich nicht vorstellen kann, daß so ein Persönchen da im Prüffeld die Monteure, wie sie immer so schön sagen, zusammenscheißt. (V.15)

Als Aufforderung zum Rückzug der Bewerbung werden z.B. Schreiben mit der Anrede "Fräulein" interpretiert. In zwei Fällen wird ein untertarifliches Gehalt angeboten und einige Male erfolgt die Einladung offensichtlich nur kuriositätshalber: mal sehen, wie eine Ingenieurin ausschaut, noch dazu mit so guten Noten.

Insgesamt, so kann vermutet werden, wirkt die Diskriminierung in der Dunkelzone zwischen Bewerbung und Auswahl zum Vorstellungsgespräch. Wenn Ingenieurinnen zum Gespräch eingeladen werden, können sie meist mit fairen Verfahren rechnen. In mehr als der Hälfte der Gespräche werden nur oder überwiegend fachliche Fragen besprochen, etwa betriebliche Situation, Struktur des vorgesehenen Arbeitsgebiets, Studienschwerpunkte. Knapp ein Drittel der Frauen berichtet über Gespräche mit fachlichen wie auch persönlichen Aspekten. Selbst in den drei Fällen, wo nur Persönliches zum Thema gemacht wird, fühlen sich die Frauen nicht unangemessen behandelt. Die Mehrzahl hat sich auf Fragen nach Partnerschaft und Kindern eingestellt, aber soweit Fragen dazu überhaupt eingeflochten werden, begnügen sich die betrieblichen Gesprächspartner mit knappen, bestimmten Antworten. Offenbar realisieren jedenfalls die Betriebe, die Ingenieurinnen zu Vorstellungsgesprächen einladen, daß auch Männer nicht ewig "betriebstreu" sind.

Bei der Vorbereitung auf die Gespräche ist jeder zweiten unserer Ingenieurinnen - jenseits von betrieblichen und fachlichen Aspekten - auch ihre äußere Aufmachung eine Überlegung wert. Allen ist bewußt, daß die Einstellung einer Ingenieurin für Betriebe (noch) keine Routineangelegenheit darstellt, und die Erwägung besteht nun darin, ihr Frausein entweder zu akzentuieren oder zu kaschieren. Die erste Variante wird nur relativ selten und dezent gewählt: Rock, leichtes Make-up. Die Mehrheit der Frauen vertritt dagegen den Standpunkt, es sei besser, sich im eigenen Kleidungsstil - und der ist überwiegend bequem, sportlich-salopp - zu präsentieren, zumal sie wenig Neigung verspüren, sich im Berufsleben tagtäglich zu "verkleiden". Irritationen zu diesem Aspekt werden aus den Bewerbungsgesprächen nicht berichtet. Andererseits: eine Frau, die mit Cordhose und Bluse bewußt als "typische Konstrukteurin" erscheinen wollte, konnte damit den Widerstand des potentiellen Beschäftigers gegen einen Fraueneinsatz in diesem Bereich auch nicht unterlaufen.

Wir haben unsere Ingenieurinnen auch danach befragt, welche Gründe aus der Sicht des Betriebes vermutlich für ihre Einstellung gesprochen haben. Bemerkenswerterweise stand bei jeder zweiten Ingenieurin die fachliche Eignung im Vordergrund, für die unterschiedliche Momente angeführt wurden: Fächerkombination im Studium, Noten im Diplom, der Ruf der Hochschule bzw. des Instituts. Etwa jede fünfte Ingenieurin vermutet, daß ihre außertechnischen Qualifikationen, insbesondere Fremdsprachenkenntnisse und Interesse an Auslandsreisen, für ihre Einstellung sprachen.

Kaum weniger häufig als fachliche Gründe werden persönliche Eigenschaften genannt wie: fleißig, zuverlässig, (vermutlich) geschickt im Umgang mit Kunden. Der ausdrückliche Bezug auf diese Merkmale ist ambivalent zu bewerten, weil damit eine einseitige Interpretation von Frauenerwerbstätigkeit fortgeschrieben wird mit Fähigkeiten, die im Beruf gerne abgefordert, aber selten honoriert werden. Die gehalts- und karriereträchtigen Gegenpole - kreativ, spontan, konfliktfähig - bleiben als "männlich" ausgespart.

Noch ausgeprägter zeigt sich diese Problematik in den vier Fällen, in denen für die Stelle ausdrücklich eine Frau vorgesehen war: entweder waren die Arbeitsbedingungen so wenig attraktiv, daß ohnehin kein qualifizierter Mann hätte gewonnen werden können, oder die Einstellung einer Frau diente der Verbesserung des Betriebsklimas bzw. der Demonstration von Offenheit in der Personalpolitik.

Während meist mehrere positive Faktoren zusammentreffen, die dann Betriebe zur Einstellung von Ingenieurinnen motivieren, mutmaßen sieben Frauen, sie verdankten ihren Job lediglich dem Nachfrageüberhang zum Zeitpunkt ihrer Bewerbung. Bei einigen älteren Maschinenbauerinnen bezieht sich dies auf die Zeit des Wiederaufbaus nach dem Krieg, bei den Elektroingenieurinnen auf die 80er Jahre.

Die oben skizzierten Bewerbungsstrategien der Ingenieurinnen machen bereits einiges von dem sichtbar, was ihnen selbst an ihrem Arbeitsplatz wichtig ist. Die starke Orientierung bei der Stellensuche auf Großbetriebe einerseits und der relativ häufige Verbleib im Ausbildungsinstitut andererseits dokumentieren das vorrangige Interesse an Arbeitsinhalten: sie wollen vielseitig sein, Weiterbildungschancen erschließen, Kontakt zu (anderen) Unternehmen schaffen.

F: Was war für dich das Hauptkriterium, daß du diese Stelle genommen hast?

A: Erstmal wollte ich gerne wieder was zum Arbeiten haben, und es war weiterhin die Richtung, die ich gemacht habe. Für mich war wichtig, im Labor zu bleiben. Es war auch gehaltsmäßig und stellungsmäßig so, wie ich mir das vorgestellt habe, also durchaus eine positive Stelle. Ich hätte es nicht besser treffen können. (II.25)

Insbesondere Frauen, die zum Zeitpunkt der Diplomprüfung noch relativ jung sind - z.B. 23 Jahre -, versprechen sich im Schatten der Hochschule einen geschützten Berufsstart mit der beiläufigen Möglichkeit, Fäden zur Industrie zu knüpfen.

Für jede dritte Ingenieurin ist das Arbeitsklima ein wichtiges Entscheidungskriterium, d.h. sie legen Wert darauf, daß die zukünftigen Kollegen sie mögen und ihnen der Arbeitsstil zusagt.

Mutmaßlich im Gegensatz zu den meisten männlichen Kollegen wird das Gehaltsangebot der Firma nur von vier Frauen als (mit-)entscheidend angeführt, sei es, daß sie aus finanziellen Gründen dringend einen Arbeitsvertrag suchen und kaum eine Wahl treffen können, sei es, daß das Gehalt den Ausschlag für eines von mehreren Angeboten gibt.

A: Für mich war das schon wichtig, daß ich eine Arbeit kriege und auch arbeite und Geld verdiene, wir waren dann also wirklich bei plus-minus Null, und aus dieser Sicht heraus hatte ich denn also bei B. zugesagt, weil die wirklich gut zahlen, und als ich denn wirklich wußte, die nehmen mich, da habe ich eine Arbeit, da war S. auch kein Thema mehr. Da habe ich dann abgesagt. Die hätten mich auch nicht genommen, weil ich keine Berufserfahrung hatte. Und ich wollte da auch nicht hin. Insgesamt hatte ich also 3 Bewerbungen.

F: Und gab es auch inhaltliche Argumente, warum sie sich für B. entschieden hatten?

A: Nein. (II.28)

Häufiger wird darauf verwiesen, daß die Einstiegsgehälter für Diplomingenieure in der Industrie weitgehend normiert sind und sich von daher als Entscheidungskriterium kaum eignen. Für einen erheblichen Teil unserer Ingenieurinnen, die im öffentlichen Dienst, insbesondere im Hochschulbereich, Anstellung suchen, ist ohnehin klar, daß auf der Gehaltsebene kein Verhandlungsspielraum besteht.

Wir befragten unsere Ingenieurinnen auch danach, ob der Arbeitsort für ihre Entscheidung von Bedeutung war. Damit wollten wir überprüfen, wie weit auch für Ingenieurinnen das Image des an "Lebensqualität" orientierten Akademikers zutrifft. Darüber hinaus versprachen wir uns Hinweise auf die - gerade bei Frauen - als eingeschränkt unterstellte Mobilitätsbereitschaft. Es überrascht nicht, daß fast alle Ingenieurinnen Standortpräferenzen angeben. Die lockerste Form drückt sich darin aus, daß von Bewerbungen bei Unternehmen in entlegenen Gegenden abgesehen wird, die strikteste in der Beschränkung der Stellensuche auf nur eine Stadt. Der sehr enge Suchradius ist kennzeichnend für ältere Ingenieurinnen und resultiert aus dem Beschäftigungsort des Ehemannes, während bei den jüngeren Frauen eher die Attraktivität einer Stadt oder Region ausschlaggebend ist. Dies gilt besonders für Berlin. Ingenieurinnen jüngeren und

mittleren Alters erweisen sich im Interesse ihres beruflichen Engagements meist als mobil und flexibel, einige Frauen nehmen dafür sogar die Belastungen getrennter Wohnsitze vom Ehemann oder Partner in Kauf.
Versuchen wir, die Schritte der Ingenieurinnen beim Zugang zum Arbeitsmarkt, ihre Erfahrungen und deren Verarbeitung auf einen Nenner zu bringen, so könnte er etwa lauten: abwägende Umsetzung einer starken inhaltlichen Orientierung. Ihre Bewerbungsstrategien leiden z.T. unter dem Mangel an Beratung, aber sie sind getragen von der Entschiedenheit, ihr Studium in eine attraktive Berufslaufbahn münden zu lassen. Sie tendieren dazu, Diskrimination - soweit sie nicht ohnehin verdeckt läuft - zu vermeiden bzw. zu ignorieren. Die wichtigsten Kriterien - fachliche Eignung auf seiten der Betriebe, Arbeitsinhalte auf seiten der Bewerberinnen - sind weitgehend deckungsgleich. Arbeitsmarktengpässe veranlassen Betriebe zur Einstellung, **obwohl** es sich um Frauen handelt. Defizitäre Arbeitsplätze sprechen für die Einstellung, **weil** es Frauen sind.

5.2 Ingenieurarbeit aus der Sicht von Ingenieurinnen

Obwohl oder weil Frauen in der Profession der Ingenieure in so geringer Zahl vertreten sind und mithin besonders sichtbar sein müßten, ist kaum etwas über ihren Arbeitsalltag bekannt, ganz zu schweigen von ihren beruflichen Handlungsräumen, den ihnen zugänglichen Gestaltungsmöglichkeiten und Erfahrungen. Die offiziellen Arbeitsmarktstatistiken weisen die Zahlen erwerbstätiger bzw. erwerbsloser Ingenieurinnen höchstens noch gegliedert nach Fachrichtungen aus; feinere Unterteilungen verbieten sich aufgrund der niedrigen absoluten Zahlen.

Zum Zeitpunkt der Konzipierung unseres Projektes war mithin weder bekannt, zu welchen Bereichen des Ingenieurarbeitsmarktes Frauen Zugang gefunden haben, noch ob die Befunde der VDI-Erhebung aus den 60er Jahren immer noch zutreffend sind, wonach Ingenieurinnen hauptsächlich in der Peripherie der Technik beschäftigt sind, oder ob sie Land zugewonnen haben.
An der beruflichen Realität von Ingenieurinnen interessieren uns insbesondere die Wirtschaftsbereiche, Branchen und Betriebe bzw. Institutionen, in denen sie Beschäftigung finden, sodann ihre Erwerbsarbeitsplätze sowie die damit verbundenen Handlungsspielräume, Gratifikationen und zeitlichen Beanspruchungen. Abweichungen der Muster von der durch ihre männlichen Kollegen geprägten "Normalverteilung" wären Indizien dafür, daß auch professionelle Arbeitsmärkte geschlechtsspezifisch gespalten sind. Lassen sich solche "Markierungen" im Reputationssystem der Tätigkeitfelder und Hierarchiepositionen von Ingenieuren ausmachen? Über welche Mechanismen erfolgt ggf. die (Selbst-)Selektion? Sind eher Tendenzen zur Verhärtung oder zur Verwischung erkennbar? Einblicke in den beruflichen Werdegang von Ingenieurinnen vermitteln auch Anhaltspunkte für den Grad ihrer Integration in das Netzwerk der Profession: Nicht alle Positionen sind gleichermaßen geeignet, die individuellen Vorlieben zu erkunden und die spezifischen Befähigungen unter Beweis zu stellen. Und es versteht sich fast von selbst, daß die Chancen von Ingenieurinnen, das Berufsbild mitzuprägen, auch davon abhängen, ob sie in nicht nur angesehenen, sondern auch sichtbaren Ingenieurtätigkeiten vertreten sind.

5.2.1 Beschäftigungsbereiche

Bereits der erste Blick auf die Beschäftigungsbereiche unserer Untersuchungsgruppe zeitigt einen überraschenden Befund: nur knapp die Hälfte aller von uns befragten Frauen ist in Industrie- bzw. technischen Dienstleistungsunternehmen beschäftigt, jede zweite dagegen in Forschungseinrichtungen. Damit unterscheiden sie sich von den männlichen Kollegen. Denn nach den Daten der Volks- und Berufszählung 1970 verteilten sich die Ingenieure und Naturwissenschaftler zu 58% auf das produzierende Gewerbe, 22% auf den öffentlichen Dienst und 18,5% auf private Dienstleistungen (Busch 1981: 303). Demgegenüber sind in den USA sogar 69% aller Ingenieure in der Privatindustrie, 14% im Staatsdienst und 4% selbständig (Fischer 1982: 95). Allerdings stellt sich die Verteilung bei den beiden Fachrichtungen sehr unterschiedlich dar: Während fast zwei von drei (64%) Maschinenbauerinnen in der Forschung tätig sind, ist es bei den E-Technikerinnen nur eine von vieren (27%). Mangels Indizien für eine größere Forschungsneigung der Maschinenbauerinnen überhaupt spiegelt diese Ungleichverteilung wohl hauptsächlich die bessere Arbeitsmarktsituation in der Elektroindustrie. Etwa gleich viele unserer Ingenieurinnen forschen an Hochschulinstituten (8) wie an sonstigen Einrichtungen (9), wobei es sich nicht selten um industrienahe Institutionen handelt, sozusagen überbetriebliche Forschungs- und Entwicklungsagenturen.

Als industrielle Beschäftiger dominieren eindeutig Großunternehmen der Elektroindustrie (9), während die 3 genannten Maschinenbauunternehmen eher der mittleren Größenklasse angehören. Die hauptsächlichen Beschäftiger repräsentieren mithin jeweils die für die Branche typische Betriebsgrößenklasse. In der Palette vertreten sind auch zwei mittelgroße Firmen im Software-Bereich bzw. technischer Sicherheitsprüfung, sowie zwei kleinere Betriebe, die auf Klimatechnik spezialisiert sind. In dem hohen Anteil der Großbetriebe bilden sich mehrere Momente ab: einerseits haben diese eine starke Position als Nachfrager am Ingenieurarbeitsmarkt überhaupt, andererseits war unser Betriebszugang hier einfacher und "ertragreicher"; zusätzlich mögen die Arbeitsbedingungen in großen Unternehmen Ingenieurinnen attraktiver erscheinen. Die Erhebung von Neef u.a. (1986) kommt zu ähnlichen Befunden: 2 von 3 Ingenieuren - und zwar Frauen wie Männer - arbeiten in Betrieben mit mehr als 1.000 Beschäftigten, 36% sogar in Betrieben mit mehr als 10.000 Beschäftigten. Bemerkenswerterweise sind nur zwei der 22 Maschinenbauerinnen in "ihrem" Industriesektor eingesetzt, während es bei den E-Technikerinnen immerhin 7 von 11 sind. Der in Branchenberichten vermerkte Trend eines Vordringens von Elektro-Ingenieuren im Maschinenbau - Spiegel des Ersatzes von Mechanik durch Elektronik - läßt sich an unserer Untersuchungsgruppe nicht belegen (Wunderlich 1986: 115). Zwar ist eine E-Technikerin im Maschinenbau tätig, aber umgekehrt sind zwei Maschinenbauerinnen in der Elektroindustrie beschäftigt.

Zwei von drei Ingenieurinnen reklamieren eine technische Spitzenposition für ihren Beschäftigungsbetrieb, die übrigen siedeln ihn eher im Mittelfeld an. In einer Reihe von Fällen ist gar von "Marktführer" die Rede, wobei allerdings zu berücksichtigen ist, daß der relevante Markt sehr unterschiedlich ist: teilweise handelt es sich um den Weltmarkt (Kommunikationssysteme), teilweise um regionale Teilmärkte (Sicherheitstechnik). Etwa jede zweite Ingenieurin bezeichnet die wirtschaftliche Position des Beschäftigers als gut. Zwischen der wirtschaftlichen Lage der jeweiligen Beschäftigungsstelle und dem realisierten Technologieniveau sind enge Wechselbezüge unverkennbar.

Die Spanier machen jetzt wohl die ganze Motorenfertigung für A., auch für unsere. ... Das hat man dann im Entwicklungsbüro gesehen. Als ich angefangen habe, waren wir in der Mechanikentwicklungsgruppe ca. 10 Ingenieure oder Techniker, und überwiegend Maschinenbauer. Ein Ingenieur ist jetzt noch da, der mehr oder weniger die Sache verwaltet, der die Sonderanfertigung noch überwacht. Es existiert im Prinzip keine Entwicklung mehr bei uns im Bereich der Maschinen, im Bereich der Antriebe, also auch Getriebe usw., nur in der Steuerung, Regelung, Ablaufsteuerung. Die Entwicklungsabteilung ist nicht nur expandiert, die ist explodiert. Auch bezüglich der Zahl der Gruppen und Bereiche, früher gab es nur einen Elektrotechnikbereich, wo die ganze Ablaufsteuerung gemacht wurde, da waren vielleicht genauso viel Ingenieure wie Techniker. (I.16)

Wo trotz fortgeschrittenster Technik nur von einer mittleren Wirtschaftslage berichtet wird, handelt es sich meist um technische Dienstleistungseinrichtungen in öffentlicher oder quasi öffentlicher Trägerschaft.

Die Struktur des Arbeitsmarktes für Ingenieurinnen ist einerseits mithin durch starke Gewichte von Großbetrieben, andererseits von Forschungseinrichtungen markiert. Allerdings sind es nicht immer Arbeitsfelder, die zu den "Kernbereichen" der Ingenieurwissenschaften zählen, sondern z.B. auch Qualifizierung, Gütetests und Beratung sowie Technologietransfer. Im Beschäftigungsmuster, das wir vorfinden, sind die Frauen - entgegen unserer Ausgangshypothese - keineswegs nur auf die Peripherie der Ingenieurarbeit abgedrängt, vielmehr an zentralen Produkten und Projekten führender Industrieunternehmen und Großforschungsinstitute beteiligt. Aber soweit Ingenieurinnen in der Peripherie sind, bleiben sie weitgehend unter sich: kaum Männer als Kollegen, dagegen stets als Vorgesetzte. Im Windschatten männlicher Konkurrenz zu stehen, heißt aber auch, von professionellen Entwicklungsmöglichkeiten abgeschottet zu sein.

5.2.2 Der eigene Arbeitsplatz: techniknah, aber produktionsfern

"Ingenieurarbeit" bezeichnet kein funktional einheitliches Tätigkeitsfeld, vielmehr eine breite Palette möglicher Einsatzbereiche mit jeweils unterschiedlichen Akzenten bei den Qualifikationsanforderungen: Forschung, Entwicklung, Konstruktion, Fertigung und Vertrieb - um nur die wichtigsten zu nennen (Hermanns u.a. 1984: 28-45). Die Uneinheitlichkeit des Berufsfeldes ist zwar ein Moment der unvollständigen Professionalisierung des Ingenieurstandes (Sarfatti Larson 1977: 26), aber aus der Sicht des Einzelnen gleichzeitig eine Chance, unterschiedliche Eignungen und Neigungen zur Geltung zu bringen.
Obwohl technische Lösungen immer am Effizienzkriterium gemessen werden, ändert sich mit der Distanz oder Nähe zur Produktion das Anforderungsprofil an Ingenieurarbeit. Zwar sind in jedem Arbeitsbereich neben fachlich-technischen auch planend-dispositive, administrative und organisatorische Akzentsetzungen nötig, aber die Bandbreite für Gewichtungen ist je nach der Position im Betrieb unterschiedlich. Die Bedeutung kognitiv-fachspezifischer Anforderungen wird umso geringer eingeschätzt, je höher der berufliche Status ist; dafür wachsen extrafunktiionale Qualifikationsanforderungen. Empirische Untersuchungen stellten einen "Bruch" zwischen der Abteilungsleiter-Ebene und der Gruppenleiter-Ebene fest (Busch 1981: 348).
Auch die Größe der Beschäftigungseinrichtung bleibt nicht folgenlos für die Wahrnehmung und Gestaltung von eigenen Arbeitsbereichen. Die in weltweit operierenden Großunternehmen relativ ausgeprägten hierarchischen Strukturen schlagen offenbar durch bis auf die unterste Ebene von Zweigwerken, die Arbeitsgruppen; die ähnlich starren, hierarchischen Traditionen an Technischen Hochschulen prägen dagegen nicht unbedingt die Arbeitsverhältnisse in einem Institut mit drei Wissenschaftlern. Soweit es sich um eine Großorganisation handelt,

ist es - gemessen an der Verbindlichkeit der Strukturen - kaum ein Unterschied, ob der Betriebszweck Forschung oder technische Produktion ist.

Die Ingenieurarbeitsplätze, auf denen wir heute Frauen finden, repräsentieren dagegen - so kann vermutet werden - weniger deren Optionen als vielmehr die Zugangsschneisen, die ihnen eröffnet werden, sei es wegen fehlender Attraktivität für Männer - Nischen -, sei es mangels ausreichender Ingenieurzahl überhaupt: Wachstumsbereiche.

Nur ein Drittel unserer Ingenieurinnen (11) ist mit der Entwicklung bzw. Erstellung von Technik als Hardware befaßt, ein Viertel - und zwar ausschließlich Maschinenbauerinnen - ist im Sektor technischer Dienstleistungen beschäftigt. Mehr als 40% - hauptsächlich E-Technikerinnen - arbeiten in der Software-Entwicklung.

Die Akzentuierung des Arbeitsbereiches Steuerungsprogramme läßt sich zunächst mit dem oben erwähnten Übergewicht von (universitären und außeruniversitären) Forschungseinrichtungen unter den Arbeitgebern unserer Ingenieurinnen erklären; außerdem zeigt sich darin das Wachstumspotential des Software-Bereichs, in dem angesichts des starken Personalbedarfs (auch) Ingenieurinnen leichter Zugang finden. In der Industrie sind es zwar hauptsächlich die Großbetriebe, die Ingenieurinnen in der Programmentwicklung beschäftigen, aber auch kleinere und mittlere Unternehmen nehmen eine qualifizierte Frau "in Kauf", wenn sie sich in die regelmäßig engere Spezialisierung einfügt.

Manchmal frage ich mich, ob das eigentlich so eine intelligente Tätigkeit ist, die ich da ausübe. Ich weiß das nicht. Manchmal habe ich das Gefühl, das wird einfach höher bewertet, als es sich realistisch darstellt. Es ist im Moment einfach so ein Trend mit der Software-Entwicklung, dieser ganzen Steuerungstechnik. Ich kann das im Moment unheimlich schwer beurteilen. (V.12)

Industrielle Arbeitsplätze der von uns befragten Ingenieurinnen finden sich überwiegend in den Abteilungen Entwicklung und Arbeitsvorbereitung. Dies deckt sich mit den Angaben von Feuchter (1986: 120) für Ingenieure im Maschinenbau, liegt aber höher als der von Neef u.a. berichtete Anteil von 44% und erst recht als Hillmers Quote von 31% (Hillmer 1971: 57), jeweils für Ingenieurinnen. Nehmen wir hinzu, daß die anwendungsorientierten technischen Forschungseinrichtungen als quasi ausgelagerte betriebliche Entwicklungsabteilungen angesehen werden können, so vergrößert sich noch der Anteil der Ingenieurinnen in diesen Zonen des abgefederten Übergangs von der Ausbildung in harte professionelle Standards (Projektgruppe 1984: 14).

Na ja, der Hochschulbereich ist natürlich schön, das ist klar. Man hat gute Arbeitbedingungen, man kann Dinge tun, die interessant sind. Aber andererseits will ich mir auch mal ein bißchen die Luft um die Nase wehen lassen. Ich glaube, wenn man nur hier sitzt, bekommt man von der Realität relativ wenig mit. Die spielt sich draußen ab, und Politik wird auch draußen gemacht. Die Hochschulen erforschen das, was die Industrie haben will. Und wer ist die Industrie, das ist eben eine gute Frage dabei. Also das scheint mir wichtig zu sein, daß ich das mal kennenlerne. Und mich da auch durchbeiße. (II.22)

Höchstens ausnahmsweise sind die Ingenieurinnen produktionsnah eingesetzt - etwa in der Konstruktion. Diese Ungleichverteilung ist bedeutsam, nicht nur, weil in dieser Abteilung Herstellverfahren und Werkstoffe festgelegt werden (und damit 3/4 der Fertigungskosten entschieden werden), sondern auch, weil hier die Startrampen für berufliche Karrieren besonders günstig sind (Adler 1986: 104 f.).

Es läßt sich auch kein positiver Zusammenhang zwischen zunehmender Dauer der Berufstätigkeit und größerer Produktionsnähe belegen. Einige jüngere Ingenieurinnen schließen eine Forschungstätigkeit unmittelbar an das Diplom an, um ihre Einstiegsposition in die Industrie zu verbessern. Zwei Ingenieurinnen sind aber auch nach einiger Zeit der Industrietätigkeit an die Hochschule zurückgekehrt, um die vertiefte Bearbeitung technischer Probleme mit einer persönlichen Qualifizierung zu verbinden.

Die Arbeitsgebiete der Ingenieurinnen sind somit fast ausnahmslos techniknah; nur je eine Frau ist überwiegend mit Verwaltungsarbeit beschäftigt bzw. in der sozialwissenschaftlichen Forschung engagiert. In den Berichten über ihre aktuelle Arbeitssituation stellen sie vor allem die Größe des Zuständigkeitsbereichs und die Vielseitigkeit der Anforderungen heraus.

F: Mußt du zur Hauptsache organisatorische Sachen machen oder sitzt du in der Hauptsache am Rechner? Was ist so der Hauptanteil deiner Arbeit und was davon macht dir am meisten Spaß?

A: Bis jetzt kann ich echt nicht behaupten, daß ich einen Hauptanteil hätte. Ich muß herumlaufen und Sachen in Erfahrung bringen, organisieren in dem Sinn weniger. Aber ich sitze auch am Rechner und rufe irgendwelche Listen ab oder schreibe einen Teil eines Meßprogramms, was jetzt speziell nur für unsere Meßautomaten im Büro ist. Die Programmentwickler sind extra eingestellt für die Produktionsautomaten oder Produktionsrechner. Wir machen nur für unsere Zwecke auch Meßprogramme, aber anderer Art, eben mit einem HP-Rechner. Oder ich mache Auswertungen am Rechner oder einfach Auswertungen am Schreibtisch, Papier wälzen, Listen wälzen, Listen schreiben. (V.11)

F: Was waren Deine Arbeitsschwerpunkte?

A: Das lag mehr so in meinem Ermessen, da konnte ich so Hobbies nachgehen. Was mir am meisten Spaß gemacht hat, das waren diese Schadensfälle und diese Betriebsfeuerwehrsachen. Wenn im Betrieb z.B. irgendwas, was mit meinem Arbeitsgebiet zu tun hat, schiefgeht, dann geht man da halt hin. Kann sein, daß es mich allein betrifft, meistens ist es eine Gruppe von Leuten, Kontrolle z.B., die Produktionsleute. Da muß man gemeinsam überlegen, was Sache ist und Untersuchungen machen, wenn es etwas ist, was sich nicht so augenscheinlich lösen läßt. Das haben wir dann gemacht. Das hat mir Spaß gemacht, weil das immer was Neues war. Ich habe dabei sehr viel gelernt, und es hat mir auch immer Spaß gemacht, mit Leuten zusammenzuarbeiten. Da kommt auch mehr bei raus. Das sind auch eigentlich so Erfolgserlebnisse, wenn du Sachen in den Griff kriegst. Das sind auch die Sachen, die am ehesten so prestigeträchtig sind, wenn das ein Problem ist. Das wissen die dann alle, auch die obersten Hierarchien, wenn man zu der Lösung wesentlich beiträgt. Man kann sich dann auch einen Namen machen. (VI.18)

Im Bild vom Ingenieur spielt die Dimension der Gestaltung von Technik eine zentrale Rolle. In der Praxis ist Ingenieurarbeit durch Spannungsverhältnisse auf verschiedenen Ebenen gekennzeichnet (Hermanns u.a. 1984: 27 f., 46 f.): Typischerweise lassen die Vorgaben der Arbeitsprogramme Autonomiebereiche offen; hier ist die soziale Handlungskompetenz der Ingenieure gefordert. Das in dieser unvollständigen Definiertheit von Arbeitsaufgaben - zumindest aus der Sicht des Betriebes - angelegte Risiko wird durch die professionellen Standards für Ingenieurarbeit abgefedert. Unter gegebenen Rahmenbedingungen ist nur eine begrenzte Zahl von Lösungsmöglichkeiten geeignet.

Auch die arbeitsteiligen Problemlösungen schaffen Spannungsverhältnisse: zwar besteht relative Unabhängigkeit innerhalb des "Kernbereichs", aber an den "Rändern" des Arbeitsbereiches ist Kooperation gefordert. Zur Minimierung von Konflikten müssen an den Schnittstellen die gegenseitigen Anforderungen vorab definiert sein. Somit enthalten die Arbeitsbedingungen von Ingenieurinnen und Ingenieuren - jedenfalls, soweit sie als Angestellte tätig sind - widersprüchliche Momente: Pflichterfüllung, aber auch Eigeninitiative, mechanische Rezeptanwendung und Selbstkontrolle, Arbeitnehmerhaltung und Aufsichtsfunktionen (Fischer 1982: 94 f.).

Diese Spannungsverhältnisse werden von unseren Ingenieurinnen kaum problematisiert. Fast alle Ingenieurinnen schätzen ihre Handlungsspielräume als relativ groß ein. Als Vorgabe wird die Begrenzung der Problemstellung offenbar so selbstverständlich angesehen, daß sie erst auf Befragen erwähnt wird. Weder von Ingenieurinnen in der Forschung noch von denen in Industrieunternehmen wird thematisiert, daß mit der Formulierung des Problems wesentliche Vorentscheidungen über das Spektrum relevanter Lösungswege getroffen sind. Als markante Vorgaben werden Zeitlimits, der Finanzrahmen und die Grenzen des eigenen Sachverstands, d.h. Zwang zur Kooperation, genannt. Terminvorgaben für Frauen sind - so ergab die Erhebung von Neef u.a. (1986) - restriktiver als für Männer; sie sind häufiger von außen gesetzt und mit kürzerem Planungshorizont. Unsere Untersuchung liefert dazu keinen Anhaltspunkt.

Mein Handlungsspielraum, würde ich sagen, ist groß. Die Führung unseres Lehrstuhls sieht so aus: Daß der Chef die Einstellung hat, die Leute arbeiten aus sich selbst heraus, sie suchen sich selbst, was sie machen wollen, bis auf den groben Rahmen, den ich ihnen gebe. Der setzt also sehr viel Vertrauen in eine Person. Das führt manchmal dazu, daß man wenig Anleitung und zu wenig Korrektur hat. Man schwimmt eher als daß man sagt: O Gott, jetzt soll ich schon wieder das und das machen. Allerdings habe ich auch die Möglichkeit zu sagen, ich möchte das und das gerne anders machen, wenn ich das mit Arbeitsaufwand schaffen kann. Da ist der sehr offen für und ja, solange wir nicht falsch abrechnen oder sonst was falsch machen, kann ich auch ziemlich viel andere Dinge falsch machen, jetzt in der Promotion. (VI.17)

A: Das Gerät muß dann vorgestellt werden. Und dadurch ergibt sich für mich eine Zeitvorgabe, die ich einhalten muß. Aber wann ich was mache, ist meine ureigenste Sache. Ich kann also alles alleine planen, kalkulieren und machen. Wenn ich so einen Nebenauftrag habe, so Versuche, dann sagt er mir einen Termin, also dann und dann müssen wir Ergebnisse haben. Die sind sowieso utopisch, die kann sowieso keiner einhalten. Und da sind auch prinzipiell Verzögerungen, weil die Werkstatt dann nicht meine Versuche fahren kann, wenn ich das gerne möchte. Und wenn ich den Termin, den er mir setzt, nicht einhalte, dann passiert auch nichts.

F: Ist das so, daß er seine Vorgesetztenfunktion signalisiert?

A: Also er möchte gerne Druck ausüben, aber ... (II.28)

In der Literatur wird die Einschätzung referiert, daß die zwei ersten Berufsjahre als "Suchphase" der Jungingenieure von besonderer Bedeutung sind. Hier erwerben sie professionelle Kompetenz, soziales Wissen, vor allem auch betriebsspezifisches, und gewinnen eine Entscheidungsbasis für die weitere Akzentuierung bestimmter Tätigkeiten (Hermanns 1984: 166).

Angesichts dessen wiegt es schwer, daß die Aneignung von Problemlösungskompetenzen und die Einübung in "Betriebsgebräuche" - so die Berichte unserer Ingenieurinnen - meist nicht durch betriebliche Einarbeitungsprozesse systematisch angeleitet, vielmehr weitgehend der Eigeninitiative überlassen werden. Darin liegt offenbar eine große

Herausforderung auch für Ingenieurinnen, zumal wenn die betrieblichen Zuständigkeiten zunächst noch so offen sind, daß sie sich einen eigenen Arbeitsbereich definieren können.

Habe mich auf diese Weise sehr stark in die Anwendersoftware reingearbeitet. Immer, wenn ich was nicht wußte, habe ich gefragt. Auf diese Art und Weise habe ich im Laufe der Zeit die Software zumindest vom Theoretischen her sehr gut kennengelernt, ich habe dann auch versucht, praktisch dran zu arbeiten. Nun bin ich vielleicht sowieso ein Mensch, der keine Probleme hat, mit fremden Leuten umzugehen. Ich bin mit zu Messen gefahren, habe mich mehr in den Vertrieb reingearbeitet, auch hier und da mal ein Angebot angefangen, bis ich das auch alleine konnte, und da ich nicht so sehr viel rausfahren wollte, nicht nur unterwegs sein wollte, kriegte ich dann irgendwie automatisch einfach die Dinge, die zeitaufwendiger und langwieriger sind, wo man nicht soviel draußen ist, wo man halt dran sitzt. Da habe ich dann immer mehr gemacht und mir dadurch auch die Kenntnisse angeeignet, was man dazu wissen muß. (II.29)

Expandieren Betriebsbereiche rasch und wird in diesem Prozeß (auch) Ingenieurarbeit stark zergliedert, so schränkt dies den Erwerb professioneller Kompetenz ein; das kann auch zur Verunsicherung über die Güte der eigenen Leistung beitragen.

Ja, die Zusammenhänge insgesamt in der Steuerung, die sind mir manchmal nicht klar. Das ist durch die Gruppeneinteilung so, jeder hat ein eng umrissenes Aufgabengebiet, und es bleibt einfach nicht die Zeit, sich das andere Drumherum anzugucken. Es kommt einfach im Laufe der Zeit, man stößt an bestimmte Grenzen und behält den Überblick leider nicht. Das ist etwas, was mich eigentlich stört, ich bin ein Mensch, der gerne von allem ein bißchen was weiß, ich fühle mich dann manchmal beschnitten, auch weil mir die Zeit fehlt, mich da reinzuhängen. Wir sind also alle damals sehr rasch an die Arbeit gekommen. Wir haben sofort mitentwickelt, wir sind richtig reingefallen in den Entwicklungsprozeß, und man hat ziemlich viel von uns verlangt. (V.12)

Andererseits kann der Reiz zur Selbständigkeit so groß sein, daß - zumal am Berufseinstieg - die in der Kooperation angelegten Lernchancen unterschätzt werden.

Man merkt es in der eigenen Entwicklung, daß man besser Rücksprache und Beratung hätte suchen sollen. Daß man im Trubel der Arbeit (wo ja auch verlangt wird, daß man schnell eine Entscheidung fällt), daß man da im Grunde bedächtiger, mehr auf Abstimmung beharren sollte, auf der Übernahme von Verantwortung durch Vorgesetzte. (V.14)

Als besonders problematisch und belastend wird es empfunden, wenn Zuständigkeiten als "Lückenbüßer" zugewiesen werden, Aufgaben übernommen werden müssen, die andere - wegen oder trotz Schwierigkeiten - haben liegen lassen. Wieweit Frauen sich gegen die Zumutung verwahren können, in die Verantwortung gezogen zu werden für Probleme, die andere erzeugt haben, hängt wesentlich von den internen Strukturen des Betriebes bzw. der Arbeitsgruppe ab, speziell der relativen "Machtposition" der Ingenieurinnen.

Es ist auch die Situation, 3 Chefs und eine Angestellte, du kriegst immer die ganze Scheiße ab. Wenn Dreckarbeit und Krach ist, schicken sie dich dahin, oder auch, wenn es Probleme gibt. Da ist ein Typ mal in Urlaub gefahren, da hieß es: "Machen Sie das mal fertig!" Ich habe dann da 3 Tage und Nächte fast gearbeitet, um die Abnahme zu kriegen. Es ist schon eine ganze Menge an Problemen, wobei ich nicht weiß, ob das an der Struktur liegt. Die haben halt eine GmbH und jeder hat da seine Anteile, die haben alle 3 Knete drin. Die sind sich auch untereinander nicht einig, das wird dann über mich ausgetragen, habe ich so das Gefühl. (II.23)

Mehrere Ingenieurinnen berichten von anstehenden Veränderungen in ihren alltäglichen Arbeitszusammenhängen, alle in Richtung strafferer Durchorganisierung von bisher locker gehandhabten Kooperationsbezügen. Einen Hintergrund dafür bilden entweder Unternehmenswachstum - teilweise gekoppelt mit neuem/zusätzlichem Führungspersonal - oder aber arbeitsorganisatorische Rationalisierungsziele auch bei der Ingenieurarbeit.

Jeder der 3 Bereiche hat einen Oberingenieur, dadrüber gibt's nur noch die Geschäftsführung. Darunter gibt es die normalen wissenschaftlichen Mitarbeiter. Man ist jetzt dabei, wahrscheinlich doch noch eine Ebene einzuziehen, sowas wie Gruppenleiter, weil es Leute gibt, die da Profilierungssucht haben, notwendig ist das nicht. (VI.11)

Die in dem Zitat unverkennbare ironische Tönung ist vor dem Hintergrund zu sehen, daß die Frauen unserer Untersuchungsgruppe ganz überwiegend zum "Fußvolk" der Ingenieurdynastie gehören. Nur eine Ingenieurin ist Abteilungsleiterin, eine Oberingenieurin, zwei weitere rechnen sich zur unteren Führungsebene, wobei eine davon faktisch niemanden zum "Führen" unter sich hat. Alle anderen Ingenieurinnen haben die Ebene der Sachbearbeiterin bzw. technisch-wissenschaftlichen Mitarbeiterin nicht verlassen. Dies überrascht umso mehr, als es sich keineswegs ausschließlich um Berufsanfängerinnen handelt, vielmehr sieben Frauen sogar mehr als 10 Jahre Berufserfahrung haben, in denen auch Betriebswechsel stattfand.

Mit dem Befund, daß sich Ingenieurinnen zwar den Zugang zum Beruf erschließen, sich mit dem Aufstieg aber schwertun, reiht sich unsere Studie bruchlos in vorliegendes Wissen:

- Von den im VDI organisierten Ingenieurinnen war Ende der 60er Jahre jede zweite (49%) in Sachbearbeiterpositionen, 17% waren Gruppenführerin und sogar 19% Abteilungsleiterin (Hillmer 1971).
- In der Erhebung von Neef/Rubelt (1986) gaben 9 von 10 Frauen ihre Position mit Sachbearbeiterin an, nur 8% mit Gruppenleiterin.
- Gaudart (1975) weist für Österreich einen verzögerten und geringeren Zugang von Ingenieurinnen in höhere berufliche Positionen nach.
- In der DDR wurden bereits in den 60er Jahren wegen offensichtlicher Aufstiegsbarrieren für qualifizierte Frauen in leitende Positionen besondere Förderprogramme eingeleitet (Enders 1980).

Es wird zu prüfen sein, ob dies in der Profession unübliche langjährige Verharren auf unteren Positionen eher auf betriebliche Hemmnisse zurückzuführen ist, oder ob sich darin eine Bruchzone bei der Übernahme des professionellen Habitus durch die Ingenieurinnen zeigt.

5.2.3 Arbeitszeit - Zeit ist Macht

Das Image des Ingenieurberufs als Männerdomäne ist stark mit der Vorstellung langer Arbeitstage verknüpft, der nachgerade grenzenlosen Bereitschaft zu Überstunden. Ingenieurarbeit auf Teilzeitbasis erscheint nicht "machbar", und damit wäre in diesem Berufsbereich der ansonsten überwiegend von Frauen praktizierte Kompromiß zur Vereinbarkeit von Beruf und Familie ausgeschlossen. Der Zugang zum Ingenieurberuf verlangte demnach von den Frauen eine Entscheidung gegen Familie. Wiederum gelten Ingenieurarbeitsplätze als relativ krisensicher und gut bezahlt, wenn auch die in repräsentativen Gehaltserhebungen wiederholt berichtete Unzufriedenheit von Ingenieuren mit ihrer Bezahlung im Verhältnis zu anderen Berufsgruppen (Kossbiel 1985:7) nicht übersehen werden darf.

Dieser Erwartungshorizont ist für Studienwahlentscheidungen folgenreich, unabhängig von seinem Wahrheitsgehalt. Er erfüllt eine wichtige Funktion für die Reproduktion der Männlichkeitsideologie der Ingenieurzunft. Wir wollen sehen, wieweit sich unsere Ingenieurinnen in diese Normen und Belohnungsmuster der Profession einpassen.

Ich habe damals, als ich dort anfing, gesagt, ich will nur 3 Tage arbeiten, weil ich so viele andere Pläne noch hatte, daß ich 2 Tage für mich haben wollte. Habe aber gesagt, es steht nichts im Wege, wenn was Dringendes ist, daß ich dann auch mehr mache. Wir haben so eine Regelung, ohne groß darüber zu reden, daß ich 3 Tage in der Woche mindestens da bin, wie auch immer ich das mache, wobei ich eine gewisse Freiheit habe zu kommen und zu gehen, wann ich will. Das sind alles Dinge, die man woanders nicht hat. (II.25)

A: Das ist bei so einer kleinen Firma natürlich sehr schwer. Da waren Überstunden bisher an der Tagesordnung. Ich kann nun nicht hingehen und sagen, wenn ich heute nacht bis 12 Uhr gesessen habe, dann sind das für mich schon 3 Tage, sondern ich habe denn immer gesagt, wenn ich einen normalen Tag da bin einschließlich Überstunden, dann ist das ein Tag. Wenn ich erst mittags um 12 komme oder um 2, oder ich gehe so früh, das ist dann ein halber Tag. Meistens ist es so, daß man den ganzen Tag, 12 Stunden, da ist. Das war bisher auch nicht das Problem, man versucht, sich den anderen anzupassen. Ich hätte es auch unfair gefunden den anderen gegenüber, wenn ich da angefangen hätte, die Stunden zu zählen.

F: Was meinst du denn, wie der durchschnittliche Stundensatz pro Woche bei den Vollzeitbeschäftigten ist?

A: Naja, so 60 Stunden durchaus; es ist schwierig. Es kommt sicher auch dazu, daß wir gerne in der Firma sind und uns auch untereinander mögen, daß man auch mal zusammensitzt und Witze macht. Im Normalfall fangen wir an zwischen 9 und 10, bleiben aber im Normalfall auch bis 7, 8, 9, 10 abends und länger. (II.25)

Die Zitate belegen, daß der Wunsch nach Teilzeitarbeit nicht umstandslos auf begrenzte Berufsmotivation und rigiden Umgang mit der eigenen Zeit schließen läßt. Auch und oft gerade bei Teilzeitkräften werden zusätzliche Stunden eingefordert und meist auch erbracht, wobei die finanzielle oder zeitliche Kompensation als Überstunden nicht immer problemlos ist.

Für die weit überwiegende Zahl der vollzeit-arbeitenden Ingenieurinnen gehören Überstunden zu ihrem Berufsalltag, häufiger als Selbstverständlichkeit, gelegentlich als Konflikt. Die Belastung durch Überstunden scheint für Ingenieure überhaupt ein weitgehend akzeptierter Teil ihrer Arbeitsbedingungen zu sein (Flaake und Paul 1983: 176). Auch in einer Untersuchung des Arbeitskreises "Ingenieure und Naturwissenschaftler in der Industrie" gaben 50% der Befragten an, sie müßten Überstunden machen, und zwar im Durchschnitt 12,5 Stunden pro Monat, mehr als 70% davon unvergütet (Schmidt 1985). Besonders hoch ist offenbar die Bereitschaft zu Überstunden im Funktionsbereich industrieller Forschung und Entwicklung. Kossbiel u.a. (1985) berichten über einen Zehn- und Elf-Stunden-Tag als Regel, nicht selten einschließlich der Wochenenden. Nicht betrieblicher Druck, sondern das inhaltliche Interesse steht nach Aussagen der Befragten hinter diesem hohen Arbeitsengagement. Ganz anders dagegen die Befunde von Neef u.a. (1986): Drei von vier Frauen erklären, sie würden nie außerhalb der regulären Arbeitszeit im Betrieb arbeiten, und die übrigen taten dies höchstens manchmal. Die Differenz dürfte sich hauptsächlich aus der Selektion der Untersuchungsgruppen erklären.

Fast 90% unserer Ingenieurinnen haben eine Vollzeitstelle. Die Teilzeitquote ist damit niedriger als im Durchschnitt aller erwerbstätigen Frauen (20%), aber Teilzeitarbeit ist immerhin möglich. In der Erhebung von Neef u.a. (1986) vertreten 82% der Frauen, und immerhin 45% der Männer die Meinung, ihre Ingenieurarbeit sei als Teilzeitarbeit organisierbar. Bei den vier Frauen unserer Gruppe mit Teilzeitvertrag entspricht dies, wie auch der Umfang der vereinbarten Wochenstunden, ihren Optionen. Sie wollen sich Raum freihalten für andere berufliche, politische und private Interessen. Umgesetzt werden konnte dieses Bedürfnis jedoch nur, weil es mit dem Vorhaben der jeweiligen Beschäftiger zusammenfiel, für die anstehenden Aufgaben keine volle Arbeitskraft einzustellen. Nicht zufällig sind drei der vier Ingenieurinnen in kleineren Betrieben/Einrichtungen beschäftigt, die zu einer genaueren Abstimmung von Arbeitsangebot und -bedarf genötigt sind, und die - anders als Großbetriebe - den Schneeballeffekt von Ausnahmeregelungen weniger fürchten müssen.

Was die Arbeitszeit anbelangt, sind Gleitzeitregelungen bei unserer Untersuchungsgruppe weit häufiger als starre Anfangs- und Schlußdaten, wobei die Kontrolle z.T. auch für Ingenieure über die Stechuhr erfolgt. Mehr als 80% der Ingenieurinnen berichten, ihre Arbeitswoche betrage 40 Stunden und darüber. Gut 15% geben sogar mehr als 50 Stunden an. Dabei ist die Mehrheit der Frauen in Bereichen tätig, wo tarifvertraglich die 38,5-Stunden-Woche eingeführt ist, und sie sind - von drei Ausnahmen abgesehen - auch nicht in Gehaltsgruppen, in denen Überstunden eingeschlossen sind.

Ich will nicht mehr machen als nötig. Um Karriere zu machen, müßte das ... erbracht werden. Z.B. so ein Gruppenführer muß mehr oder weniger freiwillig Überstunden machen. Und ich ecke auch oft an, weil ich mich weigere, Überstunden zu machen. Mache ich nicht. Will ich nicht. Ich mache meine Arbeit in der Zeit, wo ich da bin, in ausreichendem Maße, und ich schaffe das auch. Bei mir bleibt nichts liegen, obwohl ich wirklich ein großes Gebiet habe. Mir ist meine Freizeit wichtiger. (II.28)

Daß Ingenieurinnen so rigoros Überstunden verweigern, ist die Ausnahme, und die zitierte Frau muß auch viel Energie aufwenden, damit ihre Hartnäckigkeit nicht durch Verweigerung von Weiterbildungsmöglichkeiten sanktioniert wird - bislang erfolgreich. Solange sich die Überstunden in Grenzen halten, angemessen vergütet werden und nur periodisch anfallen wie z.B. in der Abschlußphase von Projekten, ziehen die Ingenieurinnen meist problemlos mit.

A: Wobei ich mich im Moment nicht beschweren kann, weil ich meine Überstunden sehr gut bezahlt bekomme, mit weitaus mehr, als im Vertrag drinsteht. Weil ich einfach gesagt habe: ich mache das sonst nicht.

F: Müssen Sie das jetzt nachträglich, nachdem Sie im Geschäft drin sind und er Ihren Marktwert kennt, noch rausholen?

A: Ja, das mußte ich natürlich abwarten. Man muß was sagen, so geht das nicht. Man muß also erstmal so eingearbeitet sein und auftreten können, daß er eben davon überzeugt ist, daß er ohne mich die Firma nicht halten kann. (Lachen) (II.24)

Widerstände tauchen auf, wenn der Umfang übermäßig wird und/oder der materielle und zeitliche Ausgleich unzureichend erscheint.

A: Ich habe mal so gesagt, ich habe im Monat manchmal 30-40 Überstunden zuviel, denn hätte ich mir ja auch 6 Stunden bezahlen lassen können. Und das sehe ich nicht ein.

F: Das wäre dann ja schon eine 3/4-Stelle, da spart er ja dran?

A: Ja natürlich, er spart, daß die Kollegen freiwillig Überstunden machen. (II.24)

Wird allerdings der flexible Umgang mit der Zeit nicht einseitig nur von den Beschäftigten verlangt, sondern auch von seiten des Betriebs/der Institution locker gehandhabt, so sind die Ingenieurinnen eher für Mehrarbeit zu gewinnen. Auch für die Absicherung von Bedingungen, die im jeweiligen Kontext als Privilegien gelten, nehmen die Frauen lange Arbeitstage in Kauf.

F: Welche Arbeitszeitregelungen haben Sie, wie können Sie es machen?

A: Es müßte sein von 7 bis halb 4. Doch in unserem Bereich erfordern teilweise die Versuche eine flexiblere Arbeitszeit, deshalb ist unser Chef auch sehr großzügig in dieser Hinsicht. Aber es wird auch erwartet, daß man entsprechend mehr Arbeitseinsatz zeigt, d.h., wir haben eine lockere Arbeitszeitregelung.

F: Wie hoch ist Ihre tägliche Arbeitszeit, was würden Sie sagen, oder die wöchentliche?

A: Das variiert zwischen 12 1/2, 11 oder 10 Stunden am Tag.

F: Überstunden werden nicht bezahlt?

A: Nein. (VI.20)

A: Ich habe mir ja einigermaßen eine Stellung erworben inzwischen. Daß ich mitfahre zu den Verhandlungen, ist nicht selbstverständlich. Man kriegt das nur, wenn man arbeitet, es wird einem nichts nachgeschmissen. Auch wenn ich jetzt schon promovieren darf, wenn man überhaupt davon redet, daß ich schon promoviere, obwohl ich ja erst 4 Jahre da bin, das muß ja auch von irgendwas kommen.

F: Gibt's denn eine Vorschrift, in welcher Zeit du an deinem Arbeitsplatz sein mußt?

A: Ja, von 9-15 Uhr. Wir haben Gleitzeit.

F: Wie lange bist du aber im Regelfall da?

A: Von 7 bis 7. (II.26)

Daß die Frauen, die besonders lange Arbeitszeiten angeben, weitgehend identisch sind mit der Gruppe (30%) in befristeten Arbeitsverhältnissen, überrascht allenfalls auf den ersten Blick. Diese auf 3-5 Jahre laufenden Verträge beziehen sich überwiegend auf sog. Qualifizierungsstellen, aber das damit angestrebte Promotionsziel muß meist mit erheblichem Freizeitverzicht erkauft werden. Keineswegs auf Dauer, so lautet regelmäßig die Einschätzung, wäre eine solche Belastung erträglich; aber das absehbare Ende erleichtert das Durchstehen dieser Zeit, die häufig genug kaum Raum für Erholung läßt. Selbst sportliche Interessen verkümmern oft zum Fitness-Training.

Ähnlich verhält es sich mit dem Ziel der selbständigen Niederlassung, eine Alternative, die von einer Minderheit unserer Ingenieurinnen angestrebt und von einer (im Rahmen eines Familienbetriebes) praktiziert wurde: Dem Vorzug dieser Zeiteinteilung steht ein schier unbegrenztes Arbeitspensum gegenüber.

Die haben ihre damals üblichen 40 oder 48 Stunden gearbeitet; das hat sich im Lauf der Jahre ja geändert. Die haben keine Überstunden in dem Sinn gemacht. Die Familie hat gearbeitet, wenn es nötig war. (VI.22)

Im Gegensatz zur Vorstellung vom Ingenieurberuf als grundsätzlich und umfassend Lebenszeit beanspruchend, haben unsere Ingenieurinnen eine breite Palette von Arbeitszeitregelungen berichtet, die allerdings überwiegend eher belastende Kombinationen darstellen, und zwar nach Umfang, Lage und Kontrolle. Ob und inwieweit die derzeit offensichtlich unausgeschöpften Möglichkeiten zur Umstrukturierung mit dem Ziel der Teilzeitarbeit für Ingenieure in Zukunft realisiert werden, hängt vermutlich stark davon ab, wie nachhaltig für den Betrieb wichtige Personen - nicht zuletzt auch Ingenieure - dies einfordern. Mit welchen Widerständen dabei zu rechnen ist, läßt die fast generell vorhandene Erwartung von Überstunden insbesondere in Industrieunternehmen erahnen. Diese Forderung, darauf verweisen eine Reihe von Frauen nachdrücklich, ist häufig nicht durch den Umfang der Arbeit bedingt. Vielmehr symbolisiert die Bereitschaft zur Mehrarbeit das Maß für die Identifikation mit dem Beruf und Betrieb. Personen, die dazu nicht bereit oder in der Lage sind, kann der Zugang zur Profession erschwert werden, bzw. die Verhinderung ihrer beruflichen Entwicklung kann mit diesem Argument legitimiert werden. Betroffen sind davon (bislang) hauptsächlich Frauen, auch wenn Untersuchungen wie die unsrige dem Vorurteil widersprechen, ihre begrenzte zeitliche Verfügbarkeit signalisiere gebremstes berufliches Interesse.

5.2.4 Gehaltsstrukturen und andere Gratifikationen

Wie selbstverständlich oder aber unter Vorbehalt die Ingenieurinnen in ihre Profession integriert sind, wollen wir auch an ihrem materiellen Rahmen, insbesondere ihrem Einkommen überprüfen. Dieser Erkundungsschritt ist relativ einfach für den öffentlichen Dienst, Arbeitgeber jeder zweiten unserer Ingenieurinnen, weil hier die Stellen meist öffentlich ausgeschrieben werden und die Eingruppierung unabhängig vom Geschlecht des späteren Stelleninhabers festgelegt ist. Aber auch hier gibt es offensichtlich "Gestaltungsmöglichkeiten":

F: Ist denn die Eingruppierung hier entsprechend einer Assistentenstelle an der TU?

A: Ja, ich bin hier so eingestellt worden, BAT IIa, wie das auch an der Uni bezahlt wird. Und ich habe dann natürlich gesagt, das ist mir zuwenig, gleich am Anfang auch. Da haben sie gesagt, gut, Sie kriegen Ib. Habe ich natürlich erst nicht gekriegt. Denn meinte er, das wäre erst möglich nach einer Probezeit. Die ist nun vorbei. Da bin ich dann hingegangen zum Institutsleiter, dann habe ich das gekriegt. Das ist auch nicht viel mehr. Mehr ist nicht drin, es gibt hier also keine Möglichkeit, mehr Geld zu verdienen. (I. 14)

In der freien Wirtschaft orientiert sich die Gehaltspolitik an verschiedenen Faktoren, u.a. der Enge oder dem Überschuß des Qualifikationsangebots am relevanten Teilarbeitsmarkt, der Berufserfahrung und mutmaßlichen Produktivität der einzustellenden Person. Das letztgenannte Moment bildet ein mögliches Einfallstor für geschlechtsspezifische Diskriminierung zu Lasten von Frauen: die Unsicherheit, wie sie sich bewähren mögen, scheint einen Abschlag vom männlichen Normalgehalt zu rechtfertigen. Allerdings ist die Vermutung von Gehaltsdiskriminierungen wegen der weitgehenden Tabuisierung von Einkommensfragen nur ausnahmsweise überprüfbar.

A: Ich weiß, daß ich gleich eingestuft bin mit meinen männlichen Kollegen, die mit mir angefangen haben. Wir sind nach Tarifvertrag eingestellt, wir wissen, daß wir darüber keinen Austausch machen dürfen, das steht im Arbeitsvertrag. Wir dürfen im Prinzip

den Gehaltszettel nicht zeigen. Ich weiß aber von anderen, die verdienen genausoviel wie ich.
F: Ihr habt dann doch drüber geredet?
A: Natürlich. (V.11)
Wenn ich das Gefühl hätte, daß ich weniger bezahlt kriege als andere, die gleichrangige Arbeit leisten, auch in anderen Betrieben, dann wäre das sicher was anderes. Aber so habe ich das Gefühl, daß das, was ich bezahlt kriege, durchaus im Rahmen, vielleicht sogar an der Obergrenze dessen liegt, was man so mit zwei Berufsjahren kriegen kann. Bei einem Stellungswechsel ist das was anderes, dann fällt meine Berufserfahrung sicher stärker in die Waagschale. (V.13)

Die von uns befragten Ingenieurinnen sind ganz überwiegend nach T6 eingruppiert und erhalten Leistungszulagen - allerdings von sehr unterschiedlicher Höhe. Diese Zulagen sind der wesentliche Ansatzpunkt für Belohnungen und Bestrafungen: Eine Ingenieurin wird seit ihrem Mutterschaftsurlaub bei allen turnusmäßigen Erhöhungen übergangen. Nur vier von unseren Ingenieurinnen beziehen ein Gehalt im außertariflichen Bereich, zwei sind allerdings auch unter Tarif bezahlt.

Das liegt an der Firmenstruktur, weil sie sonst nur Fachhochschüler haben, und die sind alle in T5 jetzt haben sie sich wohl nicht getraut, mich gleich in T6 einzustufen. Dafür, daß ich von T5 auf die 4000 Mark komme, haben die mir eine wahnsinnige außertarifliche Zulage gegeben und haben sich noch vorbehalten, daß das mal mit einer Leistungszulage verrechnet wird. Mit der außertariflichen Zulage, das ist halt eine Manövriermasse, die können sie streichen und mit machen, was sie wollen, während die Tarifsache festgeschrieben ist. Das erste Jahr war's ganz gut, dann haben sie nach der Probezeit die Zulage aufgeteilt in Leistungszulage und außertarifliche Zulage. (VI.15)
A: Also eingestellt bin ich ganz mies.
F: Da hat man also Ihre Notsituation ausgenutzt?
A: Ja, würde ich sagen. Ich weiß nicht, aus welchem Grund, aber gerecht waren sie sicherlich nicht.
F: Was haben Sie denn da gekriegt?
A: 1600,- für einen 1/2 Tag.
F: Zumal mit Kind und so. Wie haben Sie es dann hochpushen können?
A: Ein Kollege sagte mir, normalerweise, wenn der Chef sieht, daß man gut arbeitet, dann braucht man nichts zu sagen, dann kriegt

man seine Gehaltserhöhung. Da habe ich mich halt drauf verlassen.
F: Und es hat auch gestimmt.
A: Ja. (II.24)

Im letzten Zitat klingt ein weiterer Aspekt an: Forderungen nach Gehaltserhöhung unter Hinweis auf das Einkommen von Kollegen sind verpönt. Umso wichtiger ist es daher, daß sich die Ingenieurinnen in den Verhandlungen beim Betriebszugang nicht unter Wert verkaufen - was nicht selten mangels Alternative oder aus Unkenntnis geschieht. Die meisten Frauen gehen allerdings aktiv bis offensiv in Gehaltsverhandlungen, insbesondere, wenn sie bereits im Betrieb Fuß gefaßt haben.

Dann kamen auch die Sprüche: "Na ja, wir haben ja nicht soviel, und die anderen kriegen ja dann nichts, und nun denken Sie nicht, daß es immer so weitergeht." Und dann habe ich auch gesagt: "Na ja, wenn wir so knapp sind und ich was gekriegt habe, obwohl ich noch nicht dran bin, wieso kriege ich denn was?" Das habe ich gefragt. Und dann sagte er: "Na ja, wir sind ja mit Ihren Leistungen zufrieden, und das soll ja vielleicht auch ein Ansporn sein, daß Sie noch mehr schaffen als jetzt. Daß es eine kleine Motivation ist." Mir hat das eigentlich schon gereicht, ich wollte das nur mal hören. (II.28)

Zwar haben wir Hinweise, daß Betriebe enge Verhandlungspositionen von Ingenieurinnen bei der Einstellung zu ihren Gunsten nutzen, aber von einer systematischen Benachteiligung von Frauen in puncto Bezahlung kann nicht gesprochen werden. Auch die Ingenieurinnen selbst sehen ihre Leistungen meist als angemessen honoriert an. Da sie sich im Verhältnis zu anderen Frauen relativ gut bezahlt wissen, geben sie der Frage einer möglichen Gehaltsdiskriminierung gegenüber ihren männlichen Kollegen vielleicht auch kein besonderes Gewicht.

Jenseits des Gehalts - so vermuteten wir - könnte sich der "kleine Unterschied" auch bei anderen Statusattributen zeigen. Das eigene Arbeitszimmer, das wir als ein Indiz gewählt haben, ist offenbar für

Ingenieure weniger statusträchtig als in anderen Professionen. Mehr als die Hälfte der Ingenieurinnen teilt einen Raum mit Kollegen und teilweise auch noch Hilfskräften; Großraumbüros bilden allerdings die Ausnahme. Nur zwei Frauen fühlen sich durch diese Rahmenbedingung in ihrer Arbeit beeinträchtigt, mehrere begrüßen dagegen die darin angelegte Möglichkeit zur einfachen Rückkopplung insbesondere bei arbeitsteiliger Problemlösung. Möglicherweise ist das Ingenieurstudium mit der Dominanz von Großveranstaltungen eine geeignete Vorsozialisation für die an vielen Ingenieur-Arbeitsplätzen geforderte Konzentrationsfähigkeit unter störenden Rahmenbedingungen.

Auch der Dienstwagen kann zum Statussymbol werden. Ein eindeutiges Beispiel für die Demonstration ihrer Außenseiterposition wird uns von einer Ingenieurin aus einem kleinen Unternehmen berichtet.

F: An was für Situationen merkst Du Deinen Status in der Firma? Es ist also ein bißchen kompliziert mit diesen drei Oberköpfen?

A: Da ist es schwer, ein Beispiel zu finden. Nehmen wir mal die Urlaubsplanung, da ist ganz klar, sie gehen alle vor. Das permanente Thema, das blöde Auto, Firmenfahrzeug. Alle haben ein Firmenfahrzeug, verleihen das alle nicht. Obwohl es eigentlich Firmenwagen sind, betrachten sie es als ihr Privatauto, und ich kriege halt keins. Ich fahre Taxe zur Baustelle.

F: Aber das kommt doch die Firma ziemlich teuer?

A: Das ist denen egal, Hauptsache, sie müssen ihr Auto nicht an eine Frau geben, da kommt's schon raus, Frau am Steuer.

F: Hättest du lieber ein Auto oder ist es dir egal, ob du weiter mit dem Taxi fährst?

A: Eigentlich ist es mir egal, es ist mir einfach zu blöd, um sowas noch länger zu streiten. Ich lehne gewisse Sachen denn auch ab und sage, das kann man ohne Auto nicht machen. Punkt, aus, Ende.

F: Aber du hast das Auto noch nie gekriegt?

A: Doch, in seltenen Fällen kriege ich's dann schon. Wenn z.B. einer der Monteure in Urlaub ist, kriege ich ein Montagefahrzeug, aber das ist dann nicht ihr Auto. (lacht) Das ist dann über, da kann ich auch mit nach Hause fahren und sonstwas mit machen. (II.23)

Zusammenfassend können wir die eingangs gestellte Frage nach der Integration der Ingenieurinnen in die Profession anhand der Merkmale ihrer beruflichen Situation durchaus bejahen, wenn auch ihr Sonderstatus unverkennbar ist. Bemerkenswert ist der hohe Anteil der Großbetriebe und der Forschungsabteilungen bzw. -einrichtungen als Beschäftiger. Im Gegensatz zur VDI-Erhebung aus den 60er Jahren überwiegt bei den Arbeitsplätzen nicht die technische Peripherie; allerdings werden die Ingenieurinnen selten produktionsnah eingesetzt, sondern ein Schwerpunkt ist die Software-Entwicklung. Bei der Darstellung der eigenen Arbeitsgebiete werden die Vielfalt der Anforderungen und die Breite des Handlungsraumes akzentuiert; aber nur ganz wenige üben Leitungsfunktionen aus. Die hohe zeitliche Belastung wird von den Frauen kritisch eingeschätzt und nur befristet und inhaltlich begründet - z.B. wegen Projektabschluß oder Dissertation - in Kauf genommen; Überstunden als Symbol für Berufsengagement treffen dagegen auf Ablehnung. Nicht immer finden sie ihre berufliche Arbeit angemessen materiell honoriert, aber die betriebliche Tabuisierung von Gehaltsstrukturen und die Undurchsichtigkeit des Zulagensystems bremsen die Kritik. Und zudem: gemessen an Frauen in anderen Berufen, verdienen sie nicht schlecht.

5.3 Der professionelle Habitus - Konsistenz oder Ambivalenz

Wie prägen diese Einstellungen die Verhaltensmuster der Ingenieurinnen im Beruf, insbesondere ihre Einstellung zu Kollegen, ihr Verhalten in Konfliktsituationen und schließlich ihre Aufstiegsorientierung? Die von uns befragten Ingenieurinnen sind überwiegend noch relativ "jung" im Beruf: etwa zwei Drittel sind weniger als sechs Jahre erwerbstätig, fast die Hälfte noch nicht einmal drei Jahre. Aspekte der

Selbstbehauptung und Selbstbestätigung werden daher vermutlich noch ein großes Gewicht in ihrem Arbeitsverhalten einnehmen.
Die Skizze der Tätigkeitsfelder von Ingenieurinnen im letzten Kapitel ließ deren Strategien und kommunikative Gepflogenheiten weitgehend im Dunkel. Bei der Thematisierung des Arbeitsverhaltens fragen wir nun nach dem Grad der Integration von Ingenieurinnen in die Profession und messen dies an der Stimmigkeit oder aber Brüchigkeit, mit der sie den beruflichen Habitus übernommen haben. Unser Interesse gilt dabei nicht nur dem Erwerb professioneller Technikkompetenzen, sondern darüber hinaus ihrer Fähigkeit zum distanzierten Umgang mit den im Berufsbild gebündelten Verhaltensforderungen und Orientierungen.
Versuche zur Klärung dieser Fragen stoßen in Gruppen mit so asymmetrischer Struktur, wie es das Verhältnis Frauen zu Männern unter den Ingenieuren darstellt, sehr schnell an soziale Grenzen. Empirische Untersuchungen belegen (Kanter 1977), daß unter solchen Rahmenbedingungen das Verhalten der Individuen - weitgehend unabhängig von ihren persönlichen Eigenschaften - durch die schiefe Verteilung geprägt ist. Da die Mehrheit über keine Verhaltensroutinen im Umgang mit der Minderheit verfügt, greift sie auf Stereotype zurück, die ihr aus anderen Zusammenhängen vertraut sind. Übertragen auf die Ingenieure lautet das Argument etwa folgendermaßen: Da Ingenieure in der Regel Männer sind, wurden bislang kaum angemessene Umgangsformen mit Ingenieurinnen entwickelt. Die Irritation der ungewohnten Situation mit einer Kollegin läßt Ingenieure Zuflucht suchen bei bekannten Frauenrollen: Mutter, Ehefrau, Kumpel, Geliebte ... Die entsprechenden Verhaltensangebote bedeuten für die Ingenieurinnen Fallen: lassen sie sich darauf ein, haben sie als kompetente Kollegin verspielt, verweigern sie diese Rollenzumutung, machen sie sich als Frau unmöglich.

Allerdings könnte man fragen, wieso nicht ein gewisser Gewöhnungseffekt eingetreten ist, da Frauen bereits seit 80 Jahren Ingenieurwissenschaften studieren können und Sekretärinnen und Assistentinnen das weibliche Geschlecht bereits repräsentieren. Offenbar aber "versickerte" die kleine Zahl der Ingenieurinnen, ohne nennenswert veränderte Erwartungs- und Verhaltensweisen in der Profession zu hinterlassen. Zudem sind unsere Ingenieurinnen fast ausnahmslos die ersten Frauen im jeweiligen Arbeitsbereich.
Wie gehen die Ingenieurinnen selbst mit dieser Sonderrolle um? Versuchen sie, ihr Frausein möglichst zu entthematisieren durch unauffällige Verhaltens- und Erscheinungsbilder? Trachten sie, durch besonders große Arbeitspakete oder hohe Leistungen die "Geschlechtsabweichung" wettzumachen? Konkurrieren sie mit den Kollegen um das männlichere Gehabe? Oder setzen sie die Differenz ihrer Weiblichkeit ebenso selbstbewußt wie produktiv ein?

5.3.1 Kollegialität und Einfügung in die Betriebshierarchie

Die Frauen berichten, wenn es um das Verhältnis zu männlichen Kollegen geht, eher Positives; knapp die Hälfte thematisiert allerdings Probleme. Als wichtige Momente, die ein kooperatives Klima begünstigen - und das gilt gleichermaßen für Forschungseinrichtungen wie für Industriebetriebe - werden Faktoren wie Lebensalter, Dauer der Betriebszugehörigkeit, Qualifikationsniveau der Mitarbeiter sowie die Art der Arbeitsteilung angeführt. Anders gewendet: Konflikte entzünden sich insbesondere an tatsächlichen oder vermeintlichen Mißverhältnissen zwischen der jeweiligen Position einerseits und Alter, Zertifikat, Können des "Inhabers" andererseits. Es überrascht nicht, daß junge Diplom-Ingenieurinnen in einer Gruppe altgedienter Fachhochschulabsolventen bzw. aufgestiegener Techniker als Bedrohung wahrgenommen werden, deren man sich z.B. durch Informationszurückhaltung zu erwehren sucht.

Buschs Einschätzung, "daß Diplomingenieure ihre beruflichen Interessen besser als graduierte Ingenieure durchsetzen können, weil ihre Selbstsicherheit gegenüber dem Management, ihre Fähigkeit zum Knüpfen und zur Nutzung sozialer Kontakte größer ist und ihre Karriereerwartungen nicht so leicht zu erschüttern sind" (Busch 1981: 345), trifft nicht umstandslos auch für Frauen zu. Zudem schließen auch relativ homogene Alters- und Ausbildungsstrukturen harte Abdrängungsversuche nicht aus, besonders bei konkurrierenden Arbeitsgebieten.

Dann habe ich mit einem Kollegen ziemlich viel Streß, weil der häufig Wissensvorteile benutzt. Das mag ich nicht, wenn man hinter dem herlaufen muß. Mit einem anderen Kollegen, da habe ich einen persönlichen Streß, der arbeitet an einer ähnlichen Sache wie ich. Der ist erst seit einem Jahr dabei, und erst habe ich mich sehr gefreut, mit dem reden zu können. Und dann habe ich gemerkt, daß ich in eine große Konkurrenz geraten bin. (VI.17)

Soweit Konflikte angesprochen werden, geht es im Kern nie um fachliche Fragen - etwa unterschiedliche Einschätzungen alternativer Lösungswege oder Dissens über die Leistungsfähigkeit von Konstruktionen, auch wenn sie häufig genug andere Probleme kaschieren. Generalthemen mit männlichen Kollegen sind Konkurrenz und Durchsetzung, wobei die Ingenieurinnen sich überwiegend als Herausgeforderte begreifen.

Kritisch wird es besonders dann, wenn Sachgebiete sich nicht vollständig trennen lassen, und die Ingenieurin z.B. Einblick in die Unterlagen des Kollegen nehmen muß.

Er hat vom täglichen Aufgabenbereich ebenfalls ein eigenes Gebiet, aber er hat, und das ist sein Problem, alle Sonderaufgaben, die mehr so wissenschaftlich-technischen Charakter haben. Dabei hat er äußerste Probleme, wenn ich mich um seinen Maschinenbereich kümmere, und das muß ich, und das bereitet ihm Schwierigkeiten, so daß er alles versteckt und man schlecht an die Unterlagen kommt. (VI.17)

Während im letzten Zitat offen bleibt, ob dies Verhalten nur der Kollegin zugemutet wird, ist die Geschlechtsspezifik in anderen Situationen unverkennbar.

Ich habe es schon erlebt, wenn sich gegen Ende der Diskussion rausstellte, daß man recht hatte, daß man so unsachlich abgeblockt wird, so: "Ach, Sie haben immer das letzte Wort." Oder nach dem Motto: "Jetzt schrei doch nicht so." Das sind für mich schon sehr emotionale Reaktionen, die nichts mehr mit der Sachfrage zu tun haben. Wenn ein Mann schreit, ist das was anderes, dann fällt das nicht auf, vielleicht hat man als Frau auch eine Piepsstimme, wenn man lauter wird. ...
Ja, ja. Ich nehme das immer so als Protektionsmaßnahme, daß sie selber sich nicht verlieren wollen, wenn sie einer Frau gegenüber zugeben müssen, daß sie sich vielleicht getäuscht haben." (V.13)

Das Bild vom Verhältnis zu den Kollegen wäre jedoch verzerrt, würden die Berichte über positive Erfahrungen unterschlagen wie z.B. Unterstützung in der Einarbeitungsphase (insbesondere Hinweise auf betriebsspezifische Gepflogenheiten) und Kooperation bei Problemlösungen. Allerdings ist auch dies nicht ohne Ambivalenz, wie es eine Ingenieurin anschaulich beschreibt.

Da gibt es eigentlich immer zwei Ebenen mit den Männern: die eine Ebene ist Kollegin und die andere Ebene ist das Geschlecht. Dann gibt es Männer, denen ist es eindeutig immer klar, daß ich eine Frau bin, und die haben vielleicht so ein bißchen eher was Klassisches, Höfliches oder so. Manchmal ist auch ein bißchen Flirten dabei. Einmal dieses so hilfreich in den Mantel oder in die Aufgabe heben und auf einer Ebene so Geschlechterflirterei. (VI.17)

Daß angesichts von Konkurrenz und Ambivalenz die Kollegialität nicht völlig auf der Strecke bleibt, das belegen relativ zahlreiche Berichte über gemeinsame Aktivitäten außerhalb der Arbeitszeit.

Häufiger problematisch als produktiv wird dagegen das Verhältnis zu dem jeweiligen **Vorgesetzten** - fast immer ein Mann - beschrieben, wobei die Kritik an unterschiedlichen Momenten festgemacht wird.

Eine ganze Reihe von Ingenieurinnen bemängelt, daß die ihnen eingeräumten Freiheitsgrade bei der Arbeit zu groß seien, d.h., daß sie mit zu vielen und zu schwierigen Problemen alleingelassen werden. Hintergrund ist meistens die Überbelastung des Vorgesetzten selbst. Etwa gleich viele Frauen beurteilen ihre Handlungsräume dagegen als unnötig und für ihren Status auch unangemessen eng, durch z.B. rigide Pausenkontrolle oder autoritäre Arbeitsanweisungen. Kühl-distanziertes Verhalten des Chefs können die Ingenieurinnen eher akzeptieren als Inkompetenz, die sich nicht selten in Aktionismus flüchtet. Schwierig ist das Verhältnis zum Vorgesetzten allemal, wenn die Ingenieurin tatsächlich oder vermeintlich einen Vorsprung an technischem Wissen hat, zumal ein möglicher Bonus aufgrund längerer Betriebserfahrung heute nicht mehr soviel gilt wie früher. Die folgenden Zitate stehen für viele ähnliche:

Und bei dem kann ich diesen Führungsanspruch nicht akzeptieren, weil ich nicht sehe, daß er in irgendeiner Art und Weise durch eine Qualifikation oder sonstwas überlegen wäre. (I.20)

Der hektische Aktivismus überschattet geistige Windstille.
Er ist seinen Aufgaben geistig nicht gewachsen. (II.28)

Aufschlußreich ist die Einschätzung einer Ingenieurin, daß ihr Abteilungsleiter wegen seines demokratischen Führungsstils als schwacher Chef gilt.

Ja, das ist sehr gut, das ist auch eine Ausnahme unter Vorgesetzten. Das ist ein Vorgesetzter, der seinen Mitarbeitern auf der menschlichen Ebene begegnet, wahrscheinlich auch unter seinen Kollegen als schwacher Vorgesetzter gilt, weil er eben nicht dazu neigt, irgendwelche Dinge zu diktieren, sondern über Konflikte reden möchte und das wirklich echt demokratisch austrägt. In die Projektarbeit redet er relativ wenig rein. Er hat gemerkt, daß da starke Persönlichkeiten sind. (II.29)

Sowohl in Industriebetrieben als auch in Forschungseinrichtungen sind Ingenieurinnen längst noch nicht als selbstverständlich akzeptiert. Da bei der Einstellung von Ingenieuren neben dem fachlichen

Können auch geprüft wird, ob die Person in die Arbeitsgruppe "paßt", stellt das "abweichende" weibliche Geschlecht erst einmal einen Negativposten dar, der durch Vorzüge in anderen Bereichen kompensationsbedürftig ist.

Die menschliche Art spielt bei dem eine große Rolle. Der guckt auch drauf, wenn der jemanden einstellt: Paßt der überhaupt in die Gruppe? auf der anderen Seite guckt er auch auf das Können. Der hat sicherlich auch drauf geguckt, daß ich mich im Kraftwerksbereich bewegen kann, daß ich auch Erfahrungen habe, auch im Öffentlichkeitsbereich. Der Kraftwerksbereich ist so ein bißchen Familienbetrieb in Deutschland. Die kennen sich alle untereinander. Auch meinen Vater, der wußte auch, daß ich mich in dem Kreis bewege. (VI.17)

Die Skepsis gegenüber Frauen im Ingenieurberuf wird gelegentlich trotz positiver Erfahrungen mit einer Ingenieurin nicht grundsätzlich revidiert: gute Ingenieurarbeit leistet ein Mann.

Er kann mit Frauen nicht umgehen. Er bringt das nicht fertig, weil er der Meinung ist, daß das ein Mann nicht tut, sich für eine gute Arbeit bei jemandem zu bedanken. Er erklärt dann öffentlich, das fiele ihm nicht ein. Naja, aber man muß sagen, das Problem hat sich gelöst. Er hat seine Vorurteile über Frauen zwar voll behalten, aber er ist heute in der Lage, Ausnahmen zu machen. Heute stellt er sich hin, vor Gäste, versammeltes Haus, und wenn jemand eine Bemerkung macht, dann sagt er: "Lassen Sie das mal, diese Frau ist einer der besten Männer, die wir haben." (Lachen) Er ist heute in der Lage zu differenzieren, obwohl Frauen nach wie vor merkwürdige Geschöpfe für ihn sind. Da nimmt er mich heute aus, voll, da bin ich 100%ig sicher. (VI.11)

Teils aus Inkompetenz, teils aber auch wegen der oben angemerkten Überbeanspruchung nehmen die Vorgesetzten selten die Aufgabe wahr, die neue Mitarbeiterin in ihr Arbeitsgebiet einzuführen. Nur eine von vier Ingenieurinnen hat in den ersten Wochen mehr oder weniger systematische Anleitung erhalten, die meisten wurden schnell "ins Wasser geworfen", wie sie es formulieren. Die Kritik gilt dabei nicht primär der Überforderung - Probleme zu lösen, ist ja schließlich genuine Ingenieurleistung - als vielmehr der Ineffektivität dieses Verfahrens. Es gibt Hinweise darauf, daß die Verweigerung von Anleitung als Bewährungstest für die neue Mitarbeiterin angesehen wird, wobei ihre Eigenständigkeit und Umsicht bei der Informationsbeschaffung honoriert werden.

A: Es gibt wohl wenig Firmen, wo man eine Einarbeitung erfährt. Meistens wird man hingestellt, mach' halt, und dann muß man selber sehen, wie man klarkommt. Ich habe das nun schon zweimal erlebt. Ich glaube, das wird später anerkannt. Auch für einen selber ist das wichtig: man hat's geschafft.

F: Aber konntest du die Kollegen, die schon da waren, fragen?

A: Die habe ich natürlich befragt. Da hatte ich auch nie Hemmungen, jemanden zu fragen. Es gibt ja so Leute, ich erlebe das immer wieder, die alles drei- oder fünfmal probieren, denn kommt immer noch nichts bei raus. Dann wird von oben angefragt, ja, warum ist denn da nichts rausgekommen. Ich probiere das einmal, wenn's nicht geht, dann frage ich. Ich habe auch nie festgestellt, daß das negativ aufgestoßen ist, man muß da natürlich schon ein bißchen sortieren, was man fragt, nicht wegen jedem Mist sozusagen, sondern daß die Fragen, die man dann stellt, auch demjenigen zeigen, man hat sich da Gedanken drüber gemacht. (II.25)

Die Gestaltung der Einarbeitungsphase variiert je nach Betrieb; in großen Unternehmen ist sie eher formalisiert als in kleinen. Keine Anhaltspunkte haben wir dagegen für eine besondere Benachteiligung von Frauen in dieser Hinsicht. Im Gegenteil: Manchmal übernehmen Kollegen spontan und jenseits ihrer Dienstpflichten die Einführung, wobei die Aufklärung über betriebliche Gepflogenheiten mindestens ebenso wichtig ist wie die fachliche Information.

Ich kann von mir sagen, daß ich das Glück hatte, nicht als einzige neu eingestellt zu werden, sondern daß in dem Zeitraum einige Leute, auch in den Nachbarabteilungen, neu eingestellt wurden, allesamt Berufsanfänger, die allgemeine Schulungskurse gemacht haben, von denen ich genauso profitiert habe wie die anderen. Außerdem habe ich also von Anfang an einen älteren Mitarbeiter hingestellt und gesagt gekriegt: "Den kannst du fragen, der kann dir alle Fragen beantworten, bzw. wenn er es nicht kann, weiß er, wen du fragen kannst." Also einen eindeutigen Ansprechpartner. Aber das ist wohl nicht immer so. Ich habe es erlebt, in der Nachbarabteilung wurden so ein halbes Jahr nach mir Leute eingestellt. Zwei. Da hat es sich nicht gelohnt, irgendwelche Kurse zu machen, die sind fürchterlich aufgelaufen. (V.13)

Während die Ingenieurinnen die Hürde der Einarbeitung - sei es mit, sei es ohne Hilfestellung - ohne größere Friktionen meistern, kommt es bei politischen Meinungsverschiedenheiten fast unweigerlich zum Konflikt. Entgegen dem Vorurteil vom unpolitischen Ingenieur haben wir in unserer Untersuchungsgruppe eine ganze Reihe gewerkschafts- und parteipolitisch engagierter Frauen. Durchbrechen sie die ungeschriebene, aber harte Regel, die den politischen Spielraum sehr eng absteckt, so müssen sie mit Sanktionen rechnen, die den Berufsalltag belasten. In einem Fall war die Zermürbung so stark, daß sich die Ingenieurin schließlich in eine andere Abteilung versetzen ließ. Aber auch an diesem Punkt kann kaum von einer Sonderbehandlung gegenüber Frauen gesprochen werden. Frauenspezifisch könnte eher die auffallende Häufigkeit und der Grad des politischen Engagements sein. Die damit verbundene Risikobereitschaft wäre eine Ausgestaltung ihres ohnehin bestehenden Sonderstatus.

Die Frage, in welcher Richtung und wie nachhaltig **Ingenieurinnen als Vorgesetzte** das Betriebsklima prägen, ist aufgrund der geringen Zahl von Frauen in solchen Positionen unter unseren Ingenieurinnen kaum beantwortbar. Zu erkennen sind immerhin zwei Tendenzen: sie bevorzugen einen demokratischen Führungstil und erwarten von ihren Mitarbeiterinnen und Mitarbeitern ein ähnlich überdurchschnittliches Arbeitsengagement, wie sie es sich selbst abfordern.

A: Ich glaube, das schadet mir öfter, daß ich zu bestimmten Anpassungen auch nicht bereit bin. Ich persönlich würde meinen, daß mein Führungsstil der Situation eigentlich adäquater ist. Gerade wenn du von unten kommst, weißt du ja, was die Kollegen über die Vorgesetzten denken, daß diese Einschätzung sehr wesentlich von deren Selbsteinschätzung abweicht.

F: Aber du hast dir damit durchaus schon Ärger eingehandelt?

A: Ja, sicher. Es ist sicher auch ein Fehler gewesen, daß ich das sehr deutlich gesagt habe und das auch begründet habe, daß ich also nichts davon halte, irgendwelche formalen Sachen mir anzugewöhnen, die auch nicht zu meiner Persönlichkeit passen. Da macht man sich ja nur lächerlich! (VI.18)

Frustrationen auf beiden Ebenen kühlen diese Ansprüche ab und fördern den Rückzug auf Pragmatismus und Kontrolle. Wenn die Ingenieurinnen eigene Vorstellungen von weniger autoritärer Führung zurücknehmen und ihre eigene Praxis entsprechend revidieren, so geschieht dies keineswegs leichten Herzens, sondern unter dem Druck der Betriebshierarchie oder - beim eigenen Unternehmen - des Marktes. Die Frage, ob nicht auch und vor allem die Arbeitsbedingungen veränderungsbedürftig sind, ehe ein neuer Führungsstil zum Tragen kommen kann, wird nicht gestellt.

Ich werde in eine Führungsposition gedrängt, die ich gar nicht will. Ich würde das mehr auf kollegialer Ebene machen und mit Teamarbeit. Das wird aber von diesen Leuten gar nicht gewünscht. So ein ganz albernes Beispiel: ich habe nie Arbeitszeiten kontrolliert, weil ich mir sagte, wenn die Arbeit gemacht ist, ist sie gemacht und fertig. Das ist auch nicht so, daß dann im Labor Überstunden gemacht werden, sondern eher umgekehrt, die arbeiten eher weniger als 40 Stunden. Ich glaube schon, das beurteilen zu können, weil ich selber auch mitgearbeitet habe und mitarbeite streckenweise und weiß, wann die kommen und gehen. Dann kam es irgendwann zu der Diskussion, ja wir, und überhaupt, zu viel und so, bis ich dann eines Tages gesagt habe: "Jetzt ist Schluß, jetzt schreibt halt jeder seine Zeit auf,die er da ist!" Nicht, daß ich gucke und nachkontrolliere, aber da merkt man dann, da wird angefangen zu schummeln, hier und da, weil dann plötzlich die Leute Sachen mitkriegen, daß sie gesagt haben, sie haben Überstunden gemacht. Das wird dann so hingedreht, das enttäuscht mich dann. Das ist ein größeres Problem als zwischen Männlein und Weiblein. Und ich glaube nicht, daß das ein spezielles Problem von mir ist, sondern ein grundsätzliches, daß man einfach sagen muß: "Bis hierhin und nicht weiter!" (II.25)

In der Zusammenarbeit mit den **Werkstätten** haben es die Ingenieurinnen überwiegend mit Männern zu tun, wenn auch unter den gewerblich-technischen Auszubildenden neuerdings einzelne Frauen vertreten sind. Reibungen oder gar Konflikte in der Kooperation werden nur in einem Fall berichtet - entgegen der auch bei Personalchefs weitverbreiteten Einschätzung, genau hier, nämlich in der fehlenden Akzeptanz durch die Männerkultur der Facharbeiter, lägen die harten Grenzen der Beschäftigung qualifizierter Frauen. Einige Ingenieurinnen haben sich zu Beginn ihrer Tätigkeit ausführlich in der Werkstatt umgesehen und sich Arbeitsabläufe und Bearbeitungsvorgänge erklären und demonstrieren lassen. Einige taten dies planvoll, anderen wurde erst später bewußt, welchen Kredit sie sich in der Werkstatt durch die Dokumentation von Lernbereitschaft und den Verzicht auf Statusdünkel erworben hatten. Die Werkstatt steht zwar in der Betriebshierarchie ziemlich weit unten, kann aber durch Verweigerung von Kooperation - und zwar häufig genug in nicht sanktionsfähigen Formen - sehr wohl Macht ausspielen. Davon sind die Ingenieurinnen nie betroffen.

Die kamen dann auch: Na ja, Sie sind Ingenieur, sie müssen das ja alles wissen. Und da habe ich dann halt gesagt: "Na ja, okay, ich habe studiert. Ich habe an der TU studiert, ich bin Theoretiker. Ich kann nicht wissen, was Sie hier unten an den Maschinen machen." Und da habe ich gesagt: "Ich bin ja auch gerne bereit, daß Sie mir was beibringen". Ich war dann 3 Wochen da unten. Man hatte mir so einen kleinen Rundlauf gemacht, was man eigentlich vorher noch nie gemacht hatte. (II.28)

Unsere Gesprächspartnerinnen haben mehrheitlich, wenn auch in unterschiedlichem Umfang, **Außenkontakte** wahrzunehmen. Die Irritationen, die sie bei Kunden und Geschäftspartnern als Frauen in einem so untypischen Berufsfeld erregen, sind nicht umstandslos vergleichbar mit denen im "eigenen" Betrieb. Jedenfalls wird eine Ingenieurin mit diesem Argument auf Betreiben eines Kollegen aus einem wichtigen Projekt ausgeklinkt.

Ein Kollege hat es geschafft, oben durchzusetzen, daß er den Auftrag nicht mit mir macht. Begründung war, es ist problematisch, und in der Firma sind alle etwas proletarisch oder proletenhaft, da kann man keine Frau mit hinnehmen. Er hat mir dann nachher erklärt, er hätte Sorge gehabt, dieses Projekt ziemlich selbständig bearbeiten zu müssen, weil der Oberingenieur keine Zeit haben würde, und er hätte einfach Angst gehabt vor den Problemen. Und ich wäre auch noch so jung und so. Das war eine ganz große Sache, der hat mich eine ganze Menge gekostet, mal abgesehen von den Nerven. Es gab keine sachliche Begründung dafür, nur die Sorge, es könnte Ärger in der Firma geben und er könnte als Projektleiter dann nicht so gut dastehen. Das hat nun dazu geführt, daß ich ein halbes Jahr lang keine vernünftige Beschäftigung hatte, nachdem ich schon das Jahr für meinen Chef da abgesessen hatte. Das hat mir mit Sicherheit sehr geschadet. (VI.11)

Arbeiten die Frauen in Bereichen mit Außenkontakt, z.B. bei der Einwerbung von Aufträgen, der Übergabe von Projekten oder dem Kundendienst, so werden sie zum Teil vom "Glanz" des Unternehmens bzw. Instituts unterstützt, aber sie erleben nicht selten auch die Zusatzbelastung eines "Tests" ihrer Kompetenzen.

F: Und wie ist es mit Kunden und Geschäftspartnern, haben Sie mit denen zu tun?

A: Ja. Häufiger bei großen Vergabeverhandlungen, dann bei Schadensfällen, Reparaturen, aber auch sonst einfach in der technischen Beratung oder bei konkreten Projekten. Wenn man sich vorher noch nicht kennt, ist erstmal eine Verwunderung vorhanden, die eigentlich relativ schnell, so innerhalb einer halben Stunde, in ein normales sachliches Gespräch führt, so daß ich nachher nicht mehr spüre, ob er sich ablehnend oder zustimmend zu mir verhält, weil wir so im Detail sind. Dann kommt man eigentlich relativ rasch mit dem anderen zurecht, einfach aufgrund der Sach- und Detailfragen, die dann den anderen genauso in Anspruch nehmen, daß er vergessen muß, daß ihm gegenüber eine Frau sitzt.

F: Aber diese Anstrengungen übernehmen Sie schon, es ihn vergessen zu lassen?

A: Ja. Bei manchen hat man es nicht nötig, aber bei manchen muß man das ganz bewußt tun. (V.14)

Endgültige Ablehnung ist die Ausnahme und wird auch nur im Zusammenhang mit Ausländern (in Deutschland) berichtet.

A: Ich achte darauf, wenn ich auf eine Baustelle gehe, daß ich mich nicht nur mit dem Obermonteur unterhalte, sondern auch mit den anderen. Auch über private Dinge. Die kommen durchaus zu mir mit Problemen, daß ihnen die Frau weggelaufen ist oder einen Unfall hatte, ich bin da auch ein bißchen Seelsorgerin manchmal.

F: Meinst du, die kommen eher mit persönlichen als mit fachlichen Problemen?

A: Nein, sowohl-als auch. Mit einigen komme ich auch gar nicht klar. Ich hatte schon Leute, die haben sich dermaßen quergelegt, fast eine Abnahme platzenlassen. Das war ein klarer Frauenfall, das war ganz eindeutig. Das waren Arbeiter. Die können dich so weit bringen, daß alles platzt. Ich hatte damals einen sehr lieben anderen Kollegen, der hat das geregelt für mich. Ich konnte das selber nicht regeln; der Arbeiter wollte einfach nicht. Der hat auch die anderen gegen mich aufgehetzt. Mein Kollege hat dann ganz klar gesagt: "Entweder du machst das jetzt, oder ich haue dir eins in die Schnauze." Das war ein Jugoslawe, der meinte, Frauen gehören nicht auf den Bau. (II.23)

Nicht nur gegenüber männlichen Kollegen bzw. Geschäftspartnern sind die Beziehungen der Ingenieurinnen gelegentlich schwierig, sondern auch zu **anderen Frauen** im Betrieb - seien es Kolleginnen oder sonstige Mitarbeiterinnen. Dieser Befund ist unseren Gesprächspartnerinnen selten gleichgültig, macht sie meist betroffen. Von einzelnen Ingenieurinnen wird allerdings bei einer Kooperation mit Frauen die größere Offenheit als Vorzug betont.

F: Wie ist es mit deinen Kolleginnen, kommst du mit denen gut klar?

A: Bestens! Ich kann mit denen genauso gut oder schlecht zusammenarbeiten, dadurch, daß ich auch nicht dieses Karrieredenken habe oder Ellenbogen. Weil ich viel Spaß an der Arbeit habe, schaffe ich Sachen vielleicht manchmal leichter, weil ich nicht unter diesem Druck stehe. (II.25)

Ich bin zwar offen auch zu Männern, aber ich habe da so das Gefühl, als ob sie immer so tun, als ob sie alles wüßten. Die geben nicht gerne einen Fehler zu, und da bin ich auch nicht diejenige, die sagt: "Ich habe was falsch gemacht", gerade vor solchen Leuten, die auch keine Fehler zugeben. Eine Frau gibt eher einen Fehler zu, auch Frauen gegenüber. Gerade möchte ich meinen, die sind viel offener. Da nimmt das auch keine andere Frau übel. Aber ein Mann, weil er auch selber seine Fehler nicht zugibt, dem sagt man das auch nicht, wenn man es nicht verstanden hat. Deshalb arbeite ich lieber mit Frauen zusammen, weil die auch ehrlicher in der Arbeit sind. Das ist wieder pauschal gesagt, das finde ich eigentlich nicht gut, aber ich habe zumindest die Erfahrung gemacht. (I.16)

Andererseits stellt die Situation, eine Frau als Chefin zu haben, auch die Frauen, die als Sekretärin, Laborantin, Facharbeiterin arbeiten, vor eine ungewohnte Situation. Am häufigsten werden Schwierigkeiten mit Sekretärinnen beschrieben. Von ihnen bzw. den technischen Hilfskräften erfahren die Ingenieurinnen etwa in gleichem Umfang Akzeptanz wie Ablehnung. Gelegentlich werden sie bei der Zuarbeit sogar bevorzugt.

F: Wie nimmst du überhaupt die Sekretärinnen wahr?
A: Oje, als ein anderes Wesen, wirklich. Also zu Sekretärinnen haben wir so eine Stellung: Naja, die sind halt da und ziemlich blöd. Zumal wir eine haben, die ist relativ schnippisch, wenn sie schlecht gelaunt ist. Und dann kann sie sehr nett sein. Ich weiß auch nicht genau, wie ich die Frau behandeln soll, sie ist mir ein Rätsel. Wie gesagt, sie kann unheimlich freundlich sein, und wenn sie dann einen schlechten Tag hat, haut sie einem eins vor den Koffer. Dann macht sie einen fertig. (V.12)

Das kann sie, sie kann mich nicht von Informationen fernhalten, aber sie kann Intrigen schmieden, darin ist sie großartig. Sie kann mir etwas erzählen oder nicht erzählen, was sie mir eigentlich erzählen sollte. Und hinterher habe ich eine Sache verpatzt. (II.20)

Probleme entzünden sich am ehesten bei der Delegation von Aufgaben und an den Standards ihrer Ausführung.

Mit unserer Schreibdame - am Anfang war das ein Machtkampf. Ja, doch, das ist auch typisch, jeder neue Mitarbeiter hat mit ihr Schwierigkeiten. Sie ist so Anfang 50, die Dame, sie ist zwar auch mehr krank als da, aber naja, aber jedesmal gibt es Probleme, wenn man z.B. Korrekturzeichen aus dem Duden verwendet, die sie nicht mag oder sie bittet, das Accent richtigrum zu machen (Lachen).

F: Du meinst, das würden sie mit einem Mann nicht machen?
A: Sie haben mir erklärt, das läge daran, daß ich eine Frau wäre, ich könnte nicht mit ihr umgehen. Ich sagte, was wollt ihr eigentlich, ich schleiche da auf Zehenspitzen rein, was soll ich denn noch machen.
F: Aber das geht den Anderen doch auch so?
A: Ja, aber das ist was andres, bei einer Frau ist das doch ein Unterschied. So einen Krach wie den ersten gab es dann nicht mehr, aber ähnlich gelagerte reichlich. (VI.11)

Die Konflikte spiegeln bei den jüngeren Sekretärinnen eher Neid auf die privilegierte Geschlechtsgenossin.

A: Ja, erstens bin ich die letzte, die dazugestoßen ist; dann ist selbstverständlich ein Mann sehr viel attraktiver als Vorgesetzter. Wir sind keine Vorgesetzten, aber eine Frau wird immer als jemand angesehen, der nur mehr gekriegt hat, die weitergekommen ist.

F: Also z.B. von den Sachbearbeiterinnen?

A: Da wird man bitter beneidet! Das ist keine Hilfe, im Gegenteil. (VI.21)

Bei den älteren, nachrangigen Frauen stehen die höheren und rigideren Verhaltenserwartungen gegenüber Ingenieurinnen im Vordergrund. Kritik am lässigen Kleidungsstil, Rügen über Unordnung am Arbeitsplatz und Vorwürfe mangelnder Teamfähigkeit bilden in etwa das Spektrum ab. Meist wird früher oder später ein Kompromiß erreicht, in Einzelfällen bleibt der Konflikt als Dauerbrenner.

Ja, das fällt mir schwer. Es fällt mir schwer, einer anderen Frau zu sagen, was sie zu tun hat. Das ist ein komisches Gefühl, zumal die knapp 3 Jahre älter ist als ich. Ich finde, sie sieht so alt oder so jung aus wie ich. Das ist schon ein bißchen schwierig. Ich könnte eher einem Arbeitskollegen was sagen als einer Frau, komisch. Ich sage mir zwar, die macht ihre Arbeit, ich mache meine Arbeit; da ist die gleichberechtigt. Gut, manchmal bin ich auch ein bißchen überheblich und sage, das ist ja nur die Sekretärin, aber was soll das, die hat ihren Beruf und übt den aus. Man muß die auch als vollerwerbstätige Frau akzeptieren, ganz klar." (V.12)

Der Kontakt zu anderen Ingenieurinnen im Betrieb bzw. Institut - soweit es sie überhaupt gibt - wird nicht grundsätzlich gemieden, aber Reserven gegenüber sehr konkurrenzhaft empfundenen Kolleginnen kommen wiederholt in den Gesprächen vor. Neuerdings - und häufiger in Forschungseinrichtungen - pflegen Frauen die Zusammenarbeit.

Ich weiß es jetzt auch von einer anderen Frau, daß sie sich, was ich eben nur manchmal empfinde, in einer bestimmten Runde, wo es um fachliche Dinge geht, nicht wohl fühlt. Das würde ich sonst niemandem der Kollegen sagen oder auch einem der anderen Ingenieure, der vielleicht an einem anderen Institut arbeitet, damit nicht diese Konkurrenz direkt im Hause ist oder der Kollege im Hause ist. Weil ich denke, das würde kaum Verständnis finden. (I.17)

Nur eine Ingenieurin lehnt die Beteiligung an "Frauengrüppchen" ausdrücklich ab. Eine andere berichtet dagegen von einem Entwicklungsprozeß, der ihr die Entlastungsmöglichkeiten im Gespräch unter Frauen erschloß.

Wie gesagt, meine Einstellung hat sich etwas geändert im Lauf der Jahre. Mir ging das am Ende schon ziemlich auf den Geist, daß ich keinen Kontakt zu Frauen hatte. Ich hatte rundweg keine Freundin. Ich hatte auch keine anderen Frauenkontakte. In den letzten Semestern kam es durch die Bekannten von Freunden, die ich hatte, daß ich da mit Frauen zusammengekommen bin, also mit Frauen, die nichts mit der Elektrotechnik zu tun hatten. Das hat mir wirklich gut getan. Ich habe eine Zeitlang wirklich Schwierigkeiten gehabt, mit Frauen zu reden. Ich wußte gar nicht, was ich mit denen anfangen sollte. Das muß man sich mal vorstellen! Mit Männern zu reden, war für mich einfach. Die haben mich auch wirklich akzeptiert damals, während des Studiums, vollkommen als Kollegen, als Kumpel, als neutrales Wesen, würde ich beinahe sagen. Ich kam sehr gut damit zurecht, aber irgendwann hat mir das gefehlt. Ich hatte keinen entsprechenden geschlechtsgleichen Ansprechpartner. Dann kamen ein paar Frauen dazu, und da merkte ich, daß mir was fehlt, so langsam. Da hat sich meine Einstellung etwas gewandelt. (V.12)

Versuchen wir, die verschiedenen skizzierten Facetten der beruflichen Einbindung von Ingenieurinnen zusammenfassend zu kennzeichnen, so wären Begriffe wie Ausgrenzung oder Isolierung ebenso negativ überzogen wie nach der anderen Seite vorbehaltlose Akzeptanz. Nur vier Ingenieurinnen charakterisieren die Verkehrsformen im Betrieb bzw. Institut als - teils offen, teils verdeckt - autoritär. Dies betrifft jedoch Frauen wie Männer. Die speziell von einigen Ingenieurinnen berichteten Erfahrungs- und Verhaltenszumutungen, insbesondere extremer und unkalkulierbarer Leistungs- und Zeitdruck oder aber im Gegenteil Verweigerungen sinnvoller Aufgabenzuweisung, werden von ihnen als so belastend erfahren, daß Betriebs- bzw. Abteilungswechsel erwogen, im Einzelfall auch realisiert wird. Es wäre voreilig zu unterstellen, daß die Ingenieurinnen in den Beschäftigungsfeldern mit "normalem" Betriebsklima - und das ist die Mehrheit - keinen Irritationen aufgrund ihres Sonderstatus ausgesetzt sind. Sie sehen jedoch wenig Anlaß zu einer Problematisierung, solange sie "damit leben" können. Nicht selten übernehmen sie es, ihre professionelle Akzeptanz durch Sonderleistungen oder aber Bescheidenheit zu fördern. Allerdings fehlt den Berufsanfängerinnen ein Maßstab für "professionelle Normalität".

5.3.2 Konfliktstrategien

Die berufsbiographischen Erfahrungen der Ingenieurinnen sind nicht nur Resultate von Außeneinflüssen. Vielmehr gestalten die Frauen sie mit - und sei es auch durch das Gewährenlassen Anderer. Wir wollen daher prüfen, welche Möglichkeiten sie nutzen, und wo sie sich dabei von ihren Kollegen abgrenzen.
Die eigene Berufsbiographie zu gestalten, das erfordert Umsicht und Energie schon beim Einstieg in die Erwerbstätigkeit und dann kontinuierlich im Arbeitsalltag. Welche Ressourcen die Ingenieurinnen mobilisieren und ggf. für welche Ziele, ob sie Chancen aufspüren, Risiken in Kauf nehmen, all dies spiegelt den relativen Stellenwert des Berufs in ihrem Lebenszusammenhang und ihrer Lebensperspektive. Lassen die Berichte eher die Übernahme des männlichen Umgangs mit beruflichen Herausforderungen insbesondere in Konfliktsituationen oder ein ambivalentes Verhältnis zu dieser Komponente des professionellen Habitus erkennen?
Für alle Ingenieurinnen, mit denen wir sprachen, hat der Beruf eine große lebensgeschichtliche Bedeutung, ein Befund, der angesichts der hohen Investitionen in die lange Ausbildung in Form von Zeit, Kraft und Geld nicht überrascht. Priorität nimmt er meist jedoch nur ein,

wenn nicht die Partnerbeziehung, Familienaufgaben oder politische Aktivitäten dagegen stehen. Die Leistungsmotivation ist getragen vom Ziel, Aufgaben gut zu erfüllen, aber auch von der Herausforderung durch schwierige Problemlösungen. Die Klarheit und Eindeutigkeit im technischen Bereich, die eine widerspruchsfreie Lösung ermöglicht, schafft ihnen Anlässe für Selbstbestätigung.

Obwohl jede vierte Ingenieurin vor und/oder während des Studiums z.T. lange Jahre in anderen Bereichen gearbeitet hat, wird diese Erfahrung bemerkenswerterweise nie als Folie für die Einstellung zur derzeitigen Arbeit herangezogen, auch nicht als Vergleichsmaßstab für die empfundene Privilegierung bzw. Benachteiligung. Wenn sie über ihre eigenen Leistungen sprechen, so ist das Leitmotiv überwiegend positiv und die Perspektive optimistisch. Sie äußern sich befriedigt über den erreichten Stand ihrer Fachkompetenz und sind zuversichtlich im Hinblick auf den Erfolg laufender Projekte.

Im Gegensatz zu meinen anderen Kollegen werde ich von meinem Vorgesetzten zufrieden gelassen. Der mischt bei mir nicht mit, während es bei anderen gemacht wird. In dem Moment, wo ich sehe, der läßt mich in Ruhe und läßt mich machen, währenddessen die anderen von ihm tyrannisiert werden, bin ich also schon zufrieden. (...) Da sagt keiner, das haben sie aber gut gemacht oder so. Man merkt das nur so indirekt, daß man zu Schulungen geschickt wird oder daß man eben, obwohl gesagt wird, man kriegt nur alle drei Jahre eine Gehaltserhöhung, ich jetzt in drei Jahren schon die dritte hatte. Daran merke ich halt doch, daß die eigentlich mit mir zufrieden sind. (II.28)

Selbstbewußt nehmen die Ingenieurinnen ihre berufliche Zukunft ins Visier. Sie trauen sich nicht nur verantwortungsvolle Aufgaben zu, sondern sie sind auch überzeugt, daß sie sie anders - und zwar angemessener - gestalten, als sie es derzeit bei Führungskräften beobachten.

F: Würde es dir Probleme machen, wenn Leute dir nachgeordnet sind, denen Anweisungen zu geben?

A: Das würde sicherlich am Anfang Schwierigkeiten bereiten, aber ich hätte schon Spaß daran. Nicht so, daß ich unbedingt andere Leute traktieren will oder über die bestimmen will, sondern es

> würde mir Spaß machen, Verantwortung zu tragen. Ich möchte nicht immer die sein, die Befehle bekommt, sondern selber mal solche austeilen können und versuchen, einen vernünftigen Ton zu finden. Ich bilde mir ein, ich könnte das besser als manche andere. Ich gehe da vielleicht ein bißchen menschlicher ran. Das ist vielleicht ein Fehler manchmal. (V.12)

Einige dunkle Untertöne sind zwar leise, aber unüberhörbar, z.B. die Einschätzung, daß der eigene Anteil am Projekt in der Außendarstellung unterbelichtet ist oder der Frust über die eigene Unfähigkeit, sich realistische Termine zu setzen.

Die Kluft zwischen objektiver Leistungsfähigkeit und der subjektiven Bewertung der eigenen Leistung ist gelegentlich verblüffend. Trotz wiederholter positiver Rückmeldungen von Kollegen und Chefs steht eine der Ingenieurinnen vor jeder Projektpräsentation neuerlich vor einem Abgrund von Verzweiflung.

Daß ich gedacht habe, da ist was schiefgegangen, das gibt es öfter. Aber meine Kollegen richten mich da auch wieder auf. Z.B. ist es schon vorgekommen, daß ich ein Papier vorbereitet hatte für eine Präsentation, da sagte ich, so geht es nicht, das ist ja wirklich die letzte Banalität. Ich wollte es in den Papierkorb schmeißen. Da dachte ich, das zeige ich dem Kollegen nochmal. Der meinte, das mußt du unbedingt bringen, das ist gut, der zweite hat das auch gesagt. Solche Sachen gab es schon öfter. Vor allem, ich kriege die Ängste so zwei Wochen, bevor ich die Sachen abliefern muß. Da werde ich rappelig und denke, ich kann überhaupt nichts. (II.26)

Auch andere Frauen berichten von Erfolgsangst. Eine Ingenieurin startet zwar mutig in neue Aufgaben, aber wenn andere leistungsfordernd eingreifen, fühlt sie sich durch Unsicherheit blockiert.

A: Es bezieht sich auf die Situationen, wo Leistung verlangt wird von mir. Wo ich unmittelbar gefordert werde, wenn ich die Leistung von mir aus erbringen kann, dann ist es überhaupt kein Problem.

F: Also in dem Moment, wo eine Autorität da ist, die dich kontrolliert, kommen Blockierungen? Also das heißt, daß die Verzögerung was mit Autorität zu tun hat und nicht mit deinem Lebensrhythmus.

A: Nein.

F: Und was tust du dagegen?
A: Was ich tue dagegen? Ich versuche, das abzubauen. Dieses Klarmachen fällt mir nicht schwer, aber es fällt mir schwer, das abzubauen, daß es nicht mehr eintritt. (I.17)

Ganz überwiegend erhält sich jedoch bei den Ingenieurinnen das Selbstvertrauen und die Neugierde, die sie bei der Herangehensweise an neue Arbeitsaufgaben und Situationen leiten.

Aber wieweit reicht der Spannungsbogen professioneller Energie? Nutzen die Ingenieurinnen nach dem eher zufälligen Berufsstart die ersten Jahre zur planvollen Erkundung eigener Stärken und zur Orientierung über für sie zukunftsträchtige Perspektiven? Wie erreichen und sichern sie ihren Platz? Insgesamt neigen die Ingenieurinnen eher zu moderaten Verhaltensweisen; resignativer Rückzug bildet ebenso wie forsches Vorpreschen die Ausnahme. In den abwägenden coping-Strategien spiegelt sich ihr ambivalentes Verhältnis zur Macht, an der sie zwar nicht ungern partizipieren würden, deren Preis aber ob seiner Unkalkulierbarkeit bedrohlich erscheinen mag.

Bei **Konflikten** zeigen sie allerdings überwiegend aktives bzw. gestaltendes Verhalten, und zwar in der Interaktion mit Vorgesetzten (da allerdings weniger ausgeprägt), mit Kolleginnen/en und auch mit Untergebenen. Darin zeigt sich eine Entwicklung ihrer Konfliktstrategien, verglichen mit früheren biographischen Phasen, wo sie häufiger mit Anpassung reagierten.

Typische Konfliktzonen mit den Vorgesetzten sind die Bewertung der Arbeit, ausgedrückt in positiver Rückmeldung, Bezahlung, Aufstieg, sowie die Arbeitszeit, speziell Begrenzung und Kompensation von Überstunden.

Mein Chef hat den Hang, der geht auf Besprechungen und kommt mit irgendwelchen Arbeiten zurück und verteilt die dann. Nur vergißt er, daß er seine Informationen ja auch mal weitergeben müßte, und dann hängt man ziemlich in der Luft, weil man auf der einen Seite weiß, man muß es so und so in etwa machen, aber die Hintergrundinformation fehlt. Das ist unbefriedigend, wenn man zum Handlanger degradiert wird. Da habe ich mal gesagt, daß mir das nicht paßt, ich möchte informiert werden. (VI.16)

F: Wie bist du vorgegangen?

A: Ich habe gesagt, ich will mehr haben, ich mache hier eine Arbeit, die ist mehr wert als das, was ich kriege. Das mußte er denn auch zugeben.

F: Hast du denn vorgeschlagen, wie die Erhöhung aussehen soll?

A: Ja, das ist nun wieder eine Spezialität von meinem Chef, der handelt für sein Leben gern, ich handele nun mal nicht so gern, jedenfalls nicht an solchen Punkten. Ich habe ihm dann gesagt, ich will das haben, ich will aber auch nicht handeln. (II.23)

Unter Kollegen sind heikle Punkte die Arbeitsverteilung (insbesondere bei Teamarbeit), die Strukturierung der Arbeit und der Informationsfluß. Ingenieurinnen können dabei nicht selbstverständlich mit einem Verhalten ihrer männlichen Kollegen rechnen, das ihrer gleichrangigen Fachkompetenz Rechnung trägt.

Ich habe schon im Vorfeld mich mit ihm unterhalten und versucht, ihm klarzumachen, wie ich mir eine weitere Arbeit vorstelle, daß ich mehr beteiligt werden möchte und daß ich eigenverantwortlich arbeiten möchte, daß ich der Meinung bin, wir könnten uns die Arbeit in verschiedene Bereiche aufteilen, Kompetenzbereiche. Ich bin dann aber mit der Realität konfrontiert worden, daß er ankommt und sagt, J. hat mir wieder wahnsinnig viel gegeben, viel zu tun. Ich sage dann: "Reich mal rüber,laß mal sehen!" "Nein, muß ich erst sichten!" Da habe ich erstmal recht emotional reagiert und ihn unheimlich angemacht. Ich bin da offensiv, ich lasse mir das nicht so einfach gefallen. (II.20)

Dagegen werden gelegentlich aus der gleichen Beziehungsstruktur verschiedene Reaktionen auf unterschiedliche Zumutungen referiert. Z.B. riskiert eine Ingenieurin große Konflikte mit dem Gruppenleiter, akzeptiert aber lange Zeit unterqualifizierte Arbeit.

Aber auch jenseits von Konfliktsituationen empfinden die Ingenieurinnen die Verkehrsformen im Betrieb oft als harsch. Trotz ihrer jahrelangen Sozialisation in der Männerwelt technischer Hochschulen und obwohl ihnen teilweise ein kumpelhafter Umgangston eher liegt, erleben es nicht wenige Ingenieurinnen als unangenehme Überraschung, wenn diese Verkehrsformen den beruflichen Alltag bestimmen und auch bewußt in der Konkurrenz gegen sie eingesetzt werden.

Eine Notwendigkeit zur Anpassung im Verhalten wird von vielen Ingenieurinnen entschieden abgelehnt, schon deshalb, weil unterschiedliche Stile im Beruf und Privatleben auf Dauer nicht durchzuhalten seien. Im Widerspruch dazu benennen sie jedoch eine Vielfalt von Verhaltensstrategien aus ihrem beruflichen Alltag: Gegenüber dem Auftraggeber wird eher ein forsches Auftreten praktiziert; hier ist der "absolute Fachmann" (VI.11) vorzuzeigen. Gegenüber Untergebenen scheint ein neutrales, weniger spontanes Verhalten angebracht: Erst nachdenken, dann reagieren (VI.19). Im täglichen Umgang mit Kollegen ist vorwiegend mit Vernunftgründen zu argumentieren und sind Emotionalitäten zu vermeiden (V.13). Frozzeleien der Kollegen begegnet frau am besten mit entsprechend schlagfertigen Reaktionen.

Ich habe z.B. festgestellt, daß ich mich innerhalb dieser 1 1/2 Jahre weiterentwickelt habe, was mein Selbstwertgefühl und mein Selbstbewußtsein anbelangt. Ich habe das schon gesagt, ich bin ein relativ schüchterner Typ; mir ist das am Anfang sehr, sehr schwergefallen. Ich wirke nicht schüchtern, ich bin es aber. Das ist ja mein Manko. Und wenn das jemand mal merkt, dann nutzt er es auch weidlich aus. Dann habe ich drunter zu leiden, und ich habe am Anfang drunter gelitten. Ich bin denn manchmal richtig rotzfrech. Ich habe mir jetzt einen Ton angeeignet, wie die W. auch. Wir reden mit den Männern so, wie die mit uns reden. Wenn die uns mal Bemerkungen an den Kopf schmeißen, kriegen sie die postwendend zurück; man wird schlagfertiger mit der Zeit. Ich wünsche mir eigentlich eine warmherzigere Kommunikation, so eine offenere und ehrliche, das ist auch das, was ich im Privatleben eher anstrebe. Ich mag das eigentlich nicht, wenn man sich immer nur so frozzelt, man bleibt sich unheimlich fremd. Da ich alleine wohne, bin ich ja auch relativ viel alleine. Ich hätte es lieber, wenn ich mit meinen Arbeitskollegen netter reden könnte, das fällt also unheimlich schwer. Ich glaube auch nicht, daß die meisten das wünschen. (V.12)

Die Coping-Strategien der Ingenieurinnen beschränken sich entgegen ihren Wunschvorstellungen allerdings manchmal auf die Übernahme solcher männlicher Muster wie "ins Wort fallen" und "laut werden" - gelegentlich mit der ungewollten Verlängerung auch in den privaten Alltag.

Also null Probleme einfach. Ich habe dann auch so rüde Methoden, die ich zwar nicht immer gut finde, aber die muß man hier haben, also, Leuten ins Wort fallen. (Lachen) Also ich merke das manchmal selber gar nicht. Nur wenn ich mal mit anderen Leuten zu tun habe, die diese rüden Methoden halt nicht kennen und es mir dann sagen. (VI.12)

Andere reagieren bewußt kühl oder weisen die Kollegen scharf in die Schranken.

Da werde ich cool und sachlich, das ist mein einziges Argument, was ich dann bringen kann. Das hat auch mal ein Amerikaner versucht, der war nachher auch nicht mehr so. Man müßte eigentlich wirklich aggressiv werden: "Was bildest du dir eigentlich ein, du Schlumpf!" Aber das nutzt gar nichts, da freut der sich noch viel mehr. Du mußt einfach weiterreden, cool und sachlich weiterreden, einfach übergehen, was er gerade so an Gestik macht. Das ist meine Methode gewesen. (I.16)
Oder ich habe auch einmal gefunkt, als er sich eingemischt hat, wo ich so unter Druck stand in einer Angebotsphase. Er kriegte seinen kommerziellen Teil nicht fertig, und bei mir hat er an den Überschriften rumgemosert. Da habe ich ihn rausgeschmissen. Kurzerhand. (I.18)

Verstärkte Selbstkontrolle, insbesondere die Strategie, Gefühle zu vermeiden, gelingt nicht allen Frauen und bedeutet jedenfalls einen hohen Tribut an das Stereotyp von Männlichkeit. Zudem sind die Erfolgsaussichten höchst unsicher.

F: Hast du das Gefühl, daß du im Beruf andere Durchsetzungsstrategien hast als im Privaten?
A: Ich verhalte mich insofern anders, als ich versuche, vorwiegend mit Vernunftgründen zu argumentieren. Was man Frauen immer so als emotional ankreidet, das versuche ich, was Fachgespräche angeht, rauszulassen. Das gelingt mir nicht immer, aber ich versuche es halt.
F: Hast du denn den Eindruck, daß die Männer immer nicht-emotional argumentieren?

A: Nein, das nicht. (lacht) Auf keinen Fall, aber da wird es übersehen, dagegen als Frau, da kriegt man es eine Zeitlang vorgehalten. (V.13)

Manchmal wird viel Kraft bei Selbstkontrolle verzehrt, gerade auch gegenüber meinem Vorgesetzten, dem Entwicklungsleiter, weil er dann Schwierigkeiten hat, daß man entweder zu burschikos ist in einer Besprechung oder nicht genügend förmlich war. Da muß man sehr genau drauf achten, daß man nicht nur einen bestimmten Habitus überbetont. (V.14)

Aber es gibt auch Beispiele für ein hohes Maß an Hartnäckigkeit, verknüpft mit Flexibilität bei der Einforderung von Ansprüchen durch die Ingenieurinnen.

In den vielfältigen Strukturen der beruflichen Konflikte und dem weiten Spektrum ihrer auslösenden Momente zeigen die Ingenieurinnen eher moderate Reaktionsmuster. Manches wird eingesteckt, aber ein Teil der Frauen eignet sich zum Überleben den forschen männlichen Sprachgestus an. Selten geschieht dies mit Überzeugung oder gar Begeisterung, aber die Chancen zur Veränderung der Formen professioneller Selbstbehauptung werden als gering eingeschätzt.

Ja, typisch, also ich erlebe das immer wieder als Konflikt. Es ist so eine Normalität, die mir fehlt. Auf der einen Seite finde ich das gut, daß ich nicht normal bin und als Frau da bin, das ist auch immer so ein bißchen toll, mitten im Raum stehen. Und auf der anderen Seite läuft mir das auch immer wieder nach. Ich denke, mein Gott, wenn das doch so normal wäre wie mit deinen Kollegen! Ja, das ist eigentlich ein Konflikt, der bei meinem Chef immer wieder dabei ist. (VI.17)

Dann gab es oft so typische Gesprächssituationen, daß man da als Frau nicht zu Wort kommt. Die Gespräche zwischen dem Doktor, dem Gruppenleiter und mir. Die verhandeln, was ich zeichnen soll. Wenn ich mich da mal zu Wort melde und lauter werde, damit man mich überhaupt mal hört, kommt prompt der Gruppenleiter und sagt, bei mir käme er überhaupt nicht zu Wort. Das hieß denn so ein Vierteljahr später, ich wäre so schwer umgänglich, ich würde überhaupt niemanden zu Wort kommen lassen. Das stimmt überhaupt nicht, ich lasse die anderen immer reden und sage nichts dazu. Bloß weil ich mal laut geworden bin, da schwebt prompt das Gerücht im Raum. Genauso kommt es mit fachlichen Sachen: "Ach nein, so geht das nicht", dann traut man sich auch nicht mehr, was vorzuschlagen. Es ging dann so weit, daß ich mich nach einer anderen Stelle umgesehen habe. (VI.15)

Es ist zu berücksichtigen, daß die Ingenieurinnen im Berufsalltag solche Mühen auf sich nehmen, um Irritationen oder gar Probleme wegen ihrer "Abweichung" in Grenzen zu halten. Im Gegensatz zu den oben meist selbstkritisch angemerkten Angleichungen an das harsche männliche Umfeld werden Zugeständnisse beim Kleidungsstil ohne größere Probleme hingenommen.
Der im Büro bevorzugte Kleidungsstil ist eher unauffällig, meist sportlich, burschikos (Hose, Pulli, T-Shirt), in Ausnahmefällen auch konservativ und klassisch, z.B. "Kostüm mit Faltenrock, Pelzmantel und Hut" (VI.20); sportlich-burschikos ist die Kleidung auf Baustellen oder in der Werkstatt. Diesen Stil zu pflegen, erfordert jedoch keine besonderen Anpassungsleistungen, da er weitgehend mit dem privaten Stil übereinstimmt: "Also verkleiden muß ich mich glücklicherweise nicht" (II.28). Bei öffentlichen Auftritten, Kundenbesuchen oder Empfängen erscheinen dagegen ein Kleid oder Hosenanzug angebracht. Von vielen Ingenieurinnen wird jedoch festgestellt, daß der Gestaltungsspielraum in diesem Bereich häufig größer ist als zu Beginn der Berufstätigkeit vermutet.

Ich wollte noch was zur Kleidung sagen. Ich war da erst sehr unsicher und habe mich eingedeckt. Ich ziehe nach wie vor noch andere Sachen an, als ich privat anhabe, doch nach einer Zeit kannst du das durchaus lockern. Ich kann mir schon einiges erlauben anzuziehen. So wie jetzt gehe ich durchaus hin, das ist schon locker. Es kommt darauf an, wenn du zu irgendeinem blöden Empfang mit mußt, ziehst du durchaus auch ein Kleid an. Ich ziehe nicht gerade Pumphosen an oder kurze Röcke oder sehr tiefe Ausschnitte, im allgemeinen trage ich auch einen BH, wenn ich zur Arbeit gehe, sowas mußt du schon machen. Es sollte auch jeden Tag was anderes sein. Ich gehe da auch mit gestreiften Hosen oder türkisfarbenem T-Shirt. Das akzeptieren sie jetzt; es gibt zwar gelegentlich blöde Kommentare, aber so in großen Zügen geht das." (II.23)

Es sind - das belegen praktisch alle Ingenieurinnen nachdrücklich - nicht fachlich-technische Anforderungen, die sich als Schwierigkeiten oder gar Hürden im Beruf erweisen. Die Provokation liegt vielmehr in den Infragestellungen auf sozialer Ebene -, insoweit eine Parallele zu den Erfahrungen während des Studiums. Nicht intellektuelle oder fachliche Mängel werden bedrängend, irritierend für die männlichen Kollegen sind vielmehr tatsächliche oder vermutete Abweichungen von den Normen der Berufsrolle bei den Ingenieurinnen, eine wichtige Basis professioneller Identifikation (Windolf 1981: 22). Weniger als ihre männlichen Kollegen können Ingenieurinnen dank ihres Diploms und unter Hinweis auf Berufserfahrungen auf Kredit seitens ihrer Vorgesetzten und Kollegen rechnen. Buschs Einschätzung, daß "sich gerade nicht die technischen und naturwissenschaftlichen Qualifikationen als statusrelevant (erweisen), sondern die **sozialen Verhaltensweisen** und **normativen Orientierungen**" (Busch 1981: 350; Hervorhebung im Original) findet hierin ihre Bestätigung: mit dem abweichenden Geschlechtsmerkmal werden bei Ingenieurinnen oft divergierende Verhaltensweisen unterstellt, es sei denn, sie beweisen eine Überanpassung an den männlichen Habitus und distanzieren sich damit vom eigenen Geschlecht.

Nur ausnahmsweise wird die "Weiblichkeit" produktiv verändernd im beruflichen Alltag eingesetzt. Ob diese stärker dem Minoritätenstatus geschuldet ist als einer vorgeblich sachlich begründeten Rigidität der Strukturen, ließe sich erst bei veränderten Rahmenbedingungen überprüfen.

5.3.3 Aufstiegsorientierung: das Verhältnis zur eigenen Macht

Auffällig ist, daß die Ingenieurinnen zwar fast ausnahmslos berufliche Zukunftsvorstellungen skizzieren, daß deren Inhalt jedoch recht vage bleibt: (wieder) in die Industrie zu wechseln, auf dieser Stelle nicht alt werden ... Der Zeithorizont ist meist auf 3-5 Jahre begrenzt, auch dann, wenn dies nicht mit dem Auslaufen ihres Arbeitsvertrages zusammenfällt. Auch aus anderen Berufsfeldern wird von mangelnder Karriereplanung bei Frauen berichtet. Es ist jedoch nicht einschätzbar, ob und wieweit die Zurückhaltung bei Festlegungen zu ihrer beruflichen Zukunft beispielsweise in einem Zusammenhang mit der häufig noch offenen Entscheidung zur Familiengründung steht.
Wenn unsere Ingenieurinnen vor dem Hintergrund ihrer Erfahrungen und Interessen über berufliche Ziele sprechen, so ist der Tenor durchgängig engagiert, aber auch sehr facettenreich. Völlig selbstverständlich wird der Anspruch auf eine vielfältige, fordernde Tätigkeit artikuliert, dabei aber die "Schaumschlägerei" vieler männlicher Kollegen ebenso abgelehnt wie die völlige Vereinnahmung durch den Beruf.

Das machen viele Kollegen, ja. Die machen Wind um nichts. Da ist nichts dahinter, die verkaufen sich durch Sprüche. Ich will auch nicht unbedingt auf meinem Wissensstand bleiben, ich will auch mal wieder was anderes sehen als nur Leiterplatten. Ich habe auch gesagt, jetzt schon nach einem Jahr, daß ich die Gruppe wechseln will. Das ist meine erste Stelle, und ich kann da nicht alt werden. Ich will da nicht alt werden. Ich will auch andere Dinge sehen. (II.27)

A: Von der Hierarchieebene her war das sicher ein Konstanthalten, da gibt es eben wissenschaftliche Mitarbeiter und einen Abteilungsleiter und einen Hauptabteilungsleiter. Eine Abteilungsleiterposition habe ich nie angestrebt.

F: Das wäre Ihnen auch nicht erstrebenswert?

A: Nein, absolut nicht, weil eben sehr viel Zeit für die inhaltliche Arbeit verloren geht und man sich mit anderen Dingen herumschlagen muß, die auch uninteressant sind. Die Arbeit ist im Laufe der Zeit anspruchsvoller und auch verantwortungsvoller geworden, und das ist mir eigentlich viel wichtiger als in der Hierarchieebene aufzusteigen. (II.29)

Neben den Zweifeln, ob ihnen die Arbeitsinhalte zusagen, melden sie Bedenken gegen das Maß an Überstunden an, das beim beruflichen Aufstieg unweigerlich eingefordert würde. In diese Vorbehalte ist auch das Nachdenken über die (begrenzten) Realisierungsmöglichkeiten von Aufstiegswünschen eingeschlossen.

Ich habe schon mal darüber nachgedacht, ob ich gerne Gruppenleiter werde. Aber manchmal denke ich auch, es ist schwierig, so eine Stellung zu bekommen. Wenn, dann dauert das sowieso mindestens 10 Jahre. Und andererseits glaube ich dann doch, daß die Verantwortung sehr groß wird und daß die Leute dann von einem erwarten, daß man Überstunden macht, eben weniger Freizeit hat. Also, jetzt kann ich gehen, während der Gleitzeit, ich muß mein Soll arbeiten, natürlich schon mal länger dableiben oder so, aber an sich kann mir das Geschäft ziemlich wurscht sein. (V.11)

Viel weiter nach oben kann ich schon fast gar nicht mehr, eigentlich ist für mich in der Firma das Ende. Das einzige, was für mich wichtig ist, ist der Inhalt, die Position weniger. Irgendwo sage ich mir auch, daß ich mit gewisser Rücksicht auf mein Privatleben auch nicht so voll einsteige, wie ich es tun würde, wenn ich da keine Verpflichtungen hätte. Das Privatleben und das Labor, das erfordert ja auch eine gewisse Energie. In der Firma kann ich eigentlich nicht mehr weiter, da müßte ich mehr investieren, das will ich nicht. (II.25)

Daß es dabei nicht um Trägheit geht oder um ein Sich-aus-der-Verantwortung-Stehlen, formuliert eine andere Ingenieurin eindeutig:

"Ich komme nicht dazu, meine Freunde zu besuchen, meine Politik zu machen. Ich komme nicht zu meinem Privatleben im weitesten Sinne, zu gar nichts. Da überlegt man schon, weshalb machst Du das eigentlich?" (II.3)

Um diesen Preis ist der Mehrzahl der Ingenieurinnen berufliches Fortkommen zu teuer bezahlt, zumal in Frage steht, ob der Einsatz erfolgreich sein wird, insbesondere für Frauen uns unteren Sozialschichten.

Da würde ich, wenn ich vor die Wahl gestellt würde, eine Stabsstelle auf der gleichen Ebene bevorzugen. Ich muß das ja auch realistisch sehen, daß es für mich als Frau im Aufstieg bestimmte Grenzen gibt, d.h. ganz abgesehen davon, daß die Chancen, wenn du in so einer Firma anfängst, daß du da mal in einer größeren Firma Betriebsleiter wirst, relativ gering sind. Da spielen ja auch so Sachen wie soziale Herkunft eine Rolle, weswegen ich auch nicht unbedingt prädestiniert bin. (VI.18)

Immerhin eine von fünf der Ingenieurinnen kann sich für eine Karriere erwärmen. In der Erhebung von Neef u.a. (1986) möchten 46% der Frauen nicht aufsteigen, verglichen mit nur 28% der Männer, wobei diesen vor allem die Kombination technischer und organisatorischer Aufgaben reizvoll erscheint - ein Umstand, den die Mehrheit der Ingenieurinnen eher ablehnt. Die nachfolgenden Zitate dokumentieren eher Ambivalenz:

F: Du sagtest, daß Du auch bereit wärst, organisatorische Tätigkeiten zu übernehmen. Wie wäre es, wenn das mit einer großen Distanzierung von der fachlichen Arbeit verbunden wäre, würde Dich das belasten oder wäre es nicht so schlimm?

A: Ich glaube, es wäre nicht so sehr schlimm. Wie gesagt, ich habe dieses Studium wohl auch nur als Grundlage benutzt.
Es gibt Typen, die möchten dann gerne in diesem Beruf bleiben und ihre Fachkenntnisse ausbauen, das wäre so ein richtiger Fissler, und das reicht mir einfach nicht, das ist mir zuwenig. Das war mir schon in der Schule zu wenig, nur zu wissen, wie funktioniert das eine. Ich möchte gerne den Überblick behalten. Da verliert man die Einsicht in kleine Teilbereiche, aber mir wäre der größere Überblick wichtiger. (V.12)

Wenn ich mich in Detailprobleme vertiefe, dann kann ich manchmal richtig pingelig sein und bin dann auch penibel. Andererseits sehe ich auf Dauer darin keine Befriedigung, und man hat auch kein Fortkommen damit. Es kommt nun die zweite Seite in einem selbst, die auch gerne leiten und organisieren würde. Da ich einfach ganz rational mir überlegt habe, eine Arbeit in solcher Stellung, das könnte man ein Leben lang ausführen, haben auch viele gemacht, das ist aber nicht meine Vorstellung vom Arbeitsleben. Ich will nicht einseitig werden. (V.14)

Einige Frauen haben bewußt Schritte zur Realisierung ihrer beruflichen Entwicklungsziele unternommen (z.B. Promotion, Wechsel zu

Unternehmensberatung) oder planen sie, aber insgesamt sind es doch erstaunlich wenige. Für die Beantwortung unserer Frage nach dem Grad der Integration der Ingenieurinnen in die Profession ist nicht nur aufschlußreich, den Gründen nachzugehen, warum 80% von ihnen keine aktiven Karrierebemühungen bezeugen. Ebenso wichtig erscheint die Klärung, welche besonderen Umstände wiederum eine Minderheit von 20% zu aufstiegsbezogenen Planungen und Aktivitäten motivieren. Die von der Mehrzahl unserer Ingenieurinnen artikulierte mäßige oder fehlende Karriereorientierung fügt sich nicht nur in das gängige gesellschaftliche Konzept von Weiblichkeit, sondern sie scheint auch durch die Berufsrealität plausibel: Wenn Frauen der Aufstieg sowieso nicht "liegt", ist es nicht weiter problematisch, wenn bei Beförderungen "das Prinzip der Auslese nach Leistung zumindet nicht dominiert" (Biermann 1971: 192). Daß die Frauen ohnehin nicht zu wollen vorgeben, trifft sich gut mit der "männlichen Elite" des Managements, das Personen, denen Eigenschaften wie Emotionalität, Irrationalität und mangelnde Entscheidungsfreudigkeit zugeschrieben werden, von betrieblichen Machtpositionen ausschließt (Kanter 1975: 68). Dies kann "elegant" erfolgen über ihre Ausgrenzung aus informellen Kommunikationssystemen (Epstein 1970: 978).

Betrachtet man genauer, welche nicht-technischen Aufgaben mit beruflichem Aufstieg an Gewicht gewinnen, so wird die Ausgrenzung von Frauen weniger einsichtig: mit Menschen umgehen, Überwachen und Anleiten, Beraten sowie Organisieren (Kossbiel 1985) sind konstituierende Merkmale auch des weiblichen Arbeitsvermögens. Offenbar werden Fähigkeiten in männerdominierten Arbeitsbereichen geschlechtsspezifisch unterschiedlich wahrgenommen oder etikettiert (Werner/Bernardoni 1986).

Mobilisieren Frauen dennoch Ressourcen wie berufliche Kompetenz, Positionen, Macht, so müssen sie mit eher belastenden Erfahrungen rechnen. Während beruflicher Aufstieg Männern zu größerer persönlicher Attraktivität, und höherer Arbeitszufriedenheit verhilft, bewirkt er für Frauen tendenziell das Gegenteil. Der Machtzuwachs von Frauen ist begleitet von Verlust an persönlicher und erotischer Attraktivität, von sozialer Isolation, höherer Arbeitsbelastung und niedrigerer Arbeitszufriedenheit. Auch Gaudart (1975: 363, 377) betont, daß die spezifischen Schwierigkeiten der Ingenieurinnen in Österreich - verglichen mit ihren männlichen peers - im sozialen Bereich der Berufspraxis angesiedelt sind.

Diese Aspekte umschreiben in ihrer Wechselwirkung ein hohes Frustrationsrisiko für Frauen in einem so männerdominierten Sektor wie den Ingenieurwissenschaften, wenn sie sich auf berufliche Ambitionen, d.h. Aufstieg oder Selbständigkeit einlassen. Da Aufstiegsmotivation und Interesse an Führungsaufgaben wesentliche Komponenten des professionellen Habitus von Ingenieuren ausmachen, dokumentieren die verhaltenen Ambitionen der Ingenieurinnen ihre Habitusambivalenz. Dies wird von der Profession als ernstes Defizit wahrgenommen und problematisiert, zumal die gegenwärtige Rationalisierung der Ingenieurarbeit der Konnotation des Berufs mit "Leistung" ohnehin den Boden zu entziehen droht. Umso mehr wird die fachliche Kompetenz der Ingenieurinnen in Ermangelung ihres professionellen sozialen Rahmens angreifbar.

Was erklärt wiederum das Interesse an Karriere, auch wenn es nur ausnahmsweise von Ingenieurinnen geäußert wird? Plausibel erscheinen für die Entwicklung von Aufstiegsmotivation zwei Faktoren: die Ermutigung durch wichtige männliche Bezugspersonen (Vater, Partner), d.h. ein entsprechender sozialer Kontext und/oder eigene betriebliche Erfahrung, die bestimmte Positionen als Voraussetzung von Veränderungsmöglichkeiten verdeutlichen und attraktiv machen. Beides trifft zu für die Minderheit unserer Ingenieurinnen in Führungspositionen wie auch bei denen, die dies anstreben.

Versuchen wir die Facetten des Arbeitsverhaltens der Ingenieurinnen zusammenfassend einzuschätzen, so werden durchgängig zwei Ebenen sichtbar: die fachliche einerseits und die soziale andererseits. Insbesondere bei Konflikten erweisen sich die wechselseitigen Zusammenhänge zwischen beiden Ebenen, wenn z.B. persönliche Animosität sich ins Gewand fachlicher Kritik kleidet oder umgekehrt soziale Frustration sich in Arbeitsschwierigkeiten äußert. Die analytische Trennung ist jedoch handlungspragmatisch wichtig. Wenn Probleme im Berufsalltag der Ingenieurinnen auftreten, so nicht aufgrund fachlicher Defizite, sondern wegen der Abweichungen vom männlichen Habitus - und dies trotz jahrelanger vorberuflicher Sozialisation und vielfältigen Anpassungsleistungen der Frauen. Der Druck zur Über-Anpassung an die Normen der Profession ist groß, insbesondere, wenn es um Aufstieg geht, Ausdruck der Verteidigung eines exklusiv männlichen Machtterritoriums.

Mit ihren überwiegend moderaten Strategien tragen die Ingenieurinnen diesen Machtverhältnissen Rechnung. Die Hoffnung, daß sie häufiger als bislang ihren Außenseiterstatus gestaltend einsetzen, ist vermutlich an bessere Erfolgschancen gebunden, und dies setzte eine deutlich größere Zahl von Ingenieurinnen voraus. Somit stellt sich bislang nicht die Frage nach der Bewährung von Frauen in diesem Beruf, sondern die nach der Bewährung des Berufs für Frauen. Eine positive Beantwortung wäre an die Voraussetzung gebunden, daß nicht nur deutlich mehr Frauen sich für den Ingenieurberuf entscheiden, sondern daß ihnen auch professionelle Entwicklungsmöglichkeiten eröffnet werden - und zwar ohne übermäßige Kosten. Der Zugang allein - ein Irrtum liberaler Tradition - reicht nicht, damit Frauen in die Ingenieurprofession integriert werden und dabei ihr innovatives Potential nicht blockiert wird.

5.3.4 Selbstverständlichkeiten und Besonderheiten im Umgang mit der Technik

Technik macht Spaß - dieser Eindruck überwiegt bei der Lektüre jener Aussagen, die sich auf den Umgang mit der Technik beziehen. Nicht zufällig wohl fällt auch des öfteren das Wort "Spaß". Einer macht es "Spaß, ein Problem zu lösen" (I.7). Eine andere spricht von dem "Spaß, Abläufe vor mir zu sehen und begreifen zu können, die dann zu irgendeinem Ergebnis führen, z.B. dazu, daß eine Maschine funktioniert" (I.17). Eine andere nimmt gerne "Sachen auseinander" und meint: "Das macht Spaß" (II.12). Ein letztes Beispiel:

Was ich schön finde daran: man hat ein Bild von dem, was man da machen möchte. Man entwickelt das selber und kann das frei gestalten. Es ist das eigene Werk, und hinterher kommt noch das heraus, was man sich vorgestellt hat. Das bringt die Lösung, das macht Spaß". (V.12)

Andere Ingenieurinnen griffen gerne unsere sprachliche Vorgabe von der "Faszination an der Technik" auf und brachten damit ebenfalls zum Ausdruck, daß sie zum Gegenstand ihrer Profession ein ebenso emotionales wie positives Verhältnis haben. Selbstverständlich waren auch ambivalente Töne zu vernehmen, kaum aber uneingeschränkt negative. Die Beziehung unserer Gesprächspartnerinnen zur Technik ist im folgenden der Gegenstand unserer Erörterungen.

Beziehungen haben immer eine psychologische und damit subjektive Einfärbung, auch dann, wenn der Gegenstand der Beziehungswünsche Technik ist. Entsprechend vielfältig kann die Kommunikation mit der Technik gestaltet werden, ja, es läßt sich darüber hinaus sogar behaupten, daß die Technik sich aufgrund ihrer vorgegebenen Neutralität oder Objektivität optimal dazu anbietet, sie zum Gegenstand der eigenen Projektionen und Phantasien zu machen, die der Urgrund aller intellektuellen Antriebe sind. Um sichtbar zu machen, wie unterschiedlich Menschen ihre Beziehungen zur Technik interpretieren können, einige Aspekte:

- praktisch-pragmatisch: "durch meine Konstruktion entsteht die Maschine zur Lösung von Problemen",
- identifikatorisch: "die Maschine bin ich" oder "die Maschine ist ein Teil von mir",
- masochistisch: "die Maschine macht mich",
- abgrenzend: "die Maschine ist das schlechthin Andere",
- dominant: "mit der Maschine bestimme, verändere und beherrsche ich die soziale Welt",
- universell: "die ganze Welt ist eine Maschine".

Diese Liste ließe sich fortsetzen, denn je nach identitärer Selbstbestimmung gestaltet sich das kommunikative Konzept gegenüber dem "neutralen Gegenstand", der auf diese Weise zu einem sozialen wird.

In diesem Kontext möchten wir das Stichwort von der Habitusambivalenz noch einmal aufgreifen. Daß die Ausbildung einer kognitiven Kompetenz Ergebnis sozialer Prägungen sei (Blum 1980: 74), war der Ansatzpunkt dieses Gedankens. Daran schließt sich die Vermutung an, daß die Differenz zwischen dem gesellschaftsüblichen "weiblichen Habitus" und dem männlich geprägten Habitus des Ingenieurberufs entweder eine Nachrangigkeit von Frauen gegenüber der männlichen Interpretation ihres Sachbezuges erzeugen könne oder aber die Grundlage biete für eine geschlechtsbezogene "weibliche Neuinterpretation" der technischen Zivilisation. Daß unsere Gesprächspartnerinnen, die meisten zumindest, seit ihrer Kindheit eine Habitusambivalenz im Handgepäck mit sich tragen, war bei der Analyse ihrer sozialen Prägungen in der Familie herausgearbeitet worden. Demnach müßte auch ihre Beziehung zur Technik facettenreich gestaltet sein. Unmittelbarer Ausdruck solcher Ambivalenz ist die Tatsache, daß eine Reihe unserer Gesprächspartnerinnen sich bereits mit der eher wissenschaftlich-theoretischen Diskussion (Rübsamen 1983) über die Möglichkeiten einer "weiblichen Maschine" auseinandergesetzt haben. Sie stellen sich damit dem Gedanken, ob es geschlechtsspezifische Anwendungsfelder gibt, ob die inhärente Rationalitätsstruktur der Technik durch mehr Ingenieurinnen verändert werde, und drittens schließlich greifen sie die auch andernorts diskutierte Frage auf, ob der weibliche Habitus zu grundsätzlich anderen, möglicherweise sogar menschenfreundlicheren Technikprodukten führen könne (Bamme u.a. 1983). Dazu gibt es unterschiedliche Einschätzungen. Einige finden solche Überlegungen schlicht "ein bißchen albern" (II.18), andere möchten Frauen das Technikstudium gerade deshalb empfehlen, weil sie hoffen, "daß Frauen, wenn sie das studieren, eben die Technik ändern" (II.5). Was sich ändern sollte, bringt eine für sich ganz prägnant auf den Punkt:

Technik ist doch pures Männerdogma, jedenfalls die Technik, wie sie im Moment existiert. Also die ganze Informationstechnologie oder die Rüstungstechnologie. Das ist doch das Erschreckendste, das Schrecklichste, was Männer je zustande gebracht haben. Das ist eben wirklich männlich. Man kann sagen, was man will, es ist eben männliches Denken, was Frauen, überhaupt Lebewesen bedroht, und das im extremen Maße. Ich kann es einfach nicht glauben, daß Frauen sowas basteln. ... Weil Frauen eben doch die intelligenteren Menschen sind. (II.5)

Selbst wenn man/frau diese optimistische Einschätzung weiblicher Intellektualität unterschreiben wollte, so bliebe doch der Einwand bestehen, der - wie angedeutet - von verschiedenen Ingenieurinnen thematisiert wurde, daß aus einer Position der Ohnmacht heraus Alternativen schwerlich entworfen und durchgesetzt werden. Im übrigen bliebe auch zu bedenken, daß die durch männliche Technik angetriebene Zivilisation eine lange Geschichte hat. Das, was sich als Großtechnik in der sogenannten postindustriellen Gesellschaft materialisiert, ist schließlich durch eine jahrhundertelange Herausbildung eines männlichen Habitus begründet, einschließlich seiner besonderen

Intentionen der Erkenntnis. So gesehen erscheint die Suche nach den faktischen Konsequenzen eines weiblichen Engagements für die Technik als "etwas" verfrüht. Möglich ist jedoch, die Beziehung unserer Ingenieurinnen zur Technik auf Ansätze zu Veränderung oder Andersartigkeit zu befragen.

Männern überhaupt, speziell aber Ingenieuren, wird oft eine kämpferische Beherrschungslust im Umgang mit der Technik nachgesagt (Hermanns 1984: 167). Dies kann sich in dem Vergnügen äußern, eine besonders starke oder schnelle Maschine "steuern" zu wollen, ebenso aber auch in dem Drang, durch intellektuelle Leistung ein Chaos zu lichten, z.B. wenn ein ganz besonders intelligentes Programm den Computer zu außerordentlichen Leistungen "zwingt".

Eine solche Neigung für die große, wenn nicht gar gigantomanische Technik ist durch unsere Gespräche mit den Ingenieurinnen selten belegbar, aber immerhin, auch sie ist zitierbar. Nicht nur, daß eine Studentin ihr Vergnügen an einem schweren Motorrad eingesteht, oder eine Ingenieurin gerne ein verrücktes schnelles Auto fährt. Eine wäre gerne Astronautin, und eine andere bedauert, daß die Zeit der ganz großen Erfindungen vorbei sei:

> Die Dampfmaschine ist nun schon mal lange erfunden. Die kann man eben nur verbessern, und diese Verbesserung ist wirklich dermaßen spezialisiert in ganz, ganz kleine Bereiche. Das habe ich früher nicht überlegt. (VI.4)

Auch das Vergnügen, Unbekanntes durch neue Lösungen zu bezwingen, hat seinen Beleg:

> Es kommen immer wieder Situationen, die völlig neu sind. Oder man muß sich völlig neu einarbeiten oder was Neues muß mehr oder weniger erfunden werden. Daß man auf Ideen kommen muß. Diese Forderung reizt mich. (VI.5)

Das emotionale Bedürfnis, sich gegenüber der starken Technik dominant zu verhalten, ist demnach auch bei einigen Frauen erkennbar, häufiger jedoch ist das Vergnügen an der kleinen Technik. Feinwerktechnik wird von Maschinenbauerinnen auffallend oft als Spezialisierungsinteresse benannt und verschiedentlich mit dem Ineinandergreifen vieler Funktionen in einem kleinen Gegenstand begründet. Damit ist auch eine Faszination bezeichnet, die eine E-Technikerin auf ihre Weise bekundet: "Das ist schon irre, was in so einem Chip alles abläuft." (I.17)

Der hier beschriebenen Tendenz entspricht auf einer nebengelagerten Ebene, daß die ganz große Hingabe an die Sache eher Skepsis, wenn nicht Angst auslöst. Das Bild vom süchtigen Programmierer hat inzwischen natürlich unter Technikern die Runde gemacht und provoziert bei einigen Interviewpartnerinnen entschiedene Abgrenzung von diesem als typisch männlich eingeschätzten Verhalten. Daß dahinter jedoch nicht nur die Ablehnung des ganz anderen, sondern auch die Angst vor der eigenen Gefährdung durch Abhängigkeit stehen kann, zeigt die selbstkritische Reflexion zweier Studentinnen.

Da habe ich gemerkt, wenn ich so ein Programm schreibe, dann kann ich nichts andres mehr machen. Das habe ich auch in meinem Mathe-Studium gemerkt. Da gab es so einen Basiskurs am Computer, und dann habe ich nichts anderes mehr gemacht als dieses Programmieren. Als ich dann nachts von dem Programm geträumt habe, habe ich dann aufgehört. Ich habe den Kurs abgebrochen. (II.15)

Ich fürchte schon, daß mich das faszinieren könnte. Einfach vom Aufbau des Rechners her. Ich denke, das ist auch das Faszinierende vom Rechner: das Logische. (V.8)

Was die Ingenieurin aus dieser Perspektive von ihren männlichen Kollegen offenbar unterscheidet, ist demnach weniger die Art des Antriebs für die Kommunikation mit der Technik als vielmehr der Mut, solchem Drang nachzugeben. Im Hinblick auf die Kommunikation mit den Eltern, mit den Mitschülern und Lehrern, mit den Kommilitonen und nicht zuletzt mit den Kollegen hatten wir immer wieder auf ein schwaches Durchsetzungsinteresse hingewiesen und dies als stereotyp weiblich bezeichnet. Es sieht so aus, als würde dieser Charakterzug auch auf den Umgang mit der Sache übertragen.

Auch männlichen Kollegen der Ingenieurin wird häufig nachgesagt, daß sie im Umgang mit der nach logischen Gesetzen funktionierenden Technik Sicherheitsbedürfnisse aktualisieren, die durch die so viel Unsicherheit verbreitenden menschlichen Lebewesen immer gefährdet sind. Mit anderen Worten, die für den Habitus des Technikers typische Konfliktscheu ist hier angesprochen. Auch dieser Zug findet sich, wie nach den Analysen der familiären Verhältnisse nicht anders zu erwarten ist, bei unseren Ingenieurinnen wieder.

Maschinen haben ihre Grundsätze. Wenn man sie auseinanderklamüsert, funktionieren sie alle nach dem gleichen Schema. Beim Menschen macht doch jeder, was er für richtig hält. Da ist es schwierig, eine gemeinsame Linie zu finden. (VI.10)

In der überwiegenden Zahl der Nennungen mischen sich demnach zwei Züge: einerseits das Bedürfnis, sich Konflikt und Chaos nicht zu stellen, und andererseits der Drang, Unwägbares durch logische Verfahren berechenbar und kalkulierbar zu machen. Dies dokumentiert sich auch in dem Vergnügen, z.B. durch Auseinandernehmen und Zusammensetzen die Logik einer komplizierten Struktur durchsichtig und "ungefährlich" zu machen.

Am Anfang habe ich viel Ehrfurcht vor Maschinen gehabt. Wie die funktionieren, das war manchmal ein rechtes Wunderwerk. Und mit der Zeit habe ich es gelernt, das ist machbar. (VI.16)

Auch der für die männlichen Kollegen der Ingenieurin als so charakteristisch geltende praktisch-pragmatische Umgang mit der Technik findet sich bei Frauen wieder: die Welt und ihre Verhältnisse sollen durch den instrumentellen und guten Einsatz der Technik verbessert werden.

Es gefällt mir, daß man was Schönes herstellen kann, also etwas, das schön und funktionell ist und daß man damit etwas macht, was den Leuten die Arbeit erleichtert. (VI.4)

Ich finde, Technik, das braucht man einfach. Man kann nicht sagen, das ist alles Blödsinn, was die Leute machen, die sollen wieder auf früher zurückgehen. Die Technik kann einem vieles erleichtern. Wenn man aber nur an dem hängenbleibt, was es schon gibt, dann ist das eigentlich schade, denn es gibt so viele Möglichkeiten, was man machen kann mit Hilfe der Technik, daß es fast eine Verschwendung ist, wenn man es nicht macht. (VI.16)

Wo also bleiben die Unterschiede zwischen der männlichen und der weiblichen Technik? Sind sie vielleicht überhaupt nicht erkennbar? Doch, sie sind es. In der subjektiven und projektiven Kommunikation mit der Technik und der Arbeit mit ihr weichen die Technikerinnen von den Technikern offenbar nur durch die Grade ab, weniger jedoch durch die Art. Unterschiede zeigen sich am ehesten bei der sozialen Interpretation der Technik und in bezug auf das, was unter das Stichwort 'Technikbewertung' fällt. Ingenieurinnen wollen auffallend häufig ihren Arbeitseinsatz auf "gute" Zwecke beschränken: d.h., sie haben z.B. eine hohe Priorität für Medizintechnik und eine große Ablehnung etwa für Tätigkeiten im Rüstungssektor. Dieser Zug konnotiert mit einer im Vergleich zu männlichen Kollegen unverhältnismäßig großen Bereitschaft, trotz aller Begeisterung für die Technik an sich, doch auch die negativen Folgen für die Gesellschaft und Menschen in Denken und Arbeit einzubeziehen. "Also, ich benutze meine berufliche Tätigkeit auch, um politisch tätig zu werden," (VI.17) so klärt eine Erwerbstätige für sich dies Dilemma, das eine andere am Beispiel der Kernkraftwerke erläutert:

Rein technisch gesehen finde ich ein Kernkraftwerk schon interessant. Imponierend, wie das funktioniert. Aber ansonsten sind da viele Risiken bei, deswegen befürworte ich das eigentlich nicht. Aber interessant ist das schon. Das ist die Schwierigkeit, die Techniker haben. Viele haben sie nicht. Aber ich habe sie. Die Technik an sich ist faszinierend, nur was sie anrichtet, ist manchmal weniger faszinierend. (II.16)

Eine Studentin wählt für die Beschreibung ihrer Beziehung zur Technik das Wort 'Haßliebe':

Die Sachen faszinieren mich zwar, aber ich weiß gleichzeitig, daß ich sie ablehne. Also ich stehe nicht voll dahinter. (II.15)

In diesem stark ausgeprägten Zug sozialer Verantwortlichkeit gegenüber der technischen Zivilisation erkennen wir in verwandelter Form ein Merkmal des weiblichen Habitus: kommunikative bzw. soziale Kompetenz. Nehmen wir diese Eigenschaft als eine ernst, die im Medium der Technologieentwicklung verstärkt werden sollte, dann ergäbe sich von hier aus mit der größer werdenden Anzahl von Frauen im Ingenieurberuf eine durchaus positive utopische Perspektive. Dies auch im Hinblick auf die doch nicht auszuschließende soziale Lernfähigkeit von Männern. Eine unserer Gesprächspartnerinnen hat dafür eine schöne Formulierung gefunden:

Diese sturen Techniker, die allgemein da sind, die können auch nie eine richtige Technik schaffen. Die haben ja eigentlich nie ihre Umwelt gesehen. Aber das hängt nicht an der Frau, daß irgendwann mal eine richtige Technik geschaffen wird. Einfach nur andere Leute. (I.12)

5.3.5 Arbeiten, Leben, Lieben*

Eine so fordernde Arbeit wie die im Ingenieurberuf bleibt - so kann vermutet werden - nicht folgenlos auch für die Gestaltung des privaten Alltags, und dies auf mehreren Ebenen. Die professionellen Anforderungs- und Verhaltensmuster gewinnen nicht zuletzt aufgrund der Länge der Arbeitstage ein besonderes Gewicht. Es wäre mithin nicht überraschend, wenn "Verlängerungen" dieser Haltungen und Orientierungen auch im Privatbereich durchschlügen. Vorstellbar ist aber auch, daß bewußt eine Art "Kontrastprogramm" versucht wird, um unerwünschten Routinen gegenzusteuern.

---

1 Zu diesem Abschnitt hat Hildegard Zimmermann Vorarbeiten beigetragen.

Allerdings schränkt die Berufsarbeit der Ingenieurin den zeitlichen Rahmen für andere Aufgaben und Interessen drastisch ein. Die Frauen könnten darauf reagieren, indem sie ihre außerberuflichen Verpflichtungen oder Ansprüche beschneiden, aber auch Bemühungen zur Wahrung bzw. Schaffung von Freiräumen sind denkbar. Immerhin erlauben das gute Einkommen und der relativ sichere Arbeitsplatz die Erfüllung vieler materieller Wünsche. Worauf richten sie sich? Stehen sie überhaupt im Vordergrund des Lebensgefühls der Ingenieurinnen? Welche Facetten des Konflikts um die Vereinbarkeit von Beruf und Familie werden in dieser Lebensphase wahrgenommen? Spiegeln die Wunschvorstellungen für die - vorhandenen oder zukünftigen - Kinder persönliche Erfolgserlebnisse oder aber Narben bei dem leidvollen Bemühen, Arbeiten, Leben und Liebe in der eigenen Biographie auszubalancieren?

Die privaten Lebensumstände unserer Ingenieurinnen weisen eine große Vielfalt auf: Es gibt Frauen mit Familie im eigenen Haus mit Garten, kinderlose (Ehe-)Paare mit zeitweise getrenntem Wohnsitz, alleinerziehende Mütter in Wohngemeinschaften, Junggesellinnen in Appartements. Verglichen mit dem durchschnittlichen Spektrum in der Gesellschaft, fallen dennoch einige Besonderheiten auf. Überraschend viele Ingenieurinnen haben keine Partnerbeziehung (etwa 40%). Einige davon bezeichnen sich als "überzeugte Junggesellin", andere schließen die Zweisamkeit für die Zukunft nicht aus. Aber auch von den Frauen, die einen Ehe- oder Liebespartner haben, leben nur zwei von dreien in einer gemeinsamen Wohnung mit ihm. Die Trennung ist meist durch verschiedene Arbeitsplätze oder aber Wehrdienst bedingt, beruht teilweise jedoch auf einer ausdrücklichen Bevorzugung der Distanz.

Um die knappe außerberufliche Zeit konkurrieren Freizeitinteressen mit Hausarbeitsverpflichtungen. Von den Möglichkeiten, sich "Luft" zu verschaffen, nämlich Aufteilen, Ansprüche senken oder Auslagern, werden vor allem die beiden erstgenannten praktiziert, z.T. in Kombination. Bei der häuslichen Arbeitsteilung in der Partnerschaft treten nur ausnahmsweise Probleme auf, meist gelingt sie nach dem Prinzip: wer macht was am liebsten bzw. am wenigsten ungern? Die Bereitschaft der Männer, ihren Anteil an der Hausarbeit zu übernehmen, wird im Regelfall von den Frauen eingefordert, nur zwei Männer waren entsprechend vorsozialisiert, d.h. von Anfang an "im Haushalt emanzipiert" (I.16).

Aber so manche Sachen muß ich dann doch selber machen, Fenster putzen z.B. Na gut, es wird einmal gemacht, beim Einzug nämlich, und seitdem nie wieder; oder auch geputzt hat er noch nie. Staub wischen macht er auch nicht. Wenn, dann muß man ihm das alles sagen. Von sich aus macht er nichts, er sieht das alles gar nicht, sagt er immer. (VI.14)
Sicher diskutiert man mal über die Arbeitsaufteilung, aber das sind alles für mich so periphere Probleme, daß ich mir darüber keine Gedanken mache. Ab und zu kommt das mal so hoch, weil er das von zuhause gewöhnt ist - seine Mutter ist nur zuhause -, daß im Prinzip alles gemacht wird. Aber mit Hemdenbügeln, da habe ich gesagt: "Ich mache das nicht. Ich habe das dreimal gemacht, da hattest du immer was auszusetzen, nun mache ich das nicht mehr, fertig." Jetzt bügelt er selber. Und ab und zu, wenn ich mal Lust habe oder ihm einen Gefallen tun könnte, dann bügle ich selber mal welche. Aber das kommt selten vor; im allgemeinen sieht er zu, wie er selber damit klarkommt. Entweder er zieht sie ungebügelt an oder stellt sich hin und bügelt wildverbissen. (Lachen) Aber das sind eigentlich alles Dinge, die sich im Laufe der Zeit ganz gut eingefahren haben. (II.25)

Von einer Gleichverteilung der häuslichen Lasten kann nicht die Rede sein, insbesondere, wenn die Frau eine Halbtagsbeschäftigung hat. Umgekehrt führen größere zeitliche Freiräume des männlichen Partners - etwa wegen Arbeitslosigkeit oder Promotion - nicht zu einem stärkeren Engagement im Haushalt. Die Frauen nehmen das hin, weil sie das ohnehin irritierte Selbstbewußtsein des Partners nicht zusätzlich belasten wollen.

F: Praktisch sieht das also so aus, daß Ihr Mann zuhause das Kind versorgt und seine Doktorarbeit schreibt?

A: Ja, das Kind versorgen, das ist nicht mehr so schlimm, seit sie in den Kindergarten ging oder jetzt eben in die Vorschule, wo auch Ganztagsbetrieb ist. Er muß sie halt hinbringen und abholen. Und am Wochenende bin ich halt da, Haushalt bleibt wohl immer an der Frau hängen. (Lachen) (II.29)

Nur die wenigsten Ingenieurinnen leisten sich die Unterstützung einer Haushaltshilfe oder peilen dies für die Zukunft an. Eine Frau führt finanzielle Gründe an, die bislang dagegen standen, aber für die Mehrzahl unserer Gesprächspartnerinnen ist diese Perspektive fremd. Darin drückt sich kaum eine besondere Begeisterung für Hausarbeit aus, wenn auch einige Ingenieurinnen betonen, daß sie gerne kochen oder nähen; eher ist zu vermuten, daß sie bei einer weitgehenden Delegation von Hausarbeit ihre Identität als Frau zusätzlich gefährdet sähen.

Neben dem Beruf mit seinem umfänglichen, sanktionsmächtigen Zeitbedarf und der Hausarbeit bleibt den meisten Ingenieurinnen wenig Raum für andere Interessen. So ist es nicht überraschend, daß der Tenor der Berichte zu diesem Bereich das Bedauern über die viel zu knappe Zeit ist und - damit verbunden - die Notwendigkeit zum Planen. Immerhin zwei von drei Frauen betreiben Sport, etwa jede dritte beschäftigt sich mit Literatur, je eine von vieren erwähnt Musik bzw. bildende Kunst oder politische Betätigungen. Von den sportbegeisterten Frauen nennen nur drei Mannschaftssportarten (Volley- und Basketball), alle anderen bevorzugen einzeln oder zu zweit ausübbare Disziplinen. Beim Sport steht teilweise der Ausgleich zur Berufsarbeit im Vordergrund, teilweise eher der soziale Kontakt, sei es zu Kollegen oder Freunden im Verein. Als Lektüre in der Freizeit kommt Fachliteratur nur ganz vereinzelt vor, vielmehr dominieren Belletristik, Krimis und Science Fiction, aber auch Mythologie, Sprach-, Technik- und Wirtschaftsgeschichte werden genannt. Bei keiner Frau nimmt das Lesen soviel Raum ein wie etwa der Sport. Es erscheint eher in den Zeitnischen des Rückzugs lokalisiert.

Wenn unsere Ingenieurinnen von Interessen für Musik und Malerei berichten, so ist damit nicht passiver Kunstgenuß gemeint, sondern selbst zu malen bzw. ein Instrument zu spielen. Im Vordergrund dabei steht die Freude an der kreativen Gestaltung, bei einer Frau gekoppelt mit einem politischen Engagement.

Fast alle Ingenieurinnen zeigen sich für politische Fragen aufgeschlossen, jede vierte ist sogar aktiv politisch engagiert: gewerkschaftlich, friedenspolitisch, ökologie-bezogen oder parteipolitisch. Dieser hohe Anteil steht in bemerkenswertem Kontrast zum Bild vom männlichen Ingenieur als "apolitischem Fachidioten". Bei ihrer politischen Arbeit können die Ingenieurinnen vielfältig ihre Sachkompetenz einsetzen. Daß sie sie kritisch wenden, verdankt sich vermutlich ihrer Randständigkeit in der Profession, ihrer sozialen Sensibilität, die Sachzwang-Argumente nicht widerspruchslos akzeptiert.

Auffällig ist wiederum, daß sich technische Interessen selten in die Freizeit verlängern. Gelegentlich wird die Zuständigkeit für Reparaturen im Haushalt erwähnt - als Abweichung von der üblichen geschlechtsspezifischen Arbeitsteilung - aber nur in Einzelfällen (und fast verschämt) wird die Begeisterung für den häuslichen Elektronikbaukasten oder die Bastelei am eigenen Sportwagen erkennbar.

Doch nur vordergründig sind Beruf und Privatbereich getrennte Welten, vielmehr zeigen sich Verschränkungen auf verschiedenen Ebenen. Die Planmäßigkeit, mit der sie ihren Alltag organisieren, spiegelt ihren professionellen Habitus. Aber auch gedanklich und gefühlsmäßig gelingt eine Abschottung zwischen Berufsarbeit und Freizeit nur einer von fünf Frauen. Dabei ist es im Regelfall der Beruf - offene Fragen, personelle Konflikte -, der ins Privatleben ausstrahlt; höchstens ausnahmsweise ist es umgekehrt. Hier sind sie dem "Normalmann" ähnlicher als der "Normalfrau".

Wenn wir in diesem Kontext die Frage nach der Zufriedenheit mit der aktuellen Lebenssituation stellen, ist die spontane Antwort eindeutig positiv. Der guten beruflichen Position kommt für die Gesamteinschätzung ein großes Gewicht zu, zumal die Privilegierung im Vergleich zu den Bedingungen vieler anderer Frauen unverkennbar ist. Beim zweiten Nachsinnen kommt allerdings auch der Preis für diese Arbeit ins Blickfeld, den sie mit der Münze hoher Belastungen und enger Spielräume für private Wünsche bezahlen. Die Phantasien von weniger und/oder anderer Arbeit blühen nicht sehr üppig, aber auch die Vorstellungen für die Gestaltung größerer privater Räume bleiben verhalten, so als verböten die begrenzten Realisierungschancen Wünsche wie Träume. In dieser Hinsicht hat sich die Ingenieurin seit ihrer Kindheit nicht sehr verändert.

Im Zentrum des Nachsinnens über ihr außerberufliches Leben steht für die Mehrzahl der Ingenieurinnen - teils akut, teils latent - die Frage nach der Vereinbarkeit der Liebe zum Beruf mit dem Kinderwunsch. Für die Mehrzahl der Ingenieurinnen hat das Problem der Vereinbarkeit von Karriere und Kindern lebensgeschichtlich schon lange Schatten vorausgeworfen, natürlich mit wechselnden Akzenten und Tönungen. In der Jugendzeit erschien das Problem den meisten der späteren Ingenieurstudentinnen und Ingenieurinnen an einem so fernen Horizont, daß es ihre Ausbildungswahl nicht nachhaltig beeinflußt hat. Während des Studiums wird die Frage für viele schon sehr viel aktueller, gelegentlich auch Thema innerhalb der Partnerbeziehung. Eine Entscheidung wird jedoch zumeist vertagt, zumal Studium und Beruf erst einmal Priorität haben.

Nein, das wollte ich eigentlich nicht so. Das habe ich mir nicht so vorgestellt. Also, ich habe ja auch ganz schön viel Zeit da reingesteckt - auch viel Energie - auch gelernt was. Und nun habe ich Interesse, das auch anzuwenden. Also ja, ich könnte mir vorstellen, daß man vielleicht zu zweit ist und beide sind Ingenieure - daß es auch irgendwelche Möglichkeiten geben muß, das zu machen. (I.9)

Verglichen mit der Jugendzeit sinkt unter den Studentinnen der Anteil derjenigen, die die Perspektive von Heirat und Kindern wegschieben. Manche können es sich noch eher vorstellen, Kinder zu haben als zu heiraten. Für die meisten ist es jedoch selbstverständlich, mit einem Partner zusammenzuleben und irgendwann einmal Kinder zu haben. Allerdings: Im Verlauf des Studiums, wenn die Arbeitsbedingungen des Ingenieurberufs immer deutlicher ins Blickfeld rücken, gewinnt auch die Schärfe des Problems an Kontur. Anscheinend bleibt nur die Wahl zwischen zwei Übeln: die Berufsunterbrechung (mit höchst unsicherem Wiedereinstieg) oder die Fremdversorgung des Kindes (Tagesmutter, Krippe, Kindergarten), die sie mit ihren Ansprüchen an ihre Mutterschaft schwerlich vereinbaren können. Von dem Ungewissen der ihnen zugänglich erscheinenden Entscheidungsalternativen in die Enge getrieben, reagieren die Ingenieurinnen unterschiedlich. Ein Teil der Frauen schiebt die Entscheidung weiter auf. Vielleicht ergibt sich im Laufe der Zeit eine Änderung oder eine Idee, so daß frau doch beides realisieren kann?

Darüber habe ich mir damals keine Gedanken gemacht. Inzwischen mache ich mir schon Gedanken, seit ich so 17, 18 bin. Da finde ich das auch immer schlimmer. Ich weiß nicht, wie ich mich entscheiden soll. Ich weiß nicht, ob ich das beides gleichzeitig schaffe. Auf der einen Seite will ich meinen Kindern doch ein Zuhause geben, auf der anderen Seite will ich meinen Beruf auch nicht aufgeben. Und in solchen Berufen ist das so, wenn man 5 Jahre draußen ist, dann ist man draußen. Und davor habe ich doch ein bißchen Angst. (II.6)

Eine andere Gruppe von Frauen trifft bereits während des Studiums die Entscheidung für eine Priorität von Beruf oder Familie. Im Gegensatz zum generellen gesellschaftlichen Muster, nach dem sich Frauen vorrangig über Haushalt und Familie definieren (Prokop 1977: 45 ff.), würde die Mehrzahl der Ingenieurstudentinnen im Zweifelsfall dem Beruf Vorrang geben; nur eine Minderheit würde beruflich zugunsten der Familienaufgaben zurückstecken.

Ja, das ist sehr problematisch bei so einem Studium. Wenn man sich vorstellt, als Ingenieurin Familie zu haben und gleichzeitig zu arbeiten, glaube ich, daß das sehr schlecht nur möglich ist. Mit den gegebenen Möglichkeiten, so Halbtagsjob oder so, das ist ja nicht so gut drin. Und ich glaube schon, daß ich dann die Familie in den Vordergrund rücken würde. Das heißt also, irgendwann aufhören, den Beruf auszuüben. Möglichst nur zu unterbrechen und dann irgendwann wieder einsteigen. Aber das sehe ich als sehr schwierig an. (V.10)

Die Kinderbetreuung durch andere Personen wird fast durchgängig abgelehnt, teilweise mit Erfahrungen in der Herkunftsfamilie begründet.

Ich hänge sehr an meinem Beruf, und ich war mir darüber im Klaren, daß Berufsleben und Kinder sich nicht vereinbaren lassen. Ich weiß, von meiner Mutter wurde immer gesagt: "Kind, überlege dir gut: entweder Berufsleben oder Kinder. Eine Familie braucht dich ganz wichtig. Also Kind abgeben und abends wieder holen, das kannst du vergessen, die werden dann krank." Und das muß ich ehrlich sagen, genauso sehe ich das. Das wäre mir auch wichtig gewesen, wenn ich selbst ein Kind gehabt hätte, mich dem Kind zu widmen oder auch der Ausbildung, alles drum und dran. Also, auf gar keinen Fall ein Schlüsselkind, und das hätte halt geheißen: Aufgabe des Berufs. (V.16)

Möglicherweise fällt es den Ingenieurstudentinnen besonders schwer, sich von den Normen ihrer Familie zu distanzieren und eine eigenständige konträre Position für sich zu vertreten, weil sie bereits aufgrund ihrer Ausbildungsentscheidung "aus der Reihe tanzen". Womöglich ist ihre Kraft zum Aushalten von Differenz erschöpft. Muß gar die berufliche Abweichung mit verstärkter Anpassung in bezug auf die Familienaufgaben kompensiert werden?
Als optimale Lösung des Vereinbarkeitsproblems sehen viele Ingenieurinnen Teilzeitareit für beide Elternteile an, halten dies aber kaum für realisierbar. Eine Studentin berichtet von ihren Überlegungen, bei der Partnerwahl auch zu berücksichtigen, daß der Beruf des potentiellen Vaters seiner Beteiligung an der Kinderbetreuung nicht völlig entgegensteht. "Günstig" erscheinen unter diesem Aspekt Partnerschaften mit Lehrern. Als individuelle Ausweichstrategie wird zeitweiliger Berufsunterbrechung allenfalls im öffentlichen Dienst eine

Chance eingeräumt, ein Arbeitsfeld, das ansonsten den Ingenieurinnen wenig attraktiv erscheint.

Das "Traummodell" für eine ausgewogene berufliche und familiäre Verwirklichung ist für einige das gemeinsame Ingenieurbüro, wo Wohnung und Büro sich in einem Haus befinden, wodurch berufliche und familiäre Pflichten optimal integriert werden könnten.

Die räumliche Aufteilung wäre mir am liebsten: eine eigene Firma in einem eigenen Haus, wo man Familie und Beruf zusammenbringen kann, wenn die Kinder klein sind. Daß man meinetwegen abends noch arbeiten kann oder sowas, daß diese Möglichkeit besteht. Aber es sind halt sehr, sehr illusorische Zukunftsaussichten. (VI.1)

Wie sieht die berufliche und familiäre Realität der berufstätigen Ingenieurinnen im Unterschied zu ihren Vorstellungen während der Schulzeit und im Unterschied zu den Vorstellungen der befragten Ingenieurstudentinnen aus?

Vom Alter her dominieren die jüngeren Frauen: vier von fünf unserer Ingenieurinnen sind noch nicht 35 Jahre alt, was darauf hindeutet, daß sowohl im beruflichen als auch im privaten Bereich Entscheidungen noch offen oder revidierbar sind. Zumindest in puncto Partnerwahl hat jedoch jede zweite Ingenieurin durch Heirat recht eindeutige Entscheidungen getroffen. Auffallend ist der Unterschied zwischen Maschinenbauerinnen und Elektrotechnikerinnen. Ähnlich wie in der Jugendphase und im Studium gehen auch die berufstätigen Maschinenbauerinnen schneller feste Bindungen ein: zwei von drei sind verheiratet, bei den Elektrotechnikerinnen nur jede vierte. Nur eine von vier unserer Ingenieurinnen lebt mit Kindern zusammen, davon zwei nicht mit eigenen, sondern denen des Partners. Keine Ingenieurin in der Altersgruppe unter 30 Jahren hat eigene Kinder. Die Klärung der Kinderbetreuung ist wesentlich Aufgabe der Frauen, auch wenn ein Partner vorhanden ist und sich als kooperationswillig erweist. Je zwei Ingenieurinnen haben sich gezielt um eine Teilzeitbeschäftigung bemüht bzw. eine freiberufliche Tätigkeit übernommen.

Wohngemeinschaften und Kindertagesstätten bzw. Horte erleichtern die Betreuungsaufgabe, sind aber regional unterschiedlich zugänglich. In einem Fall bringt der Vater als "Privatgelehrter" seine zeitliche Flexibilität ein.

Das beschriebene Dilemma ergibt sich mithin aus den für den Ingenieurberuf typischen langen Arbeitszeiten, den geringen Chancen für Teilzeitarbeit und dem hohen Reintegrations-Risiko bei Berufsunterbrechung. Vor diesem Hintergrund erscheinen individuelle Kompromißlösungen von Frauen in anderen Berufsbereichen nicht praktikabel, nämlich Reduzierung der täglichen Arbeitsstunden oder befristeter Ausstieg, ohne daß solche Erschwernisse wirkliche Anforderungen an den Partner nach sich zögen.

F: Du meinst, er (der Partner) wäre auch bereit, im Beruf dann kürzer zu treten?

A: Das weiß ich nicht. Das würde ich auch nicht erwarten. Wenn man so ein Geschäft macht, dann kann man das nicht halbherzig machen. In meinem Beruf kann man keine Halbtagsstelle richtig machen, dann gibt's laufend Sachen, da muß man präsent sein und dort sein, wenn die Leute was von einem wissen wollen. Man muß die ja auch überwachen, und das kann man nicht einen halben Tag machen. Oder daß das jemand anders noch übernimmt, da läuft zuviel tot. (VI.16)

Die Verwirklichung des Kinderwunsches ist bei vielen der Berufstätigen ein noch zu lösendes Problem. Die Unsicherheiten sind vielfältig begründet. Mal läßt die Struktur der Stelle eine Reduzierung der Arbeitszeit nicht zu, mal wird die Berufstätigkeit gerade als so interessant empfunden, daß keine Reduzierung angestrebt wird, mal ist es der Partner, der keine berufliche Einschränkung in Kauf nehmen will, mal sind es Zweifel an den eigenen mütterlichen Fähigkeiten oder die fehlende Bereitschaft, auf persönliche Freiheiten zu verzichten.

A: Ich bin so ein Typ, der eher zur Rabenmutter werden könnte, weil ich mir sage: Was nützt den Kindern eine Mutter, die nicht zufrieden ist? Wie gesagt, ich möchte meinen Beruf nicht aufgeben, weil ich glaube, das macht mich unzufrieden. In irgendeiner Form möchte ich das durchziehen, und ich nehme an, daß ich denn auch bereit bin, eine Kinderfrau oder so zu nehmen, auch wenn das ganze Gehalt dafür draufgeht.

F: Würdest du denken, daß du dann auf Teilzeit gehen würdest?

A: Das wird die Zukunft zeigen, da kann ich nichts Genaues sagen ... Ich kann mir nicht vorstellen, daß mein Freund und damit zukünftiger Vater der Kinder dann hingeht und eine Halbtagsstelle macht, das glaube ich nicht. Das wird wohl nicht passieren. Mir würde das nichts ausmachen, wenn ich einen Mann hätte, der nur halbtags arbeitet, das wäre für mich selbstverständlich, genauso wie es für mich selbstverständlich wäre, eine Familie zu ernähren. (V.12)

Nur wenige (4) Ingenieurinnen haben sich bereits gegen Kinder entschieden, wovon drei noch sehr jung sind und erst am Anfang ihrer Berufslaufbahn stehen. Eine Umorientierung wäre demnach nicht ungewöhnlich.

Ich könnte eher auf Kinder verzichten, um das ganz eindeutig zu sagen, aber das ist sicher keine endgültige Entscheidung. Ich weiß nicht, ob ich in 5 Jahren noch genauso denke. Aber im Moment bin ich der Meinung, daß es eine Entweder-oder-Entscheidung ist, denn Kindern gerecht zu werden, das ist auch sehr schwer, und daneben noch einen anspruchsvollen Beruf auszufüllen, das kann ich mir eigentlich nicht vorstellen. (V.13)

Die Entscheidung für oder gegen Kinder ist häufig ein Gegenstück zur Berufszufriedenheit. Wenn berufliche Tiefpunkte erreicht sind, erscheint die Rolle der Hausfrau und Mutter attraktiver.

Der Kinderwunsch war auch stärker zu einer Phase, wo mich der Beruf nicht so sehr interessiert hat. Jetzt, nach dem Wechsel, wo es wieder was Neues gab, war das auch wieder sehr hintenan. (VI.20)

Und wenn ich jetzt Kinder hätte, und ich würde sagen, ich gehe meinem Beruf nach und die Kinder haben halt eine Tagesmutter, dann hätte ich ein schlechtes Gewissen, weil ich denken würde, ich schiebe die Verantwortung einfach ab. Und so supertoll finde ich meinen Beruf auch nicht, daß ich sagen könnte, der ist mir wichtiger als Kinder. (VI.15)

Die Notwendigkeit zur Abstimmung mit dem Partner macht die Entscheidungsfindung nicht einfacher. Einen Zeitpunkt zu finden, wo es beiden privat "paßt" und die betrieblichen Bedingungen günstig sind, erscheint nahezu illusorisch.

Zeitweilig bezweifle ich, daß ich eine ganz vernünftige Mutter werden könnte, das ist die eine Hälfte. Die andere, das ist ganz klar, der Beruf und Kinder, das geht nicht, es sei denn, er wäre bereit, zuhause zu bleiben und die Kinder großzuziehen. Ist er aber nicht, und damit hat sich z.Z. das Thema bei uns erledigt. Es gab mal eine Phase, wo er unbedingt wollte und ich überhaupt nicht, dann wollte ich mal, aber er nicht, inzwischen sind wir beim Nein, und ich vermute, daß wir in den letzten Jahren in einen ganz bestimmten Lebensrhythmus reingewachsen sind, da wird sich kaum noch etwas ändern. Da werden wir nicht zurückstecken wollen. Ich möchte auch nicht meinen Beruf aufgeben. (VI.19)

Die besonders schwierigen Vereinbarkeitsprobleme von Karriere- und Kinderwünschen nötigen die Ingenieurinnen zur präzisen Klärung der jeweiligen Gewichte für ihre eigenen Lebensentwürfe, wie das letzte Zitat belegt. Wo ist, wenn man schwerlich beides haben kann, der "Preis" im Falle eines Verzichts am ehesten verkraftbar? Die Passagen zu diesen Fragen sind oft die bewegendsten in den Gesprächen. So klar und entschieden die Frauen ansonsten über ihren Beruf und ihr Leben sprechen, an diesem Punkt sind forsche Aussagen eher die Ausnahme, sei es Zustimmung zu oder Ablehnung von Kindern. Die Perspektive auf eigene Kinder beinhaltet ja nicht nur Belastungen, sondern auch Kreativität jenseits der technischen Konstrukte. Dies birgt Herausforderung und Irritationen zugleich, zumal, wenn der Aspekt der Verantwortung für Menschen im Vordergrund steht. Im Gespräch über vorhandene oder potentielle Kinder werden zudem eigene, sehr sensible lebensgeschichtliche Erfahrungen angerührt.

Besonders deutlich wird dies bei der Frage nach den Erziehungszielen für die eigenen Kinder. Im Vordergrund steht die Förderung von Persönlichkeitsmerkmalen wie Selbstbewußtsein, Toleranz, Zielstrebigkeit und Fleiß. Als erstrebenswert werden Fähigkeiten genannt wie Emotionalität, Kreativität, Kritik- und Kontaktfähigkeit. Unterschiede je nach dem Geschlecht des Kindes werden meist ausdrücklich abgelehnt: "Rückenstärkung braucht jeder, ob Männlein oder Weiblein" (II.25), gelegentlich aber wird die Absicht erkennbar, Geschlechtsstereotypen gegenzusteuern. Obwohl - oder weil? - die Ingenieurinnen selbst in der Bildungspyramide ziemlich hoch geklettert sind, visieren sie keinen bestimmten Ausbildungsabschluß für ihre (potentiellen) Kinder an, aber "gammeln" sollten sie nicht. Unverkennbar ist, daß die Mütter unter unseren Ingenieurinnen präzisere und praktischere Vorstellungen äußern. Insgesamt gesehen sind die Ziele für die Kinder überwiegend Projektionen der eigenen Defizite. Die Erziehung von Kindern wird als Möglichkeit, gelegentlich sogar als Auftrag begriffen, Versäumnisse oder Narben aus der eigenen Kindheit, die man nicht oder allenfalls mühsam bearbeitet hat, stellvertretend auszugleichen. Nur zwei Frauen können und wollen in ihrem eigenen Erziehungsstil gute Erfahrungen aus ihrem Elternhaus fortsetzen, nämlich kommunikative Problemlösung (II.25) und ein Eltern-Kind-Verhältnis auf der Basis von Vertrauen und Großzügigkeit (I.16).

Damit schließt sich der Kreis, den wir mit unseren Gesprächspartnerinnen bei deren eigener Kindheit begonnen haben. Angeregt durch unsere neugierigen Fragen haben die Ingenieurinnen ihren Lebensweg reflektiert und dabei verdeutlicht, was als Ermutigung, was als Stolpersteine sich auswirkte. Einige beglückwünschen sich zu ihren Interessen, Fähigkeiten und Verhaltensweisen, die ihnen den Weg ebneten, andere kritisieren die in den Strukturen des Bildungssystems und des Arbeitsmarktes eingebauten Barrieren gegen Frauen. Nur ganz wenige durchschauen das Zusammenwirken der persönlichen und gesellschaftlichen Faktoren. Ingenieurinnen - Frauen für die Zukunft? Ja, das sind sie. Frauen sind in Bewegung und geben Anstöße zur Veränderung. Aber sie sind auch angewiesen auf einen Wandel von Welt und Umwelt, der ihrer persönlichen Zukunft entgegenkommt.

6 Ingenieure – Männer für die Zukunft?

Doris Janshen und Hedwig Rudolph

6.1 Warum eine männliche Kontrollgruppe?*

Seht die Ingenieure schwitzen
In dem engen Atelier
Ach, der Aufriß will nicht klappen
Ach, der Aufriß schreit o weh
Und er wirft hinweg den Zirkel
Durstig will's nicht länger gehn,
Eilt hinab zum duft'gen Keller,
Wo die Fässer mächtig stehn.
Also hört den Rath, ihr Freunde,
Treibet's immer mit Bedacht,
Plagt am Reißbrett auch, doch trinket
Zwischendurch und singt und lacht.
(Liederbuch für die Hütte, Berlin 1868)

Das habituelle Einverständnis unter Ingenieuren, das sie in den vergangenen 100 Jahren stark machte, das Schwungrad der Geschichte in der Industriegesellschaft kräftig anzutreiben, wurde - das vorangestellte Studentenlied macht es einmal mehr deutlich - nicht allein durch fachliche Kompetenz hergestellt. Auch die traditionellen Promotionsumzüge der Maschinenbauer an der Technischen Universität Berlin verlangen noch den ganzen Mann, der sich durch Trinkfestigkeit und kernige Sprüche - bisweilen auch auf Kosten der Frauen - als Vollblutingenieur erweist. Männerkumpanei ist ein selbstverständlicher Bestandteil des kämpferischen Fortschrittswillens in den technischen Disziplinen der Universität.

1 Zu Kapitel 6 hat Sabine Bohle-Betz Vorauswertungen beigetragen.

Solche Koinzidenz männlicher Bestätigungsrituale mit den Anforderungen für den beruflichen Erfolg lassen es als wahrscheinlich erscheinen, daß Ingenieure - die Männer der Industriegesellschaft - in der nachfolgenden Epoche nicht gerade zur Handlangerschaft degradiert werden. Denn habituelle Konsistenz fördert Gestaltungskraft.
Die Frage jedoch, ob diese Männer auch Menschen nicht nur der Zunft, sondern auch der Zukunft sein werden, d.h. solche, die auf die sog. postindustrielle Gesellschaft zum Wohle aller einwirken, erzeugt bei vielen Zeitgenossen und Zeitgenossinnen zweifellos Skepsis, und zwar nicht nur, was die Durchsetzbarkeit einer auch von humanen Kriterien getragenen Technikgestaltung anbelangt, sondern ebenfalls im Hinblick auf das uns beschäftigtende Ziel einer egalitären Kooperation von Frauen und Männern in den technischen Fächern. Die Tradition dieses Trinkliedes jedenfalls ist keine der Frauen.
Wiederum werden Männer der Zukunft, sollten die Ingenieure es denn sein, nicht im Kostüm von gestern auftreten können. Anders formuliert: Der schnelle gesellschaftliche Wandel verlangt nicht nur nach einer veränderten, verbesserten und menschlicheren Technik, nein, auch die Akteure der Technologieentwicklung müssen in der Lage sein, ihr soziales Verhalten in ein verändertes gesellschaftliches Klima einzufügen. Jene männlichen Eigenschaften, mit denen Ingenieure bewußt und entschieden auf die Entwicklung der Industriegesellschaft Einfluß genommen haben - wir denken hier an Eigenschaften wie Unbeirrbarkeit, Mut, Risikobereitschaft, Kampfesgeist und Hingabe an die Sache - haben angesichts ihrer auch destruktiven Potentiale in unserer reichen Gesellschaft an verheißungsvollem Glanz eingebüßt. Doch für den Ingenieur gilt dies nicht nur deshalb: die veränderten intellektuellen Anforderungen der Neuen Technologien und die Arbeitsstrukturen im Großraumbüro der Industrie machen eher den anpassungsfähigen Angestellten zur Norm, weniger den wagemutigen Gestalter (auch wenn letzterer in der Ideologie des Berufsstandes

fortlebt). Da jeder professionelle Habitus die Kalkulierbarkeit seiner Träger impliziert, darf Wandel keinesfalls mit Formlosigkeit gleichgesetzt werden. Die Profession ist auf Trans-Formation im eigentlichen Sinne des Wortes angewiesen.

Im Interesse zukünftiger Ingenieurinnen müssen wir uns daher fragen: Ist ein immanenter Wandel des Ingenieurhabitus erkennbar? Kommt dieser dem vermehrten Zugang von Frauen in die Profession entgegen oder erweist sich die über homosoziale und - im übertragenen Sinn - homo-sexuelle Kooptation geprägte und tradierte Kultur der Ingenieure Frauen wie Wandel gegenüber als resistent? Was sind die wesentlichen Unterscheidungsmerkmale der zeitgenössischen Ingenieure gegenüber den Ingenieurinnen, wie sie sich in unserer Befragung dargestellt haben? Sind heutige Ingenieure nicht nur Männer einer zukünftigen Gesellschaft, sondern auch **die** Kollegen und Partner, die gegen eine qualifizierte Ingenieurin weder Aversion noch übertriebene Hochachtung hegen müssen? Können sie gar eine weibliche Vorgesetzte tolerieren? Sind sie jene, die bereit sind, ihren Anteil in die Haus- und Kinderarbeit einzubringen?

Noch einmal aus einer anderen Perspektive gefragt: Findet sich unter den Männern der Zukunft auch der Neue Mann? Der Mann, der bewußt das soziale Profil der Männlichkeit reflektiert und dem Solidaritätsbruch zwischen den Geschlechtern entgegenarbeitet? Zwar scheint es auch uns zu weit gegriffen, analog zum Aufbruch der Frauen in den vergangenen zwanzig Jahren von einer Männerbewegung zu sprechen, aber wie jüngst erst eine Wiederholung der in den 70ern von Helge Pross durchgeführten Erhebung über den deutschen Mann wiederum belegte, können sich Männer den Veränderungen des anderen Geschlechts kaum mehr verschließen (Metz-Göckel/Müller 1986). "Das alte Bild verwischt sich", schreiben die Autorinnen. "Aber der neue Mann ist noch eine geringe Minderheit. Weil Männer Veränderungen bei den Frauen wahrzunehmen beginnen oder gezwungen sind, sich den neuen Ansprüchen zu stellen, geben sie nach:

stückchenweise." (ebenda: 19) Wie auch andernorts belegt (Postler/Schreiber 1985: 6) dokumentieren diese ersten Ansätze noch kein Massenphänomen, sondern eine bewußtseinsmäßige Offenheit des jüngeren und höher gebildeten Mannes. Letzteres bestätigt uns in der Absicht, die Aussagen unserer männlichen Kontrollgruppe auf ihre Wandlungsbereitschaft bzw. Verhaftung im Tradierten abzuklopfen.

Dabei sind wir uns darüber im Klaren, daß eine verbindliche Beantwortung entsprechender Fragen eine umfängliche Nachfolgeuntersuchung mit dieser Thematik nötig machte. Dennoch erscheint es uns nicht vermessen, aufgrund unserer Gespräche mit Männern des Maschinenbaus und der Elektrotechnik begründete und zusammenhängende Vermutungen anzustellen. Zwar ist im Hinblick auf die Gesamtheit der Ingenieure unsere Gruppe von 18 Männern verschwindend klein, aber in bezug auf unser Befragungssample insgesamt hat sie immerhin die nicht unerhebliche Größenordnung von fast 20% und liegt damit weit über dem für Kontrollgruppen üblichen Anteil von ca. 5%. Überdies sei der Hinweis erlaubt, daß, bezogen auf die Länge der einzelnen Interviews, oft qualitative Untersuchungen insgesamt nicht mehr als diese Anzahl an Probanden aufzuweisen haben.

Im Mittelpunkt unserer nachfolgenden Auswertung und Reflexion dieser Interviews - den Gesprächen mit den Männern lag derselbe Leitfaden zugrunde wie bei den Frauen - steht die Frage, ob und inwieweit männliche Studierende und Erwerbstätige der Ingenieurwissenschaften mit ihren Kommilitoninnen bzw. Kolleginnen in unserem Sample übereinstimmen bzw. von ihnen abweichen. Abschließend erörtern wird, welche Diskriminierungen, aber auch Chancen für Ingenieurinnen in den bestehenden oder fehlenden Gemeinsamkeiten liegen können.

Angesichts unseres vorsichtigen Umgangs mit Zahlen bei der Auswertung unserer Forschungsergebnisse aus den Gesprächen mit Ingenieuren mag es sich fast von selbst verstehen, daß es uns im folgenden vor allem auf Zusammenhangsformulierungen und Typisierungen ankommt. Dabei sind wir wiederum mit einer bemerkenswerten Forschungslücke konfrontiert. Zwar liegt über das Studier- und Erwerbsverhalten männlicher Ingenieure einiges an Ergebnissen vor (Laatz 1979; Hillmer u.a. 1976), aber sie sind wegen der Anlage unserer eigenen Untersuchung oft schwer in den Argumentationsrahmen integrierbar, da es sich fast ausschließlich um Querschnittuntersuchungen handelt, die das faktische Verhalten nicht als Teil einer habituellen Konditionierung begreifen oder reflektieren. Auch die diachron angelegte Untersuchung von Hermanns, Tkocz und Winkler (1984) trägt in diesem Sinne nicht viel weiter, da sie sich auf berufliche Erfahrungen beschränkt. Über die biographische Prägung zum Ingenieurberuf, die auch die Kindheitserfahrungen als berufsrelevant mit einbezieht, liegen keine empirischen Ergebnisse vor.

Vor dem Hintergrund solcher Absichten und Beschränkungen erscheint es wenig sinnvoll, den biographischen Nachvollzug, den wir für unsere Ingenieurinnen geleistet haben, nun in allen Einzelheiten für die Männer zu reproduzieren. Statt dessen raffen wir die Vielfalt der Details zu verdichteten Aussagen. Dabei konzentrieren wir uns auf verallgemeinerungsfähige Bemerkungen zur Kindheit und fragen, davon ausgehend, wie sich die Beziehung zur Technik und die Befähigung zu Durchsetzung und Kommunikation durch die verschiedenen Lebensphasen hindurch entwickeln. Wie bereits angedeutet, steht am Ende die Frage nach der Zumutbarkeit dieser Männer für unsere Ingenieurinnen.

6.2 Kindheitsmuster

Auf der Suche nach den Quellen für die Antriebsenergien, die einen Jungen dazu bringen, eine technikbezogene Kreativität zu entwickeln und die Karriereleiter des Ingenieurs zu begehen, sind uns die kindlichen Wünsche der Auftakt für unsere Analyse. Daß die familiäre

Kindheit unserer Ingenieurinnen entweder keine Wünsche offen ließ oder aber offene Wünsche unterhalb der Empfindungsgrenze gehalten wurden, gehörte zu den überraschenden Ergebnissen zu Beginn dieses Buches. Ganz andere Eindrücke vermitteln die Antworten der Männer unserer Kontrollgruppe.

In deren Kindheit und Jugend scheint die Aneignung materieller und symbolischer Güter weit mehr von Enttäuschungserfahrungen durchsetzt zu sein, und zwar unabhängig von der Generationszugehörigkeit. Unser Leitfadenkriterium des Besitzes eines Rollers oder Fahrrads hat bei den Männern gegriffen, während es bei den Frauen kaum einmal eine Erinnerung an Sehnsucht und Verzicht mobilisierte.

"Ich habe mir aber, als die ersten Fahrräder kamen, nichts sehnlicher gewünscht als ein Fahrrad. Und dann hat mir mein Vater von seinem damals zuerst verdienten Westgeld ein Fahrrad gekauft!" (III.(7)

Auch andere Konsumgüter, wie z.B. Reisen, waren weniger selbstverständlich oder aufwendig. In den überwiegenden Fällen werden sie durch Wochenendaktivitäten ersetzt. Die Wohnverhältnise sind eher beengt und lassen fast nie ein eigenes Zimmer zu. Dem Geschilderten entsprechend, charakterisieren die meisten der von uns Befragten den materiellen Rahmen ihrer Kindheit als eher knapp oder auch sehr eng. Nur zwei haben sich reich ausgestattet erlebt.

Die meisten der von uns befragten Männer sind soziale Aufsteiger, wenn man ihren eigenen beruflichen Status auf ihre Herkunftsfamilie bezieht. Gegenüber der Situation der Frauen, die seltener von ihrem Herkunftsmilieu als vielmehr ihrem Geschlecht sich aufsteigend absetzen mußten, bleibt hervorzuheben, daß sie nicht aus einem Aufsteigermilieu stammen. Sie kommen aus Familien, in denen die statusprägenden Personen - wiederum sind es bis auf zwei Ausnahmen die Väter - von geringen Schwankungen nach oben oder unten abgesehen, ihrer sozialen Schicht verhaftet blieben. Indem die Söhne selbst später aufsteigen, realisieren sie weniger den indirekten oder direkten Auftrag der Familie, sondern sie setzen eigene Frustrationen in

Wunsch und Handlung um. Zum Beleg sei angeführt, daß ihre Väter wie ihre Mütter es überwiegend bei einer Ausbildung belassen, die dem ersten Schulabschluß entspricht, und kaum Zusatzqualifikationen erwerben. Ihrer sozialen "Natur" folgend, sind es wieder einige Frauen, die überhaupt auf eine Berufsausbildung verzichtet haben. Väter wie Mütter siedeln sich vorwiegend auf unteren Ausbildungsniveaus an. Unter den vier akademisch qualifizierten Vätern finden sich - statistisch gesehen wohl auch nicht zufällig - drei Ingenieure auf den unteren Stufen technologiebezogener Berufstätigkeiten. Ganz so wie bei unseren Gesprächspartnerinnen haben die Mütter der befragten Männer weder im Hinblick auf ein Techikinteresse noch auf eine eigene Karriere etwas zu bieten. Nur vier Frauen sind immer erwerbstätig: zwei, weil das familiäre Einkommen zu knapp ist, und die anderen beiden, weil sie nach der Scheidung erheblich zum Lebensunterhalt beitragen müssen.

Bezogen auf die Gesamtstudentenschaft der Ingenieure, liegen die Männer unserer Kontrollgruppe demnach weit mehr im Trend als unsere Frauen. Der soziale Diskriminierungen durch seine Berufswahl ausgleichende Ingenieur ist in Wirklichkeit und Literatur ebenso ein Stereotyp wie derjenige, der die Berufstradition seines Vaters fortsetzt. Daß unsere Befragten sich bei der späteren Berufswahl an erster Stelle die materiellen Vorteile eines relativ erwerbssicheren Berufes vor Augen führen, entspricht einer Verlängerung solcher Kindheitserfahrungen in die eigene "bessere" Zukunft.

Der Verbleib in Schicht und Konvention könnte den Schluß nahelegen, daß sich die Herkunftsfamilien durch ein entspannteres soziales Klima auszeichneten als bei unseren Ingenieurinnen - schließlich sind sie nicht vom Streß des Aufstiegs gekennzeichnet. Diese Vermutung können wir nicht bestätigen. Die Auseinandersetzung mit der materiellen Knappheit scheint nicht nur Energien, sondern auch freundliche Umgangsformen aufzuzehren. Wo Ehen scheitern, wird dies von den Söhnen wiederholt auf finanzielle Engpässe und Widrigkeiten zurückgeführt. Grosso modo beschreibt die männliche Kontrollgruppe die familiären Konstellationen sehr viel realistischer, sowohl was das Verhalten der übrigen Familienmitglieder als auch die eigenen Frustrationen - z.B. im Hinblick auf unerfüllte Wünsche - anbelangt. Offenbar stehen sie mitsamt ihren Familien weniger unter dem Druck, um der besseren Zukünfte willen die Widrigkeiten der Gegenwart scheinheilig unter den Tisch zu fegen. Die Anstrengung des sozialen Aufstiegs der Söhne wirkt sich schließlich auch ins Innere der Familie hinein kommunikationsstrukturierend aus. Damit aber haben diese Männer das Rüstzeug für eine spätere Realitätsbewältigung im Handgepäck.

Realismus gegenüber Tatsachen darf jedoch nicht vorschnell mit einem reflektierten Bezug zur Wirklichkeit gleichgesetzt werden. Machen die von uns befragten Ingenieure für ihre Kindheit sichtbar, daß sie auch unbequemen Tatsachen und Erfahrungen ins Auge sehen können, so sind sie wiederum in der abwägenden Beschreibung ihrer Familienmitglieder doch wortkarg und zurückhaltend. Damit ist nicht nur angesprochen, daß die euphorischen Töne, die unsere Ingenieurinnen für ihre Väter oder auch die Ehe ihrer Eltern gefunden haben, nicht anklingen. Dazu gehört auch, daß die Söhne Tatsachen und Personen benennen, ohne diese plastisch werden zu lassen. Die sogenannte Kommunikationskompetenz von Frauen scheint demnach den spracharmen Habitus des Ingenieurs anzureichern. Die Männer erscheinen realistisch, aber auch nur selten fähig, bestimmend auf ihre Umwelt einzuwirken. Entweder machen sie sich in introvertierter Zurückgezogenheit unsichtbar und entziehen sich damit dem zugreifenden Willen der Eltern, oder aber sie nehmen trübe Erfahrungen hin, setzen sie aber konsequent im Erwachsenenalter um. Es ist wohl nicht zufällig, daß der einzige Mann in unserer Untersuchungsgruppe, der bewußt strategische Durchsetzungsspiele bereits in der Kindheit inszeniert - zusammen mit einer großen sprachlichen Kompetenz -

zugleich der einzige Ingenieur in einer Spitzenposition der Industrie ist.

Durchsetzung durch alle möglichen Strategien. Also letztlich hat mich das sogar sehr stark geformt, weil ich eben erkannt habe, daß das banale auf jemanden Zugehen und Sagen: "Ich möchte gerne ..." nicht immer sofort anschlägt. Von daher habe ich sehr schnell die Gangart gelernt, daß man sich schon in der Familie sozusagen ein Protegepotential aufbauen muß. Natürlich eingedenk der Kenntnisse, wer hier auf wen Einfluß hat. Die habe ich mir dann zunutze gemacht. (IV.5)

Doch noch einmal zurück zu den Realitäten. Das sich in der Erwerbstätigkeit der Eltern bereits andeutende Stereotyp vom berufstätigen Vater und der hausfraulich-kinderbezogenen Mutter wird bei näherem Hinschauen durch weitere Facetten gesellschaftlicher Konventionalität ergänzt: es sind die Väter, die bestimmen und Frauen und Kindern variierende Mitbestimmungsrechte einräumen. Bei den Schilderungen ist es wiederum auffallend, wieviel leichter es den Männern fällt, dem patriarchalen Herrschaftsaspekt der Herkunftsfamilie ins Auge zu blicken. Die Nachrangigkeit des durch die Mutter repräsentierten weiblichen Geschlechts wird ungeschminkt gesehen:

Meine Mutter habe ich nicht so ernst genommen ... Meinen Vater habe ich immer bewundert, weil der ja auch stark war und was auf die Beine gestellt hat. Aber auf der anderen Seite hatte ich auch wieder kein gutes Verhältnis zu ihm, hatte Angst. Aber wenn der was gut fand, hat mich das auch wieder gestärkt. (III.5)

Ein anderer, der nach seinen Worten früh beginnt, seinen Vater nachzuahmen, merkt lakonisch an: "Sie ist manchmal ein bißchen lasch in dem, was sie denkt, sagt und tut." (III.4) Andere setzen den frühen Einblick in die elterlichen Hierarchieverhältnisse in fürsorgliche und beschützerische Handlungen für die Mutter um. Mit anderen Worten: in frühen patriarchalen Gesten, sei es, daß der Vater zur Hilfe im Haushalt gedrängt wird, sei es, daß für die inzwischen geschiedene Mutter der richtige Partner gesucht wird. Allerdings sind auch liebevolle Worte für die Mütter eher zu hören als von unseren Gesprächspartnerinnen. Dies ist sicher eine nicht zufällige Beobachtung, schließlich ist die Konfrontation mit der Ohnmacht des eigenen Geschlechts - insbesondere in der Jugend - sehr viel schwerer zu verkraften als die Hilflosigkeit des anderen. So scheint es auch, als fiele es den Männern leichter als den Frauen, in der Kindheit Anregungen und Zärtlichkeiten von den Müttern anzunehmen. Später äußert sich dies in klassisch-psychoanalytischer Version gelegentlich in der Schwierigkeit, sich aus dieser Bindung zu lösen.

Daß Frauen und Männer zu ganz unterschiedlichen Bearbeitungen kommen, auch wenn sie in ähnliche elterliche Machtkonstellationen gestellt sind, äußert sich verräterisch besonders, wo Männer mit schwachen Vätern konfrontiert sind. Auf der einen Seite ist festzustellen, daß diese Schwäche für die familiären Verhältnisse ebenso bestimmend wirkt wie väterliche Macht - Schwäche des starken Geschlechts wirkt sich mächtig aus, Stärke des schwachen wird als beschämend erlebt - andererseits aber, daß die Söhne in einen Leidensprozeß gestellt sind, jenseits der Vaterimitation einem imaginären Männerideal nachzueifern. "Ich habe kein richtiges Männerideal, an dem ich mich festhalten kann" (IV.6), bemerkt einer, dessen alkoholkranker Vater ihn früh die Verachtung lehrte. Ein anderer leidet unter einem Vater, der nach dem Krieg den Status seiner Familie nicht halten kann:

Aber wenn er nun halt auch ein Kriegsheld ist - ja nun, o.k. Aber es ist ja nun kein Krieg mehr, und die Frage hat sich mir auch nicht gestellt. Er war es eben nicht. Er war ein Schlaffi! (IV.5)

Nicht weniger offen eine andere Schilderung:

Er war einfach eine Lusche. Ich konnte ihn nicht ernst nehmen. Es war auch einfach notwendig, weil er meine Mutter verprügelt hat bis zu dem Zeitpunkt, als er gemerkt hat, er kriegt die Fresse von mir voll, wenn er Scheiße baut. (III.5)

Es entbehrt wohl jeder Zufälligkeit, daß diese Söhne, die früh unter dem Versagen oder der vorgetäuschten Autorität ihrer Väter leiden, eben jene sind, die schon in der Jugend einen "Machtwechsel" in der Familie durchsetzen, d.h. versuchen, der Mutter den Mann zu ersetzen. Sie sind auch jene in unserem Sample, die in unterschiedlichen Feldern versuchen, bestimmend zu wirken: im Management der Industrie, im Ingenieurskollektiv, im Betriebsrat. Die depotenzierte Männlichkeit des Vaters erzeugt eine Verunsicherung der eigenen Männlichkeit und - darüber vermittelt - die Potenzierung eines gewissen Männlichkeitswahns.

Die den Ingenieuren nachgesagte (vgl. oben die Thesen von McClelland) ungebrochene bzw. überdurchschnittliche Identifikation mit der durch die Väter repräsentierten Männlichkeit wird nicht nur durch jene belegt, die einen imaginierten Vater quasi adoptieren müsen. In den Schilderungen der Väter klingen kaum einmal liebevolle Töne an. Offenbar reagieren die Söhne auf die durch die Erwerbsarbeit fernen Väter nicht mit Idealisierungen. Der Vater ist nur selten in seiner modernen Rolle als fürsorglicher Beschützer präsent, wohl aber als jene normsetzende Figur, als die die Literatur die Väter generell beschreibt. Zärtlichkeiten sind selten, aber das Tun des Vaters wird genau gesehen und nachgeahmt. Hier wieder ein Unterschied zu unseren Frauen, die - wie oben dargelegt - ihre Väter auch sehr genau beobachten, aber nur selten in die Lage kommen, aus der Bewunderung ein Tun zu machen.

Mein Vater hat viel zuhause gebastelt und gewerkelt. Das hat mir gefallen. Aber so vielseitig, wie er war, er konnte praktisch alles. Später ist er vielleicht etwas pedantisch geworden, und ich habe mir gesagt, so muß es nicht sein. Aber insgesamt dieses Universelle, das hat mich schon fasziniert. (III.6)

Väter setzen sich ins Zentrum, so zeigen die Aussagen, durch ihre Fähigkeit, technische und naturwissenschaftliche Probleme zu lösen, sowie durch ihre innerfamiliäre Entscheidungskompetenz.

Wie fraglos die Identifikation mit Männern und Männlichkeit stattfinden kann, beweist sich an dem schier ungebrochenen Selbstwertgefühl, ein kleiner Junge zu sein, sowie an der Eroberung jungenhafter Handlungsräume. Kohlbergs Anmerkung, daß Kinder beiderlei Geschlechts im frühen Alter dazu tendieren, "daß ihr Geschlecht im absoluten Sinne das Beste" sei (Kohlberg 1974: 382), wird durch die Aussagen unserer Ingenieure fast ausnahmslos bestätigt. Unsere Routinefrage, ob sie in ihrer Kindheit einmal den Wunsch verspürt hätten, ein Mädchen zu sein, erzeugte meist Erstaunen, sodann ein schnelles und sicheres "Nein". Nur ein einziger hat die Frage bejaht:

So als Mann wurde einem eingetrichtert, daß man immer eine starke Position vertreten muß. Man muß alles selbst machen. Das hat mir oft gestunken, und da habe ich mir oft gewünscht, daß ich ein Mädchen wäre. (VIII.1)

Auch zwei andere Interviewpartner haben in ihrer Kindheit neidvoll bemerkt, daß Mädchen umturtelt werden, oder sich geärgert, für die kleine, "schwache" Schwester immer das Rad aufpumpen zu müssen; aber bei keinem dieser Gesprächspartner haben solche Beobachtungen geschlechtsbezogene Verhaltensambivalenzen erzeugt, wie sie für unsere Ingenieurinnen von Kindesbeinen an zur Selbstverständlichkeit wurden. Im Kleinkindalter hat dieser und jener zwar auch einmal mit einem Mädchen gespielt, aber während unsere Ingenieurinnen sich danach drängten, in Cliquen von Jungen zugelassen zu werden, veranlaßten unsere Ingenieure genau das, was, der Sozialisationsliteratur zufolge, für geschlechtsbewußte kleine Jungen typisch sein soll: um das Alter von 10 Jahren herum bewirken sie die Trennung der Jungencliquen von den Mädchen (Brauckmann 1986: 30). "Jungen grenzen sich solidarisch von dem minderbewerteten Weiblichen ab. Mädchen kämpfen um die Anerkennung der Jungen, sei es als 'andere Jungen' oder als Mädchen im Sich-Abfinden mit der eigenen Rolle. In jedem Fall spüren die Mädchen, daß die Jungen etwas Besseres sind." (ebenda: 31) In diesem Sinne ebenso hoheitsvoll wie gönnerhaft war die Praxis einer uns geschilderten Jungenclique, in der Mädchen für "untergeordnete Funktionen" (III.5) gelegentlich zugelassen waren.

Ebenso wie die von uns befragten Frauen werden die Männer in ihrer Kindheit und Jugend zu kleinen Hilfen in der Hausarbeit herangezogen. Einige verweigern sich, andere folgen brav oder mürrisch, aber einzelne empfinden dies auch als eine Zumutung für ihr Geschlecht:

F: Dir waren die Hausarbeiten eher lästig?
A: Ja, ich war ja auch ein Junge und kein Mädchen. Mädchen machen sowas sehr gern. (VII.1)

Die ungebrochene Aneignung materieller Symbole von Männlichkeit sowie die vorbehaltlose Identifikation mit männlichen Eigenschaften und Handlungsräumen dokumentiert sich ganz eindeutig im Spiel. Es wird allerdings auch viel gelesen - aber gewiß keine Mädchenbücher. Die Phantasie ist von Abenteuern, nicht von Beziehungen gefüllt. Einer schaut mal ins Puppenhaus seiner Schwester, ein anderer besitzt gar eine Puppe und spielt mit der Schwester auch Familie, generell aber werden Schmuse- und Beziehungswünsche über Plüschtiere eingelöst. Eindeutig am wichtigsten aber sind die Dinge: Legos, Eisenbahnen, mechanische und elektronische Baukästen, Autos. Es wird getüftelt, gebaut und hemmungslos kaputt gemacht. Aber es gibt auch die Einführung in das männlichste des Männlichen: Kriegsspielzeug. Damit aber ist ein Thema angesprochen, das bei unseren Frauen, selbst den jungenhaftesten, nicht erwähnt wurde: Der Kampf, der Krieg. Und wie es das Vorurteil will, spielen die meisten unserer Gesprächspartner lieber draußen als drinnen: als Krieger, Guerrillas, Höhlenbauer, Indianer usw. Kurz zusammengefaßt: Durchsetzungsspiele dominieren vor Beziehungsspielen, und auch das Spiel mit Sachen ist ganz eindeutig wichtiger als das Spiel um und mit Personen. Charakteristisch für diese Mischung sind folgende Beschreibungen:

Ich hatte kein Spielzeug, oder wir hatten kein Spielzeug. Ich habe mich im wesentlichen in Trümmergrundstücken herumgetrieben und irgendwelche Indianerreiche aufgebaut, indem ich aus alten Backsteinen Höhlen aufgebaut habe und in alten Schornsteinen Feuer gemacht habe aus irgendwelchen Bäumen. Schleudern gemacht habe, mit denen ich dann tote Vögel in den Schlackenstand reingeschossen habe. Ich habe mir die Dinge aus meiner Umgebung zu Spielzeug gemacht, so Phantasiewelten ausgebaut. Sonst nur ein scheußlicher Teddy. Später mit dem Bruder die Märklin-Eisenbahn aufgebaut." (IV.5)

Eigentlich immer so Bandenwesen. Hütten gebaut und Kriegsspiele gemacht. Oder auch so Verstecken, Suchen, Basteln. Dann später Seifenkisten basteln, im Schlamm spielen, Schiffe bauen und den Kanal runter laufen lassen. Oder im Wald halt was spielen. Verstecken und sich Durchschlagen. Räuber- und Gendarmgeländespiele. Hockey spielen, so mit selbst gemachten Schlägen auf der Straße. Oder mit Flitzebogen auf Scheiben schießen. Mit Steinschleudern Spatzen schießen. So in der Art. (III.5)

Bei der Beschreibung ihrer Kindheitsspiele werden unsere Gesprächspartner mitteilsam, ja eloquent. Genauere Erinnerungen an Spiele füllen die Gespräche, als wir es bei Frauen erlebt haben. Darin drückt sich einerseits ein ungehinderter Zugang zu den Dingen des Interesses aus - die Faszination an der Technik blieb bei den Mädchen oft unausgelebt - und darüber hinaus auch eine leidenschaftliche Hingabe an die Sache, an das eigene Tun. Das Vorbewußtsein der Selbstverständlichkeit des Angestrebten, das sichere Lob der Umwelt für dieses Verhalten. Darin zeigt sich bereits in der Kindheit eine ungeheure Privilegierung gegenüber den späteren Ingenieurinnen. Diese Männer haben schon als Kinder ihre Bestätigung im einfachen So-Sein gefunden und konnten gelassen in der Hingabe an die Sache ihre Fähigkeiten kultivieren. Schließlich wußten sie spielend schon, daß sie sich darauf vorbereiteten, ein ganzer Mann zu sein. Die Geschlechtsambivalenz der späteren Ingenieurinnen verbraucht demgegenüber viele Energien, die damit der Hingabe an die Sache verloren gehen, allein für die Abgrenzung von einer vorgefertigten Rolle. Die kommentierende Umwelt will bedacht oder bewußt ignoriert sein. Männer können - abgesehen von der Schichtproblematik - von Anfang an sein, Frauen müssen werden. Ambivalenz kostet Kraft, Konsistenz gibt Kraft.

6.3 Erprobungen und Bewährungen

Angesichts der relativ starken Vertretung unterer Schichten in unserem Männersample war die Erwartung naheliegend, daß ein höherer Anteil als bei unseren Ingenieurinnen die Hochschulreife über den zweiten Bildungsweg erlangt hätte. Dies ist nicht im vermuteten

Umfang zutreffend, denn immerhin zwei Drittel treten in die Universität ein, nachdem sie ein gymnasiales Abitur absolviert haben. Der Rest fand Zugang über verschiedene Formen des zweiten Bildungsweges. Auch die Vermutung, daß ein soziales Aufstiegsinteresse die jungen Männer schon früh zu besonderen Leistungen motiviert - ähnlich etwa denen der von uns befragten Frauen - ließ sich durch unsere Erhebung nicht bestätigen. Die Eltern, insbesondere die Mütter, widmen der schulischen Entwicklung ihrer Söhne durchaus Aufmerksamkeit, aber eine kontinuierliche Leistungsorientierung wird auch dadurch nur von einigen wenigen Spitzenschülern erreicht. Ein ebenso kleiner Anteil zählt wiederum zu den schlechten Schülern. Die Majorität sind mittelmäßige Schüler, die im Gegensatz zu unseren Frauen sich Wechsel ihrer Leistungsfähigkeit zugestehen. Übereinstimmung mit den Frauen finden wir am ehesten bei der Analyse der Fächerpräferenzen: Mathematik und Physik rangieren an der Spitze der Beliebtheit, während erwartungsgemäß Deutsch und Geschichte, noch häufiger Sprachen eine Mißgunst erfahren, wie man es von einem zukünftigen Techniker vermutet. Aber es gibt auch einen nun schon 25 Jahre berufstätigen Ingenieur, der erst kürzlich, nicht zuletzt wegen seiner "2" im Deutschabitur, ins gehobene Management befördert wurde. Auch unsere Männer betonen den nachlässigen Umgang mit den Leistungsanforderungen der Schule, nennen sich selbst faul, meinen, nur gearbeitet zu haben, wenn die Dinge sie interessierten. Lehrer/innen hatten auf die Schulzufriedenheit offenkundig Einfluß, aber weniger auf die Lernbereitschaft. Anders als unsere meist kontinuierlich leistungswilligen Ingenieurinnen wirken die Männer in ihren Beschreibungen großer Gelassenheit gegenüber schulischen Anforderungen sehr viel entspannter und damit überzeugender. Berufswahlentscheidungen scheinen weniger abhängig von Leistungsbeweisen gegenüber sich selbst und anderen. Einer hat im Mathematikabitur sogar mit mangelhaft abgeschlossen. Ein weiterer hatte Mathematik früh abgewählt und betrachtete es später im Studium als kämpferischen Selbstbeweis, trotzdem dieses Studium mit den hohen Anforderungen in Mathematik zu bewältigen.

Ich habe halt immer weiter von dem Bonus gezehrt, der ist zwar faul, aber schlau. (III.2)

Unsere Frage nach Erfolgs- oder Mißerfolgserlebnissen in der Schule wurde nicht nur mit Hinweisen auf gute und schlechte Leistungen in Neigungs- bzw. Problemfächern beantwortet. Für die Befragten sind damit auch Möglichkeiten der Durchsetzung angesprochen: einige erinnern sich stolz, "den Lehrer an die Wand genagelt" zu haben, d.h. Fehler und Mißverständnisse nachgewiesen zu haben. Andere trugen die Verantwortung für die Schülerzeitung oder waren auch Klassensprecher. Damit sind Erfahrungsdimensionen angesprochen, die optimal auf die nicht fachbezogenen Seiten eines Ingenieurshabitus vorbereiten.

Die Antworten auf dieselbe Frage nach Erfolg oder Mißerfolg im Studium machen sichtbar, daß solche Lässigkeit sich für die Dauer der Universitätsausbildung nicht ganz durchhalten läßt. Ob eine Prüfung bestanden wird oder nicht, läßt kaum einen noch unberührt. Nur einer jedoch beschreibt das "Studium als eine wahnsinnige Anstrengung. Ich habe mir gedacht, wenn das das ganze Leben so weiter geht, dann kannst du dir ja gleich einen Strick nehmen." (III.7) Alle anderen benennen allenfalls punktuelle Krisen, die jedoch im Nachhinein wieder gelassen gesehen werden können: "Also, wenn die mich mit der Prüfung hätten durchkommen lassen", meint einer zu seiner Mathe-Klausur, "dann hätte ich den Glauben an die Institution hier verloren." (III.2) Bei anderen provozieren Mißerfolge jene kämpferischen Impulse der Selbstbehauptung, die wir für dieselbe Ausbildungsphase bei den Frauen so vermißt haben. Ein heute berufstätiger Ingenieur mutete sich, um die Studiendauer abzukürzen, Mathematik I und III gleichzeitig zu: "Da stand ich total auf der Seife" (IV.5) und mobilisiert gegen solche Unsicherheit eine schließlich erfolgreiche Durchhalteabsicht. Daß auch rivalisierende Elemente zu Kommilitonen die eigene Leistung erhöhen können, deutet sich in verschiedenen Bemerkungen an. Einer erinnert sich stolz, daß er in seiner Diplomarbeit durch geschickte Programmierung des Rechners ein Problem bewältigt hatte, an dem ein Vorgänger bereits gescheitert ist. Die Abschlußleistungen unserer Ingenieure sind durchschnittlich bis gut. Die Frauen hatten dagegen überwiegend - einige Spitzenpositionen ausgenommen - gute bis sehr gute Abschlußergebnisse vorzuweisen.

Vergleichen wir die Leistungsorientierung der von uns befragten Ingenieure mit der unserer Ingenieurinnen, dann ist der Gedanke nicht fern, daß Frauen den Männern erst gleich sein werden, wenn sie gleich mittelmäßig wie sie sein dürfen. Denn der aus der Beweislast erwachsende kontinuierliche Ehrgeiz erzeugt seelische Engpässe und erhöht die Kosten für den späteren beruflichen Erfolg, ja, wird im Beruf zum Teil als Erfolgsangst zum kontraproduktiven Stolperstein. Angesichts dessen verlangt die Frage, woher Ingenieure das ihren Erfolgen vorauseilende Selbstbewußtsein beziehen, noch nach einer Beantwortung.

Fachliche und berufliche Bestätigungen beruhen nicht nur auf Ehrgeiz und Arbeitsintensität. Erfolg rekrutiert sich auch aus intensiven Erlebnissen im Umgang mit dem Arbeitsgegenstand, schlicht, im Umgang mit der Sache - hier der Technik. Aus diesem Grund waren wir bemüht, für alle Lebensphasen die Art der Hingabe an die Sache anschaulich werden zu lassen.

Um das wichtigste Ergebnis vorwegzunehmen: Ganz im Gegensatz zu den Frauen sind die Antworten der Männer auf diese Fragen reich an Erfahrung, facettenreich in ihren Begründungen und bildhaft in den Darstellungen. Die sachbezogene Sprachgewandtheit, die wir bereits für die Spielinteressen der frühen Kindheit konstatierten, bestätigt sich auch für die späteren Lebensphasen. Ähnlich wie unsere Ingenieurinnen sind auch die Ingenieure selten Fachidioten, die sich für gar nichts anderes mehr interessieren. Nein, sie lesen, spielen Theater, kochen, laufen Ski usw. usw., aber was sie von den Frauen in vielen Fällen unterscheidet, ist die Tatsache, daß der spielerische Umgang mit Naturwissenschaften und Technik ganz unangefochten im Zentrum ihres Erlebens steht. Diesen Fundus der Kreativität möchten wir durch eine gewisse Breite der Darstellung angemessen hervortreten lassen.

Das Vorurteil vom Ingenieur als einem Menschen, der in seiner Jugend dem Basteln frönt, findet durch unsere Gesprächspartner reiche Bestätigung. Bereits vor der Pubertät werden Eisenbahntrafos, Segelflugzeuge und Motoren hergestellt. Es wird "viel gebaut mit Drähten und Glühlämpchen." Leitungen werden verlegt und Kunststoffboote gegossen. Musikleidenschaften werden technisch ausgelebt: eine elektrische Gitarre wird selbst gefertigt, ein anderer baut für seine Band die optimalen Verstärker. Einer kauft auf dem Flohmarkt einen alten Autorekorder. Der wird "liebevoll gereinigt", repariert und der Mutter ins Auto gebaut. Für eine andere Mutter managed der Sohn die Beleuchtung des Laientheaters. In einem anderen Fall geht der Hausmeister der Schule in die Knie, weil der Schüler die Akustikprobleme in der Aula löst. Die einzelnen Erlebnisse waren bedeutsamer als das "mal mit dem Vater unter dem Auto liegen" unserer Ingenieurinnen. Sie haben den Jungen ganz in Anspruch genommen und sind deshalb auch im Detail erinnerbar. Zwei Beispiele:

Ja, da war das Problem gegeben, so ein Auto möglichst schnell um einen gewissen Kurs zu bringen. Und durch Nachdenken und beharrliche Weiterentwicklung von Ideen hatte ich immer die Möglichkeit, doch noch ein bißchen schneller zu sein als die anderen. Das lag einfach an der Konstruktion, an dem Nachdenken: Wo sind eigentlich die physikalischen Probleme, um die Zusammenhänge zu überblicken. Das ist unheimlich komplex. Das ist vielleicht lächerlich, aber das sind wahnsinnig komplexe Zusammenhänge in so einem kleinen Autochen. Die Kurvengeschwindigkeit - das sind so feine Sachen, auf die man so einfach gar nicht kommt. Ja, und dann gegenüber den anderen war es wichtig zu zeigen, daß die eigene Idee eben besser war, daß das einfach die bessere Lösung war. (VIII.1)

Ich habe immer was gebaut. Auch in der Fliegerei. Also Meßinstrumente oder so. Dann kam wieder was Neues. Au, dachte ich, und habe das dann auch gleich umgesetzt. Das hat mir irre Spaß gemacht. Das fand ich ganz toll. Ich habe immer gleich umgesetzt. Ein Gerät habe ich z.B. gebaut, das Reklame abschaltet. Es hatte mich aufgeregt, daß immer so viel Reklame über Kanal 3 kommt. Dann habe ich mit einem Freund zusammen überlegt. Da kommt immer eine Melodie vor der Reklame. Da haben wir ein Gerät gebaut, eigentlich hauptsächlich ich, das diese Melodie abschaltet und wieder anschaltet. ... Was ich später für die Fliegerei gebaut habe, die Geräte, das konnte ich aufgrund dessen, was ich da gelernt habe. (III.5)

Diese und auch andere Zitate belegen, daß die oft abschätzige Kommentierung des jungen Bastlers nicht greift. Die Momente, die in vielen Fällen zusammenkommen und eine gute Grundlegung des späteren Ingenieurshabitus bedeuten, sind Technikverständnis, physikalische Intelligenz und Sinn für Wettkampf und Bezwingung. Die Art, mit der z.B. schulische Interessen an Mathematik und Physik veranschaulicht wurden, zeigt, wie sehr private Vorlieben und schulische Pflichten ineinandergreifen:

Ich finde es schon ganz gut, wenn im Endeffekt eine Lösung herauskommt. Die muß richtig sein, sonst ist sie eben falsch. Daß man sich da nicht immer dumm reden kann ... Irgendwie finde ich das schon ganz gut, daß man weiß, woran man ist. Man kann alles so schön logisch verfolgen. Also diese ganze Logik, die da im Spiel ist, die finde ich schon ganz gut. (IV.4)

Das war was zum Tüfteln. In Physik haben wir z.B. viele Versuche gemacht. Dann haben wir was ausgerechnet und dann versucht, die ausgerechneten Ergebnisse irgendwie zu bewahrheiten, was natürlich teilweise in wilder Manipulation endete, um irgendwie die Versuchsergebnisse zurechtzubiegen. Dann haben wir überlegt ..., wo liegen die Fehler. Das fand ich halt interessant, sich so in eine Aufgabe zu verbeißen, das hat Spaß gemacht, sich da so reinzuhängen in die Aufgabe und die dann irgendwie zu knacken. (III.3)

Erkenntnisinteresse und Bezwingungsenergien gehen vielfältige Verbindungen ein. Sie zeigen sich noch in dem Wunsch, "daß man Sachen erkennt, die man mit bloßem Auge nicht sieht". (III.4) Ähnlich gelagert ist das Bedauern, "daß man so viele Effekte in der Natur und Umwelt an sich vorüberziehen läßt, normalerweise in Unkenntnis der Sachen, die dahinterliegen." (VII.2) Ein anderer befaßt sich zu Schulzeiten mit der Astronomie und hat ein Teleskop gebaut. "Ich habe dann eine Entsprechung im Mikrokosmos der Atome gesehen, und das hat mich einfach gereizt." (VIII.2) Und in ganz klassischer Weise verbinden sich Phantasien vom eigenen Größenselbst mit technischem Erfindergeist:

Ich habe die Mondlandung im Fernsehen gesehen. Da habe ich mir gesagt: diese Sachen passieren alle, und du sitzt hier auf deinem Bauernhof. Das war keine Perspektive mehr für mich. ... Was mir als Jugendlichem immer so plastisch vor Augen stand, war die Möglichkeit, im kanadischen Urwald zu sitzen und doch Kontakt zur Umwelt zu haben mit einer Sendeanlage, die man selbst bedienen und instandhalten kann. Das fand ich eine faszinierende Idee, wie das funktioniert. Das fand ich sehr verlockend. (III.4)

Derselbe Student der E-Technik gehörte in seiner Jugend zu den Gesprächspartnern, die nicht nur große Männer wie Franz von Assisi, Kennedy, Albert Schweitzer, Lenz, Jimmy Hendricks, den Weltmeister im Segelfliegen usw. zum Vorbild erkoren, sondern sich schon früh Techniker als Leitbild ihrer Zukunft wählten. Nebenbei bemerkt, nicht ein einziger dieser Männer hat jemals eine Frau als Vorbild genannt!

Also, wer solche Sachen baut wie Konrad Zuse, der einen Rechenautomaten baut, der bereit ist, in Bahnen zu denken, an die vorher noch keiner gedacht hat, der also aus dem gewohnten Denken ausbricht und Neues denkt, das finde ich immer toll. (III.4)

Was sich in solchen Äußerungen engagierter Hingabe äußert, stellt den eigentlichen Antrieb für die Wahl des Ingenieurstudiums dar. Von daher wird an dieser Stelle auch einsichtig, warum unsere Ingenieure auf die Bestätigung eines Schulerfolgs relativ leicht verzichten können, unsere Frauen jedoch unbedingt darauf angewiesen sind. Wir rufen für die Kindheit der Männer in Erinnerung, daß ihre nie angefochtene geschlechtsbezogene Habituskonsistenz die seelischen Möglichkeiten eröffnete, auf der Grundlage einer naturwissenschaftlichen Begabung eine innere Bildhaftigkeit von der Technik zu entwickeln, die die Grundlage dafür bietet, im Bereich der Technik eine kreative und selbstbewußte Intelligenz zu entwickeln.

Den Frauen dagegen, mögen sie naturwissenschaftlich noch so begabt sein, werden die Freiheiten verstellt, eben diese selbstverständliche Vorstellungskraft zu entfalten. Einige der technikbezogenen Erfahrungen, die die Männer schildern, haben auch die Frauen gemacht, aber es ist bezeichnend, daß ihnen die intensive Darstellung und Sprache fehlt. Sie haben häufiger zugeschaut als selber gemacht. Darin drückt sich eine schwächere seelische Verknüpfung mit dem Gegenstand aus. Wiederum ist dies auch ein Ausdruck der Tatsache, wie sehr die soziale Umwelt mit ihren Vorurteilsstrukturen in solche Bezüge konterkarierend hineinwirkt. Selbst wenn direkte Sanktionen gegenüber einem technischen Interesse von Mädchen nicht stattfinden - für die meisten unserer Ingenieurinnen trifft dies ja zu - darf nicht unterschätzt werden, wie sehr bloßes Erstaunen darüber eine sich selbstverständlich entwickelnde Kreativität stört.

Diese aber wird sich beim kleinen Mädchen nur ausbilden können, wenn schon in früher Jugend die strenge Konnotation von Technik und Männlichkeit aufgekündigt wird. Geschieht dies nicht, werden Frauen weiter gezwungen sein, den Mut für ein solch 'entlegenes' Studium über leistungsbezogene Bestätigungen zu entwickeln. Angesichts einer in der Tendenz defensiven inneren Beziehung zur 'Sache' wiegt es doppelt, daß Abiturientinnen meist nur unter erschwerten Bedingungen, sprich die Notwendigkeit von Beziehungen, an einen Praktikumsplatz kommen. "Ich wollte wissen, worum es überhaupt geht und ob das was für mich ist. Und das hat mir eine ganze Menge gebracht", kommentiert eine unserer Gesprächspartnerinnen ihr Praktikum. So grundsätzliche Sach- und Selbstklärungen müssen Männer in derselben Situation nicht herstellen. Die nicht seltene Kritik der Frauen an inhaltsleeren Praktikumserfahrungen müßte ebenfalls gegenstandslos werden. Der wirkungsvollste Hebel, solchen Defiziten entgegenzuwirken, wären ausgleichende Erfahrungen schon während der Schulzeit, auch wenn dies organisatorisch und bildungspolitisch schwer durchsetzbar erscheint.

Zurück zu den Männern bzw. zu ihrer sachbezogenen Bewährung auf der zweiten Ausbildungsebene, im Studium. Es versteht sich fast von selbst, daß solche Kultivierung von Begabung auch während des Studiums, mag es zu Beginn auch noch so theoretisch und ernüchternd sein, vorangetrieben wird. Eine ganze Reihe der von uns Befragten pflegen ihr Technikinteresse in dieser Zeit als Hobby, etwas, von dem Frauen äußerst selten berichten. Neben dem Studium werden Schaltungen erprobt, die Amateurfunkerausrüstung des Vaters effektiviert. "Ich bin immer so am Tüfteln, was ich da noch verbessern kann", meint einer, der gerne Geräte bastelt, "wo im Endeffekt Schall rauskommt." (III.3) Ein anderer baut weiter seine kleinen Panzer, für gleich mehrere wird die Kommunikation mit dem Heimcomputer zum Bastelersatz. Daß die Versunkenheit in die Sache, die alles andere, auch die Freundin, vergessen läßt, zur Erfahrung wird, ist daher naheliegend:

Und das Schlimme ist, wenn man erst mal bei einer Sache dabei sitzt, dann vergeht die Zeit unheimlich schnell. Dann sitzt man über einer Sache und rechnet und rechnet und rechnet." (IV.1)

Ein anderer Kommilitone sucht sich, ähnlich einigen unserer Frauen, vor der Aufzehrung im Engagement zu schützen:

Richtig die Begeisterung zu entwickeln, das wäre vielleicht auch gar nicht gut. Weil dann so eine Art Wahn entsteht, weil man sich dann nur noch mit diesen Sachen beschäftigt. Und sonst nichts mehr macht. (III.1)

Der durch das Studium aktivierte Ehrgeiz an der Sache äußert sich erwartungsgemäß vielfältig. Wir gewinnen den Eindruck, daß die Männer sich trotz ihrer Kompetenz das Staunen über das Wunder der Technik erhalten, Ehrfurcht vor einer großen Sache, die sie selber auch größer macht, wenn sie daran teilhaben. Auf die Frage nach dem Reiz eines technischen Berufs erhielten wir z.B. folgende Antwort:

Kommen wir wieder auf die Flugzeuge zu sprechen. Wenn so ein schweres Flugzeug, was sich ja eigentlich nicht in der Luft bewegen kann, dann doch abhebt und sich in der Luft bewegt, wie kommt das? Ja, daß da hinten im Endeffekt eine Turbine drin ist, daß da irgendwelche thermodynamischen Vorgänge stattfinden. Das finde ich faszinierend. Ich finde es gut, daß Technik imstande ist, das zu machen. (IV.4)

Derselbe Gesprächspartner zeigt sich auch begeistert von hydraulischen Systemen und freut sich, einmal einen Motor zu bauen:

Daß man sogar mal eine Maschine bauen kann, z.B. einen Automotor, so daß der funktioniert. Der hat so viele Einzelteile, die sind zum Teil ... bis auf 100stel Millimeter genau gefertigt und werden dann zusammengebaut. Im Endeffekt sitzt man dann drin, drückt auf das Gaspedal und fährt los. Das ist doch faszinierend, daß das alles so zusammenpaßt. (IV.4)

Auch die Vorstellung von synthetischer Musik erzeugt schwärmerische Töne, ebenso eine Zukunft mit "genialen Konstruktionen". Ein anderer schwelgt in der Vorstellung, wie unsichtbar der Stromkreislauf funktioniert.

Weniger reichhaltig, auch kaum noch euphorisch waren die Äußerungen der Männer für jenen Bereich, den wiederum unsere Ingenieurinnen ebenso umfänglich wie phantasievoll bedacht hatten. Die soziale Verantwortung für die Technologieentwicklung erzeugt eher stockende Reaktionen und wird mehr widerwillig als begeistert als zeitgemäße Aufgabe in das eigene Tun integriert. Zu den aufgeschlossensten für diese Problematik gehört dieser E-Techniker, der zur Schulzeit noch davon ausgegangen war, daß Technik allein dem Wohle der Menschheit diene:

Ich sehe ja auch, was mit Technik alles angerichtet wird. Das sehe ich. Andererseits können wir Ingenieure nicht viel daran ändern. Wenn wir meinetwegen eine elektronische Steuerung bauen, dann kann man die sowohl in ein Behindertenauto einbauen als auch in einen Panzer. Ein Mikroprozessor kann die Beleuchtungsanlage eines Hauses oder eines Flugzeuges steuern, die kann aber auch einen Industrieroboter steuern, der zehn Arbeitsplätze wegnimmt. (III.4)

Daß die soziale Kompetenz mit dem Engagement für die Sache nicht Schritt hält, belegt das Aufatmen eines Maschinenbauers, der sich entlastet fühlt, im Bereich der Windenergie zu arbeiten, ebenso wie der mürrische Kommentar eines sonst sehr vielseitig interessierten Technikers:

Was muß sich ändern, damit Technik menschlicher wird? Das sind Schlagworte. Ich kann mir nichts vorstellen unter Unmenschlichkeit der Technik. (VII.2)

Ähnlich einfach macht es sich ein seit 25 Jahren erwerbstätiger Ingenieur:

Ja, die Technik hat logischerweise positive Folgen, denn sonst würde der Mensch die Technik nicht betreiben, nicht weiterentwickeln. Ich sehe die Sache so, daß der Mensch die Technik nicht vorantreiben würde, wenn sie ihm insgesamt nicht nützen würde. (VIII.2)

Dem stellen wir die Beobachtung eines anderen Erwerbstätigen gegenüber, weil sie deutlich macht, wie nicht nur auf einer allgemein gesellschaftlichen Ebene, sondern auch im unmittelbaren Arbeitshandeln das Werkzeug Technik den gesetzten Kompetenzrahmen sprengt:

Das hat dazu geführt, daß eine Arbeit entstanden ist, die niemand richtig beherrscht. Das ist fast wie eine Lawine. Wir haben, wie gesagt, diese Zubringersysteme gebaut und dabei den Überblick gehabt über das, was kommt. Jetzt aber geht es in die Integration rein, die ist noch in keinem Kopf vorhanden. Das ist Neuland, da gibt es fortlaufend Rückschläge, und deshalb gibt es fortlaufend das Erfordernis, sich mit der Sache auseinanderzusetzen. (III.7)

Die zu Beginn dieses Kapitels gestellte Frage, ob Ingenieure in dem Sinne als Männer der Zukunft zu betrachten sind, daß sie ihre Kreativität zum Wohle der Menschheit einsetzen, läßt sich durch die kleine Auswahl unseres Samples ganz eindeutig nicht bejahen. Eher sieht es so aus, als wäre unsere Gesellschaft doch darauf angewiesen, daß mehr Frauen im Technikbereich Verantwortung und Entscheidungskompetenz erhalten. Allerdings darf hier auch nicht unterschlagen werden, daß sich sowohl unter den studierenden wie erwerbstätigen Männern einzelne finden, die eine Beschäftigung im Rüstungssektor entschieden für sich ablehnen. "Waffen sind eindeutig falsche Werkzeuge" (IV.5), heißt es in diesem Kontext. Ansonsten aber kann die Hingabe an die Technik sehr weit gehen, wie die Bemerkung zur CAD-Gefahr für Ingenieure belegt:

Ich selbst habe mich, wie man sieht, nicht wegrationalisiert. Aber selbst wenn es dazu käme, dann wäre ich in der Konsequenz dazu bereit, mich selber wegzurationalisieren. Weil ich genau an diese Technik glaube. (IV.5)

Oberflächlich betrachtet, könnte es so aussehen, als träte die durch Phantasie und Emotionen angetriebene Beschäftigung mit der Technik im Beruf etwas in den Hintergrund. Die bekannte These, daß der karriereorientierte Ingenieur um des beruflichen Aufstiegs willen dem direkten Technikbezug den Rücken zuwendet, drängt sich an dieser Stelle auf. Sie läßt sich durch Aussagen unserer berufstätigen Ingenieure nicht bestätigen. Während unsere Ingenieurinnen sich durchaus auf die Frage nach der Alternative von Technik und Organisation einließen und eine starke Sachpriorität sichtbar werden ließen, wehren die Männer ein solches Entweder-Oder eher ab, und es sieht so aus, als würden sie mit der Berufstätigkeit ihre Vorstellung von dem, was Technik ist, grundlegend verändern. Lediglich ein junger Sachbearbeiter "möchte im Augenblick noch Technik machen, um einfach ein solideres Grundwissen zu haben. Ich habe noch eine Menge gelernt nach dem Studium. Das möchte ich noch vertiefen, um dann irgendwann rauszugehen." (III.5) "Rausgehen", das bedeutet jedoch nicht nur, sich aus der Vereinseitigung nur technischer Aufgabenstellungen zu lösen, sondern impliziert auch den Aufstieg weg von der Sachbearbeiterposition (Busch u.a. 1981: 335). Diese Veränderung der Arbeits- und Technikorientierung haben die übrigen Ingenieure für sich bereits realisiert:

Was an der Sache Spaß macht: daß es um größere Zusammenhänge geht. Es geht nicht mehr darum, eine kleine Apparatur zum Laufen zu bringen, sondern es geht darum, ob ein Organismus läuft. (III.7)

Was in diesem Sinne "Organismus" bedeutet, erhellt sich aus der Bemerkung eines anderen. Ihn freut es,

Wünsche und Probleme in eine technische Lösung umzusetzen, die dann relativ sicher funktioniert und zuverlässig ist. Und das unter den verschiedensten Rahmenbedingungen. Aufgrund der Berufstätigkeit hat man ja auch das Bestreben, nach wirtschaftlichen Gesichtspunkten zu planen. Daß also keine lange Entwicklungszeit drin ist und man also möglichst käufliche Komponenten benutzt. (III.6)

Ein leitender Vertriebsingenieur im Spitzenmanagement einer Firma des Maschinenbaus begreift sich trotz technikferner Arbeitsanteile als "Vollblutingenieur", und der Leiter der Abteilung mit 135 Mitarbeitern in einem Kernforschungszentrum kann entsprechend mit einem eng geschneiderten Begriff von der Ingenieurstätigkeit nichts anfangen:

Das kommt darauf an, was man sich unter Ingenieurtätigkeit vorstellt. Wenn Sie darunter den Mann mit der Rechenmaschine oder dem Taschenrechner verstehen, dann vielleicht. Aber ich glaube trotzdem, daß es eine typische Ingenieurstätigkeit ist, die Arbeitsablaufplanung, die Steuerung eines Betriebes in dieser Größe mit einem Investitionsumfang von immerhin an die 15-20 Mio. DM an Maschinen. Und einem Umsatz vergleichbar von 25 Mio. DM. Auch dort ist der Technische Leiter meist ein Ingenieur. (VIII.2)

Was in solchen Bemerkungen beispielhaft aufleuchtet, ist die Tatsache, daß die von uns befragten Ingenieure mit der Berufstätigkeit ihre Fixierung auf "die Technik an sich" aufgeben. Statt dessen integrieren sie in ihr Bild die habituellen Anforderungen, die durch die Einbindung der Technik in die wirtschaftlichen und betrieblichen Strukturen entstehen (Hermanns 1984: 166 ff.).

Wir folgern daraus, daß die Ingenieure sich leichter als ihre Kolleginnen, die wir gesprochen haben, auf die integrierten Anforderungen des Berufes einlassen können, während die Frauen - unter dem Joch der Beweislast stehend - in ihrer Wahrnehmung notgedrungen enger sein müssen. Diese Einschätzung sehen wir auch dadurch bestätigt, daß die Tonlage der beruflichen Schilderungen bei den Männern insgesamt offensiver und optimistischer ist.

Letztendlich macht mir alles Spaß, was zum Erfolg führt. Dann macht mir am meisten Spaß, wenn ich harte Nüsse geknackt habe und demonstrieren kann, daß diese Lösungen zum Erfolg geführt haben. (IV.5)

Daß solche Töne von unseren Frauen nicht zu hören waren, sondern ihre Schilderungen - nicht einmal von Mißerfolgen - oft mit resignativen Untertönen unterlegt waren, zeigt einmal mehr, daß jenseits

dingfester und faktischer Diskriminierungen kaum wahrnehmbare Sonderbelastungen den Schwung nach vorn bremsen (Windolf 1981: 155).
Daß die Erwartung der Männer, ihre Einsatzbereitschaft werde von Erfolg getragen sein, nicht auf Phantasie, sondern auf Realitätssinn gründet, läßt sich selbst mit unserem kleinen Sample beweisen. Nur ein einziger möchte - wie viele unserer Frauen - ganz auf eine Karriereorientierung verzichten. Alle anderen streben weiter oder haben schon - die Hälfte - eine leitende Position erreicht. In der Tendenz ist das Einkommen höher als bei den Frauen - bei etwa 7000 DM -, wobei das Spitzengehalt bei ca. 10000, das niedrigste bei 2000 DM liegt. Das Alter der Männer streut zwischen 29 und 50 Jahren; die mit der vergleichsweise höheren Altersgruppierung korrespondierende längere Dauer der Erwerbstätigkeit kann teilweise die Einkommensdifferenz zu den Frauen erklären, nicht aber zur Gänze. Die Bezahlung wird bis auf eine Ausnahme als angemessen betrachtet, den Wünschen nach oben sind in der Tendenz keine Grenzen gesetzt:

Ich will mal richtig Knete machen, auch wenn ich gar nicht so ein Typ bin, der gerne viel Geld ausgibt. Ich weiß gar nicht, wie ich es ausgeben soll. (IV.5)

So unser Spitzenverdiener. Geld und Bezahlung sind auch ein Ausdruck von Erfolg, nicht nur Hebel für den Konsum.
Ähnlich wie die Frauen sind fast alle unsere männlichen Gesprächspartner in Großunternehmen beschäftigt. Nur einer arbeitet in einem kleinen, aber erfolgreichen Ingenieurskollektiv. Großforschungseinrichtungen sind ebenso vertreten wie Großbetriebe in den Bereichen: Energie, Fördertechnik, Maschinenbau, Chemie. Die finanzielle Lage, die wirtschaftliche Bedeutung und auch der durch die Unternehmen repräsentierte Stand der technologischen Entwicklung werden durchgängig als gut bis hervorragend eingeschätzt. Somit befinden sich unsere Ingenieure in Erwerbsbereichen mit Aufstiegsmöglichkeiten.
Wesentliche Unterscheidungsmerkmale zu unseren Gesprächspartnerinnen sind die fast ausnahmslose Orientierung auf eine aufsteigende

Zukunft, die Vorliebe für schwierige und innovative Aufgaben sowie die optimistische und fordernde Grundhaltung. Keine großen Unterschiede konnten wir im Hinblick auf Kooperation, Arbeitsverhalten und Zugang zu den betrieblichen Ressourcen feststellen. Ähnlich wie die Frauen haben die Männer eher Konflikte mit Vorgesetzten als mit gleichgestellten Kollegen. Sie beanspruchen den Freiraum für eigenständige und kreative Arbeit, wobei die meisten es vorziehen, das Problem zunächst allein auszutüfteln und dann erst zur Diskussion in die Gruppe zu gehen. Teilnahme an Weiterbildung wird als unabdingbar bezeichnet; allerdings ist dies der Bereich, in dem - von Männern wie Frauen - gelegentliche Diskriminierungen angedeutet werden. Firmenwagen und eigene Zimmer gehören auch nicht zu den selbstverständlichen Bestandteilen ihrer arbeitsplatzbezogenen Grundausstattung. Auf der materiellen Ebene sind demnach keine überproportionalen Privilegierungen zu erkennen.
Wohl aber zeigt sich in der Ausschöpfung und Interpretation materieller und kommunikativer Spielräume die schon früh sich ankündigende generelle Gelassenheit. Beispiele: Der Zugang zum Beruf, etwa bei den Einstellungsgesprächen stellt sich wie bei den Frauen am ehesten über Beziehungen her, aber im Gespräch dokumentiert sich fast ausnahmslos die Vorerwartung auf Erfolg. So hat sich einer vorgenommen, selbst in dieser Situation seinen Anspruch durch Gesprächsführung - nicht fragen zu lassen, sondern selber zu fragen - herauszukehren. Ein leitender Ingenieur wiederum nimmt sich die Freiheit, gelegentlich beschwipst oder muffig bis arbeitsunfähig ins Büro zu kommen, ohne sich die Frage möglicher negativer Folgen zu stellen. Schließlich ist er in Drucksituationen für die Firma verfügbar, selbst wenn Ärzte ihn krank schreiben wollen. Ein Ingenieur, der neben seiner Arbeit auch Betriebsratsfunktionen wahrnimmt und sich als erklärter Feind der Rationalisierung darstellt, schlägt gleichzeitig subversive Strategien ein, indem er - unbeobachtet von seinen Vorgesetzten - seine Ingenieurarbeit über CAD rationalisiert und die ge-

wonnene Zeit für sich nutzt. Auch die Darstellung beruflicher Konflikte bezeugt größere Gelassenheit: unsere Ingenieure leiden nicht, sondern nehmen je nach Temperament den Kampf spielerisch oder verbissen an, auf jeden Fall weniger defensiv als unsere Frauen. Rivalität ist Teil des Spiels (Maccoby 1979: 97). "Da gibt es nur rabiat sein", meint der Manager des alternativen Kollektivs zum Marktverhalten seiner Gruppe (IV.6). Ein leitender Ingenieur sagt von seinem einzigen Vorgesetzten, daß der "solche Erfindergeister und engagierte Menschen wie mich dabei haben will ..., obwohl wir uns gegenseitig zerfleischen, wie es schlimmer nicht geht" (IV.5).

6.4 Ingenieure - neue Männer für unsere Ingenieurinnen?

Zu guter letzt wollen wir unsere männliche Kontrollgruppe aus dem Sichtwinkel der Bedürfnisse unserer erwerbstätigen oder zukünftigen Ingenieurinnen betrachten. Sind ihre Haltungen und Umgangsformen dazu angetan, qualifizierten Frauen Optimismus für die Zukunft zu verheißen? Von Interesse ist uns in diesem Zusammenhang vor allem, wie diese Männer Ingenieurinnen, überhaupt Frauen, in ihrem beruflichen Umfeld wahrnehmen und welche Anforderungen sie an ihre Partnerinnen stellen, bzw. ob sie bereit und fähig sind, ein Emanzipationskonzept für beide Geschlechter zu leben.

Auf die Frage, ob sie mehr Frauen im Ingenieurberuf sehen wollen, geben sich unsere Ingenieure so großzügig, gönnerhaft und bereitwillig, wie man es von Interviewpartnern erwartet, die sich freiwillig für eine Befragung in einem Frauenprojekt bereitfinden. Das ist sicher keine Selbstverständlichkeit und stellt für sich wohl eine - im Interesse von Frauen - positive Vorselektion dar. Allerdings haben sie nur marginale Erfahrungen mit Frauen in Studium und Beruf gemacht. Die Studenten bedauern vielleicht, keine Freundin gefunden zu haben, aber als Fachfrauen haben sie Kommilitoninnen in den seltensten Fällen vermißt. Von den Erwerbstätigen haben die wenigsten eine Ingenieurin in ihrem unmittelbaren Arbeitsfeld, keiner eine weibliche Vorgesetzte. Insofern stellen die Antworten eine Mischung aus Anpassung, imaginierten Erwartungen und Projektionen mangels Erfahrungen dar.

Nehmen wir allein die Ratschläge, die die Ingenieure für eine zukünftige Kollegin bereithalten, so fällt auf, daß diese überwiegend - siehe dazu auch das nächste Kapitel - leistungsbezogene Aspekte, z.B. Fähigkeiten in Mathematik und Physik, nennen. Gerade dies aber waren ja jene Anforderungen, die unsere Ingenieurinnen grosso modo besser einlösten als die Männer. In solchen Antworten verbinden sich demnach Vorurteilsstrukturen gegenüber der Begabung von Frauen in den Naturwissenschaften mit den eigenen Problemen im Studium, die mit der Realität der Frauen zwar oft nur wenig zu tun haben, die aber wiederum die Verhältnisse konditionierten, in die die Frauen studierend oder arbeitend eintreten.

Deswegen würde ich es bedingungslos begrüßen, wenn Frauen Professoren für Fertigungstechnik und Maschinenbau an den Universitäten wären. Und zwar hohe Professuren, C4. Mit der gleichen Anspruchshaltung, die ich mir abverlange, also nicht irgendwelche sexy Typen, sondern jemand, der mit der gleichen Inbrunst Auffassungen und Fähigkeiten hat und logisch und intelligent ist. (IV.5)

Während dieser Gesprächspartner selbstverständlich die Anpassung der Frauen an die bestehenden "männlichen" Verhaltensmuster unterstellt, erhoffen sich andere eine Verbesserung des Arbeitsklimas über die Präsenz von Frauen:

Ich glaube von der Erfahrung her, daß das schon besser ist, wenn unterschiedliche Geschlechter zusammen sind, weil da ein anderer Stil auftritt. Weil Männer untereinander ziemlich hart sind. Bei Frauen ist das ein bißchen besser. Ich weiß aber nicht, wie das ist, wenn es um Karriere geht. Das läuft dann eventuell auch mies ab. Es kann aber auch positiv sein, so im zwischenmenschlichen Bereich. (III.5)

Insgesamt sind die Ansichten der noch studierenden oder bereits erwerbstätigen Ingenieure nicht unbedingt als ermutigend einzuschätzen. Oft lösen die wenigen Frauen im Ingenieurstudium bzw. Beruf aufgrund ihrer intellektuellen Sonderleistungen Ängste aus, die ignorierendes, abwehrendes oder ausgrenzendes Konkurrenzverhalten bewirken. Auch wenn nicht intendiert, liegt die Gefahr von Diskriminierung und Bluff damit nahe.

Von den berufstätigen Ingenieuren hatten praktisch alle - wo nicht mit Ingenieurinnen, so doch mit Kolleginnen überhaupt - Erfahrung, nicht nur mit Sekretärinnen, sondern auch mit akademisch gebildeten Frauen. Einerseits wird zwar immer die Offenheit für Frauen akzentuiert, aber auf der Ebene berichteter Erfahrungen schleichen sich quasi unter der Hand diskriminierende Untertöne ein: Kolleginnen erscheinen als kooperationsunwillig, überproportional ehrgeizig, nutzen Sonderspielräume unangemessen aus oder wecken Neugier, wenn sie - was für Männer selbstverständlich - einmal ganz hoch einsteigen.

Es ist leider so, daß bei Frauen der Ehrgeiz eine überproportionale Rolle spielt, während das bei Männern nicht so total vorkommt. Bei Frauen ist der Wunsch, sich durchzusetzen, stärker als bei Männern. (III.7)

Vergleichen wir ihre Beschreibungen der Konflikte mit Kollegen mit den Schilderungen von Auseinandersetzungen mit Kolleginnen, so treten die Frauen als Personen sehr viel plastischer vor unser Auge: wieder ein Indiz dafür, wie genau und kritisch Frauen in Männerdomänen betrachtet werden.

Bei aller Skepsis - die meisten der Studenten und Erwerbstätigen möchten es für sich nicht ausschließen, mit einer Ingenieurin verheiratet zu sein, was ja im übrigen den statistischen Erfahrungen im In- und Ausland entspricht, nach denen Ingenieurinnen sehr häufig mit fachlich verwandten Partnern zusammenleben. Einzelne jedoch verwahren sich gegen eine solche Aussicht, weil sie lieber mit anderen Erlebnisdimensionen ausgleichend konfrontiert sein wollen, andere imaginieren - realistisch, wie unsere Ingenieure in dieser Hinsicht sind - Konkurrenzprobleme. So konstatiert ein Student ganz offen,

daß eine Frau, die ihn fachlich überflügele, nicht so angenehm sein könne und ersinnt den für ihn lebbaren Kompromiß, "daß sie das Geschäftliche macht und ich das Technische" (VII.2).
Alle unsere erwerbstätigen Ingenieure sind partnerschaftlich gebunden, davon vier verheiratet. Nur einer von ihnen ist mit einer - angehenden - Ingenieurin liiert und schätzt an ihr nicht zuletzt die Möglichkeit des gleichrangig qualifizierten Austausches. Die übrigen haben Frauen auf der mittleren Qualifikationsebene der Fachschulbildung. Somit ergibt sich eine familiäre Konstellation, wie sie für die Herkunftsfamilien unserer Ingenieurinnen typisch war: Ein statusüberlegener Mann mit einer Frau, die klug genug ist, die Begleitkarriere eines ehrgeizigen Mannes zu besetzen. Es ist wohl nicht ganz dem Zufall geschuldet, daß die Frauen unserer erwerbstätigen Ingenieure trotz vorheriger beruflicher Erfolge früher oder später wegen der Familienarbeit ihren Beruf aufgeben. Somit sind die Ingenieure in einer gänzlich anderen Situation als die Ingenieurinnen, die - wie wir oben dargelegt haben - den beruflichen Aufstieg mit dem Preis der Partnerlosigkeit bzw. dem Verzicht auf Liebe und Zuwendung bezahlen müssen. Männer dagegen werden für ihren beruflichen Eifer mit einer Frau belohnt, die heiratend ihren sozialen Status verbessert. Solange Männer, in diesem Fall Ingenieure, Gleichheit nur denken und phantasieren können, sehen wir schwarz für wirkliche Gleichheit im Beruf. Die Projektion der eigenen privaten Konstellation auf die Kollegin ist ein immer wieder beobachtbarer sozialer Mechanismus, d.h. die Projektion der statusniedrigeren Ehefrau auf die selbstverständliche Nachrangigkeit der Kollegin, die Frau in einer Quasi-Ehekonstruktion - nur ohne Liebe. Im übrigen handelt es sich dabei um ein Phänomen, das wir nicht als erste beobachtet haben. Wir verweisen an dieser Stelle auf Rosabeth M. Kanter, die eindrucksvoll belegt hat, daß die erlernten Routinen bekannter Rollen der fachkompetenten Kollegin wenig Chancen einräumen, anders denn als Ehefrau, Kumpel, Geliebte etc. angesprochen zu werden (Kanter 1975).

Auf die Berufshierarchie bezogen, heißt das: was zuhause nicht geschätzt wird, wird auch im Beruf nicht verkraftet.
Ohne jeden Zweifel wollen wir auch intelligenten Männern die Lernfähigkeit nicht absprechen. Aber die Wahrheit des Satzes "Hinter jedem Vorurteil verbirgt sich ein Vorteil" setzt für die Veränderbarkeit des eigenen Verhaltens entscheidende Grenzen. Hieße doch, eine gleichberechtigte Partnerin und Kollegin zu akzeptieren, die eigene Verortung im öffentlichen und privaten Bereich als wandlungsfähig zu begreifen **und** zu wollen. Daß der Weg zu solchen Wünschen und Taten noch weit ist, belegen die Antworten auf unsere Frage, ob mehr das Private in seiner Problematik sie in den Beruf verfolge, oder bei Konfliktfällen eher der Beruf ins Private eindringe. Ausnahmslos antworten unsere Ingenieure, daß berufliche und fachliche Problemkonstellationen abends oft mit nach Hause genommen werden, während das Umgekehrte überhaupt nicht vorkomme. Außerdem wird darauf hingewiesen, daß die durch die Berufsöffentlichkeit strukturierten Verhaltensweisen auch die Umgangsformen mit ganz nahen Personen beeinflussen. Teils kann dies sogar skurrile Formen annehmen, so bei einem Ingenieur, der in einem Großraumbüro gezwungen ist, immer wegzuhören, um sich überhaupt konzentrieren zu können.

Ich hatte mal eine Phase, daß ich mit einer Freundin daheim immer Ärger und Streit gekriegt habe, weil ich ständig weggehört habe, wenn sie was gesagt hat. Da finden Konditionierungen statt. Meinem Gruppenleiter ging es auch so daheim. Der hat mir das erzählt. (VII.3)

Das Faktum, daß das Private so weitgehend noch vom Beruflichen durchdrungen ist, verbindet sich für die meisten Ingenieure mit keinem Problembewußtsein:

In meinem privaten Bereich denke ich oft über berufliche Probleme nach. Das ist richtig. Ich kann da nicht einfach abschalten. Es kommt häufig vor, daß ich morgens aufwache, und mir fällt ein Problem ein, das ich noch nicht gelöst habe. Umgekehrt über den privaten Bereich im Beruf denke ich fast nie nach. Der Beruf okkupiert einen schon sehr stark. (VIII.2)

Daß der berufliche Aufstieg sich leichter gestaltet, wenn die Ehefrau diese Art der Belastung mit auffängt und nicht ihrerseits mit entsprechenden Anforderungen an den Partner dasteht, versteht sich auch fast von selbst:

Ich bin dauernd mit irgendwelchen Ideen und Problematiken befaßt, so daß ich überhaupt nicht abschalten kann. Ganz im Gegenteil. Ich komme nach Hause und habe eigentlich nur den Ort gewechselt. Aber abschalten kann ich nicht. Ich sage manchmal meiner Familie: Laßt mich in Ruhe, ich kann jetzt nicht, will auch keine Nachrichten sehen. Ich bin völlig mit mir und meinen Dingen befaßt, und das akzeptieren sie auch. Es ist wichtig, daß meine Frau das akzeptiert, daß ich eigentlich mein ganzes Leben von morgens bis abends ausrichte auf meine Idee. Und sie mich, solange sie selber noch Kapazität hat, auch unterstützt. Was anderes interessiert mich auch gar nicht. Es ist wunderschön, morgens aufzustehen und an den Dingen weiter zu machen, die am Abend noch nicht erledigt waren. (IV.5)

Wir möchten keine Mißverständnisse aufkommen lassen, wenden uns nicht gegen Hingabe im Beruf, auch nicht gegen eine zeitweilige Selbstaufgabe an die Sache, sondern verstehen im Gegenteil berufliche Situationen, in denen der ganze Mensch sich gefordert sieht, auch als eine Art Privileg. Schließlich handelt es sich, besser: kann es sich handeln, um Selbstverwirklichung. Die zögerliche und eher etwas defensive Haltung unserer Ingenieurinnen scheint uns von daher durchaus auch kritikwürdig. Wenig akzeptabel jedoch erscheint uns, wenn diese Selbstaufgabe zum Dauerprinzip erklärt wird. Nicht zufällig sind karriereorientierte Männer um die vierzig oft schon ausgebrannt, während Frauen dann erst ihren "eigentlichen" Weg zu machen beginnen. Im Gegensatz dazu geht es uns um eine individuelle und institutionelle Flexibilität, die es den Partnern möglich macht, sich wechselseitig zu unterstützen. Daß dies Friktionen und Engpässe nicht ausschließt, versteht sich auch fast von selbst.

Eine Option für die Zukunft, wenngleich sicher noch nicht **die** Lösung deutet sich in der Karriere jenes Ingenieurs an, der die Managerrolle für ein Ingenieurkollektiv übernommen hat. Nicht nur, daß die Einbindung in die Abstimmungsprozesse einer Gruppe, die Selbstherrlichkeit des Einzelnen beschränkt, es wird auch der Versuch gewagt, private Anforderungen in die berufliche Planung zu integrieren.

Klar ist, daß wenn einer von uns Vater wird, der das Kind mitbringt, z.B. ins Labor. Da ist jetzt auch ein Krabbelkind im Labor, das ist erstaunlicherweise kein Problem, weil die anderen teilweise - die einen mehr, die anderen weniger - da unterstützen. (IV.6)

Wenn Väter beginnen, die private und vor allem die Vaterrolle in ihr Selbstbild zu integrieren, wird dies zwangsläufig vielfältige organisatorische Lösungen initiieren, von denen die Arbeitsorganisation im Kollektiv sicher nur eine ist. Zur Folge hätte dies auch, daß eine Position, die die Frauenfrage zur Kinderfrage verkürzt, weil der Anteil von Vätern entthematisiert wird, ganz allmählich abgebaut würde. Ein Ingenieur führt bewußten Karriereverzicht für sich ins Feld, um sich mehr seiner Familie widmen zu können:

Also sich beruflich zu profilieren und aufzusteigen auf irgendeine Managementebene, da habe ich keine Lust. Weil es damit verknüpft wäre, daß ich meine Familie vernachlässigen müßte. Daß ich weniger Freizeit habe und nur noch arbeite. Irgendwann liegt man dann vielleicht auf der Nase und sagt: was hast du eigentlich davon gehabt? (III.6)

Was die Beteiligung an der Hausarbeit anbelangt, so reiht sich auch dieser Ingenieur in die generelle Linie ein, den eigenen Anteil tendenziell zu überschätzen, ein Tatbestand, in dem sich - wie Metz-Göckel und Müller festgestellt haben - unsere Männer nicht von der Majorität bundesdeutscher Männer unterscheiden. Nur unser 'Kollektiv'-Ingenieur meint lakonisch und ohne vorgetäuschte Begeisterung: "Warum nicht auch mal eine Zeitlang Hausmann?" Die übrigen suchen Auswege, indem sie entweder die Hausarbeit bagatellisieren oder aber auch mit zweifelhaften Komplimenten aufwerten.

Wer hat den Haushalt gemacht und das Kind? Meine Frau! Weil es auch keinen Tüchtigeren auf der ganzen Welt gab. Sich dort als Konkurrent einzuschalten, wäre auch dumm gewesen. (III.7)

Die Naivität und auch Harmlosigkeit, mit der diese Männer selbst gegenüber uns als Frauenforscherinnen, denen sie sonst eine gewisse Wachsamkeit entgegengebracht haben, auf Fragen nach der Hausarbeit geantwortet haben, zeigt, wie wenig sie von der Einsicht angekränkelt sind, daß mehr Gleichberechtigung im Beruf für Frauen immer auch mehr Gleichberechtigung für Männer im Haushalt bedeutet.
Die eher skeptisch stimmende Ausbeute unserer Suche nach Männern, die das Neue nicht nur spüren, sondern auch handelnd erproben, verlangt nach einer Erklärung jenseits des Hinweises auf bundesdeutsche "Normalitäten". Unter den jüngeren und gebildeten Männern bilden unsere Ingenieure die Nachhut.
Die Haltung gegenüber Frauen, so unser Zugang zu diesem Problem, ist ja nicht nur eine Position zu den verschiedenen Rollen, die Frauen in unserer Gesellschaft ausleben, sondern immer auch Ausdruck der Abwehr oder Annahme der eigenen weiblichen Persönlichkeitsanteile. Wir erinnern in diesem Kontext daran, wie sehr die von uns befragten Ingenieurinnen von Kindheit an männliche Persönlichkeitsanteile, die Frauen gewöhnlich verwehrt werden, ausgelebt haben und aufgrund dessen später mit größerer Widerständigkeit Freiheitsräume für sich beanspruchen. Ihr Problem, das sie spätestens während des Studiums für sich klären konnten, war die Entdeckung des männlichen Geschlechts als das erotisch Andere und deshalb Attraktivere. Immerhin aber werden sie durch ihre Außenseiterposition schon früh zu einer bewußten Klärung und Auseinandersetzung mit der Geschlechterdifferenz gezwungen.
Ganz anders die Männer. Wie durch die früher referierte Theorie McClellands bereits prognostiziert, steht bei den Männern mit größerem Nachdruck das Stichwort 'Verdrängung' an, was die eigenen weiblichen Persönlichkeitsanteile anbelangt. Der Vater als dominante Identifikationsfigur, die Mutter als latente Beziehungsfigur sind wenig beachtet und versinken - trotz späterer Konflikte - im Dunkel

des Unbewußten unserer Ingenieure. Ein geringes Interesse an all dem, was die gesellschaftlichen Konventionen mit "weiblich" assoziieren, zieht sich durch die Kindheit und wird erst zum Problem, wenn die Jungen sich während der Pubertät als erotische Spätzünder erweisen. Darin unterscheiden sie sich zunächst nicht von unseren Ingenieurinnen, wohl aber in der Tatsache, daß sie diesen seelischen und körperlichen Engpaß generell später bewältigen als die Mädchen. "Mädchen haben in meinem Leben keine wichtige Rolle gespielt", konstatiert ein 28jähriger Diplomand der E-Technik. Er fügt hinzu: "Aber das wird durchaus noch kommen", schließlich bewahre er sich für die Richtige auf. (III.4) Wie die Biographien der heute bereits Erwerbstätigen zeigen, liegt er in seinem Optimismus durchaus nicht falsch, daß sein Status später seine zunehmende erotische Attraktivität für Frauen noch erweisen wird. Äußerungen über Zeiten, "wo ich furchtbar darunter gelitten habe, daß Frauen mich so unattraktiv fanden" (IV.6) belegen, daß diese Lebensphasen Narben hinterlassen, aber sie bringen nicht dazu, generelle Veränderungen des eigenen Persönlichkeitskerns anzustreben; schließlich ist das Lebensumfeld in Studium und Beruf immer auch eine Huldigung an eine durch Selbstzweifel nicht angefochtene Männlichkeit. Einer ganzen Reihe von ihnen verschafft es auch Erleichterung, daß diese Probleme "fachspezifisch" zu sein scheinen:

Man kann sicherlich nicht sagen, daß da lauter Leute rumlaufen, die irgendeinen Mutterkomplex oder Schwierigkeiten mit der Freundin haben, sondern es ist sicherlich schon ein bißchen komplizierter. (lachend) Aber ich denke, daß so gewisse Defizite schon da sind. Was man halt schon daran sieht, daß viele meiner Kommilitonen trotz des halt fortgeschrittenen Alters keine feste Beziehung haben. (III.2)

Die Bemerkung eines 'Einsamen', "Maschinen haben halt den berühmten Ausschaltknopf, den die Freundin halt nicht hat" (IV.1) und die Klage gar mancher Freundin von Maschinenbauern, daß sie zu kurz käme, dokumentieren für andere mit, daß dieser Mangel auch seine ökonomischen Vorzüge im Umgang mit den eigenen Energien und mit der Zeit hat. Sie deutet allerdings auch darauf hin, daß das Weibliche, wenn es als Ehefrau schließlich das Alltägliche befriedigt, nie in den Rang eigener Sehnsüchte und seelischer Aufwendungen geraten kann. Auf dieser Ebene des Seelenhaushalts wird geknausert und gespart. Dies aber ist eine mehr als nur schlechte Voraussetzung dafür, die besonderen Bedürfnisse der Frauen im eigenen Berufsumfeld zu erkennen und zu respektieren.

Zugang zu den verdrängten Weiblichkeitsanteilen ihrer Persönlichkeit gewinnen diese Männer allenfalls über die Kritik der streng männlichen Konditionierungen ihres Verhaltens durch Studium und Beruf. Dem "typischen Techniker" stehen sie durchaus kritisch gegenüber. Einmal heißt es z.B.:

Ingenieure sind meistens unheimlich karrierebewußt, unheimlich konkurrierend, haben oft sehr große Mühe, Sachen zu teilen, zurückzustehen. Das habe ich immer wieder bemerkt. Auch ganz wenig menschliche Weisheit. So Sachen lassen zu können und aufhören zu können an einem bestimmten Punkt. (IV.6)

Die Frage, ob solche Prägungen frühe Dispositionen darstellen oder im Beruf erworben werden, haben sich schon mehrere vorgelegt. Hier zwei exemplarische Aussagen:

Einmal ist das grundsätzlich bei den Leuten schon vorhanden als Motivation für das Studium oder den Beruf. Weil sie sowieso schon so denken können, schon als Kinder, glaube ich. Dann wird dies noch verstärkt durch das Studium und die Arbeit. (III.5)

Es ist halt schwierig zu unterscheiden, liegt es an den Menschen an sich, sind die zu Technikern geworden, weil sie so sind, oder sind sie so zurückgezogen, weil sie an ihrem Rechner sitzen und das Zeug sie gerade so beschäftigt. Das kann ich bei mir selbst auch nicht so genau sagen. Ich weiß, wenn ich viel programmiere, dann ist das auch ein bißchen eintönig. (VII.3)

Daß Männer die geschlechtsspezifische Teilung der Welt nicht bekämpfen werden, wenn sie nicht selbst einen Gewinn für sich dabei erwarten können, ist eine alte Weisheit der Frauenbewegung. In der oben angedeuteten Kritik der Konnotation von Männlichkeit und technischem Habitus kündigen sich zarte Veränderungswünsche an. Sie sind - selbst bei dieser sicher positiv abweichenden Personenauswahl - jedoch noch zu schwach ausgeprägt, um darauf setzen zu können, daß Veränderungen zugunsten einer Emanzipation **beider** Geschlechter selbsttätig an Schwung gewinnen könnten. Frauen, auch unsere Ingenieurinnen, haben nicht die Zeit, länglich sich herstellende Einsichten abzuwarten. Sie müssen Veränderungen durchsetzen und teilweise auch Einsichten "erzwingen". Sie dürfen die Auseinandersetzung und Reibung mit Partnern und Kollegen nicht scheuen, aber sie sind auch auf den Eingriff institutioneller Hebel angewiesen, mit anderen Worten, auf Maßnahmen, die ihre individuellen Bemühungen strukturell unterstützen.

7 Empfehlungen zur Verbesserung der Chancen von Frauen für den Ingenieurberuf

Doris Janshen und Hedwig Rudolph

Wie in der Einleitung dargelegt, ist diese Untersuchung nicht als Glasperlenspiel konzipiert gewesen, im Gegenteil, wir hoffen, damit die Weichen für eine Verbesserung der Ausbildungs- und Erwerbssituation der Ingenieurinnen zu stellen.

An dieser Stelle besinnen wir uns zunächst auf die Reaktionen unserer Gesprächspartnerinnen auf die Frage, ob sie anderen Frauen ein Ingenieurstudium raten würden. Falls ja, über welche Fähigkeiten sie verfügen müßten und welche Veränderungen für die verschiedenen Lebensphasen eingeklagt werden sollen. Was bei einer ersten Sichtung der Antworten auffällt, ist, daß wesentlich häufiger Anforderungen an das Persönlichkeitsprofil einer Ingenieurin gestellt werden als etwa an ihre Leistungsfähigkeit. Den Ergebnissen unserer Untersuchung entsprechend, sind es nur Einzelne, die besondere Begabungen für Mathematik und Naturwissenschaften akzentuieren. Mehrfach wird die Formulierung vom "dicken Fell" benutzt, das eine Ingenieurin sich zulegen müsse, um in der Männerdomäne bestehen zu können. Eine spricht sogar von einer "Elefantenhaut". Dabei handelt es sich um eine defensive Reaktion auf die Tatsache, daß Ingenieurinnen in diesem Beruf auf Standvermögen angewiesen sind. Andere sprechen offensiv und häufig von "Durchsetzungsfähigkeit", "Selbstbewußtsein", "Durchhaltevermögen" und machen mit diesen Wünschen für eine zukünftige Ingenieurinnengeneration noch einmal sichtbar, daß berufliche Engpässe nicht durch fachliche Einbrüche, sondern eher durch Probleme der Durchsetzung und fehlende Aufstiegschancen begründet sind.

Dennoch aber ist hervorzuheben, daß bis auf ganz wenige Ausnahmen alle den Weg, den sie selbst gegangen sind - trotz aller Dornen -, auch anderen Frauen empfehlen möchten. Eine ganze Reihe geht dabei davon aus, daß - wären nur mehr Frauen in diesem Beruf anzutreffen - nicht nur viele Schwierigkeiten gemildert würden, sondern auch dieser Beruf sich mit seinen Rahmenbedingungen verändern würde.

In den juristischen und medizinischen Fakultäten machen die Frauen 30 bis 50% der Studierenden aus, und das innerhalb von 70 Jahren. Es hat einige Ingenieurinnen gegeben nach dem 2. Weltkrieg, und es wird hoffentlich viele mehr geben in den nächsten 20, 30 Jahren. Das ist im Grunde der einzige Weg, bei dem sich auch das Berufsbild von Ingenieurinnen verändern kann, dadurch, daß eine massenhafte Beteiligung von Frauen zum Tragen kommt. (VI.13)

Andere versprechen sich von einem größeren Frauenanteil Veränderungen auf verschiedenen Ebenen: in bezug auf die Technik selbst, auf die Arbeitsplatzgestaltung, aber auch auf die Entwicklung und den Einsatz besonderer Fähigkeiten von Frauen. So meint eine: "Frauen können sehr viel schneller Gesamtschau halten. Ich meine, Frauen sind bessere Manager als Männer. Frauen können günstiger wirtschaften." (VI.21)

Ähnlich akzentuiert sind die Empfehlungen unserer männlichen Gesprächspartner. Alle würden Frauen ein Ingenieurstudium zutrauen bzw. empfehlen, aber nur einer vorbehaltlos. Als notwendige Eigenschaften werden Zähigkeit und Belastbarkeit angeführt, bei den geforderten Fähigkeiten stehen Logik, Kreativität, Abstraktionsvermögen neben sozialen und kommunikativen Kompetenzen.

Die Antworten der Männer auf unsere Frage, ob eine steigende Zahl von Frauen im Ingenieurberuf auch für "die Technik" folgenreich sei, zeigen deutliche Unterschiede bei Studierenden einerseits und Be-

rufstätigen andererseits. Während letztere ganz überwiegend meinen, das mache keinen Unterschied und nur je einer die Ingenieurinnen als weniger erfolgsorientiert bzw. weniger brutal in der Umsetzung charakterisiert, zeichnen die Studenten ein differenzierteres Bild. Nur einer verneint ein Veränderungspotential. Andere antizipierte Unterschiede hinsichtlich verschiedener Aspekte: Frauen setzten andere Prioritäten bei der Planung, würden vermutlich andere Momente bei Konstruktionen in den Vordergrund stellen (d.h. nicht lediglich das Design), ihr geringeres soziales Durchsetzungsbedürfnis präge auch die technischen Konstrukte und schließlich würde die aus ihrer Lebenssituation mitgeprägte Sichtweise die Problemdefinition neu schneiden (z.B. Reproduktions-Technik).
Die Aussagen lassen sich in den beiden - nicht überraschenden - Botschaften zusammenfassen, daß Ingenieure/Studenten ihre Hoffnung auf eine kontextbezogene Technik auf ihre Kolleginnen projizieren und daß diese Hoffnungen mit der Dauer der Praxiserfahrung ausgebleicht werden.

7.1 Empfehlungen für Fördermaßnahmen

Um die Voraussetzungen für einen größeren Zugang von Frauen in den Ingenieurberuf zu verbessern, nun unsere Vorschläge für Fördermaßnahmen, die im Hinblick auf die Situation an der Technischen Universität Berlin konzipiert wurden. Wichtig ist uns dabei, daß nicht nur hier und dort einzelne Veränderungen in die Wege geleitet werden, sondern daß ein integratives Set von Veränderungsimpulsen aufeinander bezogen wird. Mit anderen Worten: Es ist immer von der besonderen Situation einer Einrichtung auszugehen, um diese - ins Zentrum gestellt - zum Ausgangspunkt eines umfänglichen Konzepts zu machen.

Im folgenden greifen wir die Veränderungsbedürftigkeit aller Institutionen auf, die den Erwerb eines beruflichen Habitus der Ingenieurin mitprägen: Familie, Schule, Hochschule, Erwerbsbereiche. Dabei wird versucht, Veränderungsvorschläge nach Möglichkeit in den Handlungsrahmen der Universität einzubinden.

I. Familie

Ziel	- Erhöhung der Toleranz gegenüber geschlechtsuntypischem Verhalten von Mädchen und Jungen - Gleichbehandlung von Töchtern und Söhnen in bezug auf Leistungsmotivation, Spielverhalten und Durchsetzung
Umsetzung	- Aufklärungskampagnen der Bonner Ministerien (BMBW, BMJFG), z.B. über Fernsehspots - Weiterbildungen für professionelle Erzieher/innen (Kindergarten, Kitas usw.) - Einwirkung auf die Hersteller von Spielzeug und Kinderbüchern zur Vermeidung von Geschlechtsstereotypen
Ziel	- Vermittlung situationsbezogener Durchsetzungsformen, unabhängig von Geschlechtsstereotypen - Aufwertung weiblicher Durchsetzungsstrategien gegenüber Jungen
Umsetzung	- Weiterbildung für professionelle Erzieher/innen

Begründung:
Erziehungsziele und Erziehungsstile der Familie prägen grundlegend individuelle Wertorientierungen und Handlungspotentiale. Da direkte Einwirkungen in die Familie nicht möglich sind, müssen Veränderungen indirekt nahegelegt werden, beispielsweise über Massenmedien und Erziehungspersonal im Vorschulbereich als Mittler zur Familie.

II. Schule

Ziel	- Erfahrungen mit Mathematik und Naturwissenschaften auch für Mädchen, und zwar bereits in frühen Schuljahren
Umsetzung	- breites Lernangebot ohne Abwahlmöglichkeit von Mathematik/Naturwissenschaften in kritischen Jahren (Pubertät) - Berichtspflicht der Schulleitung bezüglich Mädcheanteilen in Mathematik/Naturwissenschaften - Veränderung der Curricula (Kontextbezug) - geschlechtshomogene Lerngruppen (evtl. zeitlich befristet) in Mathematik/Naturwissenschaften/Informatik - Präsentation von weiblichen Rollenmodellen im mathematisch/naturwissenschaftlichen Bereich (Lehrerinnen, berufstätige Frauen aus anderen Bereichen)
Ziel	- Motivation auch mittelmäßiger Schülerinnen in Mathematik und Naturwissenschaften für die Berücksichtigung eines Ingenieurstudiums - Motivation von Schülerinnen aus unteren Sozialschichten für diese Fächer
Umsetzung	- Weiterbildung von Lehrern/innen in Mathematik und Naturwissenschaften - Thematisierung von Geschlechtsstereotypen bei der Aus- und Weiterbildung von Lehrkräften - Erweiterung des Spektrums bei der Studienberatung - Elternaufklärung

Begründung:
Angesichts des großen Gewichts, der dem spielerischen Umgang mit Technik in Form von Basteleien für die beiläufige Techniksozialisation von Jungen zukommt, argumentieren wir nachhaltig für die Einrichtung entsprechender Angebote für Mädchen, wohl wissend, daß die derzeitigen Realisierungsmöglichkeiten in Schulen und ihrem Umfeld schwierig sind.
Schulbezogene Maßnahmen, auch wenn sie so gelungen aufeinander bezogen sind, daß sich das Schulklima positiv verändert, stellen nur einen Baustein im notwendigen Umstrukturierungsprozeß dar. Befunde ausländischer Untersuchungen, wonach bereits bei 11jährigen Kin-

dern die Zuordnung von Mathematik und "harten" Naturwisenschaften zum männlichen Territorium verfestigt ist (auch wenn sie erst Jahre später in Wahlentscheidungen oder Interessenakzentuierungen praktisch folgenreich wird), verweisen auf die frühe, nachhaltige Prägung von Geschlechtsstereotypen, und zwar in gesellschaftlichen Räumen jenseits der Schule. Damit werden wir erneut auf die entscheidende Rolle der Strukturen in Familie und Erwerbsarbeit verwiesen.

III. Hochschule

Ziel	- Förderung des Kontaktes zwischen Schule und Hochschule - Motivation von Abiturientinnen für ein Ingenieurstudium
Umsetzung	- Durchführung von "Sommerschulen" an der Technischen Universität für eine erste Berührung mit einem technischen Studium - Berücksichtigung geschlechtsspezifischer Aspekte bei Schüler-Informationstagen
Ziel	- Entlastungen beim Übergang von der Schule zur Universität bzw. von der Universität zur ersten Anstellung
Umsetzung	- Aufbau eines Kooperationsnetzes mit der heimischen Industrie und anderen Arbeitgebern für Ingenieure/innen - Unterstützung bei der Vermittlung von Praktikumsplätzen - Hilfestellungen für die erste Anstellung nach dem Diplom
Ziel	- Erhöhung der Motivation für Sonderleistungen
Umsetzung	- Ausschreibung von Stipendien und Preisen für besonders qualifizierte Diplom- und Doktorarbeiten von Frauen - öffentliche Belobigung für frauenfördernde Technikinstitute

Ziel	- Klimaverbesserung, insbes. Abbau von Diskriminierungen von seiten der Hochschullehrer, Assistenten und Studenten
Umsetzung	- Initiierung eines Netzwerkes ehemaliger Ingenieurabsolvent/inn/en der jeweiligen Hochschulen - Einrichtung eines Mentorsystems - Aufklärungskampagne über die Situation von Ingenieurstudentinnen an den jeweiligen Fachbereichen
Ziel	- Abbau der Vereinzelung von Ingenieurstudentinnen
Umsetzung	- aktive Werbung um Studentinnen - Initiierung von Frauengruppen an den jeweiligen Fachbereichen
Ziel	- Erweiterung der praktischen Erfahrungen von Frauen mit Technik und Abbau von "Bastel"-Defiziten
Umsetzung	- Öffnung von Werkstätten für Frauengruppen

Begründung:
Ein Großteil der Beschwernisse, die Frauen im Ingenieurstudium insbesondere im Grundstudium thematisieren, ist nicht geschlechtsspezifisch: die Überlastung mit Fächern und Arbeit; unzusammenhängende, teils sogar widersinnige Fächerfolgen; geringe Lernrelevanz von Großveranstaltungen; mangelnder didaktischer Einsatz der Lehrenden ... Hier würde eine Reform - über die seit Jahren diskutiert wird - sowie eine frühe und intensive Beratung über Studium und Lernstrategien für alle Studierenden von Vorteil sein. Ein Schritt in diese Richtung könnte die Einführung des Projektstudiums sein, weil auf diese Weise eher die Einsicht in Zusammenhänge und die Einbeziehung sozialer Folgen von Technik möglich sind. Diese Studienform fördert auch Gruppenarbeit, was sich wiederum auf die Erhaltung bzw. den Erwerb von Kommunikationsfähigkeit auswirkt.
Der Studienaufbau vor allem im Grundstudium scheint so angelegt, daß gerade inhaltlich motivierte Studenten häufiger entmutigt werden. Zügig zum Studienziel führt hier eher ein verbissenes Durchhalten. Maßnahmen wie die Erhöhung der Anzahl von Tutorien gegenüber den Massenvorlesungen, die Integration von umweltbezogenen,

sozialwissenschaftlichen Studienanteilen und die Möglichkeit, die einzelnen Fächer nicht parallel zueinander, sondern aufeinander aufbauend zu lernen, könnten dazu führen, daß auch für die Ingenieurinnen (und Ingenieure) das Studium erfolgreich zu durchlaufen ist, die einen begreifenden Umgang mit Technik suchen, und nicht nur jene, denen der starre Blick auf den zukünftigen Status das Durchhalten ermöglicht.
Auch die Mathematiklastigkeit des Studiums ist kein Problem speziell der Frauen, obwohl sie weniger stringent als ihre Schulkameraden die Wahl ihrer Leistungskurse auf das spätere Studium ausgerichtet haben. Sog. Brückenkurse, wie sie an einer Reihe von Hochschulen zur Angleichung des Eingangsniveaus in Mathematik angeboten werden, entsprechen somit nicht einem besonderen Interesse von Frauen.
Die skizzierten Maßnahmen für Ingenieurstudentinnen, die scheinbar an der Peripherie angesiedelt sind, gewinnen Bedeutung im Rahmen eines umfassenden Förderprogramms in der Absicht, Geschlechtsstereotypen aufzubrechen und das institutionelle Klima gegenüber Frauen zu verändern. Dabei ist die Erhöhung der Zahl der Studentinnen, so daß sie eine "kritische Masse" erreichen, Mittel und (Zwischen-)Ziel zugleich
Das Ingenieurstudium sollte langfristig selbstverständlicher Bestandteil einer Normalbiographie werden. Da die Frauen dann keine Sonderrolle mehr spielen, haben sie es auch nicht nötig, sich optisch unsichtbar zu machen und um ihre intellektuelle Anerkennung zu kämpfen. Sie sollten sogar besonders sichtbar sein, um ihre Forderung nach anderen Inhalten (z.B. Erweiterung der Technikvermittlung um die sozialen Folgen) und anderen Vermittlungsformen (z.B. stärkere Betonung des Verstehens und der Zusammenhänge) offensiv zu vertreten.

IV. Erwerbstätigkeit

Ziel	- Erleichterung des Berufseinstiegs
Umsetzung	- Ausbau des Netzwerkes mit der Industrie und anderen Beschäftigern von Ingenieurinnen - Selbstverpflichtung von Publikationsorganen (insbesondere standespolitischen) zu geschlechtsneutralen Stellenausschreibungen - Rückkopplung von Bewerbungserfahrungen an die Mentoren

Ziel	-	Beförderung von Frauen in Führungspositionen
Umsetzung	-	staatliche Anschubfinanzierung für betriebliche Frauenförderprogramme mit zeitlich fixierten Zielgrößen und Berichtspflicht
	-	öffentliche Belobigung für frauenfördernde Unternehmen, Institutionen, Behörden

Ziel	-	Verbindung von Familie und Beruf
Umsetzung	-	Wiedereingliederungsprogramme für Ingenieurinnen
	-	Verkürzung der Arbeitszeit auch auf der Leitungsebene mindestens durch Abbau von Überstunden (Wegfall der Verpflichtung; Kompensation durch Freizeit)

Begründung:
Landläufige Vorstellungen vom Ingenieur und der Ingenieurtätigkeit kolportieren das Bild harter, schmutziger Männerarbeit. Dieses Stereotyp, das sich zählebig erhält, obwohl sich die Berufsrealität seit Jahrzehnten zunehmend davon entfernt, bedarf - soll es im Interesse der Gewinnung von mehr Frauen aufgebrochen werden - kräftiger Gegenakzentuierungen. Ein wirksamer Weg in diese Richtung bestünde darin, die Ingenieurinnen besonders sichtbar zu machen, z.B. durch Präsentation in Massenmedien. Im Gegensatz zu den (unserer Zielsetzung eher abträglichen) Geschichten von der Super- und Ausnahmefrau geht es hier um die Vermittlung der Botschaft, Ingenieurwissenschaft sei ein relativ normaler Berufsbereich für Frauen.
Die Botschaft bedürfte - soll sie überzeugen - flankierender praktischer Schritte, die verdeutlichen, daß Ingenieurinnen Zugangs- und Entfaltungschancen im Beruf erwarten, und daß der Beruf das Leben nicht auffrißt.
Langfristig sollten an die Ingenieurin die gleichen Anforderungen gestellt werden wie an den Ingenieur. Da ihre Kompetenz dann als genauso selbstverständlich vorausgesetzt wird wie bei den Männern, muß sie ihre Leistungsfähigkeit nicht mehr ständig beweisen und kann sich anderen, innovativen Aufgaben in ihrem Arbeitsbereich widmen. Dabei muß sie nicht mehr jeden Vorschlag gegenüber geschlechtsspezifischen Vorurteilen verteidigen. Maßnahmen in dieser Richtung wären sowohl die Förderung der Managementfähigkeiten der Frauen durch das Angebot entsprechender Kurse und Trainingsprogramme als auch die Erhöhung der Chancen, in entsprechende Führungspositionen zu kommen. Frauen sollten auch verstärkt versu-

chen, in Einstellungskommissionen zu kommen, um dort die Kriterien für Neueinstellungen zu verändern. Dazu ist es wiederum notwendig, daß Frauen, die andere Qualifikationskriterien haben, in größerem Umfang den Zugang zum Ingenieurberuf finden.
Ausdrücklich ist jedoch darauf hinzuweisen, daß Erfolge dieser mehr strukturellen Ansätze in einzelnen Lebensphasen und Institutionen ohne eine diese begleitende allmähliche Änderung der gesellschaftlichen Wertorientierung in bezug auf "männliche" und "weibliche" Eigenschaften, "männliches" und "weibliches" Verhalten nicht denkbar sind. Es wird sich jedoch an der gesellschaftlichen Bewertung wenig ändern, solange nicht Frauen mit anderen Werten in die entsprechenden Positionen gelangen.
Es wäre zu prüfen, wie und ob weibliche Verhaltensstile Tendenzen der Enthierarchisierung unterstützen. Die Schaffung von kooperativen, nicht-hierarchischen Arbeitsstrukturen und der Abbau ausschließlich über Aufstieg definierter Erfolgszwänge würden technische Karrieren auch für Menschen erstrebenswert machen, die aufgrund eines inhaltlichen Interesses an ihrer Arbeit verändernd wirken könnten. Die Sichtbarkeit von Berufschancen für Frauen und Unterschichtangehörige kann dazu führen, daß sie sich nicht mehr die Verhärtungen der Einzelkämpferinnen zuziehen und sich in den einzelnen Etappen ihres beruflichen Weges verstärkt den inhatllichen Aspekten ihrer Tätigkeit zuwenden können.

7.2 Anregungen für weitere Forschungen

Es gilt nachgerade als Qualitätsmerkmal seriöser Forschungsarbeit, daß der Endbericht konstatiert, bei der Beantwortung der Fragen sei eine noch größere Zahl neuer Probleme ins Blickfeld gerückt. Diesem Brauch folgend, listen wir eine Reihe von Forschungslücken auf, und zwar nach ihrem Bezug zu lebensgeschichtlichen Phasen sortiert, ansonsten keiner strengen Systematik folgend:

I. Kindheit

- "Defizitäre" Sozialisation von Jungen
  Wie lassen sich die heimlichen Lehrpläne in Elternhaus und Schule bewußt machen und verändern?

- Vater-Tochter-Beziehung
  Was sind wichtige Dimensionen dieses Verhältnisses? Welche Differenzierungen nach Schicht, Generation ... sind erkennbar?

II. Schulzeit/Jugend

- Welche Erfahrungen/Phantasien prägen das Image von Mathematik/Naturwissenschaften als männliche Territorien, und zwar in frühem Alter?
- Wie sind Lehrkräfte - insbesondere in mathematisch/naturwissenschaftlichen Fächern - für die Kosten untypischer Biographien ihrer Schülerinnen (und Schüler) zu sensibilisieren?
- Welche Momente halten auch einen großen Teil der mathematisch/naturwissenschaftlich begabten Schülerinnen davon ab, dieses Interesse in ein ingenieurwissenschaftliches Studium münden zu lassen?
- Gibt es unterschiedliche Begabungsreserven bei Mädchen und Jungen, bezogen auf die "klassischen" Naturwissenschaften einerseits und Informatik andererseits?
- Welchen Beitrag zur Veränderung von Stereotypen (und in der Folge von Entscheidungskriterien) könnten geschlechtshomogene Lerngruppen leisten - insbesondere in der Pubertät?

III. Studium

- Lassen sich spezifische Bündel von Eigenschaften, Fähigkeiten und Orientierungen erkennen, die zu einem gelingenden oder aber krisenhaften Studium der Ingenieurwissenschaften beitragen? (Panel-Untersuchung eines Studentinnenjahrganges, differenziert nach "traditionellen" und "modernen" Disziplinen)
- Warum sind Fachhochschulen für junge Frauen, die Ingenieurwissenschaften studieren wollen, eindeutig attraktiver als TU/TH?

- Bestehen typische Unterschiede zwischen Ingenieurstudentinnen an TZ/TH einerseits und technischen FHs andererseits?

IV. Erwerbsarbeit

- Wie lassen sich Karrierelinien in Unternehmen so verändern, daß Aufstieg auch für Personen mit Familienpflichten/-interessen attraktiv und möglich wird?
- Unter welchen inhaltlichen, organisatorischen und finanziellen Rahmenbedingungen sind Weiterbildungs-/Reintegrationsprogramme für Unternehmen und Ingenieurinnen in der Berufsunterbrechung realisierbar?

Literatur

Adler, G.J.: Konstruktionsingenieur in der Elektroindustrie - die Chance für den Weg nach oben. In: Der Jung-Ingenieur. 1986, S. 102-196

Allehoff, W.H.: Berufswahl und berufliche Interessen. Göttingen, Toronto, Zürich 1985

Appel, H.-P.: Die Identität von Maschinenbaustudenten. Querschnittstudie mit Maschinenbaustudenten verschiedener Fachsemester an der RWTH Aachen im Wintersemester 1981/82. Ms. Aachen 1982

Ders.: Die Studienanfänger in den Orientierungseinheiten zu Studienbeginn an der RWTH Aachen im Wintersemester 1983/84. Aachen 1984, HDZ Aachen

Bamme, A. u.a. (Hrsg.): Maschinemenschen. Mensch-Maschinen. Grundrisse einer sozialen Beziehung. Reinbek 1983

Bargel, T. u.a.: Zur Sozialisation von Akademikern. Zwischenergebnisse. In: Konstanzer Blätter für Hochschulfragen 15, 1977, 53, S. 5 ff.

Beckenbach, N.: Ingenieure und Techniker in der Industrie. Eine empirische Untersuchung über Bewußtsein und Interessenorientierung. Frankfurt a.M. 1975

Becker, H.S./Carper J.: Elemente der Berufsidentifikation. In: Luckmann und Sprondel (Hg.): Berufssoziologie. Köln und Berlin 1972

Becker-Schmidt, R.: Probleme einer feministischen Theorie und Empirie in den Sozialwissenschaften. In: Feministische Studien, 4. Jg., Nov. 1985, Nr. 2, S. 93-104

Beck-Gernsheim, E.: Das halbierte Leben. Männerwelt-Beruf. Frauenwelt-Familie. Frankfurt a.M. 1980

Berger, H.: Untersuchungsmethode und soziale Wirklichkeit. Frankfurt a.M. 1974

Berger, P.L./Luckmann, Th.: Die gesellschaftliche Konstruktion von Wirklichkeit. Frankfurt a.M. 1969

Berghahn, S. u.a. (Hrsg.): Wider die Natur. Frauen in Naturwissenschaft und Technik. Berlin 1984

Berg-Peer, J.: Ausschluß von Frauen aus den Ingenieurwissenschaften. Berlin 1981

Bierhoff-Alfermann, D.: Psychologie der Geschlechtsunterschiede. Köln 1977

Biermann, B.: Die soziale Struktur der Unternehmerschaft. Stuttgart 1971

Block, H.-J.: Aktuelle Daten zum Studium und zum Arbeitsmarkt von Ingenieuren und Naturwissenschaftlern. In: Informationen für die Beratungs- und Vermittlungsdienste der Bundesanstalt für Arbeit. Nürnberg 1985, Nr. 29

Blum, E.: Studieneignung für die Ingenieurwissenschaften, München 1980
Bourdieu, P. u.a.: Titel und Stelle. Über die Reproduktion sozialer Macht. Frankfurt a.M. 1981
Brämer, R./Nolte, G.: Die doppelte Bedrohung: Über das beiderseitige Angstverhältnis von Naturwissenschaft und Frauen. In: Wagner, I. (Hrsg.): Frauen und Naturwissenschaft. Zeitschrift für Hochschuldidaktik, Jg. 7/1983, Nr. 4
Brauckmann, J.: Die vergessene Wirklichkeit. Männer und Frauen im weiblichen Leben. Berlin 1986
Bürmann, J.: Der typische Naturwissenschaftler - Ein intelligenter Versager? In: Die Deutsche Schule, Heft 5/1979, S. 273-284
Bundesminister für Bildung und Wissenschaft: Grund- und Strukturdaten 1985/86. Bonn 1985
Busch, D.W./Hommerich, Ch./Krause, D./Mahlow, M./Müller, W./Zech, R.: Tätigkeitsfelder und Qualifikationen von Wirtschafts-, Sozial-, Ingenieur- und Naturwissenschaften. Frankfurt a.M./New York 1981
Byrne, E.M.: Women and Engineering: A Comparative Overview of New Initiatives. Canberra 1985
Caesar, B.:Autorität in der Familie. Ein Beitrag zum Problem schichtenspezifischer Sozialisation. Reinbek 1972
Chateau, J.: Das Spiel des Kindes. Natur und Disziplin des Spielens nach dem dritten Lebensjahr. Paderborn 1976
Corbet u.a.: Women in Engineering: An Exploratory Study of Enrolment Factors in the Seventies. National Centre for Higher Education Management Systems. Boulder, Colorado 1980
Devereux, G.: Angst und Methode in den Verhaltenswissenschaften. München 1976
Diesel, E.: Die Frau und die Technik. In: Die Frau, 1930, Nr. 30
Dippelhofer-Stiem, B.: Entfremdung oder Integration? - Universität und Studium in der Sicht von Studierenden aus Arbeiterfamilien. In: Zeitschrift für Sozialisationsforschung und Erziehungssoziologie, 1985, H. 1, S. 129-143
Dirx, Ruth: Das Buch vom Spiel. Das Spiel einst und jetzt. Gelnhausen etc. 1981
Döbert, R./Habermas, J./Nunner-Winkler, G.: Entwicklung des Ichs. Königstein 1980
Dresselhaus, M.S.: Reflexions on Women Graduate Students in Engineering. IEEE Transactions in Education, 1985
Druchholz, P.: Women in a man's world: the female engineers. In: Engineering Education, Jan. 1977
Ebert, H./Duden, B.: Die Anfänge des Frauenstudiums an der Technischen Hochschule Berlin. In: Rürup, R. (Hrsg.): Wissenschaft und Gesellschaft. Berlin, Heidelberg, New York 1979, S. 403-423

Enders, U.: Frauen in Ingenieurberufen in Osteuropa, insbesondere in der DDR. Ms. TU Berlin 1980

Epstein, C.F.: Encountering the Male Establishment: Sex-Status Limits on Women's Careers in the Professions. In: American Journal of Sociology, 1970, S. 965-982

Erickson, L.R.: Women in Engineering: Attitudes, Motivations and Experiences. In: Engineering Education, Nov. 1981

Erikson, E.: Identität und Lebenszyklus. Frankfurt a.M. 1973

Feuchter, G.: Die Einsatzmöglichkeiten eines Ingenieurs im Maschinenbau. In: Der Jung-Ingenieur, SoSe 1986, S. 118-129

Fisch, M.M.: Zwischen Abenteuer und Frust! Frauen in ungewöhnlichen Berufen. Zürich 1984

Flaake, K./Paul, G.: Die Faszination der Technik und die Unberechenbarkeit des Menschen. Ms. Frankfurt a.M. 1983

Flitner, A.: Spielen - Lernen. Praxis und Deutung des Kinderspiels. München 1976

Freytag, H.L./Weizsäcker, C.C.v. (Hrsg.): Schulwahl und Schulsystem in Baden-Württemberg. Heidelberg 1968

Fthenakis, R.: Väter. Zur Psychologie der Vater-Kind-Beziehung. München etc. 1985

Garbrecht, D.: Das System der Gewalt. In: Wechselwirkung, Mai 1980, S. 41-45

Ders.: Das System der Gewalt - Ingenieure und Technik. In: Redaktion Wechselwirkung (Hrsg.): Zwischen Auflehnung und Karriere - Naturwissenschaft und Technik aus der Gegenperspektive. Braunschweig 1982

Gardner, R.E.: Women in Engineering: The Impact of Attitudinal Differences on Educational Institutions. In: Engineering Education, 1976

Gaudart, D.: Zugang von Mädchen und Frauen zu technischen Berufen. Wien 1975

Gilligan, C.: Die andere Stimme. Lebenskonflikte und Moral der Frau. München 1984

Göbel, E.: Mädchen zwischen 14 und 18. Hannover 1964

Großmann, K.E. (Hrsg.): Entwicklung der Lernfähigkeit in der sozialen Umwelt. München 1977

Hagemann-White, C.: Sozialisation: Weiblich - männlich? Alltag und Biografie von Mädchen. Band 1. Hrsg. von der Sachverständigenkommission Sechster Jugendbericht. Opladen 1984

Hammer, S.: Töchter und Mütter. Über die Schwierigkeiten einer Beziehung. Frankfurt 1979

Heindricks, I.: Zur Situation von Frauen an der Hochschule - dargestellt am Beispiel von Frauen in Naturwissenschaft und Technik. Schriftl. Hausarbeit zur 1. Staatsprüfung für das Lehramt an der RWTH Aachen, Juni 1983

Hennig, M./Jardim, A.: Frau und Karriere. Reinbek 1978

Hermanns, H.: Berufsverlauf von Ingenieuren in biographischer Perspektive. In: Kohli, M./Robert, G. (Hrsg.): Biographie und soziale Wirklichkeit. Neue Beiträge und Forschungsperspektiven. Stuttgart 1984

Ders./Toos, Chr./Winkler, H.: Berufsverläufe von Ingenieuren. Biographieanalytische Auswertung narrativer Interviews. Frankfurt 1984

Hess, R.D./Handel, G.: Die Familie als psychosoziale Organisation. In: Döbert, R. u.a. (Hrsg.): Entwicklung des Ichs. Königstein 1980

Hillmer, H.: Die Ingenieurin. In: Analysen, März 1971, S. 54-57

Hillmer, H./Peters, R.W./Polke, M.: Studium, Beruf und Qualifikation der Ingenieure. Empirische Analyse zur tätigkeitsorientierten Ingenieurausbildung. Eine Umfrage des VDI. VDI (Hrsg.) 1976

Horst, L.: Women Students in Engineering. A Case Study. National Institute of Education. Washington D.C. 1981

Hortleder, G.: Das Gesellschaftsbild des Ingenieurs. Frankfurt a.M. 1973, 3. Aufl.

Huber, L.: Studiensituation heute und Wandel der Studentenrolle. Interdisziplinäres Zentrum der Universität Hamburg (Hrsg.): Hochschuldidaktische Stichworte 19, Hamburg 1985

Immenkötter, M./Pauls, M.: Ingenieurinnen. Symposiumsbericht 1985. Düsseldorf 1985

Janshen, D.: Ingenieurinnen - gibt's die überhaupt? Von der gesellschaftlichen Verspätung der Ingenieurin. In: Informationen für die Frau, H. 7/8, 1983

Dies.: Hat die Technik ein Geschlecht? Anmerkungen zum Verhältnis Frauen und Technik. In: Immenkötter, M./Pauls, M. (Hrsg.): Ingenieurinnen. Symposiumsbericht. Düsseldorf 1985

Dies./Mandelartz, M.: Ingenieurinnen. Gereimtes und Ungereimtes aus einem laufenden Forschungsprojekt. In: Töchter der Alma Mater. Frauen in der Berufs- und Hochschulforschung. Frankfurt/New York 1986

Jayacinski, C.M.: Performance Data on Women in Engineering. Proceedings of the 89th Annual Confernece ASEE. Washington 1981

Jugendwerk der Deutschen Shell: Jugend. Bildung und Freizeit. Dritte Untersuchung zur Situation der Deutschen Jugend im Bundesgebiet. o.O. 1967

Kammerer, L. u.a.: Ingenieure im Produktionsprozeß - zum Einfluß von Angebot und Bedarf auf Arbeitsteilung und Arbeitseinsatz. Frankfurt a.M. 1973

Kanter, R.M.: Women and the Structure of Organisations: Explorations in Theory and Behavior. In: M. Hillman, R.M. Kanter (Eds.): Another Voice. Feminist Perspectives on Social Life and Social Sciences. New York 1975

Dies..: Some Effects of Proportions on Group Life. Skewed Sex Ratios and Responses to Token Women. In: American Journal of Sociology, 1977, Vol. 82, No. 5

Kaufman, D.R.: Women in Science: Reappraising Explanations for their Representation and Performance. Ms. Haifa, Israel, Dec. 1981

Keller, E. Fox: Women and Science: Two Cultures or One? In: International Journal of Women's Studies, Vol. 4, No. 4, Sept./Oct. 1981

Kelly, A. (Ed.): The Missing Half. In: Manchester University Press 1981

Dies.: Girls and Science. An International Study of Sex Differences in School Science Achievement. Stockholm 1978

Kohlberg, L.: Zur kognitiven Entwicklung des Kindes. Frankfurt a.M. 1974

Kohli, M.: Wie es zur "biographischen Methode" kam und was daraus geworden ist: Ein Kapitel aus der Sozialforschung. In: Zeitschrift für Soziologie, 10, 1981, S. 273-293

Kossbiel, H./Bamme, A./Martens, B.: Naturwissenschaftler und Ingenieure im Funktionsbereich industrieller Forschung und Entwicklung (FuE). Ms. Universität Hamburg o.J. (1985)

Lange, E.: Berufswahl. München 1978

Lebold, W.K. u.a.: Highlights of the National Engineering Career Development Study. Purdue University. Indiana 1982

Leonhard, L.: Töchter und Väter. Heilung und Chancen einer verletzten Beziehung. München 1984

Löschenkohl, E.: Leistung, Lernprozeß und Motivation im Kinderspiel. Untersuchungen zum Spielerfolg von Kindern im technischen und verbalen Bereich. Wien 1984

Maccoby, M.: Die neuen Chefs. Reinbek b. Hamburg 1979

MacIver, R.M.: Social Causation. New York 1964

Malcolm, S. u.a.: Science, Technology and Women: A World Perspective. Proceedings of the ad hoc Panel of Specialists. The United Nations Advisory Committee in Science and Technology for the Development. Massachusetts 1985

McClelland, D.C.: Die Psychodynamik des schöpferischen Naturwissenschaftlers. In: Brämer, R./Nolte, G.: Die heile Welt der Wissenschaft. Zur Empirie des "typischen Naturwissenschaftlers". Marburg 1983

Metz-Göckel, S./Müller, U.: Der Mann. Die Brigitte-Studie. Weinheim/Basel 1986

Metz-Göckel, S./Roloff, Ch./Holzrichter, E./Koch, Ch.: Studienverlauf und Berufseinstieg von Frauen in Naturwissenschaft und Technologie - Die Chemikerinnen und Informatikerinnen. Kurzinfo über Ergebnisse aus dem Forschungsprojekt. Dortmund o.J. (1987)

Mies, M.: Frauenforschung oder feministische Forschung? In: Beiträge zur feministischen Theorie und Praxis, Heft 11/1984

Miller/Labovitz/Frey: Inequities in Organisational Experiences of Women and Men. In: Social Forces, No. 54, 1975

Miller/Lincoln/Olson: Rationality and Equity in Professional Networks and Race as Factors in the Stratification of Interorganisational Systems. In: American Journal of Sociology, No. 87, 2, 1981

Morsch, R./Neef, W./Wagemann, C.-H.: Das Elend des Grundstudiums. Darmstadt 1986

Neef, W.: Ingenieure. Entwicklung und Funktion einer Berufsgruppe. Köln 1982

Ders./Rubelt, J.: Projekt "Organisierung von Ingenieuren". Berufliche Situation, Selbstverständnis und Interessenorientierung von Ingenieuren, Technikern und Naturwissenschaftlern. Abschlußbericht. Berlin, Oktober 1986

Özver-Krochmann, Z.: Re-Integrationsschwierigkeiten nicht erwerbstätiger Diplom-Ingenieurinnen (Fach Elektrotechnik). TU Berlin. Ms. Berlin o.J. (1982)

Ostner, I.: Beruf und Hausarbeit. Die Arbeit der Frau in unserer Gesellschaft. Frankfurt a.M./New York 1979

Ott, M.D.: Sex Differences in Experiences and Career Plans of Freshmen Engineering Students. In: IEEE Transaction in Education, 1978

Pauls, M.: Zur Situation der Studentinnen in den Natur- und Ingenieurwissenschaften. In: Frauenstudium - Zur alternativen Wissenschaftsaneignung von Frauen. Blickpunkt Hochschuldidaktik Bd. 54, Hamburg 1979

Dies.: Expertise über Re-Integrationsschwierigkeiten nicht erwerbstätiger Diplom-Ingenieurinnen (Fach Maschinenbau). Ms. Aachen 1982

Portele, G./Huber, L.: Hochschule und Persönlichkeitsentwicklung. In: Enzyklopädie Erziehungswissenschaft. Bd. 10. Hrsg. v. L. Huber. Stuttgart 1983, S. 92-143

Postler, J./Schreiber, R. (Hrsg.): Traditionalismus, Verunsicherung, Veränderung. Männerrolle im Wandel. Bielefeld 1985

Projektgruppe "Organisierung von Ingenieuren": Eigentlich hat sich gar nicht so viel geändert ...? Zwischenbericht. Berlin, Okt. 1984

Prokop, U.: Weiblicher Lebenszusammenhang. Von der Beschränktheit der Strategien und der Unangemessenheit der Wünsche. Frankfurt 1977

Roeder, P.-M.: Sprache, Sozialstatus und Schulerfolg. In: B:E Redaktion (Hrsg.): Familienerziehung, Sozialschicht und Schulerfolg, 1978

Rolff, H.-J.: Sozialisation und Auslese durch die Schule. Heidelberg 1974, 5. Auflage

Rosenbaum, H.: Familie als Gegenstruktur zur Gesellschaft. Kritik und grundlegende theoretische Ansätze der westdeutschen Familiensoziologie. 2. Aufl. Stuttgart 1978

Rothschild, J.: Introduction: Why Machina ex Dea? In: Rothschild, J. (Hrsg.): Machina ex Dea. New York etc. 1983

Rübsamen, R.: Patriarchat - der (un-)heimliche Inhalt der Naturwissenschaft und Technik. In: Pusch, L.F. (Hrsg.): Feminismus. Frankfurt a.M. 1983

Rudolph, H.: Die Internationale der Ingenieurinnen - aufhaltsame Fortschritte. In: Berghahn, S. u.a. (Hrsg.): Wider die Natur? Frauen in Naturwissenschaft und Technik. Berlin 1984

Rundnagel, R.: Frauen in naturwissenschaftlich-technischen Berufen. Dipl.-Arbeit im FB Soziologie. Marburg 1983

Sack, F./Weingarten, E.: Ethnomethodologie. Die methodische Konstruktion der Realität. In: Weingarten, F. u.a. (Hrsg.): Ethnomethodologische Beiträge zu einer Soziologie des Alltagshandelns. Frankfurt a.M. 1976

Sarfatti Larson, M.: The Rise of Professionalism. A Sociological Analysis. Berkeley, Los Angeles, London 1977

Schelsky, H.: Schule und Erziehung in der industriellen Gesellschaft. Würzburg 1957

Schenkel, S.: Mut zum Erfolg. Warum Frauen blockiert sind und was sie dagegen tun können. Frankfurt a.M. 1986

Schildkamp-Kündiger, E.: Frauenrolle und Mathematikleistung. Düsseldorf 1974

Schmid (Hrsg.): Intelligenzforschung und pädagogische Praxis. Antworten der Intelligenzforschung. Intelligenzentwicklung als Lernprozeß. Die Folgen für den pädagogischen Alltag. München etc. 1978

Schuckert, L.: Geistige Väter und Söhne. Beobachtungen zum Wandel pädagogischer Autorität. In: Tellebach, H. (Hrsg.): Das Vaterbild im Abendland. Rom, frühes Christentum, Mittelalter, Neuzeit, Gegenwart. Stuttgart etc. 1978

Schwägler, G.: Der Vater in soziologischer Sicht. In: Tellebach, H. (Hrsg.): Das Vaterbild im Abendland. Rom, frühes Christentum, Mittelalter, Neuzeit, Gegenwart. Stuttgart etc. 1978

Sessar-Karpp, E.: Frauen in naturwissenschaftlichen und technischen Studiengängen. In: Wagner, I. (Hrsg.): Frauen und Naturwissenschaft. In: Zeitchrift für Hochschuldidaktik, Jg. 7/1983, Nr. 4, S. 486-494

Shorter, E.: Die Geburt der modernen Familie. Reinbek 1977

Stone, L./Church, J.: Kindheit und Jugend. Einführung in die Entwicklungspsychologie. Band 2. Stuttgart 1978

Technische Universität Berlin: Frauen und Ingenieurstudium. Berlin o.J. (1981)

Turkle, S.: Die Wunschmaschine. Vom Entstehen der Computerkultur. Reinbek 1984

Tutorenreader: Erstsemesterprojekt der Fachschaften (Hrsg.). Aachen o.J.

Wacker, A.: Die Entwicklung des Gesellschaftsverständnisses bei Kindern. Frankfurt a.M. 1976

Wagemann, C.-H.: Exkurs zum Lehrkonzept der Mechanik. In: Morsch u.a.: Das Elend des Grundstudiums. Darmstadt 1986, S. 140-164

Wagner, I.: Die weibliche Alternative? Frauen in den Naturwissenschaften. In: Wagner, I. (Hrsg.): Zeitschrift für Hochschuldidaktik, Heft 4, Wien 1983

Werner, V./Bernardoni, C.: Die Bedeutung des beruflichen Aufstiegs von Frauen für den gesellschaftlichen Wandel am Ende des 20. Jahrhunderts. Deutsche UNESCO-Kommission. Bonn 1986

Whyte, J.: Encouraging Girls into Science and Technology. Some European Initiatives. UNESCO, Paris 1984

Windolf, P.: Berufliche Sozialisation. Stuttgart 1981

Woeseler-de Panafieu, Ch.: Ein feministischer Blick auf die empirische Sozialforschung. In: Sektion Frauenforschung. Dokumentation II. München 1980

Wunderlich, K.: Arbeitsfelder für den Elektroingenieur. In: Der Jung-Ingenieur, SoSe 1986, S. 108-117

Ziehe, Th.: Pubertät und Narzißmus. Frankfurt a.M. 1975

Anhang

ANHANG 1:
ANMERKUNGEN ZUM METHODISCHEN VORGEHEN*

Die Arbeit an und mit den Gesprächsleitfäden

Im Hinblick auf eine vergleichbare Strukturierung der Interviews wurde vor den Gesprächen mit den Ingenieurstudentinnen ein Leitfaden entwickelt (vgl. Anhang 4). Er orientierte sich an lebensgeschichtlichen Phasen und diente als Modell, das für die übrigen Befragungsgruppen (Studenten, weibliche und männliche Berufstätige) entsprechend modifiziert wurde. Für die Gespräche mit berufstätigen Ingenieurinnen und ihren männlichen Kollegen wurde er entsprechend der zu Projektbeginn formulierten Thesen zur Berufstätigkeit ergänzt. Aufgrund der Erfahrungen in den Gesprächen mit Studentinnen und auch im Hinblick auf vermutete zeitliche Begrenzungen der Berufstätigen hielten wir es außerdem für sinnvoll, die Fragen stärker zu zentrieren. Ein Gesprächsanreiz zu einem Problemfeld - z.B. Sport - wurde nur einmal gegeben. Darüber hinaus wurde der ursprüngliche Frageleitfaden zu den Themenschwerpunkten Kindheit, Jugend, Schule, Studienwahl und Studium komprimiert: die Fragen wurden gebündelt in einer biographischen Phase gestellt mit der Aufforderung, sie für alle Phasen zu beantworten.
Jede Variante des Frageleitfadens wurde in mehreren Probe-Interviews getestet. Dabei sollte geprüft werden, ob es gelingt, Erfahrungen, Haltungen und Deutungen der Gesprächspartnerinnen und -partner zu identifizieren.

---

* Zu diesem Abschnitt hat Hildegard Zimmermann Vorarbeiten beigetragen.

Die Operationalisierung gestaltete sich für die vier Argumentationsstränge - Geschlecht, Schicht, Macht und Technik - unterschiedlich schwierig. Es galt, Situationen bzw. Bilder als Gesprächsanreize zu finden, die nicht nur Fakten produzieren, sondern auch und vorrangig die Qualität der Erfahrungen. Besonders evident ist dies beim Verhältnis von Frauen zur Technik. Die Faszination "der Technik" könnte in der Eleganz eines Algorithmus ebenso liegen wie im Funktionieren einer Turbine, in der Perfektion einer Getriebekonstruktion ebenso wie in der Optimierungsformel für ein Tragwerk. Hinweise aus der Literatur, daß Technik als Projektionsschild männlichen Lebensgefühls, als Forum für ihre Selbstdarstellung und Selbstverwirklichung benutzt wird, ließen uns nach entsprechenden Indikatoren auch in den Erfahrungen und Interpretationen der Frauen suchen: kindliche Spiele, Phantasien, Körpergefühl (Sport) boten sich als Ausgangspunkte an, die in intellektuellen Vorlieben, aber auch im Verhältnis zur Körperlichkeit und Natur weitergeführt oder aber revidiert werden könnten. Die Auswertung der Probeläufe stützte die Plausibilität unseres Untersuchungsdesigns.
Insgesamt bestätigte sich allerdings bei der Projektarbeit einer der Kernsätze der empirischen Sozialforschung, daß nämlich der Zeitfaktor eine der kritischsten Größen in der Planung ist. Bei unserem Forschungsvorhaben waren zeitliche Risiken beim Zugang zu den Gesprächspartnerinnen/partnern sowie bei der Interview-Dauer zu vermuten; in beiden Fällen übertraf der Zeitbedarf unsere Schätzungen. Während die Verzögerungen bei der Gewinnung von Interviewpartnerinnen/partnern sich in Grenzen hielten, war die unterwartet lange Gesprächsdauer folgenreich für alle weiteren Arbeitsschritte: die Transkription, die Sequentierung, das Umkleben und nicht zuletzt die Auswertung wurden bedeutend umfänglicher.

Zu den "Feld-Phasen"

Ende September 1984 begannen wir mit der Rekrutierung der studentischen Interviewpartnerinnen und -partner in Berlin. Über die Vermittlung des Immatrikulationsamtes der TU Berlin konnten wir - nach einer zusätzlichen "Erinnerungsaktion" - bis Dezember 1984 die Interviews mit Studierenden abschließen.
In Aachen nutzten wir diese Erfahrungen im "Zugang zum Feld": Über das Immatrikulationsbüro der RWTH Aachen wurden Studentinnen und Studenten der Elektrotechnik und des Maschinenbaus angeschrieben mit der Bitte um briefliche Rückmeldung. Aufgrund der positiven Reaktion konnten wir im Jan./Febr. 1985 innerhalb von nur drei Wochen alle mit Studierenden vorgesehenen Interviews durchführen.
Bei der Suche nach berufstätigen Ingenieurinnen und Ingenieuren konnten wir weniger als bei den Studierenden institutionelle Hilfe in Anspruch nehmen. In Berlin war neben persönlichen Kontakten die Unterstützung durch Personalleiter von Firmen der Metallindustrie hilfreich. Im Großraum Aachen und im übrigen Bundesgebiet konnten wir weitgehend auf die Teilnehmerinnen der Treffen "Frauen in Naturwissenschaft und Technik" zurückgreifen, fanden darüber hinaus aber auch Unterstützung durch den VDI-Ausschuß "Frauen im Ingenieurberuf".
Ein grundsätzliches Problem von Befragungen wie der unserigen liegt in der Vermutung, daß die Freiwilligkeit eine schiefe Auslese zur Folge hat: Es melden sich nur diejenigen, für die die angesprochene Problematik nachvollziehbar, die die eigenen Erfahrungen als mitteilenswert erachten und bei denen ein gewisses Bedürfnis nach Selbstdarstellung besteht. In Aachen konnten wir wegen der großen Anzahl von Studierenden, die zu einem Interview bereit waren, ausschließlich auf stark motivierte Studierende zurückgreifen. In Berlin

mußten wir - wie erwähnt - ein zweites Anschreiben losschicken und zusätzlich telefonisch nachhaken. Hier erreichten wir auf diese Weise eine weitere Gruppe von Studentinnen, die Schwierigkeiten hatten, sich dem "moralischen Druck" zu entziehen und das Interview zu verweigern. Ergebnis dieser inneren Unentschlossenheit war, daß sie beim Telefongespräch zusagten, häufig aber dann hinterher zum Interviewtermin nicht erschienen. Dieses unterschiedliche Verhalten in Aachen und Berlin erklärt sich zum Teil daraus, daß die Studentinnen in Aachen offenbar zum einen direkteren Formen der Diskriminierung ausgesetzt sind und zum anderen bislang weniger Möglichkeiten hatten, solche Erfahrungen im Austausch zu verarbeiten.
Das Risiko der Verzerrung aufgrund selbstselektiver Zufallsauswahl ist besonders bei der männlichen Kontrollgruppe gegeben. Gerade bei einem so "männlichen" Berufsstand wie den Ingenieuren muß vermutet werden, daß sich eher untypische Männer zu einem Gespräch im Kontext eines "Frauenprojektes" bereitfinden. Die große Streubreite von Profilen in unserer relativ kleinen Männerpopulation entkräftet diese Bedenken (vgl. Anhang 2).

Die Gesprächssituationen

Die Interviews mit den Studierenden in Berlin wurden überwiegend in den Projekt-Räumen durchgeführt; in Aachen fanden die Gespräche etwa gleich häufig im Zentrum für Hochschuldidaktik und in unserem Hotel statt.
Mit den berufstätigen Ingenieurinnen und Ingenieuren führten wie die Gespräche je nach Wunsch an den Arbeitsplätzen, bei ihnen zuhause oder - in Ausnahmefällen - in den Projekt-Räumen. Beide Orte, der berufliche wie der private, hatten je spezifische Vor- und Nachteile, boten sie doch, ergänzend zum Bericht, konkreten Einblick in ein

Lebensumfeld, das für die Fragestellung der Untersuchung wichtig ist.

Die Interviews beanspruchten zwischen fünf und acht Stunden. Trotz der langen Dauer waren bei den Gesprächspartnerinnen und -partnern kein Motivationsverlust oder Ermüdungserscheinungen feststellbar. Im Gegenteil, anfängliche Unsicherheiten verloren sich allmählich, Blockierungen wichen zunehmend. Das "pflichtgemäße" Beantworten von Fragen ging in ein Mitteilungsbedürfnis über, das meist selbst nach der doch sehr langen Interviewzeit nicht befriedigt schien. Nur ausnahmsweise wurde das Interview aus Zeitgründen unterbrochen und ein zweiter Termin vereinbart, ansonsten wurden zugunsten der Weiterführung der Interviews bereitwillig anderweitige Termine abgesagt oder nicht wahrgenommen.

Rückmeldungen über den Interviewverlauf akzentuierten die Berührung mit einer Reihe von Erfahrungen, über die unsere Gesprächspartnerinnen und -partner bisher nicht nachgedacht hatten; stets betrachteten sie dies als anregend. Einige Interviewte bedauerten, daß sie vorher nicht genauer über die einzelnen Themenbereiche informiert waren, nach denen sie gefragt wurden; sie hätten sich gerne mehr Gedanken dazu gemacht. Einige waren etwas verwundert über die Bedeutung, die den Kindheitserfahrungen beigemessen wurden. Sie wollten ihre Studienentscheidung nicht als Ergebnis von Lebenserfahrungen, sondern als völlig eigenständig und unabhängig von anderen getroffen wissen.

Neben diesen generellen Tendenzen gab es große Unterschiede zwischen den Interviewpartnerinnen in bezug auf ihr Selbstbewußtsein und ihr Reflexionsniveau bezüglich ihrer Situation als Frau in einem Männerstudium, aber auch in bezug auf Fragen, die ihre Kindheit und das Elternhaus betrafen. Vor allem bei Studentinnen, die noch zuhause wohnten, herrschte das Bedürfnis vor, die familiäre Situation eher harmonisch darzustellen.

Bewährung des Frageleitfadens

Der Frageleitfaden ist sehr umfangreich. Es gibt kaum einen Lebensbereich, der von dem Frageleitfaden nicht erfaßt wird. Dennoch erwies sich die Breite als sinnvoll. Neben der Notwendigkeit, die Vielfalt der Lebenserfahrungen zu erfassen, bestand auf diese Weise die Möglichkeit, sich tabuisierten Bereichen auf unterschiedlichen Wegen anzunähern. Hauptsächliche Tabuzonen waren dabei die Autoritätsstruktur in der Familie (Machtverhältnisse, Art der Regulierung von Konflikten), die emotionalen Beziehungen sowohl zwischen den Eltern als auch zwischen Eltern und Kindern (z.B. die mögliche eigene Benachteiligung durch die Eltern im Vergleich zu den Geschwistern), die Beziehung zu anderen Frauen und die Beziehungen zu jungen Männern während der Adoleszenz. Bei direkten Fragen zu diesen Themenbereichen erhielten wir zum Teil entweder eine Widergabe von Stereotypen oder ausweichende Antworten, die ein Weiterfragen nicht sinnvoll erscheinen ließen.
Die zu Anfang des Interviews in der Regel auftretenden Unsicherheiten wurden möglicherweise durch den Einstieg mit Fragen zur Kindheit mit den dazugehörigen Tabuzonen und Erinnerungslücken unnötig verlängert. Ein Einstieg über die emotional weniger belastete Studienzeit hätte möglicherweise schneller zu einer Auflockerung und Entspannung geführt. Dagegen spricht jedoch, daß vor dem Hintergrund der familiären Situation die Studiensituation plastischer wird und bereits während des Interviews Rückbezüge zu vorangegangenen Lebensphasen möglich wurden. So zeigten alle Interviews, daß Konflikte während des Studiums i.d.R. mit Handlungsmustern angegangen werden, die in der Familie eingeübt wurden.
Eine Gefahr bei der im Frageleitfaden enthaltenen Vielfalt von Themenkomplexen bestand darin, daß sie im Verlauf der Interviews ein Eigenleben entfalteten, wenn nicht ständig der Bezug zur Gesamtfra-

gestellung hergestellt wird. Eine weitere Gefahr lag darin, daß die Menge der Fakten (z.B. sportlicher Werdegang) erschlägt und die dahinterliegende Bedeutung übersehen wird, die diese Ereignisse für die Interviewpartnerinnen hatten. Daher haben wir uns bei der Befragung der Berufstätigen - wie oben erwähnt - zu einer thematischen Konzentration entschlossen. Die Zentrierung der Fragestellung trug neben der größeren Reflexionsfähigkeit der Berufstätigen dazu bei, daß die Gesprächsdauer hier trotz der umfänglicheren Lebensspanne auf etwa sechs Stunden begrenzt werden konnte. Widerstände insbesondere bei Fragen zur Kindheit waren dann deutlich seltener, sei es, weil sie erst nach der "Anwärmphase" des Interviews gestellt wurden, sei es, weil die zeitliche Distanz zu dieser Lebensphase eine emotionale Distanz begünstigt hatte.

Auswertungsarbeiten

Die Interviews wurden vollständig transkribiert, was bei Seitenzahlen von 80-150 nachhaltig Personalkapazitäten gebunden hat. Anhand der Interview-Mitschriften fertigten wir Kurzbiographien an, die einen raschen Überblick über die Lebenssituationen und -erfahrungen der Gesprächspartnerinnen und -partner ermöglichten. Parallel dazu erfolgte eine quantitative Auswertung, um Anhaltspunkte für die Struktur der Population zu gewinnen (vgl. Anhang 2).
Die im Projektantrag formulierten Hypothesen und die während der Interviewphasen gewonnenen Erkenntnisse bildeten die Grundlagen für ein detailliertes Auswertungsraster. Danach wurden alle Interview-Transkripte sequenziert und die Aussagen zu den einzelnen Auswertungspunkten aus allen Interviews hintereinandergeklebt. Damit waren die vorbereitenden Arbeitsschritte für die qualitative, problemorientierte Auswertung abgeschlossen.

Lebens-periode / analyt. Aspekte	Kindheit	Schulzeit	Studien-zeit	Erwerbs-arbeitszeit
Geschlecht				
Schicht				
Macht				
Technik				

ANHANG 2:
EINZELASPEKTE DER QUANTITATIVEN AUSWERTUNG

Hildegard Zimmermann

Wir haben insgesamt 64 Studentinnen und Studenten in Berlin und Aachen befragt sowie 45 berufstätige Ingenieurinnen und Ingenieure in Berlin und der BRD. Der Anteil der Männer war etwa ein Sechstel. Die Verteilung zwischen Berlin und Aachen betrug in etwa 3:2.

Fach	Region	Studenten		Berufstätige		Summe
		w	m	w	m	
Maschinenbau	Berlin-W.	19	4	10	2	35
	Aachen/BRD	10	2	12	1	25
Elektrotechnik	Berlin-W.	13	4	10	3	30
	Aachen/BRD	10	2	6	1	19
Summe		52	12	38	7	109
		64		45		

Eine quantitative Auswertung haben wir für Daten ganz unterschiedlichen Charakters versucht. Wir beschränken uns hier auf die Präsentation von zwei Gruppen von Daten, bei denen die Quantifizierung am meisten Ertrag verspricht:

- Daten über lebensgeschichtliche Fakten wie Alter, Semesterzahl, Studienphase, Familienstand, regionale Herkunft, Wohnsituation, finanzielle Situation, beruflicher Hintergrund der Eltern, schulische Präferenzen und Studienmotivation;
- Daten, die den Charakter von Meinungsbekundungen haben wie Studienmotivation, Fächerpräferenzen etc.

Exemplarisch sind die Befunde der größten Untergruppe unserer Population, der Studenten, widergegeben.

a) Daten zur Person:

Alter: Die befragten MB- und ET-Studentinnen sind überwiegend zwischen 20 und 25 Jahre alt, wobei ein Schwerpunkt bei den 21/22-Jährigen liegt. Eine leichte Abweichung ergibt sich bei den Berliner ET-Studentinnen, wo eine größere Gruppe etwas älter (20-25 Jahre) ist, was allerdings mit längeren Studienzeiten in diesem Bereich korrespondiert. Das Spektrum der Studiensemester reicht vom 1. bis zum 18., wobei eine Konzentration um das Vordiplom (5./6. Semester) festzustellen ist.
Von der Studienphase her ist der Anteil der sich noch im Grundstudium befindlichen Studentinnen gegenüber denen im Hauptstudium etwas höher (60 zu 40%).
Was den Familienstand betrifft, so sind die Studentinnen meist ledig und ohne Kinder. Von den 52 Studentinnen waren drei verheiratet, 3 hatten je ein Kind, 2 waren schwanger.

Regionale Herkunft: Bei den Berliner Studentinnen (ET und MB) kommt der überwiegende Teil aus der Großstadt (ca. 2/3), davon 85% direkt aus Berlin. Bei den Aachener Studentinnen stammen ca. 60% aus der Kleinstadt bzw. vom Land.

Wohnsituation: Von den Berliner Studentinnen wohnen auffällig viele noch bei den Eltern (38%) gegenüber nur 10% der Studentinnen in Aachen. Die Ursache dafür ist vermutlich, daß mehr als die Hälfte der befragten Berliner Studentinnen aus Berlin kommen und das Elternhaus sich zunächst als die bequemste und billigste Lösung anbietet. An zweiter Stelle steht die eigene Wohnung (allein, mit Freund bzw. mit Kind). Weder die Wohngemeinschaft (ca. 9%) noch das Studentenwohnheim (ca. 9%) haben eine besondere Bedeutung. In Aachen ist dagegen die hauptsächliche Wohnform das Studentenwohnheim bzw. das Zimmer mit Kochnische (50%). Dann folgt die Wohngemeinschaft mit 20%, die eigene Wohnung (allein oder mit Freund) mit 20% und das Wohnen bei den Eltern mit 10%.

Finanzielle Situation: Die meisten der befragten ET- und MB-Studentinnen finanzieren ihr Studium über ihre Eltern (67%). Der Anteil der BAföG-Empfänger ist mit 10% sehr gering. 20% finanzieren sich hauptsächlich über Jobs. Hier handelt es sich in erster Linie um die Berliner ET-Studentinnen in höheren Semestern, wo entweder andere Quellen allmählich versiegen oder das Bedürfnis nach größerer Unabhängigkeit bzw. finanziellem Spielraum wachsen.

b) Der familiäre Hintergrund:

Hier haben wir als Fakten den schulischen und beruflichen Hintergrund der Eltern erfaßt, soziale Aufstiegs- oder Abstiegsbewegungen, Geschwisterzahl und -folge.

Schulischer Hintergrund der Eltern: Die Eltern der Aachener Studentinnen sind gegenüber den Berliner Eltern in bezug auf den Schulabschluß etwas besser qualifiziert. Dabei ist in Aachen zwischen den Elternteilen kaum ein Unterschied festzustellen, in Berlin haben die Mütter in der Regel einen besseren Schulabschluß. Die beschriebenen Tendenzen treffen auf beide Studentinnengruppen zu, etwas stärker jedoch auf die MB-Studentinnen.

Beruflicher Hintergrund der Eltern: Entsprechend dem gesellschaftlichen Durchschnitt endet die Ausbildung der Mütter meist

mit dem Abschluß einer beruflichen Erstausbildung, bei den Vätern treten dagegen häufiger auch mittlere Qualifikationen wie Meister/Techniker/grad.Ing. auf.
Innerhalb der von uns befragten Studentinnenpopulation sind die Aachener Eltern etwas höher qualifiziert. Von 20 Vätern haben 13 einen Fachhochschul- oder Hochschulabschluß in Aachen (65%), in Berlin sind es 10 von 32 (31%).
Neben den regionalen Unterschieden sind auch Unterschiede zwischen den beiden Studentinnengruppen festzustellen: Die beruflichen Qualifikationen der Eltern sind bei den ET-Studentinnen insgesamt etwas niedriger als bei den MB-Studentinnen. Erstaunlich ist auch der bei den Müttern der Elektrotechnik-Studentinnen hohe Anteil ohne berufliche Ausbildung (4 von 13 Müttern in Berlin, 4 von 10 in Aachen). Ein Extrem in umgekehrter Richtung ist die Situation bei den Vätern der Maschinenbaustudentinnen in Aachen, wo von 10 Vätern 8 einen Fachhochschul- oder Hochschulabschluß haben.

Berufliche Position der Eltern: Der berufliche Abschluß der Eltern entspricht auch in etwa deren beruflicher Position: In Berlin kommen die befragten Studentinnen meist aus kleinen bis mittleren Angestelltenfamilien, in Aachen liegt der Schwerpunkt eher bei leitenden Angestellten und Selbständigen. Diese Tendenz erfährt bei den MB-Studentinnen eine besonders starke Ausprägung: Den 26% leitenden Angestellten und Selbständigen unter den Eltern der Berliner MB-Studentinnen stehen 80% leitende Angestellte unter den Vätern der Aachener MB-Studentinnen gegenüber.

Berufliche Kontinuität: Bei den Eltern der MB-Studentinnen ist die berufliche Tradition sehr deutlich erkennbar. Der Anteil der Väter mit naturwiss./technischer Ausbildung liegt in Berlin bei 58%, in Aachen bei 90%. Demgegenüber haben von den Eltern der ET-Studen-

tinnen in Berlin nur 31%, in Aachen 50% beruflich mit Technik zu tun.
Vergleicht man wiederum die Berliner und Aachener Elternhäuser miteinander, so ist in Aachen die berufliche Kontinuität stärker. Man könnte daraus schließen, daß die Barriere, als Frau ein Ingenieurstudium zu beginnen, bei einem ET-Studium geringer ist als bei einem MB-Studium. Weiterhin ließe sich die Hypothese aufstellen, daß die Sozialisation in der Großstadt mit den vielfältigeren Ausbildungsmöglichkeiten auch in der Perspektive der Einzelnen eine größere Vielfalt ermöglicht.

Sozialer Auf-/Abstieg: In den Aachener Elternhäusern ist bei den Vätern eindeutig eine Aufstiegstendenz festzustellen. In den Berliner Elternhäusern sind es bei den Maschinenbaustudentinnen eher die Mütter, die einen familiären Aufstieg (allerdings auch hier über den Status des Vaters) erreicht haben. Bei den Eltern der Berliner ET-Studentinnen ist keine eindeutige Tendenz in Richtung auf Auf- oder Abstieg festzustellen.

Berufstätigkeit der Mutter: Während die Mütter der Berliner MB-Studentinnen überwiegend berufstätig waren (von 19 haben nur 5 die Berufstätigkeit nicht wieder aufgenommen), war es für die Aachener Mütter eher selbstverständlich, diese mit der Eheschließung bzw. spätestens mit der Geburt der Kinder abzubrechen. Bei den Müttern der ET-Studentinnen zeigt sich von der Tendenz her eine ähnliche Situation, wenn auch nicht so ausgeprägt wie bei den MB-Studentinnen.

Geschwisterzahl und -folge: Bei der Geschwisterfolge treten 4 Konstellationen besonders häufig auf: In 46% der Fälle ist die von uns befragte Ingenieurstudentin das älteste oder einzige Kind in der

Familie, in 40% der Fälle das jüngste, 40% der Ingenieurstudentinnen haben nur Schwestern und 29% nur Brüder.

Differenziert man nach Berlin und Aachen, so ergeben sich ganz unterschiedliche Schwerpunkte bei den Konstellationen: 60% der in Aachen Befragten sind die ältesten oder einzigen Kinder, ebenfalls 60% kommen aus Familien mit nur Mädchen. Da in Aachen gleichzeitig unter den Vätern sehr viele Ingenieure sind, könnte man vermuten, daß hier, mangels Sohn, die berufliche Tradition an die Tochter bzw. an eine der Töchter weitergegeben wird.

In Berlin steht dagegen die Ingenieurstudentin, die in ihrer Familie das jüngste Kind ist, an erster Stelle (50%), gefolgt von der Ingenieurstudentin als erstes bzw. einziges Kind (37,5%) und der, die nur mit Brüdern aufgewachsen ist (31%). Hier müssen demnach neben dem Bedürfnis, die berufliche Tradition an die Kinder weiterzugeben, andere Motivationen hinzukommen. Dem Mädchen, das nur mit Brüdern aufgewächst, ist möglicherweise der Zugang zu "männlichen" Tätigkeiten, Interessen selbstverständlicher als seinen Geschlechtsgenossinnen. Das jüngste Kind, besonders bei einer Reihe von Geschwistern, hat möglicherweise einen größeren Entfaltungsspielraum in der Familie, weil die Eltern ihre Erziehungsnormen zum Teil bereits bei den älteren Geschwistern abgearbeitet haben.

c) Schulische Schwerpunkte:

Hier haben wir nach Lieblingsfächern, unbeliebten Fächern und Leistungsfächern gefragt.

Bei den Lieblingsfächern ist die Präferenz für Mathematik und Physik unverkennbar. Bei den unbeliebten Fächern stehen Deutsch, Sprachen und gesellschaftswissenschaftliche Fächer an erster Stelle.

Die Zahl derer, die Mathematik oder Physik als Leistungsfach wählen, ist bei den ET-Studentinnen höher als bei den MB-Studentinnen.

Hier scheint ein stärkerer Zusammenhang zwischen den schulischen Fächerpräferenzen und der Studienfachwahl zu bestehen.

d) Studienmotivation:

Bei der direkten Frage nach der Motivation für das Ingenieurstudium wird das Interesse an Naturwissenschaften und Mathematik eindeutig am häufigsten genannt. Dann folgen das Interesse an Technik, die guten Arbeitsmarktchancen und schließlich der Praxisbezug. Alle anderen Nennungen haben nur eine geringe quantitative Bedeutung. Vergleicht man dieses Ergebnis mit den Informationen, die bei Studienbeginn über den Ingenieurberuf vorlagen, so erscheinen diese in einem etwas anderen Licht. Kenntnisse über den Ingenieurberuf:

	ja		nein	vage	KA
- Inhalt	14	(27%)	19	18	1
- Verdienst	26	(50%)	12	12	2
- Arbeitsmarktchancen	38	(73%)	8		

Am besten waren die Studentinnen über die Arbeitsmarktchancen informiert, dann folgte das Wissen über den künftigen Verdienst. Nur etwas über ein Viertel der Studentinnen wußte etwas über den Inhalt der Ingenieurtätigkeit. Das erstaunt besonders bei denen, deren Väter Ingenieure sind. Dieses Ergebnis legt die Vermutung nahe, daß es weder fachliches Interesse an der Technik noch Verdienstmöglichkeiten sind, wodurch Frauen in erster Linie zu einem technischen Studiengang motiviert werden, sondern eher der Status bzw. die soziale Anerkennung dieses Berufsfeldes.

e) Unterschiede zwischen den Studiengängen und den Studienorten:

Die bisherige, lediglich quantitative Übersicht begründet die These, daß in unserem Sample gruppenspezifische Grenzziehungen durch Fachzugehörigkeit bestehen, die durch Studienortwahl verstärkt werden.

Die Studentinnen in Aachen kommen aus einer höheren sozialen Schicht als die Berliner Studentinnen (höherer Schulabschluß, höherer beruflicher Abschluß, höhere berufliche Position). Sie haben ihre Mütter während ihrer Kindheit in der Regel als nicht berufstätig erlebt, und sie haben von daher auch kein Beispiel für die Verbindung von Familie, Kindern und Berufstätigkeit kennengelernt.

60% der von uns befragten Aachener Studentinnen sind in ihrer Familie das älteste oder einzige Kind, ebenfalls 60% kommen aus Familien mit nur Töchtern. In Berlin ist dagegen die Ingenieurstudentin viel häufiger jüngstes Kind oder ist in Familien aufgewachsen, wo sie das einzige Mädchen ist.

Im Unterschied zu den Maschinenbaustudentinnen ist bei den ET-Studentinnen vom familiären Hintergrund her eine geringere berufliche Tradition festzustellen. Auch ist die berufliche Qualifikation der Eltern etwas niedriger als bei den MB-Studentinnen. Was die Studienfachwahl betrifft, so ist bei den ET-Studentinnen ein größerer Zusammenhang zwischen den Fächerpräferenzen und der gewählten Fachrichtung fürs Studium festzustellen.

f) Zur Vergleichsgruppe männlicher Studenten:

Im Rahmen unserer empirischen Erhebung kommt der kleinen Gruppe der Männer, Studenten wie berufstätigen Ingenieuren, die Rolle des "qualitativen Vetos" zu. Ganz gewiß handelt es sich dabei nicht um eine Gruppe, zu der quantitativ sinnvolle Bezüge hergestellt werden

können. Befragt wurden je 6 Studenten im Fach Maschinenbau und Elektrotechnik, davon 8 Studenten aus Berlin und 4 in Aachen. Diese Gruppe ist so klein, daß selbst Differenzierungen nach der Zugehörigkeit zu der einen oder anderen Fachgruppe wenig sinnvoll sind. Wenn wir im folgenden Unterschiede zu den Studentinnen aufzeigen, hat dies allenfalls einen beschreibenden, noch weniger aber als bei den Studentinnen einen statistischen Stellenwert.
Proportional ist der Anteil der männlichen Studenten, die an ihrem späteren Studienort großgeworden sind, geringer als der der weiblichen Studierenden. Anteilmäßig wohnen etwa gleich viele bei ihren Eltern.
Ein leichter Unterschied ergibt sich in bezug auf die regionale Herkunft: der Anteil derer, die aus der Großstadt kommen und damit im Zusammenhang auch derer, die an ihrem Geburtsort studieren, ist geringer als bei den Studentinnen.
Auch im Hinblick auf das familiäre Milieu sind nur geringfügige Abweichungen auszumachen: Das Niveau des Schulabschlusses liegt bei den Müttern der Studentinnen etwas höher als bei ihren Kommilitonen. Insgesamt weichen die Eltern der Studentinnen und Studenten in ihrem Abschlußniveau jedoch deutlich vom bundesdeutschen Durchschnitt ab. Während nur 8,3% der Bevölkerung zwischen 40 und 50 Jahren das Abitur erworben haben, sind es bei den Eltern unserer Untersuchungsgruppe 33% (vgl. Grund- und Strukturdaten 1982/83, S. 234 f.).
Bezogen auf den beruflichen Abschluß haben die Väter unserer Ingenieurstudenten und -studentinnen ein vergleichbares Niveau. Auffallend ist, daß bei den Müttern der Studentinnen der Anteil an qualifizierten Abschlüssen höher ist. Von den Studentinnen haben 11 Mütter (21%) einen Fachhochschul- bzw. Hochschulabschluß, von den Müttern der Studenten nur eine unter 12 (8%).

Berufliche Traditionen, bezogen auf Technik, lassen sich auch bei den Studenten feststellen. In fünf von zwölf Elternhäusern (42%) hat eines der beiden Elternteile einen naturwissenschaftl./technischen Beruf. Bei den Studentinnen besonders der Fachrichtung Maschinenbau ist diese berufliche Tradition innerhalb der Familie noch stärker, wie oben angeführt.
In der eindeutigen Bevorzugung der Fächer Mathematik und Physik in der Schule unterscheiden sich die männlichen und weiblichen Interviewpartner nicht voneinander, durchaus aber in den schulischen Leistungen: Der Notendurchschnitt der Studentinnen ist höher.
Bei der Nennung der Motive für die Studienwahl wird von den Männern das Interesse an Naturwissenschaften und Mathematik etwas seltener genannt. Das Interesse an der Technik kommt bei beiden Geschlechtern gleich häufig vor.
Insgesamt zeigt dieser Überblick über Frauen und Männer unserer Befragung kaum systematisch interpretationsfähige Unterschiede. Er bestätigt, daß die zufällige Auswahl der männlichen Vergleichsgruppe keine Sondergruppe von Abweichlern generierte. Daher können wir die Aussagen der männlichen Studenten zum Vergleich heranziehen.

ANHANG 3:
QUANTITATIVE ENTWICKLUNGEN DER STUDIERENDEN UND ERWERBSTÄTIGEN IN DEN INGENIEURWISSENSCHAFTEN
(Abbildungen und Erläuterungen)

Birte Krause und Meggi Mandelartz

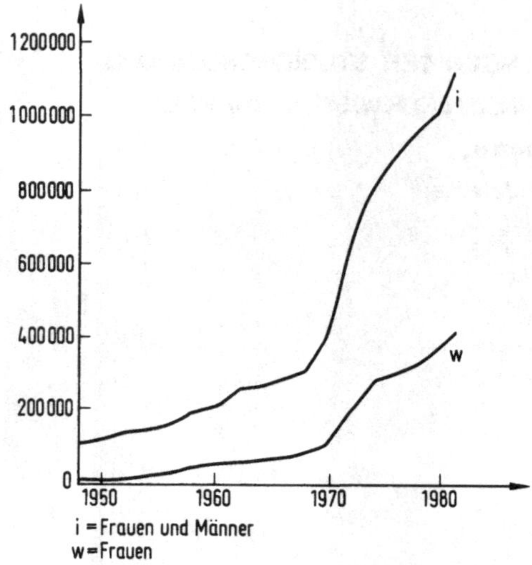
1200000
1000000
800000
600000
400000
200000
0
1950
1960
1970
1980
i
w
i = Frauen und Männer
w = Frauen

Abb. 1

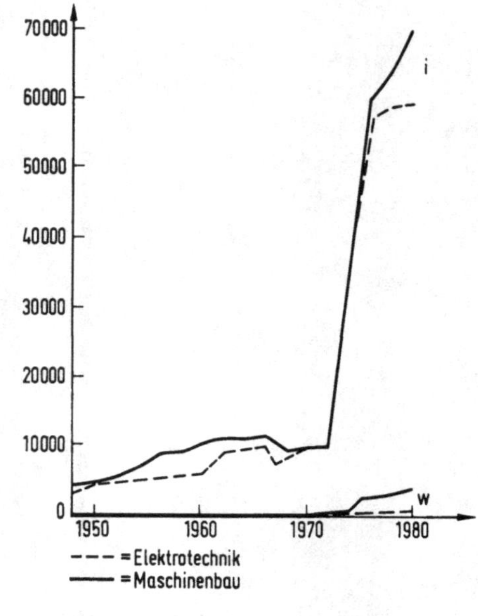
70000
60000
50000
40000
30000
20000
10000
0
1950
1960
1970
1980
i
w
= Elektrotechnik
= Maschinenbau

Abb. 2

Zu Abb. 1 und 2:

Die Zahl aller Studierenden an den Hochschulen in der BRD wuchs zwischen 1948 und 1984 um mehr als das 10fache und überstieg damit erstmals die Millionengrenze. Die Studentinnenzahl erhöhte sich im gleichen Zeitraum sogar um das 20fache und erreichte 411.000. Besonders ab 1970/71 ist bei Frauen wie Männern ein steiler Anstieg zu beobachten, der teilweise durch die Integration der Fachhochschulen und der Pädagogischen Hochschulen in die Statistik der Hochschulen begründet ist, aber wohl auch durch die Bildungswerbung.
Der Anteil der Frauen an der Gesamtstudentenzahl lag 1984 bei 40,1%, vor der Integration der Pädagogischen Hochschulen 1968 allerdings bei nur 25%.
Ab 1972 stiegen auch die Zahlen der Studierenden in Maschinenbau und Elektrotechnik stark an. Die 6fache bzw. 7fache Steigerung in diesen beiden Fachrichtungen läßt sich aber primär durch die ab 1971 einbezogene Fachhochschulstatistik erklären, die bis Mitte der 70er Jahre ebenso viele Studierende zählte wie die wissenschaftlichen Hochschulen.
Mit Anteilen von 5% in Elektrotechnik und 2% im Maschinenbau sind weibliche Studierende stark unterrepräsentiert. Während Frauen, die Elektrotechnik studieren, fast zur Hälfte an Fachhochschulen eingeschrieben sind, bevorzugen nur 5% der Maschinenbau-Studentinnen die Fachhochschule.

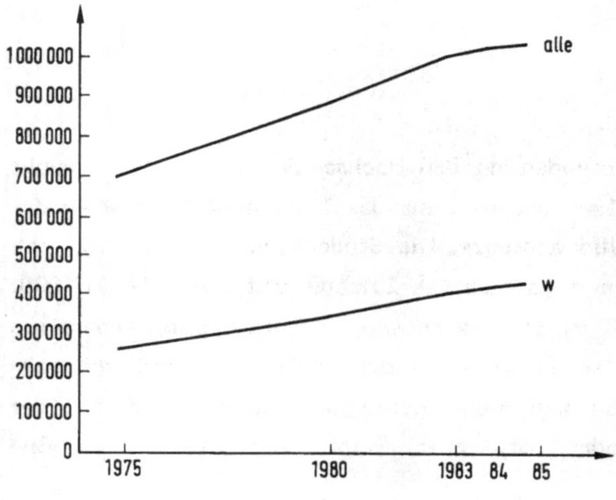

Abb. 3

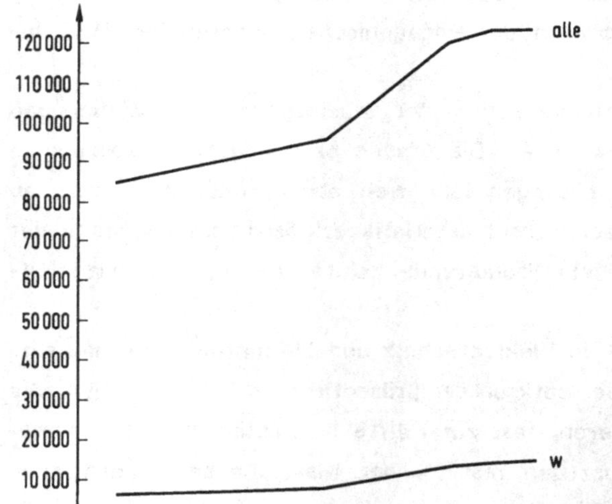

Abb. 4

Zu Abb. 3-6:

Die Zahl der Studierenden an Wissenschaftlichen und Kunsthochschulen zeigt - für Männer wie Frauen - ab 1983 eine deutliche Wachstumsabschwächung. Für die Fachgruppe Ingenieurwissenschaften ist diese Verlangsamung vor dem Hintergrund des überproportionalen

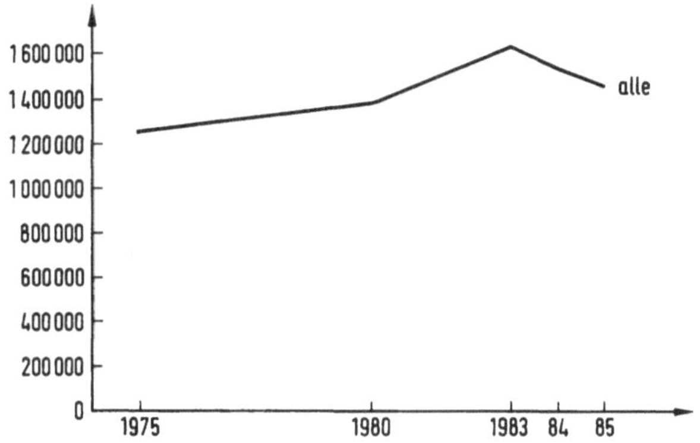

Abb. 5

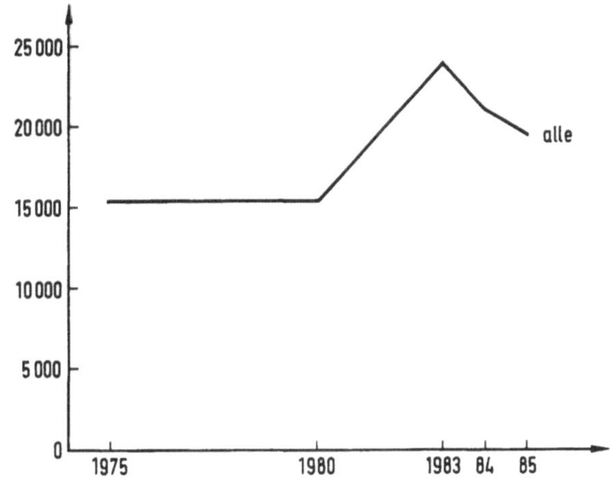

Abb. 6

großen Zuwachses zwischen 1980 und 1983 besonders ausgeprägt. Bei den Ingenieurstudentinnen verläuft die Entwicklung - auf deutlich niedrigerer Basis - ähnlich.

Ein Blick auf die Zahlen der Studienanfänger läßt erkennen, daß die eben erwähnten Steigerungen und Abflachungen sich wesentlich Veränderungen bei den Neuzugängen verdanken, weniger der Verlängerung der Studiendauer. Die Parallelität der Bewegungen von Studienanfängerzahlen bei Ingenieurwissenschaften mit Konjunkturen an diesen Arbeitsmärkten ist offensichtlich.

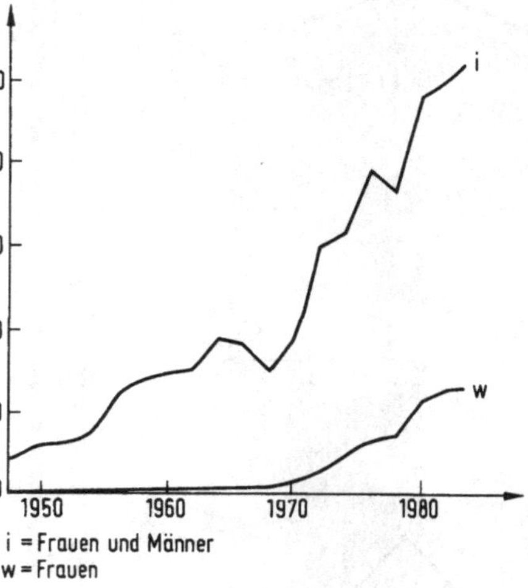
25 000
20 000
15 000
10 000
5 000
0
1950
1960
1970
1980
i
w
i = Frauen und Männer
w = Frauen

Abb. 7

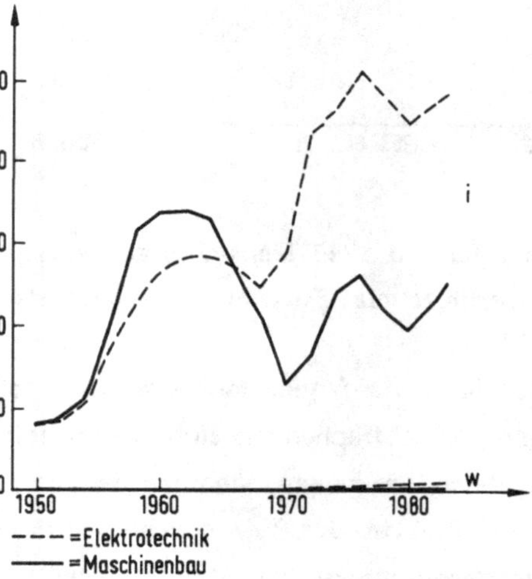
2500
2000
1500
1000
500
0
1950
1960
1970
1980
i
w
= Elektrotechnik
= Maschinenbau

Abb. 8

Zu Abb. 7 und 8

An der TU Berlin hat sich die Zahl der Studierenden insgesamt in den letzten 25 Jahren mehr als verzehnfacht. Der Anteil der Frauen machte 1978 nur gut 20% aus, stieg danach - aufgrund der Integration von Teilen der PH Berlin - auf ca. 25% an. Es überrascht daher nicht, daß gut ein Viertel der Studentinnen in den Geisteswissenschaften eingeschrieben sind, während sie in den naturwissenschaftlich-technischen Fächern nach wie vor spärlich vertreten sind. Besonders kraß zeigt sich dies in den Fachbereichen Maschinenbau und Elektrotechnik: Bis Mitte der 70er Jahre lag der Frauenanteil hier meist bei weniger als 1%. Heute liegt die Quote zwischen 3 und 4%. 1985 studierten 38 Frauen zusammen mit 925 männlichen Kommilitonen Maschinenbau; bei Elektrotechnik war das Verhältnis 52 gegenüber 1.574.

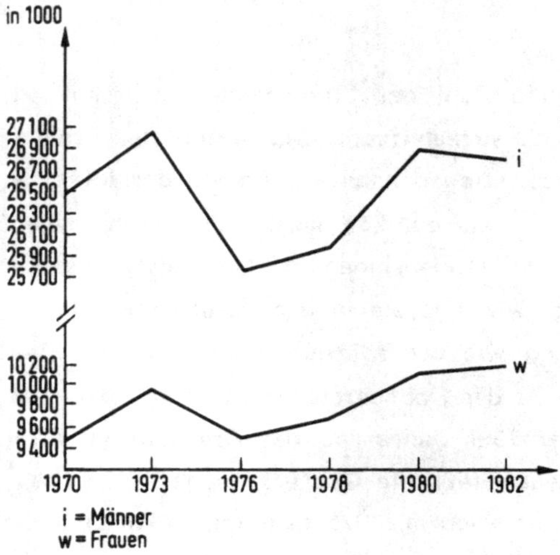
in 1000
27100
26900
26700
26500
26300
26100
25900
25700
10200
10000
9800
9600
9400
1970
1973
1976
1978
1980
1982
i
w
i = Männer
w = Frauen

Abb. 9

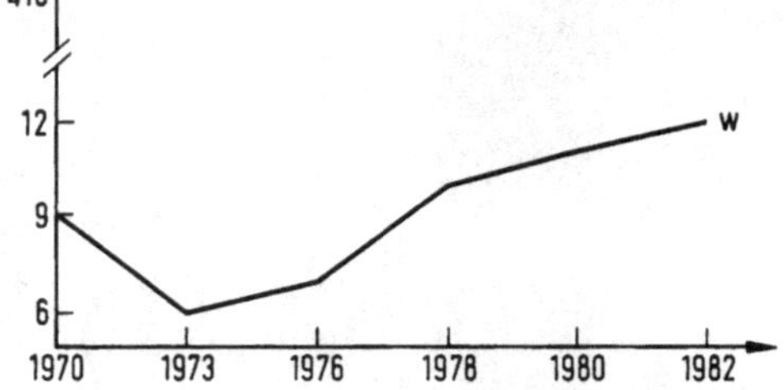
in 1000
490
470
450
430
410
12
9
6
1970
1973
1976
1978
1980
1982
i
w

Abb. 10

Zu Abb. 9 und 10:

Die Entwicklung der Beschäftigtenzahlen zwischen 1970 und 1984 spiegelt die Konjunkturzyklen. Von 1970-1973 ist ein Anstieg der Gesamtzahlen um 1% erkennbar, während die Zahlen der weiblichen Erwerbstätigen wesentlich stärker, nämlich um 5% wachsen. Der Zeitraum von 1973-1976 ist durch ein Absinken der Beschäftigten von etwa 4% gekennzeichnet (Ölkrise, allgemeine Wirtschaftsrezession). Seitdem nimmt die Erwerbstätigkeit insgesamt und für Frauen gleichermaßen zu, wobei allerdings ab 1980 die Zahl der Beschäftigten insgesamt etwas absinkt (0,4%), während die der Frauen weiterhin steigt (um 1%).

Die Erwerbstätigenzahlen bei den Ingenieuren insgesamt steigen 1970-73 um 40%, die der Frauen dagegen fallen um ein Drittel. Von 1973-78 stellt sich die Situation jedoch genau entgegengesetzt dar: Einem Sinken bei den Erwerbstätigenzahlen insgesamt um 3% steht hier ein Anstieg bei den Frauen um zwei Drittel gegenüber. Der Zuwachs bei den Ingenieuren in den Jahren 1978-82 ist stärker als bei den Erwerbstätigen zusammen - insgesamt 13% und bei den Frauen 20%.

Die Maschinenbauingenieure stellen annähernd ein Viertel aller Ingenieure, während im Fach Elektrotechnik etwa 12% ausgebildet sind.

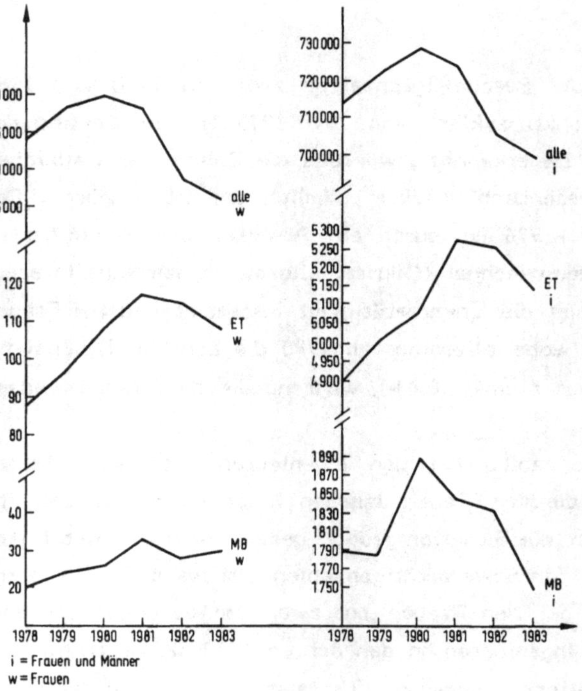
340000
335000
330000
325000
alle
w
120
110
100
90
80
ET
w
40
30
20
MB
w
1978 1979 1980 1981 1982 1983
i = Frauen und Männer
w = Frauen
730000
720000
710000
700000
alle
i
5300
5250
5200
5150
5100
5050
5000
4950
4900
ET
i
1890
1870
1850
1830
1810
1790
1770
1750
MB
i
1978 1979 1980 1981 1982 1983

Abb. 11 und 12

Zu Abb. 11 und 12:

Betrachten wir den Berliner Arbeitsmarkt im Spiegel der Statistik sozialversicherungspflichtig Beschäftigter, so stellt sich die Entwicklung insgesamt für Frauen und Männer ähnlich dar. Hier steigen im Zeitraum 1978-1983 die Zahlen der Erwerbstätigen bis zum Maximum im Jahre 1980 an und fallen dann stetig - als Ausdruck der Rezession - mit einer leichten Abschwächung im Jahre 1982.
Für die Elektrotechnikingenieure insgesamt liegt das Maximum der Beschäftigten im Jahre 1981 (117 Frauen gegenüber 5166 Männern). Der Frauenanteil bei den Ingenieuren der Elektrotechnik liegt 1978 unter 2%, steigt jedoch bis 1983 auf etwas über 2%. Von der Rezession sind die Frauen wesentlich stärker betroffen: ihre Zahl fällt bis 1983 um ca. 10%, während die Gesamtzahl der beschäftigten Elektroingenieure nur um 2% sinkt.
Für die Maschinenbauingenieure insgesamt liegt das Beschäftigtenmaximum im Jahre 1980 und fällt im Zeitraum von 1980 bis 1983 um weniger als 10%. Der Anteil der Frauen bei den Maschinenbauingenieuren beträgt 1978 etwa 1% und 1983 knapp 2%. Nach dem Maximum der weiblichen Beschäftigten in dieser Berufsordnung 1981 sinkt die Zahl um etwa 10% auf 28, um dann wieder geringfügig bis 1983 anzusteigen. 1973 sind 1719 Männer, aber nur 30 Frauen als Maschinenbauingenieure erwerbstätig.

ANHANG 4:

GESPRÄCHSLEITFADEN (Berufstätige)

Dauer des Gesprächs:

BIOGRAPHISCHE DATEN

Wie alt sind Sie?
Wo sind Sie aufgewachsen?
Wie ist Ihre momentane Wohnsituation (alleine, mit Familie, Partner)
Haben Sie Kinder? Altersfolge?
Haben Sie Geschwister? Altersfolge?

Berufsbiographie der Mutter
Alter?
Schulabschluß?
Beruflicher Abschluß?
Berufstätigkeiten (auch Unterbrechungen)?
Großeltern (Beruf, regionale Herkunft)?

Berufsbiographie des Vaters
Alter?
Schulabschluß?
Beruflicher Abschluß?
Berufstätigkeiten (Unterbrechungen)?
Großeltern (Beruf regionale Herkunft)?

Familieneinkommen?

Skizzieren Sie bitte ihren Ausbildungs- und Berufsverlauf bis zu Ihrer derzeitigen Tätigkeit!

AUSBILDUNG

Schule
Schulart?
Schwerpunkt?
Zeitpunkt des Abiturs?
Leistungsfächer / Prüfungsfächer?
Notendurchschnitt?

Hochschule
TH / TU / Studienort?
Studiengang?
Vertiefungsfach?
Dauer des Studiums?
Vordiplom (nach welchem Semester, Note)?
Abschlußnote?

BERUFSTÄTIGKEIT

In welchem Betrieb/Büro arbeiten Sie? Seit wann?

Welche berufliche Position haben Sie?

Berufsbezeichnung?

Volle Stelle/TZ-Stelle?

Ist das Ihre erste Stelle? (Andere?)

Wie sind Sie an diese Stelle gekommen?
(Bewerbungsstrategien, Intensität der Arbeitssuche, Unterstützung, Beziehungen)

Warum haben Sie sich für diese Stelle entschieden?
(Kriterien: Sicherheit, Gehalt, Aufstiegsmöglichkeiten, fachliche, zeitliche, soziale, regionale, politische Aspekte)

Welche Erfahrungen haben Sie mit Vorstellungsgesprächen gemacht?
Gesprächsschwerpunkte (fachlich/außerfachlich)
Unterschiede männliche/weibliche Interviewer
Eigene Unsicherheiten (fachbezogen/Umgangsformen/Kleidung)

Was hat vom Betrieb aus für/gegen Ihre Einstellung gesprochen?

Hatten Sie eigentlich Angst, der neuen Situation nicht gewachsen zu sein? (Angst, Herausforderung, Selbstverständlichkeit) War das bei anderen Veränderungen auch so? (Schulwechsel, Berufsanfang, Beförderung)

Haben Sie den Eindruck, daß männliche Kollegen in Bewerbungssituationen andere Erfahrungen gemacht haben?

AKTUELLE BERUFSSITUATION

Informationen über den Betrieb/das Büro:
Branche?
Produkt?
Größe des Betriebs?
Finanzlage?
Wirtschaftliche Bedeutung?
Kunden?
Stand der Technologie?
Eigene Abteilung (Produkt, Aufgabenteilung, Position innerhalb des Betriebs, Größe, Arbeitsteilung)?
Position des eigenen Arbeitsplatzes innerhalb der Abteilung (Hierarchieebene, Nähe zur Geschäftsleitung)?
Veränderung der Arbeitssituation durch die Einführung von Computern?

Stellen sie Ihren jetzigen Aufgabenbereich möglichst bildhaft für Laien dar!

Welche Tätigkeiten machen Ihnen am meisten Spaß? (Berechnen, Konstruieren, Überwachen, Kontrolle, Materialwesen) Was würden Sie lieber tun?
Technik:
Management:

Was sind für Sie besondere Erfolgs-/Mißerfolgserlebnisse (gewesen)?

Wie hoch schätzen sie die Bedeutung Ihrer Arbeit für das technische Endprodukt ein?

Wie beurteilen Sie die Auswirkungen der technologischen Entwicklung in Ihrem Fachgebiet? Beschäftigt es Sie, welche Folgen sich daraus ergeben für die Berufstätigkeit und den Alltag anderer Frauen?

Glauben Sie, daß Männer und Frauen einen unterschiedlichen Zugang zu ihrer Tätigkeit und zu Technik allgemein haben? Sollten Frauen etwas verändern?

Wieviel Kollegen, Vorgesetzte, Untergebene haben Sie? (Geschlecht, Anzahl, Qualifikation, Abhängigkeitsverhältnis)

Wie groß ist Ihr Handlungsspielraum? Wer befindet über Ihr Arbeitsgebiet? Wo müssen Sie Vorgaben berücksichtigen, wo können Sie selbständig entscheiden?

Wie schätzen Sie die Kooperation/die Kontakte ein? Gibt es typische Konflikte? Haben Sie unterschiedliche Erfahrungen mit Frauen und Männern gemacht?

Kollegen:
Welche Erfahrungen machen Sie in Gruppendiskussionen, werden Ihre Beiträge ebenso wie die männlicher Kollegen berücksichtigt?

Vorgesetzte

Untergebene:
Finden Sie es schwierig, Anweisungen zu geben, Aufgaben zu delegieren? Welche Reaktionen erhalten Sie?

Kunden/Gesprächspartner

Welche Strategien haben Sie gewählt? (Verhalten, Kleidung) Verhalten Sie sich im Betrieb anders als im Privatleben?

Wurden Sie zügig eingearbeitet? Gab es Unterschiede in der Kooperationsbereitschaft bei Untergebenen, Kollegen, Vorgesetzten, Frauen, Männern?

Suchen Sie den Austausch/die Diskussion mit Kollegen? Arbeiten Sie lieber alleine?

Wenn Sie Ihren bisherigen Berufsverlauf betrachten, wie würden Sie Ihre jetzige Position einordnen? (Aufstiegsmöglichkeiten, bisheriger Aufstieg, eigene Strategien)

Mit beruflichem Aufstieg ist häufig eine Entfernung von technischen Aufgaben verbunden und eine Zunahme von verwaltenden Tätigkeiten. Stellt das für Sie ein Problem dar?

Engagieren Sie sich politisch? (Betriebsrat, Gewerkschaften, Frauengruppe, alternative Technologien)

Haben Sie außerberuflichen Kontakt/gemeinsame Interessen mit Arbeitskollegen, Untergebenen, Vorgesetzten (Politik, Sport, Kultur, Verbände, Kinder)?

Glauben Sie, daß sich Techniker/Ingenieure von ihrer Persönlichkeit her von Nichttechnikern unterscheiden?

Haben Sie den Eindruck, daß Ihre männlichen Kollegen besser integriert/akzeptiert sind?

MATERIELLE SITUATION

Wieviel verdienen Sie? Grundgehalt / außertarifliche / Leistungszulagen?

In welchem Umfang können Sie Spesen abrechnen (Taxi, Telefonate, Einladungen, Dienstwagen, Reisen)?

Wie ist Ihre Arbeitszeit geregelt? (feste Arbeitszeiten, Gleitzeit, Möglichkeit, zuhause zu arbeiten) Wie hoch ist Ihre tägliche Arbeitszeit? Machen Sie Überstunden? Bezahlt?

Haben Sie Zugang zu Weiterbildungsmöglichkeiten? Wer entscheidet darüber? Wie werden Sie finanziert? Finden sie innerbetrieblich statt? Während der Arbeitszeit?

Haben sie ein eigenes Büro? Konnten Sie bei der Gestaltung des Büros mitreden (Vorzimmer? Andere Statussymbole?)?

Haben Sie den Eindruck, daß männliche Kollegen die gleichen Gratifikationen erhalten?

PRIVATLEBEN / PARTNER

Wie alt ist Ihr/e Partner/in?

Welchen Beruf hat der Partner/Partnerin? Verdient er/sie mehr/weniger als Sie?

Haben Sie ihn/sie schon als Studenten/in/Kommilitonen/in kennengelernt?

Ist es Ihnen angenehm/unangenehm, daß er/sie auch Ingenieur/Ingenieurin ist?

Was mögen Sie an Ihrem/Ihrer Partner/in besonders?

Was mag Ihr/e Partner/in an Ihnen?

Hört er/sie Ihnen zu? Berät er/sie Sie bei beruflichen Problemen? Können Sie ihn/sie in dieser Hinsicht auch unterstützen?

Können Sie uns beschreiben, wie Sie die Arbeitsteilung innerhalb der Familie gelöst haben?
Haushalt/Kinder?
Haben Sie eine Haushaltshilfe/Kindermädchen/Tagesmutter?
Finanzen?

Gibt es typische Konflikte in Ihrer Beziehung/Familie? Wie werden sie gelöst?

Werden in Ihrer Beziehung/Familie Emotionen (positiv/negativ) sehr offen ausgedrückt?

Können Sie uns beschreiben, welche Verhaltensweisen Sie bei Ihren Kindern besonders fördern?

Glauben Sie, daß es für Ihre Kinder besser wäre, wenn Sie mehr Zeit für sie hätten/nicht berufstätig wären?

Welche schulischen/beruflichen Wünsche haben Sie für sie? Gibt es da Unterschiede bei Ihren Töchtern und Ihren Söhnen?

Denken Sie im Privatleben oft noch über Berufliches nach oder umgekehrt? Über was, mit welchen Vorstellungen?

Bleibt Ihnen neben der Berufsarbeit noch Zeit für eigene/gemeinsame Aktivitäten/Hobbies/Freundschaften? Welche Hobbies haben Sie? (Waschmaschine reparieren, Motorrad, Stereoanlage, Homecomputer, Modellflugzeuge, Stricken, Lesen, Sport, Alfa Romeo etc.)

Sind Sie mit Ihrer privaten/beruflichen Situation zufrieden? Was würden Sie ändern, wenn es möglich wäre?

FAMILIE / KINDHEIT / JUGEND

Was waren Ihre Lieblingsspiele, -spielsachen?
- drinnen/draußen
- allein/mit anderen
- Mädchen/Jungen

Haben Sie Freunde/innen mit nach Hause gebracht? Warum nicht?

Wie haben Sie gewohnt? (eigenes Zimmer, Haus, Wohnung, Veränderungen)

Durften Sie sich **weit** und **lange** von der elterlichen Wohnung entfernen?
Hatten Sie ein Fahrrad? Ab welchem Alter?

Haben Sie sich als Kind vorgestellt, was Sie später einmal werden wollen? Was hat Sie daran fasziniert? Vorbilder?

Haben Ihre Eltern (Mutter/Vater) viel über Ihren Beruf erzählt? Was? Wie?
- fachlich/beziehungsmäßig?
- Freude am Beruf?

Wären Sie als Kind lieber ein Junge gewesen? Warum?
Haben sich Ihre Eltern eigentlich einen Sohn gewünscht?

Haben Sie mit Ihren Eltern viel gemeinsam unternommen (Reisen m./o. Auto, Spiele, Kino, Konzerte, Theater, Technik)?
Wurde viel gelesen? Was haben Sie gerne gelesen?

Wofür wurden Sie von Ihren Eltern besonders gelobt?

Was war verboten? Wurde Ihnen das verboten, weil Sie ein Mädchen waren (z.B. "gefährliche" Aktivitäten wie Bäumeklettern, Fahrradfahren etc.) oder wären diese Aktivitäten Jungen gleichermaßen verboten worden?

Wurden Verbote begründet? Konnten Sie sich damit argumentativ auseinandersetzen?

Hat sich mit Ihrem Eintritt in die Pubertät das Verhalten Ihrer Eltern verändert?

Was empfanden Sie als Strafe?

Wurden in Ihrer Familie positive und negative Gefühle offen gezeigt?
- zwischen den Eltern?
- zwischen Eltern und Kindern?
- zwischen Ihnen und Ihren Geschwistern?

War Mithilfe im Haushalt erwünscht? Oder wurde sie als selbstverständlich vorausgesetzt? Von Ihnen oder auch von Ihren Brüdern? Was war besonders lästig?

Hatten Sie den Eindruck, daß sich Ihre Eltern Ihren Geschwistern gegenüber anders verhalten haben als Ihnen gegenüber?

Wie war das eigentlich zwischen Ihren Eltern:
Wer entschied über größere Anschaffungen? Reisen, Schulwechsel, Taschengeld?

Wie wurden Meinungsverschiedenheiten in der Familie geklärt (durchsetzen, streiten, überreden, schmusen)?
Wer konnte sich am ehesten durchsetzen?
Welche Strategie haben Sie gewählt?

Wie war das mit Freundschaften in Ihrer Kindheit und Jugend? Hatten Sie viele Freundinnen/Freunde? Gehörten Sie einer Clique an?

Wer spielte eine führende Rolle in Ihrem Freundeskreis? Weshalb?

Was haben Sie zusammen unternommen (Sport, Musik, Feten, Streiche)?

Wann begannen die ersten Verliebtheiten / Beziehungen? Welche Rolle spielten damals Jungen/Mädchen in Ihrem Leben?

Waren Sie häufig krank (Kindheit, Jugend, heute)?

Haben Sie gerne Sport gemacht? Welchen?
Wann haben Sie damit angefangen? Wann hat Ihr Interesse daran nachgelassen? Was hat Sie daran begeistert (Körpergefühl)?

Sind Sie gerne tanzen gegangen (Tanzstunde, Discos)?

Wie war das in bezug auf Ihr Äußeres? Waren Sie damit zufrieden? Gab es da Unterschiede zwischen Kindheit und Jugend?
Konnten Sie selbst entscheiden, was Sie anziehen? Was haben Sie am liebsten getragen? Wichtige Einschnitte?

Welche außerschulischen Interessen hatten Sie (Bücher, Kunst, Musik, Kochen, Technik, Politik)?

Haben Sie in Ihrer Jugend geschwärmt, z.B. für Lehrerinnen/Lehrer, Schauspielerinnen/Schauspieler, Astronautinnen/Astronauten, Romanheldinnen/Romanhelden, Sportlerinnen/Sportler? Warum?

SCHULE

Sind Sie gerne zur Schule gegangen? Warum? (Schulklima, Inhalte, Freunde)

Welches war Ihr Lieblingsfach? Warum? Hatten Sie dort auch die besten Noten?

Welche Fächer machten Ihnen Schwierigkeiten? Warum?

Hatten Sie Lieblingslehrerinnen/-lehrer? Waren Sie Lieblingsschüler/in?

Haben Sie sich mit Ihren Mitschülern gut verstanden (Jungen, Mädchen)?
Waren Sie beliebt?

Über welche Erfolgserlebnisse in der Schule haben Sie sich am meisten gefreut? Gab es auch Schlimmes?

War die Schule für Ihre Eltern wichtig? Warum? (Allgemeinbildung, spez. Fächer, Schulabschlüsse)
Worüber haben sie sich gefreut?
Wurden Sie von Ihren Eltern unterstützt? (Nachhilfeunterricht, Hilfe bei den Schulaufgaben, Besuche bei den Lehrerinnen/Lehrern, Elternsprechtage)

Hatten Sie in der Schule irgendwelche Posten? (Klassensprecherin, Schulsprecherin)

STUDIENWAHL / STUDIUM

Wie hat sich bei Ihnen die Vorstellung entwickelt, Ingenieurwissenschaften zu studieren (Hauptmotive)?
Haben Sie zwischen mehreren Möglichkeiten geschwankt (z.B. Naturwissenschaften, Medizin, Pharmazie, Lehrerstudium)?
Gab es Berufstätigkeiten, die Sie auf keinen Fall ausüben wollten?

Was war damals für Sie das Reizvolle an einem technischen Studiengang? Waren es
- die künftige Arbeit als Ingenieur/in?
- oder die Studieninhalte?
- oder bestand die Faszination am Umgang mit Technik?
  Wenn ja, worin bestand diese Faszination?

Haben Sie sich bewußt gegen den Besuch einer Fachhochschule entschieden?

Hat die Nähe der TU/TH zu dem Wohnort Ihrer Eltern Ihre Entscheidung beeinflußt?

Wie war Ihre Wohnsituation während des Studiums?

Wie war Ihre finanzielle Situation?

Wußten Sie, wie die Arbeit eines Ingenieurs aussieht? Kannten Sie Ingenieure? Wußten Sie, was Ingenieure verdienen?

Haben Sie sich über Arbeitsmarktchancen von Ingenieuren erkundigt? Wo? (Arbeitsamt, Studienberatung, Freunde)

Haben Sie sich damals überlegt, daß die Situation für Frauen anders aussehen könnte als für Männer?

Wie reagierte Ihre Umgebung (Eltern, Freunde, Partner) auf Ihre Entscheidung? War es Ihnen wichtig?

Spielte bei Ihrer Entscheidung eine Rolle, wie sich der Beruf mit der Existenz als Ehefrau und Mutter vereinbaren läßt? Hatten Sie zu dem Zeitpunkt überhaupt schon klare Vorstellungen in bezug auf die Gründung einer eigenen Familie?
Wie war das früher? Haben sich diese Vorstellungen im Laufe des Studiums/der Berufstätigkeit verändert?

Wenn Sie an Ihr **Studium** zurückdenken, was fanden Sie daran am interessantesten? Was machte Ihnen am meisten Spaß?
Gab es Dinge, die Ihnen besonders leicht/schwer fielen?

Wie hoch waren etwa Ihre Studienbelastungen (Stunden pro Woche)?

Entsprach das Studium dem, was Sie sich darunter vorgestellt haben?

Wie beurteilen Sie die einzelnen Studienformen (Vorlesungen, Übungen, Tutorien, Arbeitsgruppen)? Können Sie sich sinnvollere Studienformen (z.B. Projektstudium) vorstellen?

Was waren die überwiegenden Anlässe für Bestätigung/Entmutigung?
Gab es eine Situation, wo Sie überlegt haben, ob Sie das Studium abbrechen?

Wie ging es Ihnen im Studium als einzige (oder nahezu einzige) Frau unter Männern?

Gab es Erlebnisse, die Ihnen besonders typisch zu sein scheinen?

Wie kamen Sie mit Ihren Kommilitonen/Assistenten/Professoren aus? Fühlten Sie sich fachlich anerkannt?

Glauben Sie, daß es hilfreich/notwendig war, sich in bezug auf Kleidung und Verhalten an die Erwartungen der Umgebung anzupassen?

Wie kamen Sie mit den Frauen zurecht, denen Sie in Ihrem Studium begegnet sind (Studentinnen, Assistentinnen)?

Haben Sie viel in Arbeitsgruppen gearbeitet? Mehr mit Männern oder Frauen? Wie haben sich diese Arbeitsgruppen konstituiert?

Haben Sie außerhalb des Studiums etwas gemeinsam mit Ihren Kommilitonen/Kommilitoninnen unternommen?

Haben Sie sich an der Hochschule/außerhalb der Hochschule politisch betätigt?

Würden Sie aus heutiger Sicht sagen, daß das Studium eine gute Vorbereitung auf Ihre Berufstätigkeit war?

RÜCKBLICK / PERSPEKTIVEN

Wenn Sie heute noch einmal zurückdenken, etwa an das Alter von 16, war der Gedanke für Sie selbstverständlich, einmal eine qualifizierte, gutbezahlte, angesehene Berufsposition einzunehmen?

Gibt es Berufs-/Lebensentscheidungen, die Sie aus heutiger Sicht anders treffen würden?

Welche beruflichen, außerberuflichen Pläne haben Sie für die Zukunft?
Ist es Ihnen wichtig, ein Auto/Haus/große Wohnung ... zu haben?
Haben Sie sich Ihre materiellen Wünsche bereits erfüllen können?

Denken Sie manchmal daran / träumen Sie manchmal davon, die Berufsarbeit an den Nagel zu hängen und mal etwas ganz Neues auszuprobieren (eine Modeboutique eröffnen, auf einem Einbaum durch Ozeanien, Selbsterfahrungsgruppe in der Provence, Kleinkraftwerke in den Anden bauen, Hausfrau ...)?

Würden Sie anderen Frauen das Ingenieurstudium/den Ingenieurberuf empfehlen? Auch Ihrer Tochter? Können Sie Tips geben?

ANMERKUNGEN

Beschreibung der Umgebung:

Eindruck der Interviewpartnerin:

Kolibri 360 GmbH
Ferdinand-Jühlke-Straße 7
99095 Erfurt, Deutschland
produktsicherheit@kolibri360.de